HERMES

在古希腊神话中,赫耳墨斯是宙斯和迈亚的儿子,奥林波斯神们的信使,道路与边界之神,睡眠与梦想之神,死者的向导,演说者、商人、小偷、旅者和牧人的保护神……

西方传统 经典与解释 HERMES
Classici et Commentarii
古典学丛编
刘小枫 ● 主编

修昔底德笔下的人性

The Humanity of Thucydides

［美］欧文 Clifford Orwin ｜ 著

戴智恒 ｜ 译

华夏出版社

"古今丛编"出版说明

自严复译泰西政法诸书至20世纪40年代,因应与西方政制相遇这一史无前例的重大事件,我国学界诸多有识之士孜孜以求西学堂奥,凭着个人禀赋和志趣奋力迻译西学典籍,翻译大家辈出。其时学界对西方思想统绪的认识刚刚起步,选择西学典籍难免带有相当的随意性和偶然性。50年代后期,新中国政府规范西学典籍译业,整编40年代遗稿,统一制订选题计划,几十年来寸累秩积,至80年代中期形成振裘挈领的"汉译世界学术名著"体系。尽管这套汉译名著的选题设计受到当时学界的教条主义限制,开牖后学之功万不容没。80年代中期,新一代学人迫切感到必须重新通盘考虑"西学名著"翻译清单,首创"现代西方学术文库"系列。虽然从重新认识西学现代典籍入手,这一学术战略实际基于悉心梳理西学传统流变、逐步重建西方思想汉译典籍系统的长远考虑,若非因历史偶然而中断,势必向古典西学方向推进。正如科学不等于技术,思想也不等于科学。无论学界迻译了多少新兴学科,仍与清末以来汉语思想致力认识西方思想大传统这一未竟前业不大相干。

"五四"新文化运动以来,学界侈谈所谓西方文化,实际谈的仅是西方现代文化——自文艺复兴以来形成的现代学术传统,尤其近代西方民族国家兴起后出现的若干强势国家所代表的"技术文明",并未涉及西方古学。对西方学术传统中所隐含的古今分裂或古今之争,我国学界迄今未予重视。中国学术传统不绝若线,"国学"与包含古今分裂的"西学"实不可对举,但"国学"与"西学"对举,已经成为我们的习惯——即"五四"新文化运动培育起来的现代学术习性:凭据西方现代学术讨伐中国学术传统,无异于挥舞西学断剑切割自家血脉。透过中西之争看到古今之争,进而把古今之争视为现代文教问题的关键,於庚续清末以来我国学界理解西方传统的未竟之业,无疑具有重大的现实意义和历史意义。

"经典与解释"编译规划自2003年起步以来,迄今已出版二百余种,以历代大家或流派为纲目的子系初见规模。经重新调整,"经典与解释"编译规划将以子系为基本格局进一步拓展,本丛编以标举西学古今之别为纲,为学界拓展西学研究视域尽绵薄之力。

古典文明研究工作坊
西方经典编译部甲组
2010年7月

目 录

中译本序 …………………………………………………………… 1

致谢 ………………………………………………………………… 1
关于注释的说明 …………………………………………………… 1
关于叙述方式的说明 ……………………………………………… 1

引言 ………………………………………………………………… 1
第一章　序幕：雅典帝国作为自由选择的事业：伯利克勒斯"葬礼演说" …………………………………………………………… 18

第二章　战争爆发和罪过问题 ………………………………… 39
　　问题的形成 …………………………………………………… 39
　　"正义的是……""必然的是……" ………………………… 50
　　斯巴达首次大会和科林斯使者的演说 ……………………… 55
　　自然、必然与正义：雅典使者在斯巴达的演说 …………… 58
　　"五十年"作为雅典使者演说的评注 ……………………… 66
　　雅典人在斯巴达演说的未决张力 …………………………… 71
　　透过斯巴达的眼光看问题 …………………………………… 75

第三章　常态下的正义 ………………………………………… 85
　　正义、德性和同盟的责任：米提列涅人在奥林匹亚的演说(3.9–14) ……… 85
　　普拉提亚和底比斯 …………………………………………… 93
　　斯巴达的正义与雅典论说 …………………………………… 100

第四章　虔诚与必然 …… 116
虔敬,必然与雅典论说:狄里昂论辩 …… 120

第五章　弥罗斯对话和弥罗斯的命运 …… 130
为何是对话:演说与语境(5.84 – 89) …… 130
雅典是否应当发动进攻? (5.90 – 99) …… 134
弥罗斯人是否应当抵抗? (5.100 – 113) …… 138
斯巴达人袖手旁观,雅典人残酷杀戮与西西里战役惨败 …… 147
身赴弥罗斯的使者作为雅典论说的阐述者 …… 150

第六章　弥罗斯和叙拉古 …… 159
尼西阿斯的智慧和愚笨 …… 159
弥罗斯对话和爱乌菲穆斯的虚伪 …… 170
雅典与米卡列苏斯 …… 179
尼西阿斯的愚蠢与智慧 …… 184
西西里远征的动机和强迫 …… 188

第七章　重审雅典论说:狄奥多图斯和赫摩克拉特斯 …… 192
米提列涅论辩 …… 192
赫摩克拉特斯在革拉的演说 …… 220

第八章　邦内政治 …… 231
瘟　疫 …… 233
内　乱 …… 236
瘟疫、内乱与伯利克勒斯观点 …… 245
政制问题 …… 249

重述与结论:修昔底德笔下的人性 …… 260
附录一　《战争志》1.22.1 – 3 …… 278
附录二　修昔底德在 1.23.5 – 6 所使用的语词 prophasis …… 287
参考文献 …… 290
索引 …… 302

中译本序

只要人性是相似的……

修昔底德是一位喜欢与荷马较劲的历史记录者,也是一位让柏拉图尽量回避的政治书写者。修昔底德断定伯罗奔尼撒战争是过去所有战争中最伟大的一场战争,自诩《战争志》是"永世瑰宝"(ktēma te es aiei)——这并不过分。

修昔底德有一句名言——"只要人性是相似的(heōs an hē autē physis anthrōpōn ē),这样的灾难将总会发生"①(《战争志》Ⅲ.82)。这言辞是针对伯罗奔尼撒战争第 5 年(即公元前 436 年)科基拉革命(stasis)而说的。据修昔底德记载,科基拉城邦中的民主党人与寡头党人相互残杀;大量公民被控以阴谋推翻民主制的罪名残遭杀害,有些人只是因私仇被处死;屠戮手段异常残忍,有的是父亲杀死儿子,有的是被拖出神庙杀死,有的是被封堵在狄奥尼索斯神庙里杀掉(《战争志》Ⅲ.81)。正是这样的杀戮,使得修昔底德感慨起了"人性",指摘双方的报复行为"越过了正义和公共利益的界限,两个派系只以一时的任性为准绳;他们随时准备宣布非正义的定罪处罚,或者通过暴力行为赢得优势,以发泄一时之恨。"(《战争志》Ⅲ.82)

现代人面对修昔底德的这种言论总是难免心有疑惑,仿佛这位

---

① Smith,*History of the Peloponnesian War*(希腊文 - 英文对照本),London:William Heinemann,1919,p.142.后文凡引自《战争志》,将随文标注章节码。

古人说的不是古事而是现代之事。如果说科基拉革命揭示了政党斗争中的"人性"问题,那么,雅典同盟与斯巴达同盟所进行的长达 27 年的伯罗奔尼撒战争,更是在磅礴风云之中展现了人类政治事务的"本性"(physis),尽管修昔底德的著作只记述到战争第二十一年就结束了。

正因"人性是相似的",现代学者往往声称 20 世纪西方历史上各个阶段的政治冲突——从第一世界大战、第二次世界大战到冷战,犹如修昔底德笔端的政治事务在现代重演。① 在现代国际政治学领域,修昔底德一直是令人难以忘怀的伟大古人。

研究修昔底德从来不是国际政治学者的专擅。美国学者欧文(Clifford Orwin)的《修昔底德笔下的人性》(*The Humanity of Thucydides*,Princeton University Press,1994)②展示了一种抱负,试图"与一位远古的伟大心灵对话";对话的可能性在于修昔底德《战争志》"只向某种阅读方式敞开自身",它需要"如牛儿一样的读者,懂得如何反刍的读者"(页 12)。欧文秉持一种经典解释学原则面对修昔底德文本自身,他的研究旨趣也就显得与众不同。

欧文没有依照修昔底德的叙事顺序疏解修昔底德的整部作品,而是按照自己的问题意识诠释修昔底德笔端的"言辞"(logōi)和"事行"(erga)。他最先讨论的是《战争志》卷Ⅱ中伯利克勒斯(Pericles)的"葬礼演说",却不是卷Ⅰ中修昔底德的"考古"和战争起因。任何一位修昔底德研究者都不可能忽视伯利克勒斯的"葬礼演说"。欧文开篇直奔"葬礼演说"是出于这样的思量:"修昔底德所叙述的雅典通常被理解为一种自伯利克勒斯顶峰时期以降的悲剧性沉沦"(页 28)。这就是说,欧文意在用一种拉开序幕的方式,向读者首先呈现"葬礼演说"为雅典所披戴的"节日盛装",以究雅

---

① 参见魏朝勇:《自然与神圣——修昔底德的修辞政治》,华东师范大学出版社,2010 年,第 15-16 页。

② 以下凡出自欧文(Clifford Orwin)论著的引文将随文标注原著页码。

典顶峰之际的帝国品性。

我们不能把修昔底德的纪事理解成是"雅典的沉沦"史记。欧文也无意探讨雅典帝国为何衰落,他欲求回答:雅典帝国的雄心和负累"对于我们理解人类境况的两个重要方面,即正义的要求与必然的要求之间的永恒张力,以及一种高贵政治的可能性,究竟意味着什么?"(页29)

论著第二章才着手回溯修昔底德的"考古学",讨论战争的咎责,分析科基拉人和科林斯人分别劝告雅典人的演说辞,指出科基拉人的"正义"要求服从于"力量",目的是希望雅典为增强海军实力考虑结盟,而科林斯人在劝说雅典人拒绝科基拉人时,其中"必然"的诉求与正义的选择也显得模糊。欧文着重解析了雅典使者在伯罗奔尼撒同盟大会上对斯巴达人的劝诫之辞,探析雅典帝国力量增长,以及这一历史态势中所涵括的自然、必然与正义等问题。欧文认为:"如果雅典在自然的强迫下驾驭帝国,她就践行其自由意志的正义。尽管很有力量,自然的必然却不会碾碎人的自由。对于最强者,自然至少应允真正正义的可能,而真正正义得之于高贵恰如它得之于困难和稀有。这样的正义若能在邦国间建立,就是强者对弱者的美惠,它植根于自然对那些渴望美德的人们的美惠之中。"(页63)这意思其实是,"自然的必然"并不导致"强力就是正义"或"正义就是强者对弱者的统治"。

邦国间的战争伴随着同盟政治的嬗变。欧文在第三章转而梳理米提列涅人、普拉提亚人、底比斯人与斯巴达的关系,阐释正义、德性、忠诚与利益诸议题。斯巴达是一个这样的城邦,它"持守由每个平等自治的希腊城邦所组成的全体希腊的公共善观念"(页75)。但为了自身安全和利益,斯巴达也毁灭了普拉提亚。斯巴达不是雅典帝国的反例。不过,欧文没有否认斯巴达的审慎和虔敬,甚至说,"恰好通过肯定雅典命题,斯巴达尽其本分地消除了帝国不正义的罪责"(页86)。

在邦际政治中,雅典帝国难以弥息"自然的必然"与"正义"之间的紧张。这一紧张也牵涉"必然"与"虔敬"的纠葛。论著的第四章到第六章在"必然"与"虔敬"、"正义"与"利益"等关联域中,主要讨论了"弥罗斯对话"和西西里远征,厘清尼基阿斯、阿尔喀比亚德和爱乌菲穆斯的演说中所呈现的几种雅典面相。欧文指出:"斯巴达胜在她的虚伪犹如胜在虔敬,雅典败于她的虔敬犹如败于不虔敬"(页142)。论著第七章重审"雅典命题",解读狄奥多图斯就如何处置米提列涅人所发表的演说,以及徐拉古人赫摩克拉特斯在革拉(Gela)所发表的演说。欧文论说道,"狄奥多图斯先于马基雅维利、霍布斯和尼采,把犯罪作为基本人类事实而非一种越轨来探看,并要求我们反思后果。首当其冲的就是调解正义与利益的真正困难。"(页156)而"赫摩克拉特斯的演说补充了狄奥多图斯的演说,对后者所论述的诱使城邦冒险的欺骗作了引申。人们对命运眷顾的假设,结果(毫不奇怪地)只是依赖于一种对正义力量的假设。"(页168)。

帝国的正义与城邦内部政治息息相关。"在修昔底德所展示的世界中,城邦与其说追求一个完美正义的幻影,不如说总是面临迫切的忧虑"(页173)。论著第八章回望了修昔底德笔端的雅典瘟疫和科基拉革命。发生在伯罗奔撒战争第二年的雅典瘟疫在人性层面上挑战了雅典的荣耀和正义。在濒死的时刻,雅典人既不敬畏诸神也不畏惧人的法律,觉得"再多享受一下生活,才是唯一的公平"(《战争志》Ⅱ.53)。科基拉革命则是党派斗争导致的城邦内乱,使得希腊社会"蕴于高贵天性中的纯真"消失殆尽(《战争志》Ⅲ.83)。瘟疫和内乱都是城邦破裂的途径。颇具兴味的是,欧文断言"内乱展示了生活的激进'政治化'后果,瘟疫则展示生活的'去政治化'后果",并在身体政治层面把瘟疫和内乱看作是对伯利克勒斯"葬礼演说"的一个注脚,且"内乱和瘟疫一致暗示,对人类来说,没有比摆脱身体所造成的束缚更大的政治不幸"(页182)。同时,雅典瘟疫考验了雅典民主政制,科基拉内乱则是民主制与寡头制的较量,有鉴于此,欧文还论析了修昔底德笔端的政制问题,申明"稳定性虽是修昔底德评价诸种政制时的首要考虑,却不是唯一的考虑;修昔底德分有雅典对崇高目标的典型抱负,涤除了雅典同样典型的不审慎"(页192)。

修昔底德笔端的雅典和斯巴达共同构筑了"希腊性"(Greekness)的顶点和高峰。雅典与斯巴达是战争的对手,也是政制的对手,甚至是希腊伦理的对手。雅典通常使正义和虔敬让位于自然的必然,斯巴达似乎更为虔敬和审慎,但斯巴达与雅典不是绝对的互为映照的反面。在虔敬之维考虑正义,雅典做得不亚于斯巴达;让正义臣服于利益或必然力量,雅典做得也不比斯巴达更多。

欧文在其论著的结论部分,重新回顾雅典使者在斯巴达同盟大会上所作演说中的"雅典命题",以及伯利克勒斯"葬礼演说"中的"雅典主义"。"雅典命题实质提出了一个恼人的问题,即人们于何处(或是否)能够在必然性的要求与人类德性及选择的领域之间划定界限"。而"雅典主义的代言人一再自相矛盾,一方面拒绝抵抗被设想为有利条件的'必然'的可能性,另一方面又声称要这么做"(页196)。欧文再次检审了从伯利克勒斯、狄奥多图斯到尼基阿斯和阿尔喀比亚德等人的政治言辞,以期把握帝国正义、理性和虔敬的脉络。欧文最后说道:"我试图表明,所有追寻修昔底德观点的线索并充分化为自己观点的读者们,都会理解修昔底德笔下的人性。"(页206)

修昔底德所展现的政治生活是严峻的人性难题,尤其在这一点上,修昔底德区别于他之前的史诗诗人和编年史家。面对修昔底德的世界,人们不免想从其时代的智识思想中寻求解答。欧文却没有这么做,他自始至终立足于修昔底德《战争志》自身,寻觅人的言辞和事行中潜藏着的政治伦理变化和轨迹。我相信,欧文的论著向人们贡献了一种进入修昔底德笔下政治事务和人性图景的可能路径。

欧文的《修昔底德笔下的人性》由在读博士生戴智恒独立翻译完成。在翻译过程中,他多次通过邮件与在美国的欧文教授沟通交流，以解书中疑点和难点。仅就该篇序言所援引的欧文著作段落而言，我也给了一些翻译意见。但整部译文的好与错漏（如果有的话）都由戴智恒承担。他的勤勉和责任心为此作出保证。

欧文论著的中文版面试将裨益于我国学界对于修昔底德的研究。在我国学界，阅读和研究修昔底德是一种寂寞的行为，因为修昔底德毕竟是一位来自远古的"异乡人"。然而，"只要人性是相似的"，修昔底德一样有助于我们思考我们所过的和将要过的政治生活——对此，我深信无疑。

魏朝勇
2014 年 11 月 11 日于中山大学

致　谢

[ix]写作此书所耗费的时间,并不比伯罗奔半岛战争持续的时日长。然而,在这十二年的耕耘岁月里,我一直受益于多方的恩惠。在经济和其他建制性的帮助上,感谢多伦多大学及其政治科学系连任多届的慷慨的董事长们,感谢国家人文学科奖金(National Endowment for the Humanities)、艾尔哈特基金(Earhart Foundation)、加拿大社会科学与人文学科研究委员会、芝加哥大学、罗马的美国学院图书馆及其前任主管罗格斯·斯卡德博士(Dr. Rogers Scudder)。在整理手稿的最后阶段,我得到了我在芝加哥大学的研究助手克拉克(Randall B. Clark)的鼎力相助。承蒙《美国政治科学评论》(*American Political Science Review*)、《美国学者》(*American Scholar*)、《政治学学刊》(*Journal of Politics*)、《城邦》(*Polis*)、《政治学评论》(*Review of Politics*)以及慕尼黑的卡尔·弗里德里希·西门子基金会的许可,我原初已由它们发表的文献经过修订得以再次使用。

我还要感谢所有邀请我开设修昔底德讲座的友人们,感谢密歇根州立大学、哈佛大学、芝加哥大学,它们的访问邀约使我有机会在其出色的学生面前锤炼我的论文观点,令我受益匪浅。同时也要衷心感激的是我在多伦多大学里同样优秀的学子们。

对于许多师长、朋友和同事的鼓励和批评,我表示真诚的致谢,不过我不敢保证他们所有人都认同我的研究成果;他们包括班费尔德(Edward C. Banfield)、贝娄(Saul Bellow)、博洛廷(David Bolotin)、布鲁尔(Christopher Bruell)、科甘(Marc Cogan)、埃德蒙斯(Lowell Edmunds)、艾普斯坦(Joseph Epstein)、埃乌本(J. Peter Euben)、弗拉斯哈尔(Helmut Flashar)、福特(Steven Forde)、格雷纳

(David Grene)、霍尔默斯(Stephen T. Holmes)、卡根(Donald Kagan)、克雷纳克(Robert P. Kraynak)、雷博维茨(David Leibowitz)、莫内(Pierre Manent)、迈尔(Heinrich Meier)、马泽尔(Arthur M. Melzer)、尼科尔森(Peter Nicholson)、潘戈(Thomas L. Pangle)、鲍威尔斯(Patrick F. Powers)、舍费尔(David L. Schaefer)、已故的施克莱(Judith N. Shklar)、梭罗多(Joseph Solodow)、塔科夫(Nathan S. Tarcov)以及辛曼(M. Richard Zinman)。我想特别感谢诸位助我一臂之力洞悉修昔底德之希腊文的古典语文学者,尤其是华莱士(Malcolm B. Wallace)。普林斯顿大学出版社的读者所付出的诸多努力为本书增色不少,其中一位便是汤普金斯(Daniel Tompkins)。该出版社的责任编辑瓦尔德(Ann Himmelberger Wald)在悉心鼓励、工作效率和质量把关方面,都堪称楷模。我的文字编辑罗伯斯(Carol Roberts)提出许多改进建议,免去我不少错误(倘若不是我顽执的缘故,他原本还可以为我省去更多的错处)。

至于已故的布鲁姆(Allan Bloom)教授,他曾是我在康奈尔大学的导师,后来(在晚年时期)又在多伦多大学和芝加哥大学和我成为同事,我无法[x]夸大对他的那份感恩之情。他曾激励我钻研古典(和现代)思想,并不断地指引和滋养我的研究。尽管他的教学可以说是无人能及的绝伦一幕,但指导我在哈佛攻读研究生的曼斯菲尔德(Harvey C. Mansfield)却证明有实力与之媲美。我想象不出与我同辈的一代人中,有谁能受惠于更好的老师。

我的妻子多娜(Donna)一直给予我信任和支持,即使她彼时亦正忙于潜心研究托尔斯泰,而我们的儿子们虽然能想到更适合我做的事情,但还是默然同意这个研究计划。至此,我在献辞中已经表达了我首要的答谢。

关于注释的说明

本书的注释参考了现代的著作或论文，或者古典的作品。对古典作品的引用，我采取了传统按照卷、章(或页码)的划分形式，皆可与其所有版本对应，譬如希罗多德《原史》6.93，亚里士多德《尼各马可伦理学》2.8，柏拉图《王制》355a。这类作品恕不一一在参考书目中列出。前苏格拉底哲人的残篇将根据迪尔斯/克兰兹(Diels/Kranz)的标准编目进行引用；其英译文均可在费里曼(Freeman)的《前苏格拉底哲人阅读指南》(*Ancilla to the pre-Socratic philosophers*)中找到；这两本著作我已列在参考书目中。

至于现代著作，我采用以下方法处理。为了节省空间，同时以备读者通过书目的页码搜查原初相关引用条目之需，每部文献均自始至终以相同的缩写形式对应于参考书目的条目来进行援引。就一部著作来说，引用信息包括作者的名字、简要的书名以及页码，例如罗米莉(Romilly)，《帝国主义》(*Imperialism*)，页231。对于期刊中某篇论文，引用时会出现作者的姓名、期刊的缩写标题、卷号、年份以及页码，如Romilly, *REG*, 第103期(1990)，页376–378。若是一本书中的某篇文章或章节，引用的形式如下：Stahl载于Stadter所编的《演说》*，页64；Strauss载于Strauss所编的《研究》**，页174。不管是哪种情况，参考书目都会提供完整的信息，包括书或期刊的未经简化的标题。为了方便查找，参考书目中的条目以作者名字为

---

* [译注]《修昔底德笔下的演说》的简称。有中译本，王涛等译，北京：华夏出版社，2012。

** [译注]《柏拉图式政治哲学研究》的简称。有中译本，张缨等译，北京：华夏出版社，2012。

准，并遵循以下原则依字母顺序排列：书籍取其标题的关键词（通常是第一个名词性实词）；文章一般取其所载期刊的名称或者该卷编者的姓氏。因此，拉特纳（Lateiner）发表于《古典语文学》（简称为 CP）的文章在参考书目中要列在他另一篇载于《古典世界》（简称为 CW）的文章之前，不管两篇文章各自的日期和标题。同一作者在相同刊物发表的文章将按年代顺序排列。

关于叙述方式的说明

修昔底德笔下的主要角色是城邦而非个人，因此从文体上考虑，似乎有必要避免城邦名称的无谓重复，不论它们是主格、属格抑或形容词性形式。但是，指称上一个提到的城邦为"它"，和用"它的"作为其属格形式，同样会引来问题，因为某个城邦有时得和众多其他事物并置在一起，共用这些代词，会使得读者根本不可能分别找到每个"它"的所指。为此，我采用了传统习惯的做法（从希腊语、拉丁语和罗曼语继承而来），把各个城邦假定为阴性。这样一来，某个具体的城邦名称就可以巧妙地穿梭于布满"他的"与"它的"的冗长段落之间，既避免重复，又不会让读者为若干代词的指代问题困惑不已。

由英语所吸收的上述语种惯用的城邦性属，与其说关涉性别，不如说只有语法意义（这一区分对于掌握着高度中性化语言的英语使用者来说，起初并不容易接受）：法语中"匙勺"属于阴性，但讲法语的人从不认为它们是女性的；然而在德语中"匙勺"却是阳性的，也没人将其想象成男性。同理，我们没有理由相信希腊文中的城邦（polis）（从词源上讲类似于其他印欧语词，表示"堡垒"的意思）或者拉丁文中的城市（urbs）（其词源很可能是指"有限的范围"）最初用于表达城邦所带有的女性意味。诚然，一个无性征的事物带有阴性的性属（gender），确实会让人联想到某种比喻性的用法，或者暗示该事物所蕴含的阴性特征的诗化旨归。但我并不是一个诗人。读者应当明白，对城邦和女人使用相同的语法性属，我这样做并不想要将女性的任何特征归于城邦。

引　言

[3]依我之见，修昔底德是纪事作家的真正楷模。他报道事实，绝不妄加评判，但却没有省略任何适合我们独自作出判断的情节。他将所叙述的展现在读者眼前。他善于隐藏自身，而非置身于事件和他的读者之间。读者不再相信自己正进行阅读；他深信自己正观察着一切。

——卢梭《爱弥尔》卷四①

在所有书写政治的作家中，没有人比修昔底德更靠近公民和政治家的世界。他的作品肯定不是"学术性"的；这恰能说明它吸引读者的一个原因。他根据政治实践记录了政治研究的成型过程，由此向我们表明，仔细审察之下，最具政治性的观点意味着与政治生活保持一定距离。作为一个分析各种社会（包括民主制和非民主制的）且承受来自一场漫长又惨重的战争之压力的人，修昔底德要比其他古代作家更直接地向我们这个不平静的世纪②进言。即便如此，某些人或许会感到惊讶，一个政治科学家竟会著述关于修昔底德的书。毕竟，他通常被称作一名历史学家，对这位史家的监护权已然托付给我们古典学和古代历史的教授们了。

---

① 卢梭《爱弥尔》（布鲁姆译），页239。[译注]此段由译者根据英译文译出。
② 参见 Milosz, *Witness of poetry*（《诗歌的见证》），页81："人们总是生活在一种特定的秩序之中，从来没有设想过一个不复存在这种秩序的时代。所有现存观念和标准的突然崩溃，不过是微乎其微的可能性……历史上绝无仅有的狂暴时期之特征……通常来讲……十九世纪并没有经历我们的世纪那样急速和迅猛的变化，唯一可能类似这个世纪的或许是伯罗奔半岛战争的时代，我们从修昔底德那里获悉这场战争。"

事实上,修昔底德出现在智识生活尚未被分化为诸种学科之前,他从未称自己是一个历史学家或者别的名号,仅这样简单介绍自己:雅典公民修昔底德,"记叙"(xynegrapse)了我们所说的伯罗奔半岛战争。我们之所以把他称为历史学家,是因为他把自己限定在描述这一特定系列的事件。不过,正如他所声明的,他的目的在于解释这些事件背后普遍和永恒的重大意义(1.22.4;比较3.82.2)。他力求在自然状态下(sub specie aeternitatis)展示众多事件,借此帮助任何竭力理解政治之恒定轮廓的人。

修昔底德最伟大的英语读者霍布斯曾经赞叹他出色地完成了这宏大的任务。霍布斯把他视为所有古代[4]作家之中最值得阅读的一位、最卓越的政治史家,"有史以来最为审慎的历史撰述家"。在霍布斯看来,政治哲学家和政治史家的区别仅仅在于,前者借助箴言公开地施行教导,而后者则只含蓄或者隐微地进行:"叙事本身秘而不宣地引导读者,可能比箴言所起的作用更加有效。"读者可以"从叙事中为自己总结教训"。通过无与伦比的精湛叙事技艺,修昔底德呈现的是对他所描述事件的亲临体验,对此,关于政治生活之真相的教条式展陈将无法予以取代。我们可以从他的伟大作品中受益,只要我们做到尽力"从中吸取养分",也就是说作为一部伟大著作的读者,我们必须时刻参与其中。③

鉴于他自己的写作意图,以及霍布斯和卢梭等人的评价,可以说修昔底德适合任何时代任何地方的政治研究者阅读。④ 修昔底

---

③ 霍布斯,*English works*,卷八:viii、xvi - xvii、xxii、xxix、xxxii。关于上述最后一点的最新论述,参见 Adcock,《修昔底德》,页 13;Connor,《修昔底德》;Connor 于《希腊纪事作家》(*Greek historians*),页 1 - 17;Farrar,《起源》,页 135 - 136。就霍布斯对修昔底德的看法的最新评论(兼为政治历史一辩),参见 Aron,《历史与理论》,卷一,(1960—1961),页 103 - 128。

④ 参见 Regenbogen,《论集》(*Kleine Schriften*),页 224:"Thukydides schreibt als Politiker für die politischen Menschen"("修昔底德像一个治邦者那样[为]政治人写作"),参见 Herter,*RhM*,第 93 期(1949),页 133 - 153;Farrar,《起源》,页 126 - 131。

德的著作意在成为这些读者所拥有的永世瑰宝(1.22.4),而我的论著也意在写给同类读者。我并非主张修昔底德能够帮助我们竞选芝加哥市长。政治上的精明很大程度上总取决于对其所处时代的认知,这必定不能指望在其他时代的书籍中获得。修昔底德打算清楚地阐述政治生活的诸种因素及其永恒不变的模式,进而参透政治生活的永久困境。纵使马克思主义思想家一直对他保持崇敬之意,但再没别的观点比认为人类能够解决所有提出的问题更远离修昔底德的本意。虽然他一开始强调全书的主题是这场战争的空前伟大性,但事实表明,伯罗奔半岛战争得以超越一切先例的原因,从根本上讲正是它的惨重程度(1.23.1-4)。表面上看这是一场有着伟大计划的战争,但叙事本身想要突显的,却是计划与结果之间的反复矛盾、参战者所持观点的限度以及不可预测偶然事件的重要性。⑤ 然而,我们也不可就此断定,修昔底德所志之战对治邦者毫无助益。清明的认识并不意味着获取掌控(人类或非人类的)自然的权力,但它无疑包含了对成就政治伟业之手段和界限的体认——这两方面对于治邦者来说具有实际的帮助[5]。⑥

悖谬的是,按修昔底德的说法,他所记录的事件既无前例可寻,

---

⑤ Stahl,《修昔底德》。

⑥ Stahl 在《修昔底德》中认为修昔底德的着眼点并非政治的,而且他写作的主要对象也不是政治家(尤其参见页 16-19,29-30,33-35)。然而,他未能看到,一个政治家最需要的,正是关于"人类"本身的知识(1.22.4)或者对政治行动之限度的洞悉。他还表明修昔底德所展现的人类欠缺学习的能力(147-148,154),可是,他忽略了他自己引用过的证据,即某些人的确能够自主学习——像修昔底德那样并拥有修昔底德品质的人物,如德摩斯梯尼和狄奥多图斯(页 154;亦可参修昔底德对特米斯多克勒的称赞[1.138])。

修昔底德著作中的"效用性"问题激起了不少争论。明显的事实是,当一个治邦者在考量他所面对的国外和国内困境时,这部作品确实为政治家提供了不少助益。较为明智的做法是从显而易见的事实着手。关于二手文献的新近评论以及若干合理的结论,可参见 Euben,《悲剧》,页 195-199;在这一问题上同样出色的论述还有 Farrar,《起源》,页 128-137,187-191。

又具有典范意义,而且事件的史无前例偏偏造就了其典范性。由于伯罗奔半岛战争从规模上远远超过以往任何一次(希腊)战事,所以这场战争空前清晰地展示了政治生活的限度。修昔底德并没有说过此后将无更大的战役可继,但他确实预言,无论将来战事的规模有多大,其结构和形态都必定类似他所叙述的系列事件。修昔底德清楚地知道,这一说法"天真"与否,取决于一种永恒人性的存在(3.82.2;比较 1.22.4,4.108.3),以及他所谓理解了这种人性的声称的可信程度。⑦

霍布斯固然不是唯一指出修昔底德展现永恒真理之意图的现代读者,不过,承认他这一意图的人未必会欣然接受它。对其表示轻视的最常见理由当中,一种从具体的角度处理修昔底德,另外一种则从更为一般的角度进行分析。

透过罗米莉的《修昔底德与雅典帝国主义》(*Thucydide et l'impérialisme athénien*)(1947)⑧所引的乌利齐(F. W. Ulrich)《修昔底德诠释文集》(*Beiträge zur Erklärung des Thuckydides*),我们知道支配修昔底德研究的就是所谓的"修昔底德问题"(Thukydidesfrage)。它探讨的是修昔底德作品中的写作阶段问题。据说,如下看法对解释作品的疑难问题来说至关重要:对于一部耗费长达三十年时间写就,而且尚未完成的著作,人们有理由预料到其中大量自相矛盾之处。如果修昔底德的行文前后不一,那是因为他在(大约)公元前 427 年写下了第一部分,于公元前 404 年雅典陷落后再完成第二部分。

这种研究方法的麻烦在于,它关于文本前后说法不一致的数量将呈激增之势的预言,看来终于真的应验了。试图说明一部著作各个部分的连贯性和作品本身的整体性的解释,已然不再被人推崇。学者们热衷于挖掘各种新的证据,致使作品被这样或那样地肢解为

---

⑦ 参见 1.10 和 Orwin,*RevPol*,第 51 期(1989),页 348 – 351。

⑧ 此后引为 P. Thody 的《帝国主义》(*Imperialism*)译本,1963。

化石丛生的地层,故而作品本身所谓的不一致之处也随之倍增。修昔底德整个人已不复存在,留下的只是数个修昔底德,分别属于公元前431年、公元前427年、公元前411年等等。[6]作者已被一系列关于他自身的发展阶段所代替。但学者尚未形成这样一个共识,认定哪些段落属于相应的哪个时期(或者说每个段落在多大程度上与哪个时期相匹配)。一个世纪以来学者们争论的结果,恰恰只是加深了论争的强度。⑨毫无疑问,杰奎琳·德·罗米莉划时代的论著确立了修昔底德著作必要的统一性,还判定写作发展论明显处于较为次要的地位,即使她仍有心对其加以分辨。⑩

近年来,康诺(W. R. Connor)的研究有了新的进展。⑪ 与分离主义者(separatists)的基本观点一致,康诺专注于探究修昔底德作品中大量引起困惑的地方:观点的转变、显眼的省略部分、带有差异的重复表述、阻抑或延缓叙述某些重要事件、设置某些未被兑现的期望、古怪的轶事以及表面上莫名其妙的离题。在康诺看来,这些假定的瑕疵是作品完整的一部分。它们非但没有抽离于作品的整一,反而表现出修昔底德运笔所追求的极致精巧。细致观察之下,这些"不一致之处"或许深化了一个虽然复杂无比但又连贯一致的意图。前面所说着眼于"效用性"的读法之所以只限于一种解释维度,正是因为这些学者没有认真对待"分离主义者"所提出的诸种文本特征。相较于大多数评述家对修昔底德作品内部统一性的看

⑨ Romilly,《帝国主义》,页3-10;亦可参 von Fritz, *GG*,卷一:565-575。关于最近对创作分期论的重述,参 Dover, *HCT*,卷五:384-444。

⑩ J. H. Finley 曾于1940年在其《三篇论文》(*Three essays*,页118-169)中有力地主张,这部作品是一个整体,因为我们手上拥有的版本是在一个单独时期之内写就的。Romilly 的贡献,更确切地说,是阐明即使事实并非如此(即不在一个时期内完成),但相比全书整体的统一性而言,局部不一贯的问题亦是次要的。

⑪ Connor,《修昔底德》,我在别处以更大篇幅讨论了这本优秀的论著,参《美国学者》(*The American Scholar*),第55期(1985—1986年冬季刊),页128-130。

法,康诺致力辩护的统一性则显得更为微妙,更为充分。这种观点反对将《战争志》还原为实用的万应良方。学界公认,康诺颇有影响力的论著有力地恢复了修昔底德作为一流作家的声名——他的作品乃世界文学的大师之作。

早在康诺的论著之前,列奥·施特劳斯已经在1964年第一版的《城邦与人》(The city and man)中强调过若干关键性问题和对照手法(antitheses)对修昔底德而言的重要性,尤其是施特劳斯这本书的标题所显示的问题意识和对照形式。施特劳斯亦主张,文本中看似矛盾的地方正好反映了作者的精心布局,他巧妙地处理关于这些问题的不同观点,以便进而教育读者。比康诺更胜一筹的是,施特劳斯重点突出了整部作品中正义和虔诚两个问题的重要性。正是他首先使我相信,修昔底德涉及我最深切关注的问题。施特劳斯与流行的批评学派保持了一定的距离,而他所写的关于修昔底德的作品,虽然在政治理论家的圈子里影响甚广,却不为古典学者所知。对施特劳斯的论著有所了解的读者,将能察觉到我对此书充满感念之意。

[7]感谢罗米莉、施特劳斯和康诺等学人的努力,更为值得我们敬重的是他们均承认了修昔底德作品的基本统一性。然而,如同每个关键性的学术动态,这次事件也激发了热烈的反响。现今不少学者因修昔底德写作意图的统一性而对修昔底德颇有微词,仿佛一切都得服从于他身为纪事作家所具有的技艺。有评论者批评修昔底德,说他处理历史事件的方式就如同普罗克汝斯忒斯(Procrustes)*对待其宾客的一样,为使事件适合他自己的解释套路而不惜对其进行裁剪或延展;为适应自己预想的观点而把个别事件的特殊性榨得一点不剩,甚至连一杯盛载历史事件之普遍意义的新鲜饮液

---

* [译按]希腊神话中的邪恶巨兽,为海神波塞冬所生,是恶名昭著的盗窃者和谋杀者,它会把旅人绑于铁床上,为使其适应床的大小,残忍地拉伸他们的身体或砍断他们的腿脚。它最终被忒修斯杀死。

也一概欠奉。⑫

至于其他更富同情的评论者,譬如称修昔底德为"后现代主义者"的康诺本人,⑬也和恶意批评者一样,认为一切历史解释都必然是个人主观的产物。不过,他们还是设法赞颂修昔底德,但不是赞扬他反映了客观历史真相(Truth);正如他们其中一位说道:"[修昔底德所著的]伯罗奔半岛战争的历史并不是真实的,毋宁说只是修昔底德意义上的真实(truth)。"⑭他们所称赞的大多是修昔底德作为一个作家所禀有的精到技艺(尤其提及他那种过人的敏锐力,能够掌控读者的心理反应),但是,他们倘若不承认修昔底德作为思想家的隐微和深度,这种技艺也无从解释。此类评论中的佼佼者似乎在修昔底德的技艺上用力颇深,大抵是因为他们发觉修昔底德极具魅力。在我看来,修昔底德意义上的真实大致符合他们自身所谓的真实——亦即根据他们"后现代主义"所赋予的立场而看到的真实。⑮

---

⑫ 这种评论的典型支持者是科林伍德(Collingwood),参见他的《历史的观念》(Idea of History),页28-31。近期更相近的论述,可参 Wallace, Phoexix [18],1964,页251-261,又 M. I. Finley 于 Finley 所编,《古代面面观》,页44-58 和《历史的使用和滥用》,页31-32。

⑬ Connor, CJ[72],1977,页289-298。

⑭ Rawlings,《修昔底德所撰历史的结构》,页272。

⑮ 例如 Connor(《修昔底德》,页231-250)既想又不想表达了这样的意思:我们可以从修昔底德那里总结出适应当下时势的实用结论。实际上,后现代主义者声称修昔底德的作品之所以能够经受时间的考验,全因为它教导世人:刻板僵化的教诲是不存在的;修昔底德敌视人为建构的体系。亦可参见 Farrar 为修昔底德关于普遍性的主张所作的睿智辩护(《起源》,页128-137);她虽然坚定地声称我们可以从修昔底德那里得出适用于我们时代的结论,但显然在自然状态这一核心问题上有所犹豫(参页135和注释18),在此她反复强调要慎重考虑是否应该把修昔底德解释为"[人类]的自然([human] nature,亦即人性)是一成不变的"这一观点的支持者。这些问题都与作品的"效用性"相关;参 Euben,《悲剧》,页195-199(页198-199尤为精到)。值得一

本书提供一种研究修昔底德的无愧尝试。我可以肯定地说，关于本书所讨论的问题，我在他那里所学到的，要比其他任何一个作家多。不出所料的是，我的本科学生往往大为惊叹于修昔底德的胆识及其"现代"气质。不过这并非我的初衷，仿佛"现代"（或者"后现代"）暗示着所有必要的赞扬。[8]我发现自己虽然不可否认是个现代人，但我从修昔底德的身上汲取了很多养分，而他却无需求学于我。

修昔底德在政治科学学界所享有的尊重，应归因于他身为政治现实主义之父的声名。这是他为人所知的现代思想的一种体现：他把近乎赤裸的政治展示在人们面前，因而备受赞誉。"即使在修昔底德的作品中"，霍夫曼认为，"政治家在其演说中声明各自的立场和抱负时，也还用评判对错的道德语词来据理力争"。⑯霍夫曼用了"即使"一词，说明他尊重流行的观点，认为修昔底德和他笔下的人物正如人们在其他地方所发现的一样，都甚少显现对正义的真正关切。在古典学界和历史学界，至少直至最近而言，修昔底德一直被誉为是"强权政治"、"智术师的怀疑论"和"伦理实证主义"的示范者。⑰

近几年来，逐渐有别的一些论调对这种将他定位为"现实主义者"的观点提出异议。当前的评论指出，修昔底德的"道德"立场实际上较为传统，这大致与我们对一位富裕的雅典贤人（gentleman）所期待的一致。不管如何（鉴于这里出现意见的分歧），这些看法既

提的是 Romilly 在《建构》（*La contruction*，页7）中所点明的，修昔底德在编排事件时的取舍和技艺，均不能作为否定该事件之客观真实性的依据。（Romilly 在页 52–54 阐释了她所谓客观性的含义。）

⑯ Hoffmann, *Justice beyond borders*（《超越界限的正义》），页40。

⑰ 参见 Shorey, *TAPA* [24] 1893, 页 66–88; Nestle, *NJbb* [17], 1914, 页 649–685; Gomperz, *Greek thinkers*（《希腊思想家》），1：502–519 和 2：25–26; Regenbogen,《论集》，219–247; Kiechle,《古希腊运动场》（*Gymnasium*），70：4，1963，页 289–312。

不够透彻,又不算新鲜。城邦的道德是一回事,城邦公民的道德又是另外一回事;修昔底德一方面没有动摇任何一方,另一方面也没有偏袒其中一方而作出有利于另一方的结论。或者甚至可以说他是虔诚的,恪守着古希腊的传统思维方式。但他作为一位思考者的德性(virtues)并不体现于此。⑱

事实上,修昔底德对通常意义上的庄重和虔敬表示赞同。然而,把他仅仅描绘成一个传统保守的人,依然有失说服力。《战争志》中某些演说和叙事的主要论题都超越了公民或者贤者所持的意见。而最终显现的观点,既不站在民主的也不站在寡头/贵族的立场,既不像雅典人的又不像斯巴达人的风格;既非智术师式也非悲剧性,既算不上伯利克勒斯及激进改革派的论断,也不同于虔敬保守派的主张——一言蔽之,不可将其归于任何常规的背景下加以理解。⑲

---

⑱ Romilly,《帝国主义》,页 98 - 100 和页 210,注释 4;McGregor, *Phoenix* [10],1956,页 93 - 102(修昔底德作为坚定的寡头分子);Grant, *Phoenix*[28],1974,页 92 - 94(修昔底德作为保守党人);Luschnat, *RE*, suppl[12],1971,页 1251;Adcock,《修昔底德》,页 50 - 57;Schneider, *Information und Absicht*(《智识与意图》),页 122;Hornblower,《修昔底德》;Ostwald, *Ananke*(《必然性》),页 53 - 61,66。关于修昔底德的虔诚(出于有意还是无意),参见 Steup 载 Classen and Steup 所编,《修昔底德》,1:lx - lxiii;De Sanctis, *RendLinc* ser. 6 vol. 7,1930,页 299 - 308;Lloyd - Jones, *Justice of Zeus*(《宙斯的正义》),页 137 - 144;Marinatos, *JHS*[101],1981,页 138 - 140 和 *Thucydides and religion*(《修昔底德与宗教》)。Edmunds(*HSCP*[79],1975,页 73 - 92)和 Loraux(QS[23],1986,95 - 134)(Loraux 的论述附带限定性条件)把修昔底德说成以赫西俄德为代表的"古典悲观主义"的信徒。Cornford(《修昔底德神话化历史》)声称修昔底德完全沉醉于悲剧诗(tragic poetry)的魅惑,以致他除了写就一部关于希腊式虔敬的文献外,别无其他内容。

⑲ Ostwald 聚焦于修昔底德作品中的 Ananke 的极为有用的专论,特别鲜明地衬托出本书的立意。当他致力于深思"ananke(即必然,或强制)与道德"时,他认为(页57),"[必然性]迫使使者们在他们不情愿、不能预见或尚未计划好的情况下行动,这一事实使我们发现,[这些必然性]会挫败或压倒修昔底

[9] 此外,根据第三种观点,修昔底德作品并不缺乏"伦理"元素,他的见解亦非传统的。尽管复杂隐微,但在表达对强权和机运的受害者的同情时,他的观点却极为清晰。修昔底德把对政治生活之严酷性的无惧揭示,与超越这一揭示的某种要素糅合在一起。我们可以把后者描述为"人性"。他作品的魅力就是得益于这样的混合——但各种要素之间关系依然晦涩难解。[20] 我恐怕本书某些读者

德同时代人所偏爱的道德价值观念,[我们也由此]得以瞥见这些观念本身"。Ostwald 归诸修昔底德身上的"道德价值"正是上述此类观念。

Ostwald 在这里做了两个重要的假设。首先,他假定修昔底德的"道德价值"与其同时代人的相比并无差别,这明显提出了一个值得商榷的问题。我们不能仅仅靠彻底探究修昔底德笔下人物的观点,就推断出修昔底德自己的见解,因为人物的言辞会相互抵牾,他那在文本之外的同时代人也可能出现同样的情况。相较于修昔底德的清晰评论,这些散见的观点既片面又含混,而且对其的解读依赖于具体所在的语境以及叙事的整体背景。

Ostwald 的第二个假设是,"道德价值"完全隔离于对必然的思虑,而且即使必然性能对"道德价值"施加影响,也无法改变其实质。这等于暗示,就重要的"道德"问题(即关于正义的问题)而言,人们被正当要求做的事情,并非基于理性根据人们能力范围所设定的准则。本书则主张与此截然相对的论点。

[20] 关于这一观点的经典论述,参见 Reinhardt, *Vermächtnis*(《遗产》),页 184-218(尤其是页 207-117),Grene, *Greek political theory*(《古希腊政治理论》[译注]有中译本,戴智恒译,北京:华夏出版社,2012),以及 Stahl,《修昔底德》,所有这些著作都有很高的价值。我们还可以算上 Connor 和已故的 Colin Macleod,后者的修昔底德研究论文值得密切关注。(Macleod 的友人已经将这些文稿重新发表至他的《论文集》。)亦可参 Paronzi, *Aevum*[20],1946,页 231;Topitsch, *WS*[61-62],1943—1947,页 64-67;Bardu, *Studii Clasice*[8],1966,页 35-44;Parry, *YCS*[22],1973,页 49-50;较早前的有 Girard, *Essai*(《论文》),对他来说,修昔底德是个道德主义者,其道德主义难以捉摸。Lloyd-Jones(《宙斯的正义》,页 137-144)断定修昔底德之人道主义精神的存在,并将之与他余有的虔诚联系起来。更有甚者,如 Conflenti 的《修昔底德》(*Tucidides*),他坚称修昔底德的和平主义。我对 Carnes Lord 不胜感激,因他很早就提醒我注意 Reinhardt 和 Grene 的著作。

会指责我漠视修昔底德教诲的严酷方面。然而,我一直设法适当地处理修昔底德作品中那些引起相互抵触的解释的诸种要素。修昔底德的"现实主义"与该词现时流行的用法相当不同。[21] 再说,他不仅没有夸大正义的力量,也不至于否认它的存在。修昔底德一如其笔下的人物,实际上比通常所认为的更严肃地对待正义。[22] 从通篇来看,正义的诉求得到了富有同情的聆讯。

[10]不管怎样,重视正义意味着要细察正义所提出的各种问题,这两个方面缺一不可。这里所说的问题中最首要的,莫过于讨论正义的必要条件。政治生活的特征可以表述为:由于无法明确地表达一种对正义的全面理解,争持不下的各方都声称自己理解(或尊重)特定情况下的正义要求。修昔底德的处理如实反映了这一现象,而我作为回应,也试图紧贴上述现象和修昔底德的处理方式,让正义问题的每一面自行具体地揭露出来,从而避免抽象的概述。正因如此,我不打算一开始就为读者提供任何一种可用的正义定义。

认为修昔底德是个"现实主义者"的观点,还包含了另一个重要难题,即无论以何种方式理解,正义在人世间的处境都比我们所期望的更为羸弱。在政治生活中,我们一次又一次地遭遇不正义(或者被愤然指为不义的事情)。一般来说,我们会察觉到并斥责不正义的这种普遍存在,却没有对其进行深入反思;正义如此衰微的事实并不促使我们追问不正义是否应该受到谴责,事实上,这里隐含着一个真正的问题。如果事攸关己时大多数人仍不被正义的理由说服,

---

[21] 既注意到修昔底德与当代"现实主义"之间的紧密关联,又同时力求找出两者之间的差异,这种努力可参见 Garst, *ISQ*[33], 1989, 页 3 – 27; Donnelly, 《修昔底德》; Forde, *JPol*[54], 1992, 页 372 – 393; Johnson 的 *Thucydides, Hobbes and...realism*(《修昔底德、霍布斯与……现实主义》)在我当下研究告成之时尚未发表。

[22] Creed, *CQ* NS[23], 1973, 页 213 – 231。参 Ferrara, *Parola del Passato* [11], 1956, 页 341 – 343; Barbu, *Studii Clasice*[8], 1966, 页 35 – 44; Farrar,《起源》, 页 153 – 154; 以及 Heath, *Historia*[39], 1990, 页 389 – 391。

那么是否意味着这种理由已不再具有说服力？倘若如此，我们还能将过错归咎于那些不为正义所动的人吗？修昔底德探究的是正义之羸弱与其本善(goodness)之问题的关系，进而考察正义的本质，因为至少值得疑虑的是，对我们有害之物是否可能正当地出自我们自身？㉓

修昔底德并不止步于上述论题的提出，他还为其提供一种相当引人注目的表述形式。（这必须跟给它们"提供相应的解决方法"区别开来。）不仅如此，他还将这种表述嵌于一个特定的背景，即探讨对古典政治哲学意义重大的问题，也就是说以政制(regime)问题作为背景。鉴于希罗多德《原史》中的真正对手并不是单个的人，而是现今大多数人所谓的"文化"(cultures)——希腊和波斯，埃及和斯奇提亚(Scythia)，所以在修昔底德这里当指两种卓越的政制（雅典与斯巴达），两者仿如包含独特美德及其相应恶行的综合体。人性以政治的形式展现自身，要把握这点就得认识到，人性的各种表现首先是由政制塑造出来的。㉔ 与此同时，[11] 修昔底德致力于

㉓ "我们用以解释政治哲学之历史的能力，已经极大地受制于我们时代一种未经检审的康德道德主义的影响……这种理论促使我们坚信——过往的哲学从未如此——在幸福论(eudaemonistic)或他律论(heteronomous)层面对'惩罚'(sanctions)的考量，都不应牵涉道德责任的问题。职是之故，我们不再提出或理解这样的问题：道德是否得到来自自然、国家或神的支撑。这也解释了与古典思想相对的现代道德哲学最为典型的三个特征：漠视道德之'自然性'问题……极端的非政治化，以及认为在哲学上无需提出宗教的问题。"Melzer, *Natural goodness*（《自然的善》），页131，注释25。

㉔ Regenbogen,《论集》，页230 – 236；Chatelet, *La naissance*（《诞生》），页134 – 135；Strauss, *City and man*（《城邦与人》），页145 – 163, 209 – 226；Barel, *La quête du sens*（《追寻意义》），页221 – 223："La nature humaine est ce qu'elle est, mais elle ne produit pas *partout* et *toujours* les *mêmes* effets. Ce qu'elle produit est fonction, entre autres choses, du contexte *politique* dans leguel se situe le jeu de la nature humaine.... Il n'y a pas la nature humaine, point final. Il y a la nature humaine dans son couplage avec un cadre politique. C'est ici que Thucydide retrouve, prolonge et prêcise une grande intuition d'Hérodote : le cadre politique est

提出一种超越由任何政制所培育的对人类事物的理解。因此,他的研究可与柏拉图、亚里士多德或者任何其他伟大的政治思想家的研究相媲美。在赞同莱因哈特(Reinhardt)、格雷纳(Grene)和斯特尔(Stahl)的观点的基础上,即认为修昔底德展现出一种深刻的人性,我想证明这种人性不仅关乎性情,还涉及思想,一种有待解释的连贯观点。其依据在于他对"人"(to anthrōpinon, 1.22.4)的理解,特别是他对正义和必然问题的表述。

我将不会花很大的篇幅讨论文本解释方法,避免使引言显得臃肿累赘。只消说明一点就足够了:我一直看重修昔底德关于为后世写作的声明,并尽力避免运用任何缺乏说服力的标准来冒犯作者。柏拉图《王制》(Republic)中有一段相当精彩的话,反映了古典思想作为一个整体的内在意义,苏格拉底在里面所揭示的是,只有在偶然之下,他的"言辞中的城邦"才会是希腊,还有,它同样会召唤那些居住在"一些超出我们视野范围的蛮荒之地"的人。㉕鉴于我们目

---

un élément important de l'explication, au moins aussi important que la nature humaine. Sur ce plan, Thucydide est un penseur original par rapport à la sophistique."("人性就是其所是,但并不意味着在任何场合和时间都产生同样的效果。它所发挥的一种作用,就是充当政治背景——人性在其中得以施展——的一个因变量……人性总不会是简单自明的。它与政治的框架背景息息相关。正是基于这一点,可以说修昔底德重现了希罗多德所具备的一种重要直觉,并对其加以进一步拓展和深化,这一直觉指的是,政治背景是解释过程中的一个重要部分,它至少跟人性一样重要。在此意义上,修昔底德是个与智术师相关的原创思想家。")

㉕ 柏拉图,《王制》,499c–d。参见修昔底德,《战争志》,1.1–6,2.29.3(当下希腊人早前的野蛮性);2.100.2(马其顿在向希腊性[Greekness]转化的过程中取得的惊人进步),8.46,87,109.1(提萨佛涅斯作为阿尔喀比亚德的学生和伙伴,以及作为希腊神祇的崇拜者)。参Euben(《悲剧》,页172)论述修昔底德心中理想的读者群体:"这个群体由无限定的、姓氏不明的个人成员组成,可出现于不可言状的地点、不甚明确的未来甚至不确定的……背景之中,为此纪事作家把自己当作导师和朋友,向他们提供一种可以在任何时间地点重现的经验。"

前的困惑,这样做未尝不当,即以怀疑谨慎的态度接受这样一种声称普遍适用的观点,而不独断固执地否定它:"我们对人性的认知驳斥所有历史主义(historicism);我们关于历史的经验则可推翻所有反历史主义(anti-historicism)。"㉖如同埃尔塔(Robert Alter)的圣经研究,我的解读"预设了一种人类经验之深刻连贯性的存在,这使得对古典文本的研究直接成为可能"。㉗

[12]我带着自己的问题意识,开始着手研究修昔底德,倘若没有自己的问题意识,研究他就毫无意义可言。这些问题最初反映了六十年代我年少时的经历,之后是有感于我对前些年所发生的恐怖事件的持续高度关注。* 在那些年头,修昔底德之所以吸引我,部分原因是我误以为他对苦难的缄默或保留就是他忧郁阴暗的生活态度的表现。我庆幸自己终于明白,一个读者在给出初步回答时,必须保持警惕的一点是,他或她自己是否可能尚未学会问准问题。我自始至终觉得一个能够弄清修昔底德所表达意思的较为合理的解释,比另一个不能达到这种目的的解释更为可取。虽然有不少地

㉖ Manent, *Débat*[72],1992,页177-178。("Nous avons une connaissance de la nature humaine invincible à tout historicisme; nous avons une expérience de l'histoire invincible à tout antihistoricisme. ")

㉗ Alter, *Biblical literature*(《圣经文学》),页205。一个关于修昔底德本人的类似论述,可参 Aron,《历史与理论》[1],1960—1961,页108-109:"L'homme d'aujourd'hui, qui reconstitue avec peine l'organisation des Grecs au combat, qui ne partage pas avec les personnages de Thucydides les évidences (intellectuelles et morales) qui constituent la structure de chaque existence, n'en est pas moins capable, pour l'essentiel, de comprendre directement, sans passer par des lois ou des propositions générales, les discours des ambassadeurs et les décisions des stratèges."("当今有的人在重构希腊战争形态时遇到困难,有的人则不具备修昔底德笔下人物所持有的构成常人生活的道德和智识根基,即便如此,他们在重要方面还是完全能够不借助于法律或者一般观点,直接地理解使者的演说和指挥官的抉择。")参,同上,页125-127。

* [译注]作者指的是世界大战、法西斯主义和犹太人大屠杀等事件。

方我尚未能理解清楚,但似乎更稳妥的是把责任归咎到我的力有不逮,而非修昔底德的过错。另外补充一点,我在修昔底德作品中领略不少我之前从未想望发现的东西。

显然,我并没有认为与一个远古的伟大心灵进行对话是不可设想的。当然,巨大的困难横亘在我面前:要解释修昔底德这位具有崇高声望的思想者,要论述如此不同于我们的时代背景,甚至我们对作品所使用的语言也一知半解。不过即便这些也不足以成为理解他的最大困难。《战争志》属于那些仅向某种阅读方式显露自身的著作之列,这种阅读模式有别于由"信息社会"所倡导的阅读习惯;他要求(借用尼采的话)读者得像牛儿一样,这种读者懂得如何反刍。除非揣摩修昔底德的思想,在他的引导下重新考虑重大的政治问题——他对这些问题的表述也显示了他的用意——否则我们难以把握修昔底德的思想。谈到阅读修昔底德的著作,与他同时代的读者们则享有着诸多优势。在我看来,他们最大的优势并不是他们比我们更熟悉希腊语,或者甚至是修昔底德所处的那个世界属于他们却那么远离我们,而是他们总是生活在政治当中,无时不感受着政治的气息,但同时保持不受"政治科学"的影响,这与我们的处境极为不同。我们如此习惯于以非其自身的语词来谈论政治生活,结果,我们最难做到的,恰是重新学会政治地思考政治生活,也就是说采用直接取自政治经验的语词来谈论它。

本书的写作形式也存在一些问题。最近几部论著已经再次证明从头到尾逐篇疏解作品来展示作者对修昔底德的解释这一写作方法的价值。[28] [13]这样做尤其有助于绘制关于全部战事之演变的图表,也能促使读者注意每一特定章节所处的背景及与其邻近章节之间的关系。必须承认,没有其他方法能够使作品的叙事韵味充

---

[28] 作为例子,可参见卡根(Kagan)对《伯罗奔半岛战争志》所做的四卷本评注;Pouncey, *Necessities*(《必然性》); Cogan, *Human thing*(《人事》); Connor,《修昔底德》。

分地展露出来。可惜的是,这种连续渐进式的处理方法证实不适用于我的研究。诚然,我们所关心的问题大多在卷一首次出现,有鉴于此,我花了较长的第一章专门论述卷一,但在此之前,我要先设定一个引言,探讨出现在卷二的一篇演说。修昔底德承诺自己会遵循夏季和冬季的自然演进顺序(2.1,5.26.1),严格采用编年体来展陈战争,这一事实最终打消了我模仿修昔底德的念头。最贴切把握到我们问题的某个方面的章节,有可能在全书的任何地方出现:后起的章节或许比置前的更容易处理,某些章节虽然相距甚远,但却可以恰到好处地合为一个系列来引证。与我们的问题意识息息相关的内容大部分能在演说中找到,而每一次演说均发表于某个自然发生的特定情境。最明智的演说者未必是那些在战争中最晚发言的人。正如所有伟大的艺术品,修昔底德作品的每一个章节,不管它所处位置的先后,都必须以其他章节为参照加以重新审视。为了最有效地展开我的论证,我选择以一种与《战争志》本身不同的顺序处理各种素材。在此所施加的限制范围内,我会尝试在解释每一章节时适当关注其相关背景,只要该背景与我所论述的主题密切相关。㉙

我想预先提醒读者了解我没有完成的部分。我并不打算站在某种立场上批评修昔底德,这种立场考究的是所谓能够根据其他文本和非文本的证据加以揭示的"真实发生过的事情";我也不准备就他身为一名普通意义上的历史学家所应有的准确性发表任何意见。我想必会把关于准确性的讨论交给专家们——我们时代的古典文献史家。另外,我更不试图挖掘修昔底德所受的"影响"。这个方向的努力不可避免会因分析前苏格拉底思想家(即"智术

㉙ 任何一位研究修昔底德的作者都必须就作品的演说辞所扮演的角色表明自己的立场。我们中间那些把重点放在解释演说辞的学者尤其有责任这样做。鉴于我已经在早前一篇文章中详尽地表达过自己的观点(Orwin, *RevPol* [51],1989,页345-364),我会较为简要地在附录中予以重申。

师")——据说修昔底德受其影响——之残篇的破碎特点而受到阻碍。再者,这些学者把修昔底德这个人看得过分书面化和"学术化",从未想过他所受的教育乃是从政治生活汲取的经验。㉚ 虽然我没有讨论有关"影响"的问题,[14]但我一般在脚注中指出可与其他古代作家相互对勘的地方,修昔底德可能读过其中某些作家的作品,有些作家则肯定读过修昔底德的作品。我之所以囊括了这些作家,是因为他们很可能有助于我们阐释实质性的问题。

最后一点,我尽可能地把古典语文学的讨论缩减到最少,不但因为我并非经过专业训练的古典学者,而且若然这样做,本书可以为其他非古典学者所接受。因此,我只在两种情况下涉及这类讨论,一是论证我对关键段落的解释时,二是指出某些我对希腊原文的解读不同于其他评注者的解读的地方。正文和注释中的译文皆出自于我,除非有其他特别的说明。

如上所述,我从众多风格不一的学者身上获益良多。阅读修昔底德批评文献中的精彩论述,乃他的研究者的一大享受。我很遗憾自己未能从这些文献中学到更多;我只能一人默默承担如此过失。

㉚ 譬如 Hunter(*Hermes*[114],1986,页428)断言,修昔底德的"一种清晰可辨的前苏格拉底世界观——其中一个基本原则是,人类心智反映出其所处的周遭环境——"当只归功于高尔吉亚(Gorgias)一人。更具体地说,"人类心智"往往会在高度紧急的情境下变得混乱。修昔底德,这位富有战争经验的老兵和公民大会的常客,真的需要从高尔吉亚身上学会这一点吗? 不管怎样,正如 Romilly(《帝国主义》,页303)在全面考察有关弥罗斯对话的诸种假设之后评注道:"很难相信,在对话中表达的观点是打算引用在别处确实宣扬过的学说……毋宁说,修昔底德此处分析的政治现实直接激发了这些观点。"她随后又"想知道是否不只修昔底德一个,连其他希腊思想家也认为希腊政治现实催生了这些观点"。Hornblower虽然早前宣称(《修昔底德》,页 viii)他的论著的特殊之处在于"把修昔底德放在作为一个整体的公元前5世纪的智识背景下进行考察",但经过深思熟虑后,得出这样的结论:修昔底德是个"孤独者","他最终走自己的路"(页135)。

第一章　序幕:雅典帝国作为自由选择的事业:伯利克勒斯"葬礼演说"

[15]伯利克勒斯在伯罗奔半岛战争第一年年末(2.35-46)发表了一次葬礼演说,这成为修昔底德《战争志》中最负盛名的一节。人们普遍认为这次演说表达了作者修昔底德和演说者伯利克勒斯的观点;至少可以说,人们相信修昔底德对伯利克勒斯的目标和规划表示完全赞同。[31] 其次,选择从葬礼演说着手,是因为它阐述了

---

[31]　Regenbogen,《论集》,页219-247;J. H. Finley,《修昔底德》;Romilly,《帝国主义》;Grene,《古希腊政治理论》;Kagan,《爆发》(*Outbreak*)和《阿希达穆斯战争》(*Archidamian war*)([译注]译名从帕姆洛侬等著,《古希腊政治、社会和文化史》,周平等译,上海三联出版社,2010);Parry,*YCS*[22],1975,页51-60;Farrar,《起源》;Yunis,*AJP*[112],1991,页179-200;这份目录还可以无限制延续下去。对此持不同意见的研究,可参 Strasburger,*Hermes*[86],1958,页17-40;Strauss,《城邦与人》;Stahl,《修昔底德》;Flashar,《葬礼演说辞》(*Epitaphior*);Lloyd-Jones,《宙斯的正义》,页138-144;Bruell,*St. John's Review*[32,1],1981,页24-29;Palmer,*APSR*[76],1982,页825-836和《荣耀之爱》(*Love of glory*);Connor,《修昔底德》,页50-51,62-63。亦可参 Reinhardt,《遗产》,页202。埃德蒙斯(Edmunds)的《机运和智识》(*Chance and intelligence*)是一部出色的论著,它审慎地分析了伯利克勒斯的立场,而且对书名所示问题的全面研究也显得均衡有度。一种解读将修昔底德理解为世故的亲伯利克勒斯者。可参 Euben,《悲剧》,页160-201(尤其是页191-199),他赞同埃德蒙斯的看法,认为伯利克勒斯的原则最终在修昔底德的思想和实践中,而不是在政治领域(他的原则在此领域颇成问题),找到真正的归宿。

关于伯利克勒斯的演说与其他现存的葬礼演说(古典时期的这些文献都出自雅典人手笔)的有用比较,参见 Ziolkowski 的《传统》,书中令人信服地证

第一章　序幕：雅典帝国作为自由选择的事业：伯利克勒斯"葬礼演说"

有关雅典帝国主义的一种解释。这代表帝国立场的著名简短声明在某种程度上呼应了对其最严厉的批评者的观点：葬礼演说表明，帝国正深受必然性的支配。

伯利克勒斯把帝国式的雅典描述为最高贵的人类事业，而且是由雅典公民在知悉全部实情的情况下自愿接受的事业。雅典共同体的至高荣誉就是整个帝国，只有在帝国之内，且只有通过帝国自身，雅典才能充分地体现出自己的价值。为了深入了解帝国，我们必须把握推动帝国的崇高目标。

[16]如果我们把伯利克勒斯这篇演说与其他现存的雅典葬礼演说对比来看，就会发现它最突出的是对祖先的贬低。正如先于演说的葬礼仪式，演说本身是沿袭传统的环节；至少，该仪式也珍存了某些古老的习俗做法(2.34)。② 另一方面，帝国是新近发生的事物；在这祖传的仪式当中，伯利克勒斯借机褒扬了上两代人以及尤其是现代人的德性。虽然他宣称(按照传统惯例)适宜从祖先开始讲起，但是我们发现实际上他并没有表露出尊敬之意。从古至今，各个世

明，修昔底德归于伯利克勒斯名下的演说和那些确由其他人发表的演说之间的相似性，间接表明前者至少建立在由伯利克勒斯实际发表过的演说的基础之上。为了自圆其说，Ziolkowski 势必会把自己从两类演说中发现的差异的重要性降到最低，如此一来，他便轻视了这篇演说的创新。这种创新性的体现依赖于一个事实，即其他现存的演说全都晚出于这篇演说(其中某些演说可能在某些方面仿效了这篇讲稿)，但是相比之下却更为传统保守。埃德蒙斯(《机运和智识》，页 7 - 88，其中页 44 - 70 论及这篇演说)恰当地强调其中新颖之处，即伯利克勒斯对人类生活的展陈，以及公民身份在一个城邦中之于人类生活的核心位置——当时公民被认为是首要的，既高于家庭和敬神，又与上述两者保持张力。另外，对于突显葬礼演说这一体裁在塑造雅典公民意识方面的作用的别具大气的论述，可参 Loraux，《创造》(*Invention*)。

② 事实上，这个仪式究竟有多古老，学界依然存疑。参 Ziolkowski，《传统》，页 13 - 21；Loraux，《创造》，页 28 - 30；Saxonhouse (*Polity* [10]，1978，页 467) 提出，修昔底德可能夸大了仪式的古老程度，以便加强伯利克勒斯演说标新立异的对比效果。

代的演进均呈上升趋势;取得最大进步的当属最为新近的一代(36.1-3)。演说之前不久,修昔底德直接介绍了伯利克勒斯如何根除祖先们那种前城邦、前帝国的生活方式的最后残余(2.13-17)。伯利克勒斯在这篇演说中盛赞的至上光荣,可谓非常新异。③

雅典人的荣耀与他们的政制和生活方式密不可分(epitēdeuseōs...politeias kai tropōn, 2.36.4)。在伯利克勒斯描述的社会中,个体公民的充分发展与为城邦献身不冲突。若要阐明这一说法的全部,需要对通篇演说进行详尽的分析。斯巴达仅凭严酷的训练培养公民德性,雅典则概不为城邦而牺牲公民,反之亦然。雅典在自由而非强制之下促进了公共和私人生活的惊人发展(37-41)。不过,公共生活依然占主导地位(38,40.1-2)。当伯利克勒斯赞颂雅典人(40.1)热爱美或者高贵(philokaloumen)的事物而且热爱智慧[17](philosophoumen——这是《战争志》仅有一次提及"哲学"这个语

---

③ 演说适宜以赞颂祖先作为开始,伯利克勒斯这一声明具有反讽意味,因为它仅仅在演说的第三段出现。然而回到演说实际开头的部分,我们注意到伯利克勒斯的确是从祖先讲起:责备那位创立葬礼演说之惯例的先人!伯利克勒斯由此把自己展现得更为明智,相比起这位前人以及保留他的错误的法律而言;所以在第三段(首先提到祖先),他把现时代的雅典人描述为以往所有世代中最优异的一代人。

人们或许会比照其他地方对祖先的崇高赞美,以及他们为现时代人做出的不可超越的美德模范的描述,如吕西阿斯(Lysias)的葬礼演说(3-19[远古的祖先],20-66[较近代的祖先],69);德莫斯提尼(Demosthenes)的演说词(3-11,27,28,30,31);柏拉图《默涅克塞诺斯》(Menexenus)237b3-c5,239a。希佩里德斯(Hypereides)是一个例外,他赞颂拉米亚战争(322 B.C)阵亡者的将领利奥斯提尼(Leosthenes),说他的美德比古代杰出人物更优越(35-38)。另一方面,即便如此,希佩里德斯对祖先美德的赞美(6-7)也远高于伯利克勒斯。我们有理由相信,高尔吉亚这位有文字记录(虽然只剩残篇)的最早演说者,其讲辞也包含赞颂祖先的一节(Ziolkowski,《传统》,页94 注释18)。

Loraux(《创造》,页121-122)承认"后世人凌驾于祖先"的情况,但没有注意到,这不利于她所作的断言:这篇葬礼演说和同类演说一样,把城邦比作一成不变的暂存物。

词)时,整个语境指向的是公共生活:"热爱智慧但不柔弱"意味着把公共的权衡与勇敢联系在一起(40.3)。仅当作为一个公民时,雅典人才能使一个独立的人,表现出一个"个体"(*autarkes sōma*, 41.1)应有的高度自足。为了证明这些美德,我们只需关注帝国的伟大性(41.2-4)。

伯利克勒斯对帝国自发性的着重论述,始于对帝国起因的解释。这些起因就体现在雅典独特的自由中。

> 在美德方面,我们与许多人也形成了明显的对照。我们结交朋友,是给予好处,而不是接受好处。由于付出的一方是双方之中更坚定[的朋友],因此他通过向接受者施以善意,而保存着接受者的感激之情。但接受者无动于衷,因为他知道报答善意时,不是回赠感激,而是偿还债务。我们是独特的,我们给予好处不是出于估算我们的利益,而是对我们的自由充满无所畏惧的自信。(2.40.4-5)④

---

④ 大多数评注者都承认这里指的是帝国自身。Rusten(《修昔底德卷二》,页156)对此尚有犹疑;Connor(《修昔底德》,页69注释45)觉得这一看法较为可疑。Rusten提出,伯利克勒斯在这里描述了雅典人相互之间的私人关系。他认为第40节作为一个整体论述了雅典人作为个体的美德,而且他注意到,伯利克勒斯毕竟是个政治现实主义者,而且在别处(2.63.2)把帝国称为一种僭政,故这段描绘显得过于乐观,恐不可靠。既然这对我的解读来说至关重要,我会慎重考虑 Rusten 的反对意见。[译注]本书所有引文均由译者据 Orwin 的英译译出,以克劳利的译本为参考,有改动,并参照 Steven Lattimore 英译本,这是近年出版的新译本,口碑甚好,参见魏朝勇,《自然与神圣》,华东师范大学出版社,页204。

我不大认同,第40节描述了雅典人的私人生活。伯利克勒斯在 2.37 处已经做过此事。在我看来,第40节的所有声明(包括 philokaloumen[热爱高贵事物]和 philosophoumen[热爱智慧])都可以解释为与雅典人的集体生活有关。参 Gundert, *Die Antike*[16],1940,页106-107。接上的一段明显涉及雅典人在公共决策方面的独特能力。最近,Romilly(《帝国主义》,页136)和 Diller(*Gymnasium*[69],1962,页201)引述了这节与欧里庇德斯《赫拉克勒斯雅典接受帝国的事业并非出于强迫,她这样做的动机也不是为了获利。伯利克勒斯颂扬雅典的合理性(rationality)时,已经暗示了利益算计在此格格不入,因为绝妙的算计只求利益,而不求对自由人(eleutheroi)来说合宜的自由(eleutheria)。然而令雅典盟邦气恼的是回馈感激的沉重负担:正因为自知有欠于雅典,他们不能像雅典施惠于他们那样自由[18]地报答谢意。因此,伯利克勒斯不怒不苦地承认盟邦存在的不满情绪,但断然否认任何关于雅典不正义的暗示。⑤

伯利克勒斯并非把帝国描述为追求某种超凡目标(例如泛希腊主义)的工具。⑥帝国的终极目标是高贵的,除雅典人之外,不属于任何其他人。帝国是城邦的重要延伸。它为公民们提供最广阔的舞台,以便显露他们的美德,从而保存其光耀的记忆。伯利克勒斯

后裔》(*Heracleidae*,行 198,245,305 – 306 和 329 – 332)的紧密对应关系,后者的主题显然是雅典的对外政策。

同样不难理解,赞颂雅典之高贵的伯利克勒斯为何在宗教节日氛围下表现出对帝国更为乐观的态度,而在之后一个完全不同的修辞语境下却态度悲观。再说,他的心理状态,和他声称雅典帮助他的盟邦摆脱波斯的奴役一样,是合乎情理的。相对而言不太可信的观点是,只有(μόνοι, 2.40.5)雅典人以个人身份自由地结识朋友:每个城邦肯定有人也如此建立友谊。伯利克勒斯会不会因为一个没有根据的断言,即雅典邦内众多朋友之中有人忘恩负义,而使他这一重要赞词逊色不少? 这样,接受者的无动于衷反而会铭记于每个听者心中,而且他以得体的方式对这类人的否定,无疑会引起台下一片赞许的低语声。亦参 Loraux,《创造》,页 79 – 83。

⑤ 罗米莉(《帝国主义》,页 138 – 139)欣赏伯利克勒斯的直率,因为他赞扬帝国的自由而非正义。但是自由与正义不相容(参亚里士多德,《尼各马可伦理学》,1119b – 1122a;马基雅维利,《君主论》,第 16 章,以及 Orwin,*APSR*[72.4],1978,页 20 – 30)。而伯利克勒斯在这里展示的帝国并没有任何不义的污点:雅典帝国立足的根基在于施惠于其他城邦,而不是伤害他们。

⑥ Romilly,《帝国主义》,页 100 – 101。

所展现的世界可谓极富"竞争性"。⑦ 正是城邦之间的竞争铸就了由公民组成的共同体,至少对雅典来说如此:一个以损害其他邦国为代价的平等且享有无上荣耀的共同体。(无论伯利克勒斯如何解释帝国的起因,他都没有妄称其他城邦仅仅从帝国获得益处[2.39,41.4]。)

伯利克勒斯反复坚持认为,雅典人的力量最能够为他们的美德作证。⑧ 他们不仅统治,而且理据充足,这有别于大多数统治者的统治(2.41.3)。这种美德在公民为城邦及其力量献身时达到了极致(参1.70,7.28),战争时期就更为明显。在战争中,雅典人和其他士兵一样,必须面临这样的抉择:究竟是退而却步还是勇往直前,是甘于安享城邦中幸福的生活——既然邦内公民的生活如此精彩——还是决心为了这个城邦能保持这样的生活而冒生命危险。伯利克勒斯赞许阵亡的雅典人,正是因为他们做出了后一种选择(2.42.4,43),他劝诫幸存的战士们仿效他们,再说,他的首要目标就是证明这一选择的正当。伯利克勒斯也许能够成功协调(至少在这篇演说中)个人幸福与邦国之善好,所采取的方式就是说明公民只有在这个志存高远和最能实现个人抱负的城邦里,才能完全发挥自身的价值。但是单单颂扬雅典的生活方式并不足以直接证成为雅典献身的正当性。传统观念已经劝告人们为着父母、妻子儿女和祖传诸神而不惜冒生命危险。⑨ 城邦实际就要坚定不移地充当他们的守护

---

⑦ 参尼采,《查拉图斯特拉如是说》,1.15("论一千零一个目标"):"你应总当第一,拔萃同侪:你那嫉妒的灵魂,除了'朋友'不应再爱他人——这话使希腊人的灵魂颤抖:于是他走上了他的伟大之路。"取Walter Kaufmann英译([译注]中译文可参见黄明嘉、娄林译本,华东师范大学出版社,2009,页109),关于伯利克勒斯演说中的竞赛特点,亦可参见Loraux,《创造》,页95-97,202-220,241-243。

⑧ 参Flashar,《葬礼演说辞》(*Epitaphios*),页454-457及全书;Loraux,《创造》,页85-86。

⑨ 参7.69.2;埃斯库罗斯,《波斯人》,402-405;柏拉图,《法义》,699cd。

者。而伯利克勒斯对城邦的嘉奖则更意义深远。伯利克勒斯不是仅仅给予那些献出自己最好的东西（他们的生命）的人以荣誉，而是把荣誉自身描述成[19]一个人最值得追求的事物——他把操持帝国事业的城邦看作最重要的人类共同体，因为它能提供一种方式，使人们凭借追求荣誉成就神化的境界。

因此，伯利克勒斯的看法暗示出他严厉贬低私人领域（身体、家庭和财产），而倡导一种关注公众生活的新方式，因为在公共领域，每一个超越一己之私的人获得了对他来说最好的东西——永垂不朽的光荣和赞美（2.43.2）。这就解释了为何这篇演说中大量出现对身体和死亡之痛苦的抽象化表述，以及他讲到财产和家庭时会如此苛刻严厉。死亡一词只出现过一次，而且被描述为"毫无感觉地"（43.6）。财富被理解成荣誉和公共立场的对立面（42.4，44.4）；伯利克勒斯意欲将家庭视为城邦的从属单位，一种实现城邦之目标的工具。父母和妻子，更不用说正值壮年的公民们，都必须为光耀而生活。阵亡士兵的父母们将要在自己折射而得的荣光中得到告慰，而且在可能的情况下生养出新的公民以作补充——伯利克勒斯不忘提醒父母们，他们同样面临着丧失这些此后出生的孩子的危险（44.1-3）。至于现存的年轻人，他们需要安慰的原因，不是痛失其父亲和兄弟们的缘故，而是因为他们难以超越不在世的人的声誉——既然人们倾向于颂扬不在世的人，活着的人只能享有不相称的声名（45.1）。

伯利克勒斯致寡妇的讲辞（2.45.2）传达出他对城邦之理解的不妥协立场。成了寡妇的人同样会生活在荣誉之中——这同时奇怪地意味着她们极少得到任何尊重。这突如其来的忠告显然有别于演说之前那个彰显寡妇的公开哭悼的仪式（34）。每个寡妇都寻求抒发心中因失去配偶而难以平息的悲痛，由此显露出自己女性的德性，而这一德性的公开展现又会唤起人们对其顽固的私人品性的注意。这是否说明了伯利克勒斯吁请妇女们（他仅在迫不得已之下谈及她们：*ei de me dei*[我必须]……）最好在城邦中隐身？他是否认为这些妇女过于溺信私人事务的首要性,不足以在一个公民荣誉至上的共同体中发挥有益的作用?[10]

同样给人深刻印象的是,关于"神"在雅典生活中的位置,伯利克勒斯只提及一次。葬礼是雅典人最为庄重的仪礼之一,而含有演说部分的仪礼更显如此。但与此同时,在葬礼场合下的虔敬,要求禁止提及奥林匹亚诸神:葬礼崇拜的是冥府或者说阴间的诸神,不是城邦的诸神。[11] 故不必惊讶于诸神在此类演说中只扮演无足轻重的角色。再者,这个角色渗透着伯利克勒斯的风格,而非[20]一无是处。在 2.38.1,谈到其他消遣方式(字面上是指从 gnōmē[公共事务的议断]中舒缓精神)时,他提到了神圣的祭祀活动(thysiai)。因此,他显然只从对人有用的立场来考虑这些祭祀活动,而且宣称它们都是次要的,正如演说唯一一次明确指涉某个神的地方所示,他把雅典娜帕耳忒诺斯(Athena Parthenos)的神像看成是用作战争支出的黄金资源之一(2.13.5)。[12] 事实上,对诸神的贬损就隐藏在伯利克勒斯对荷马的轻视态度之中(41.4)。[13] 伯利克勒斯的最后一次演说发表在瘟疫爆发之际,大多数雅典人相信这场瘟疫是神灵遣来惩罚他们的,因为他们受伯利克勒斯的怂恿发动了战争(2.53-54),在这次演说中,他描述瘟疫为神授的或者"神样的"

---

[10] 参 Rusten(《修昔底德卷二》,页 175-176)的讨论。Lacey(*PCPS*[10],1964,页 47-49)认为一位希腊寡妇最有可能被人注意到她的悲悼,这似乎可信,但另一方面,他解释伯利克勒斯劝诫寡妇是为了限制她们的哀悼,这就显得过于片面和过于温和。

[11] Loraux,《创造》,页 277;她引用了德摩斯提尼(Demosthenes)的葬礼演说(30-31)和柏拉图的《默涅克塞诺斯》(*Menexenus*),238b。

[12] 参 Reinhardt,《遗产》,页 197-198;埃德蒙斯,《机运和智识》,页 37-39(其中提到,事实上雅典人从来没有照这一建议行事,即使在他们极度绝望的时刻也不例外)。

[13] 比较其他葬礼演说中对只能从诗人那里得知的远古事件的强调:吕西阿斯,4-16;柏拉图,《默涅克塞诺斯》,239a-c;德摩斯提尼,8;希佩里德斯(Hypereides),35。参亚里士多德,《修辞学》,1396a。

(daimonion,64.3),但坚称他们应当把它当作一种必然(anankaiōs)来忍受,换言之,他们违悖了瘟疫所特意传达的神的告诫。最后也是最突出的一点,相较于阿提卡葬礼演说的常见主旨(topoi),伯利克勒斯显然既没有把狂肆(hybris)的罪名推给雅典的敌人,也没有基于这一理由显证雅典完胜于她的对手。[14]

这种处理诸神的理性主义方式如此一贯,绝不是出于一时的疏忽。我们时而会听说,伯利克勒斯阐释了第一种对社会的"世俗"看法。[15] 然而,仅仅停留在这个层面,则导致事实不能被充分叙述之余还是被夸大了。伯利克勒斯描述雅典为史上第一个"无神论"社会,而且一点也不逊色于马克思为历史之终结而构想出来的社会。既然就人类幸福的最高水平而言雅典达到了完美自足,无怪乎她可以因其无用而勾销诸神的存在。帝国在无需借助神性的情况下,通过满足公民最深层的人性欲望而使诸神显得多余。由于帝国扩展到心智所能视见的极限,帝国向每一公民授赠不朽的生命,令他们在帝国这一场域下焕发其闪耀的德性(2.41.4,[42.4?],[16] 43.1-3)。

这也正是伯利克勒斯最后一次演说(2.60-64)所揭示的最终且至关重要的一点,他在瘟疫和围困之际以这次演说为自己的战时方针辩护。虽然战争的第一年给人带来了挫折和恼怒,但雅典并没有遭受重大伤亡,所以葬礼演说不必处理这些问题;从这个角度来看,最后一次演说所面对的是沉浸于个人痛苦的听众们,由此构成了伯利克勒斯真正的葬礼演说。这篇演说一开始就极为严肃地提出了一个与葬礼演说相反的论点:公民必须把城邦认作他们私人[21]财富的唯一保证者,并全力支持她。每一个人的安全和财

---

[14] 吕西阿斯,9、14;德摩斯提尼,8、28;希佩里德斯,20-36;伊索克拉底,《泛雅典娜节献辞》(Panathenaicus),80。

[15] 最近可以听到的说法出自 Kagan,《伯利克勒斯》,页10、22-23、169-171。参 Flashar,《葬礼演说》,页459-461。

[16] 关于2.42.4 的这种可行解释,参本节,注释28。

产都取决于共同体的存活,更进一步说就是这场战争的成败。而战争的合法依据是且仅是它的必然。同样地,放弃帝国,而不危及公共和私人的利益,这是不可能的。伯利克勒斯的政策及其推行的困难都产生于必然。如此严峻且诉诸常识的观点,似乎极为偏离于之前对至高荣誉的推崇。然而随着演说的进行,伯利克勒斯在继续突显战争之必然的同时,逐渐延伸和提升到关乎荣誉的观念,最终再次吁请他的听众在自然状态下(sub specie aeternitatis)看待帝国。

在2.61,伯利克勒斯强调了战争的必然,不仅是为了保存雅典的自由,而且是为了避免雅典的名声难以为继的可耻下场。因此他再次提出声誉的论题——但在这里获得声誉是指做保全城邦所必须做的事情,不受一时个人情绪的反常影响。

他没有暗示雅典人应当追求荣誉而放弃安全。相反,他坚持认为在当时他们所处的困境下,两种因素都必须切实考虑。谈至2.62时,伯利克勒斯通过颂扬雅典人对海洋的统治,重新恢复了众人对其战略的信心,随后他提醒道,他们现有的损失相比他们帝国的资源来说是轻微的,而且坚持战斗也是一种弥补损耗的方式。此外,光荣的事业是安全而又有利的。在2.63,他激励众人以帝国为荣,以促使他们本于羞耻感而自觉承担帝国的责任。再者,他坚称获取荣誉与保全自由及安全,两者的必要条件都是相同的。

> 如今已经不可能放弃[帝国]了,就算有人受惊于现时情势而妄想表现出漠视政治现实的正直面孔;可以说,你们操持帝国犹如僭政,或许会通过不正义(adikon)的手段获得,但弃置它将会招致危险。(2.63.2)

伯利克勒斯有意运用限定语"可以说"(hōs)和"或许"(dokei einai),以便弱化这一陈述的力度;尽管如此,"葬礼演说的道德高调并没有让我们准备好尝试承认,帝国也许是建立在不正义的基础之上"。⑰ 倘若帝国确实是准僭政的(一个意在强调放弃帝国之危险性的论点),什么样的荣耀可与之匹配?伯利克勒斯下面谈到了这个问题:

> 再回想一下,倘若你们城邦在全世界范围享有最伟大的声名,那是因为她从不屈从于灾祸,在战争中牺牲最多生命,付出最大辛劳,而且赢得了迄今所知最强大的力量。纵然我们竟在自己的时代遭遇不幸(鉴于事物都无不趋向败坏),但是帝国的回忆将永世留存:我们如何比任何其他希腊人统治过更多的希腊人,如何在对抗联合或分散作战的希腊人的重大战争中幸存下来,如何安居在最伟大、最富足的城邦里。政治上胸无志气的人可能会指摘这些伟业,但善于行动的人将竞相仿效它们。[22]而那没有能力获取所有这些的人则心生嫉意。所有决心统治他人的人,都在其所处时代遭受怨恨和厌恶,但为了追求伟大事物而不惜蒙受憎恨的人却是明智的。因为仇恨不会持续长久,而目前的显赫和未来的光耀都会持存于永恒的记忆之中。(2.64.3–5)⑱

雅典必然遭受的怨恨源自于那些比不上雅典的城邦的嫉妒;终有一天这些愤恨会烟消云散,而城邦的荣耀则光芒万丈,不因人类的卑微而黯淡。为战争所作的牺牲将保全雅典不朽的名声。不过,倘若嫉妒不再存在,帝国自身显然也会随之消隐。如同一切生成之物,帝国也有衰落灭亡的一天;但是它的光耀(违抗自然?)将永世长存。雅典所承受的负担只是永恒荣誉的暂时代价。进一步说,最伟大的声誉恰恰靠耗费大量生命和财富来获得与维持。雅典持有的力量证实了她的德性,而最重要的是这一德性默认了一个准则:

---

⑰ Pouncey,《必然》,页 100。
⑱ 克劳利(Crawley)的译文,有改动。

个人为着永恒的声名应当作出牺牲。

然而,不论是在这篇演说还是葬礼演说,雅典的强大力量都没有向我们证明雅典的正义;这或许对任何力量来说都要求过高。伯利克勒斯承认帝国可能是不正义的,表面上为了平衡这一让步,他现在暗示帝国所激起的恨意是虚伪的:不是出于正当的义愤,而是拜嫉妒所赐。如果每个邦国(或者说每个有足够资格的邦国)都渴望获得最大的力量,雅典就不会显得专横或者不义,反而是一个公平竞争中的光荣胜者。由此看来,伯利克勒斯与那些雅典辩护者之间存在观点上的关联,后者的诉求也动摇了普通意义上的正义观念(参 1.73,4.98,5.85–113,6.82–87)。[19]

因此,具有普遍性的雅典城邦/帝国完满地解决了"个体与社会"的难题,使得城邦极端苛刻的要求与公民至高利益相协调:"最大的牺牲"仅仅是通达一种最璀璨的公共善的门槛。再回到葬礼演说的主题,阵亡者们为城邦奉献出(eranos)"共有的"(koinōi)身体,他们将"私下"或"作为个体"(idiōi)地获得永垂不朽之荣耀的奖赏(2.43.2)。[20] 这种献身(eranos)的奉献,隐含着一项由任一合资企业的投资,为其作出贡献的每一个员工都与其他人一道企图赚取利益。其中的寓意就在于此。[21] 阵亡者所失去的(身体和生命),(越来越不属于他们自己,)要少于他们所得到的。他们在记忆中存活;伯利克勒斯[23]把每个人的记忆重新解释为其真正的生命:每个人会发现,只要全身心投入雅典城邦,并为此奉献生命,就能够沉浸在荣誉的不朽之美中。

葬礼演说的高潮现身于一个令人诧异的规诫——伯利克勒斯奉劝雅典人要成为自己城邦的"有情人"(erastai)。谈论一个人对城邦的爱(philia)是一回事,而提及对城邦怀有肉欲的激情则是另

---

[19] 参 Strasburger,*Hermes*[86],1958,页 29 注释 5;Stahl,《修昔底德》,页 50–52;Flashar,《葬礼演说》;Pouncey,《必然》,页 36–38,100–101。

[20] 施特劳斯,《城邦与人》,页 195 注释 1;Flashar,《葬礼》,页 458。

[21] Rusten,《卷二》,页 169。

外一回事。㉒伯利克勒斯贬低源于通常意义上的爱欲（eros）的私人纽带，并意图将极其私人的领域转化为公共的领域。他所描述的城邦旨在满足公民最深层的欲望。最引人注目的是，唤起这些强烈欲求的竟是城邦的力量（dynamis），而非她的美。伯利克勒斯大概想到，城邦只有凭借帝国才能成就如此辉煌的顶点，从而致使公民在心灵深处渴望在城邦中借此机会企及神化的境界。他们把城邦赠予的不朽声名归功于城邦无比强大的力量。

伯利克勒斯对诸神的贬损由此印证了施特劳斯的结论："雅典帝国主义包含某种让人联想起宗教的事物。"㉓雷根博根认为，修昔底德自身对奥林匹斯山诸神抱有强烈怀疑，但仍未能克服自己的宗教信仰，于是将对宗教的看法赋予其笔下的伯利克勒斯和雅典。㉔但是跟随他和其他学者，把这部作品解释为关于伯利克勒斯式崇高的悲剧，未免过于简单化；我们定要避免对葬礼演说做过分表浅的阅读。

首先，我们必须考虑演说运用反讽的可能性。伯利克勒斯不出所料，一开始就强调，选择适当的语词来赞颂阵亡者的行为，甚为困难。然而，他对这一困难的申述却显得过于公正不阿，引致人们不禁对他接下来颂扬阵亡者行为时的坦率抱有疑虑。

> 在这个发言者所讲的事实很难征信于你们的场合，用审慎的方式发言是困难的；一方面了解事实和怀有善意的听众可能

㉒ 作为这一用法的较近例子，可参 Lycurgus，《反里奥克拉特》（*Against Leocrates*）100（大约公元前 322 年），他对这一语词的使用很可能受到修昔底德上述段落的影响。J. H. Finley（《三篇论文》，页 21）援用了欧斯庇得斯两个日期不明的类似用法的出处，《腓尼基的妇女》（*Phoenissae*）359 和《厄瑞克透斯》（*Erechtheus*）残篇 360.54。亦可参 Hornblower，《义疏》，页 311。

㉓ 施特劳斯，《城邦与人》，页 229；亦可参格雷纳对 2.64 的出色洞察（《古希腊政治理论》，页 90）。

㉔ Regenbogen，《论集》，页 243 - 247；参格雷纳，《古希腊政治理论》，页 83 - 92。

觉得发言者讲的事情还没有他所希望和知道的那么充分,另一方面,不熟悉情况的人听到一些超过他们的天赋的功绩时,出于妒忌可能感到有些夸张。颂扬他人,只有在每一个听众认为也有能力做到他所听到的事情时,才是可以容忍的;一旦超出了这个界限,就会激起妒忌和怀疑。(2.35.2)

[24]他有必要在这个场合概述他所面临的如此困难,因为这一难题的解决必定是他首要关心的修辞问题。适度地赞美亡者的行为,确实与满足两类听众的期待一样困难,一类希望听到对亡者的溢美之词,另一类则(因自己没受到奉承而)心生恼怒。㉕ 但是如何同时满足这两类分歧如此之大的听众呢?

在这种情况下,伯利克勒斯所要应付的第二个问题远比前一个重要,因为很少人死于这战争的第一年,所以大部分听众都倾向于怀疑和妒忌。㉖ 若然伯利克勒斯希望得到普泛的支持,那么他就必须讨好这类人。他只声称,听众在听到其他人获得超过听众自己所应得的赞美时会感到愤怒;他是暗示他们愿意接受过度的夸奖吗? 伯利克勒斯无疑以通篇演说激赏作为一个整体的雅典城邦,因此"赞美雅典甚于赞美雅典人"或者赞美雅典人甚过于赞美他们自己

㉕ 参见品达(Pindar),《第一皮托凯歌》(*First Pythian*),行 81–85;撒路斯特(Sallust),《喀提林的阴谋》,3。但是,品达无法预见伯利克勒斯解决这一困难的方法,而作为修昔底德的模仿者的撒路斯特也没有采用伯利克勒斯的方式(这背离了他作为一名纪事作家的职责,如上述引文出处所示)。其他现存的葬礼演说也强调了恰如其分地赞颂死者的困难,但没有把困难归咎于妒忌的作祟。参吕西阿斯,1、54;柏拉图,《默涅克塞诺斯》,246b;德摩斯提尼,1、6;希佩里德斯,4、23。

㉖ 参见 2.22,这是唯一一次提到这样的伤亡程度(一小部分人在一次骑兵之间的小型冲突中亡故)。参见哈利卡尔那索斯的狄奥尼修斯(Dionysius of Halicarnassus),《论修昔底德》,18([译注]该文的英译本及导读请参由 Timothy Burns 发表于著名的政治哲学季刊《解释》,2010 年秋季第 1 期,vol. 38,页 3–27)以及霍布斯,EW,9:xxviii。

个人。㉗ 他对亡者的悼词主要通过赞美生者来进行(2.42.1 – 2)。他不止避免,还公开反对因过分赞美死者以致贬低生者(由此引发生者的妒忌)的做法(45.1)。仅在谈及亡者时,他才暗示他们某些人的生命可能达不到雅典的标准(42.2 – 3);他这样说,是为了抚慰某些听众,他们更在意自己没有得到更高的赞扬,而不是关心演讲者对亡者的高度称颂。即便这篇演说显得高尚而又激动人心,它也算是一次优雅得体的奉承。它慷慨地给予所有人充足的荣誉,以此缓和两种对立的爱慕赞许的渴求。

伯利克勒斯对这种修辞性困难的回应,与他对每一葬礼演说隐约可见的更深层困难的处理方式之间,存在着明显的对应关系。战争中的死亡展示了"个人与社会"问题的极端情况,亦即私人与公共善之间的紧张。最高的赞美应赠予那些做出"最大牺牲"的人。但问题是,如何使幸存者甘愿做出牺牲,并且自愿接受轮到他们冒生命危险这一必然事实?伯利克勒斯演说的目的,就是试图做到这一点,这可能是史上最为雄心勃勃的一次尝试(尤其是鉴于他不祈望得到神的襄助)。在这里他同样给予全体雅典人丰足的荣誉。作为个体(*idiōi*,43.2 – 3)在任何时间地点被铭记:这就是承诺给为雅典而死的人的奖赏。声名不管多么巨大,都是平等享有的,伯利克勒斯赋予民主雅典之忠诚公民的就是极高程度和水平的平等性。

[25]值得疑问的是,伯利克勒斯授赠所有雅典人的这种荣耀是否真的能够落实到每个人的身上。对在雅典这样显赫的城邦里的已故公民来说,也是几乎难以实现的。我们称雅典的全盛时期为"伯利克勒斯的雅典",修昔底德对伯利克勒斯的赞颂实际上是以雅典为代价的。(2.65)。伯利克勒斯在别处提醒雅典人,自己比他们懂得更多,而且他们的成功完全依赖于他的政治策略(1.140;2.60)。但在此处,伯利克勒斯率先不惜贬损先人(不过也等同于是作了自我贬低)之后,他的优越性亦有所减弱。难道他的修辞意在

㉗ 参见柏拉图,《默涅克塞诺斯》,238c。

通过回避所有自我夸奖,讨好他的听众,由此转移那投射在他身上的嫉意?

至于伯利克勒斯演说中令人赞赏的地方,我们万不可忽视它所包含的困难。伯利克勒斯自己承认,以世俗的幸福为代价换取永恒的纪念,这种代换也有不尽人意之处;当谈到公民把成败寄托于自己的德性和机遇时,伯利克勒斯可能祈求一个令人满意的结果(譬如说最终保存生命)(2.43.1;参42.4)。事实上,阵亡者共有的,不只是他们身体的集体牺牲,还有避免牺牲的共同希望(koinēs elpidos,43.6)。如果需要更深层的告慰,并需要更充分的理由体会分享那些亡者的决心的话,我们得回想起人类幸福的不稳定性:阵亡者所抱的已被死亡掐灭的希望,也有可能被生活现实一一打破(43.4–5)。伯利克勒斯把阵亡者得到的荣誉描述为一种摆脱了人世无常变迁,同时又崇高安定的永生生活。他特别强调,那些至今过着幸福生活且总是预料幸福转坏的人们,在死亡中失去的最少。不过,他继而承认,死亡包含着损失,而且至少对于某些人来说(那些反而可能一直好运或运气有所改善的人)的确是一个颇为巨大的损失。[28]

---

[28] 我的意见与埃德蒙斯(《机运和智识》)有所出入,我并非否认他的看法,即伯利克勒斯描述了一个才智征服机运的世界,其中才智显示为积极的公民精神;毋宁说我和他的差别在于对这种征服方式的不同解释。对埃德蒙斯来说(页82–88),公民在城邦及其"公民价值观念"(civil values)的永久性之中找到安全感,以此对抗机运之无常变化,不管他自己的命相如何。然而实际上,伯利克勒斯在其最后一次演说中坦言,城邦将不会永久存在;只有它荣耀的忆记才会不朽(2.64)。在我看来,埃德蒙斯还低估了2.43.2一处的重要性,伯利克勒斯在此处特别声明,战士们因贡献(或投资)自己的身体而获得的补偿,就是作为个人的不朽名声。因此,埃德蒙斯所讲的城邦的首要性,应当符合这样的标准:从根本上说,城邦并非公民的追求目标,而是致使公民永享无限且不朽之名声的一种手段。鉴于这一迫切性,读者就可以明白(埃德蒙斯对此保持沉默)城邦为何必须走向帝国之路。于是,城邦的力量演变为公民爱欲的焦点。另外补充一点,倘若我们听从埃德蒙斯的建议读读2.42.4——又一个以公民的生命换取名声(doxa)的承诺——那么这将只会增强以上提供

[26]同样,伯利克勒斯着重提到公民集体面对极大危险时所应具备的权衡(2.40.2 – 3),而且表明每一位亡者都无一例外地选择——尽管不是自己的命运——至少拿自己的命冒险。然而,伯利克勒斯赞成他们下决心向城邦的敌人报仇(timōria),并将其作为首要的任务(tōn enantiōn timōrian potheinoteran autōn labontes…;…tous men timōreisthai,一再重申以作强调,42.4),他的这种态度让读者难以想象上述的致命选择是精心考虑后的结果。决意复仇的勇敢之人(参 phronēma echonti,43.6)与其说是直面死亡的危险,不如说是在无视它;死亡出其不意地夺走了他们的性命。假设这些阵亡者真的毫无感觉地接受死亡(anaisthētos thanatos,43.6),难道不是因为由于希望和愤怒共同麻痹他们感觉不到死亡?[29]

尽管如此,伯利克勒斯仍然认定为城邦冒个人生命危险的抉择是理性的。生者在享受最伟大社会所提供的美满生活的同时,甘愿承担着风险度日;而死者则获得大于其损失所占比例的奖赏。待到作最后一次坦诚告慰的努力时,伯利克勒斯在演说的最末几句提到(当时正论及为亡者的后代提供公共补助的政策),"在给美德制定最高奖赏的地方,一个人就会成为最好的公民"。公民德性就在对其奉承最为诱人的地方培养起来。如此直白的陈述让我们不禁思索:对世界的理解看似如此睿智和严肃的伯利克勒斯,是否一直把他那对帝国所赠予的不死性的夸张展示,看作是有史以来提供给公民德性的最大回报?

正如其他超绝的力作,这篇演说可能会因某种程度的轻浮而备

的解读的说服力。

这里对埃德蒙斯的回应,稍加必要之变更,同样适用于 Loraux,她轻视演说的理性主义色彩,把它看作(所谓由其体裁类型决定)一篇对具有抽象且超凡意义的城邦的赞词(而不是我所理解的,城邦只是公民自我实现的手段)。Loraux,《创造》,页 328 – 330 及全书。

[29] 参 2.8.1;柏拉图,《王制》,375a – b,439e – 440d;托尔斯泰,《战争与和平》,卷10,第 30 章。

受非议。为求印证一种宽泛的观点,我们不妨打破时空,将伯利克勒斯葬礼演说与盖茨堡演说(the Gettysburg Address)相提并论。林肯就其个人来说并没有贬低那些挽救民主政府之人所作牺牲的重要性。他们"浴血奋战奉献到底",明确地表明他们为了美利坚合众国以及地球上全人类,决然放弃任何加惠于自己的一切。由此可见,他们所得到的不朽,并不是作为对他们或他们亲族的补偿,因为暗示补偿的可能性反而会使得牺牲和丧生变得意义尽失。相反,林肯只是宣称,这一事业值得为之献身。正因为他深知言辞难以公正地对待战争和个人牺牲,所以他限制自己尽可能少说,且只说出必要的话。㉚ 他极不认同言辞比行动更充分的观点,[27]这一著名立场显然比宏大雄辩的伯利克勒斯的陈述听起来更加真实可靠。

　　伯利克勒斯在描述帝国为雅典人追求无穷荣誉而自由选择的事业的过程中,提出了许多值得商榷的问题。按照他的构想,帝国一概不凭靠任何事物,不论是必然还是利益(2.40.4);雅典人接手支配整个帝国不是强迫使然,他们之所以选择这样做,仅仅是出于最崇高的理由。但是如此超脱于必然和利益的优越性对任何政体来说可能吗?雅典帝国不是应该和我们所知的其他政体一样,至少在某种程度上归功于这些因素?伯利克勒斯在其他地方不仅承认,还强调过这一事实,特别是在(正如我们所见)他的最后一次演说中:安全与高贵两种因素共同要求,为了维持帝国,雅典应当做出最大的牺牲。但是放弃帝国所承担的较大风险(也可能意味着较大的

㉚ 参见他于 1863 年 11 月 20 日致埃弗雷特(Edward Everett)的信(《演说与著作》,1859—1865,页 537)。又参见他于 1864 年 11 月 21 日致痛失五个丧生战场的儿子的比克斯比夫人的信件:"我明白,任何试图安抚你们减轻痛失亲人的巨大伤悲的言语,听起来都那么无力和徒劳……我向天父祈祷,希望他宽慰你们丧亲的痛苦,只留给你们对于被爱者和亡者的珍贵回忆,以及那庄严的骄傲,因为你们为自由(freedom)的祭坛做出了如此之大的奉献(同上,页 644)。

正义),事实上难以与保有帝国的至高尊荣相提并论。如此情境下所表露的坚定态度也许是审慎的,但这种态度可能禀有追求不朽荣誉的热望吗?[31]

此外,我们还有必要追问帝国的起因。伯利克勒斯在葬礼演说中表明,帝国最初可以追溯到他人自发赠予的利益,他应该是指,雅典解放了后来归属于她的城邦,使其免遭波斯的奴役。而在最后一次演说中,伯利克勒斯却对帝国的起因一言不发,除了提到这些起因可能是不义的。这意味着,雅典虽然不能主动选择放弃她所肩负的重任,但或许一直拥有拒绝接受的自由。不过,如果在目前情况下必然性对她施予如此之大的重压,那么在之前的情境下必然性却对她毫无约束,这是否可信?这个问题与帝国的正义问题息息相关。若然伯利克勒斯在描述帝国是自然产生的同时必须说明它是正义的(2.40),那就不可能由此推断,帝国的正义取决于它的自然性:在强迫之下所做的事是正义的,在此意义上我们不可加以责备。假如说雅典仅仅在迫使之下进行帝国扩张,那么这一观点也许能够比伯利克勒斯以自由承担帝国事业为由的辩护,更加富有说服力(虽则有失高贵)。

我们仍有理由接纳一种对帝国更为平实的解释。在葬礼演说中,伯利克勒斯坚持认为,帝国的目标不仅高贵,而且合理,也就是说是好的。显然其间并没有涉及通常伪装成安全或好处的利益;这些只会在最后一次演说中出现。更准确地说,雅典人通过帝国谋求最大程度的收益,这仅仅属于最高贵的人,那些愿意抛弃所有包括生命在内的次好之物的人。然而,声称公民德性因其结果而值得追求,伯利克勒斯难道没有半点贬损德性的高贵吗?我们一旦把德性重塑成一桩精明的交易(43.2),德性就会失去原有高贵的光泽——

---

[31] 参见 Romilly, *AnSoc*[4],1973,页55 注释47:在 2.63.1,伯利克勒斯规劝雅典人作出坚韧的选择,而在 2.63.2 他却坚持认为他们只能承担帝国事业,别无其他选择可言。

即使许诺的回报在这里意指[28]高贵光泽的强化。假如高贵地牺牲的好处胜过它所付出的代价,假如我们可以直接说"[阵亡]士兵的最终成功(因为他们所失去的已经获得荣誉的充分补偿)",㉜那么哪里有牺牲,哪里还有高贵?

无论如何,如果我们根据葬礼演说得出这样的结论,即帝国为了辨明自身的正当性必须证明是高贵且合理的,那么引发出来的问题是,高贵是否如伯利克勒斯所暗示的那样真的对我们来说最好。这篇葬礼演说融合了伯利克勒斯的理性主义特征,和对作为人类奋斗之终极目标的荣耀的炽热赞美。甚至爱欲也出现在伯利克勒斯的演说当中,作为某种自愿(即理性)地献予城邦/帝国目标的事物,而且唯有它能够完全般配城邦/帝国。荣耀和理性的结合看似不容易实现。假设一个城邦有可能摆脱必然的控制,那么它追求帝国事业是明智之选吗? 为了将要得到的荣誉,值得冒极大的风险? 或者说仅仅逃避风险仍会诱发更大的危险? 公民普遍存在的声望依赖于帝国无所不在的力量,而这种依赖促成了一种持续不断的征服扩张政策:这一政策可与利益或正义相配吗? 在原则或言辞上,帝国具有普泛性(2.41.4,43.1-3);而实际上,伯利克勒斯提出一个暂时有限的策略(1.144.1;2.65.6-7)。但是,在劝告雅典人坚持这一战略的同时,他却没有克制住自己,反倒提醒听众,他们的统治可能与海洋一样毫无限制(2.62)。他这诗性的观点与其平实的政策相当不一致。

修昔底德叙述下的雅典常被理解为陷入伯利克勒斯黄金时期之后的悲剧性沉沦。以下细节可供证明:雅典在战争中落败,而修昔底德明确地从某些重要方面讲述她的衰落(2.65)。然而,我们深思这一衰败现象时,应当尽可能加以必要的辨识。根据修昔底德的显白判断,真正败落的是城邦领导者的品质。他赞扬伯利克勒斯的

㉜ Rusten,《修昔底德卷二》,页162。参Connor,《修昔底德》,页69,以及Kagan,《伯利克勒斯》,页136-150。

首先是他领导民众的才能(65.8 – 9)。可以预料,伯利克勒斯死后,那个"伟大和帝国式的城邦"(65.11)将缺乏杰出有力的领导人物。如此看来,把焦点放在所谓"雅典的衰落"上,可能反不及着重强调伯利克勒斯与众不同的卓越禀赋明智。

虽说雅典确实走向衰败,正如文本清晰所示,而且她的命运在某种意义上说带有悲剧色彩,但是"雅典的衰落"和她的"悲剧"都不足以把握修昔底德的意图,和准确表述一个极为复杂且矛盾的过程。衰微能够激起人的自我认识,或者促进对某些真理的理解能力。[33] 葬礼演说以其精湛的写作技艺,[29]清晰地勾勒出一幅雅典帝国披上节日盛装的画像。它绝不是就帝国问题提出一种修昔底德和有识读者所赞同的无需质疑的观点,相反,它提出了若干值得修昔底德的阅读者努力解决的问题。接下来的篇章,我们将会一一探究这些努力。由于本书开篇脱离了演说的宽泛语境进行讨论,所以我们将力图恢复演说在其语境中的位置。我们首要考虑的问题是,葬礼演说只提供了一种答案且较为极端——甚至与伯利克勒斯其他演说给出的解答相悖。在何种程度上,帝国被理解成一项自由地承担和接续的事业,而且,在多大程度上帝国变成了雅典不得不肩负和继续忍受的一个累赘?这个问题的解答,对于我们理解人类境况的两个重要方面——正义和必然各自要求之间的永恒张力与一种高贵政治的可能性——来说,究竟带来了什么启发意义?

---

[33] Romilly(*AnSoc*[4],1973,页58)谈到,战争是在促使"la mort de ce qu'on pourrait appeler la τιμή naïve "(我们称为单纯的τιμή[对荣誉或名声的关注]的消亡)。单纯性的衰亡孕生了理解层面上的深化。

第二章 战争爆发和罪过问题

问题的形成

[30]在修昔底德称之为"考源"(archaeology)的部分,即早于他的时代的叙述(1.1-23.4),他并未评论这些时代所发生的战争正义与否。阐释这些战役时,他仅以现存证据(tekmērion,1.1.2;参20.1,21.1)所得出的结论为限;以上这些结论显然不会触及正义或不正义的话题。正义问题只在参战者之间的相互驳诉中现身:我们很难拣选出或甚至在远古时代稀渺的碎屑之中确定这样的申诉。① 至于保存了这些战事回忆的诗人和乡土习俗,则毫无客观和准确可言;古老的战争大抵将其所谓正义归结于诗人或民人的"美化"(1.21.1,22.4;参2.29.3,3.104)。②

然而,考源部分既对古代具体可辨的战争(包括特洛伊和波斯战争)的是非曲直略而不论,又描述远古时代缺乏对正义的思虑。③

---

① 参 Ostwald 对考源叙事没有评述ἀνάγκη(必然或强迫)这一现象的论析(Ananke 34,65)。

② 参西塞罗,《论极限》(De finibus)。至于考源叙事,参 Romilly,《历史与目的》(Histoire et raison),页240-298;Parry,YCS[22],1975,页51-59;M. I. Finley,《使用与滥用》(use and abuse),页17-33;Détienne,《虚构》,页105-112;Erbse,RbM[113],1970,页52-53;Pouncey,《必然》,页45-53;Connor,《修昔底德》,21-32;Funke,QS[23],1986,页78-84;Orwin,RevPol[51],1989,页345-364。

③ 参 Pouncey,《必然》,页48-52。

修昔底德在考源部分所描述的进步,除了其他之外,就是体现在正义范畴的进步——若在城邦之间尚不明显,即指城邦之内。

始初,人性完全臣服于它的必然。所有人度日维艰,除了满足每天的生存需要,了无远见(1.2.1-2)。强者的优势在于公开管治日常生活。海盗曾经是一桩值得夸耀的职业(1.5)。只有某一程度上粗陋的慷慨气度,才能减轻弱者所承受的艰难:海盗既满足自己又帮扶贫困的人。

最终城邦开始成型:必然和利益为城邦奠定了基础(1.8.3-4)。较有实力的个人和派系往往强制或劝诱弱势的人协力劳作,正如往后更为强大的邦国所做的那样。[31]首批有影响力的王者是成功的海盗;"法和秩序"最初只是指通过征服后的合并(1.4,7-8)。接着最初的城邦——例如古代雅典——表现出财富和安全方面的进步:人们不再生活在惶恐之中(1.6.1-2)。这就是所有进一步发展的前提条件。但是,早期城邦的生活方式算不上是政治的(1.6.3)。雅典和其他地方一样,以爱财和好逸恶劳著称的富人显然从不考虑普通人。

在这一节点上斯巴达登场了,修昔底德隆重赞赏她发现了普通人的价值。在斯巴达,富人不再炫耀他们的财富,也不会向其他公民称王称帝:他们规定了一种同样适用于富人和普通人的公民服饰(1.6.4)。每一个人首先是斯巴达人,富裕与否倒是其次。斯巴达甚至走得更远;修昔底德继而从衣着方面反映他们的进步。摒弃奢华服装改穿布衣之后,他们还在特定的公众场合赤身裸露(1.6.5)。修昔底德注明,裸体参加竞技这一风俗是区分希腊人和野蛮人的标志(由此提醒我们,希腊人也曾经是野蛮人)。只有希腊人显示出自己不仅是希腊人,还具有人的身份,因为他们由自然之手塑造。每个人都充分展示其自然,以便证明自己更适合通过竞争建立属于自身的自然优越性;凭着对胜利的热望,他们克服了裸身的羞耻感。

"希腊性"从一开始就意味着一种与众不同的混合:共同体和竞争意识,隐匿(concealment)与披露(disclosure)。它把一个传统共有身份的设想和忘却矫饰的羞耻而尽情表露个人自然的实践结合起来。每一个人都体现了审慎和理性的一种胜利。正义和对平民的发现之间的关系已清晰可辨；那么正义和揭露之间也存有关系？雅典的正义至少会表现出高贵的坦诚和与此相应的对伪装的嫌恶。

我们发现，喜新薄旧，以及盛赞希腊城邦中长期以来最保守的斯巴达(1.18.1)，这两点构成了在"考源"文段当中一种明显的张力。"考源"没有相应地赞颂往后成为希腊城邦最勇敢且最重要一员的雅典。但是，对斯巴达的赞美并不与对进步的赞许相悖。晚近涌现的事物未必是最伟大的；最伟大的事物一直是希腊性本身。④再说，斯巴达不但是希腊性最卓绝的践行者——因为"自从当时多利亚人定居斯巴达以后，他们便陷入了我们所知城邦持续时间最长的内讧(stasis)，不过即便如此，斯巴达很早就享有优良律法，并由始至终没有经历过僭主统治"(1.18.1)⑤——而且是为希腊性的巩固发挥了最显著的作用。[32]凭借一己之力废黜了其所发现的僭主统治之后，斯巴达从此为有活力且政治的生活方式扫除了最终障碍(1.17-18)。

至于斯巴达的主要对手——勇于革新、擅长海事的民主雅典——则继自更古老、虔诚且主居陆地的雅典祖先。早期雅典一直平稳地接受僭主们的统治(2.14-16，6.54-59)，僭主被逐是雅典接下来焕发活力和增强实力的先决条件。对于这一事件，雅典人自居其功——但是实际上他们将功劳归于斯巴达(比较1.18.1与1.20.2)。

随后，城邦里某种程度的正义——建立于共同公民身份的政制、优良律法以及摆脱僭主的自由——开始在"考源"中显露出来，这与从野蛮到希腊性的上升一样重要。战事的进展也必定取决于政制上的进步——斯巴达的军事力量得益于她的政制，后起的民主

---

④ 参 Levi，*Parola del Passato*[7]，1952，页 99-104。
⑤ 参亚里士多德，《政治学》，2.8.1。

雅典也是拜其政制所赐,退一步说,这一说法同样适用于所有顺利从僭政转为一个稳定民主政体或寡头政体的城邦。⑥ 修昔底德并没有说明,城邦之间的正义是否能够与城邦之内的正义进程相同步,并和她们其后实力的增长相适应。

尽管如此,我们一读完"考源"部分,修昔底德随即开始叙述两方的主张和对驳,争论的主题关乎两者之间正义的所属,也就是说谁应当承担挑起战争的罪责(1.23.5 – 146)。

> 所有[这些灾难]连同战争一并降临于希腊,当雅典人和伯罗奔半岛人破坏了优波亚(Euboea)被征服后所签订的三十年休战和约时,战争就开始了。至于他们为何破坏和约,我首先阐明双方的怨诉(aitiai)和争执的要点,这样人们可以不必再追问这场发生在希腊人之间如此大规模的战争的根源。所作的最真实的辩称,尽管极少被公开说出(tēn alēthestatēn prophasin, aphanestatēn de logōi),但我认为是雅典力量增强,引起了拉克岱蒙人的畏惧,迫使他们诉诸战争(anankasai es to polemein)。⑦ 下文将揭示导致和约破坏及战争爆发的双方所公开说出的怨诉(hai...es to phaneron legomenai aitiai)。(1.23.3 – 6)

这段文字意在展示的主要问题,是修昔底德对其主题的处理"科学"与否。双方之间的"怨诉(grievances)和争论的焦点"当然涵盖了对不正义的控诉,以及——有鉴于所谓恶行皆被认作开战的原因(casus belli)——对战争始作俑者的谴责。(aitia 一词,我译作

---

⑥ 参希罗多德,《原史》,1.65 – 66,5.78,7.101 – 104;Farrar,《起源》,页139 – 140,145,180 – 181。

⑦ 总体而言,我不能接受 Ostwald(《必然》,页1 – 5)给出的解读和Crawley 对此的理解,后者将这一分句翻译作:"雅典力量的提升及其在拉克岱蒙所激起的畏惧,使得战争成为必然。"但这种解读反而会补充我稍后将提出的关于这段解释的理由。

"grievance",首先是指[33]责任的归咎,由此引申为归罪。)⑧修昔底德明确假定,他的读者会严肃谨慎对待这些问题;他如此透彻地探究这些问题,这意味着他自己对它们表现出充分的认真态度。不过,他的意图极其富有争议。他是否致力于向后世澄清战争的罪责问题?又或者他将这个问题搁置在后,转而着手解释战争的起因(causes)?

问题在于,修昔底德和他笔下的人物(和笼统意义上的政治实践者)关注同样的问题——至少与其中一方(或者双方)就如何分配战争罪责而产生分歧——还是从事某种新颖且有学术价值的研究。政治实践者争论罪责问题;历史学家(若倾向科学性的话)则搜寻起因。对于那些尊奉修昔底德为科学历史之父的学者来说,他在探究战争起源上的最大贡献,莫过于为追问原因,不惜放弃罪责的问题。这些学者大多称赞修昔底德把希波克拉底医学——当时最先进的自然科学——的精神、方法和术语运用到政治学的研究。⑨

一种反对意见坚持认为,修昔底德作为科学历史家的看法是基于一种对他所讨论的语词的误解。他一点都不在乎所谓的"起因";对他来说如此,对早前的希罗多德亦然,解释战争的起源只不过是叙述参战者所宣称的怨诉。他不再深究战争的"起因";他和他笔下人物的理解如出一辙——与我们对一位科学历史家的期待大相径庭。况且,对他抱有过高的要求,则会铸成一个时代错误。⑩

---

⑧ Pearson, *TAPA*[83],1952,页 205 – 206,221 – 222;Kirkwood, *AJP*[73],1952,页 55 – 61;Lynn S. Wilson, *Aitia and phrophasis*,页 48 – 53。

⑨ Cochrane,《修昔底德》,页 17;Schwartz,《修昔底德》,页 250(*Ursache vs. Rechtsgrunde*[aitia]);J. H. Finley,《修昔底德》,页 68;Jaeger,《教化》,1:389 – 394;格雷纳,《古希腊政治理论》,页 56 – 61;Rawlings(*Prophasis*)认为修昔底德采用了 prophasis 一词两种截然不同的意义,它们基于两个有区别的希腊语词根,但在 1.23 的用法指的是"医学"意义上的。

⑩ Cornford,《修昔底德神话历史学》,页 52 – 57;Sealey, *CQ* NS[7],1957,页 10 – 12(不过该书指出,这是修昔底德使用这个语词时出现的两种矛盾之一)。

一个学派相信,是非正误的问题对修昔底德来说仅仅作为一个表面来考虑,他势必洞穿这一表面,以求抵达真实;另一学派则直言这些问题以相同方式困扰着修昔底德及其笔下人物。有人主张,修昔底德拒绝思考战争的归罪问题,认为它流于表面;又有人认定他表浅地处理这个问题。居间立场(包括我自己的)依旧存在,但为明晰起见,以极端意见作为讨论的开始更有助益。

围绕这段文字的争议大多落在 tēn alēthestatēn prophasin 的含义上,我译之为"最真实的辩称(the truest allegation)"。推崇修昔底德之科学性的一派则坚信这一短语实指"真正的起因(real cause)"。他们认为,这段要点在于战争的"真正起因"[34]和交战双方所实际宣称的(正义及不正义)理由之间的对立。然而他们的反对者提出,修昔底德及其前人所使用的 prophasis,仅仅意指一种主观控诉或辩解的归咎,并不包涵更深入或更真实的解释层面上的意义。因此我们不可像理解真正的原因和宣称的理由之间的对立那样,将 prophasis 与 aitiai 对立起来理解;prophasis 自身从未只表示一种宣称的理由的意思。

那些针对把 prophasis 与"科学"或"客观"关联起来的解释而提出质疑的评注者,是基于这一语词的日常用法。prophasis 首先是指为自己或他人的某一行动所做的说明。据此可以断言,修昔底德使用它只是为了表达一种主观的动机,甚或纯粹一个派系依其主观动机而做的声明。不过,这一看法未免过于狭隘。尽管这个用词的主要意思是"说出的理由",但它包含着宽广的义项,一端可以是指给出的一个不真实的理由(常作"借口"),另一端则是真正的理由——即使没被说出。(修昔底德作品涵盖了该词的全部义项范围。)有时"motive[动机]"可作为 prophasis 的英语对译词;甚至在某些时候译为"occasion[诱因]",只要该词指涉对行动的解释。一个人为自己行动辩护的理由,通常认为是正当的;"认为正当有理"所以往往是 prophasis 的最好翻译。⑪

----

⑪ Pearson, *TAPA*[83],1952,页 205 – 223 和[103],1972,页 381 – 394;

此外，在修昔底德时代的修辞演说术中，prophasis 是一个常用的语词。它一般是指某种归罪他人的宣称，不论是为了控告你的对手，还是驳斥对你的责难。当然时常出现的情况是，一个演说者会以后者作为手段来达成前者：他将提请听者注意他对手的罪行，以便为自己对待他人的行为作辩护。有鉴于此，prophasis 往往意为控告或谴责的理由。[12] 成功的演说者所必需的是一种 epieikes prophasis(3.9.2；参 3.40.6)，即为自身行动辩护或指控敌方行为的"充分正当性"；换句话说，他需要充足的 aitiai kai prophaseis［复数］(3.13.1)。两个短语在这后面的段落中重复并列出现，[35] 既与 1.23.6 处的两者并置遥相呼应，又暗示出对其的适当解释。[13]

鉴于 1.23.6 所示的争执背景和 aitia［归罪］的重要性，修昔底德的同时代人很可能读出了 alēthestatē prophasis 的"论辩"意味。[14]

Kirkwood，*AJP*［73］，1952，页 37 – 61；Schuller，*RBPhil*［34］，1956，页 976 – 984；Sealey，*CQ* NS［7］，1957，页 1 – 8；Andrewes，*CQ* NS［9］，1959，页 224 – 225；Schäublin，*MH*［28］，1971，页 133 – 144；Lynn S. Wilson，*Aitia and prophrasis*；Heubeck，*Glotta*［58］，1980，页 222 – 236；Richardson 载于 *Owls*，页 155 – 161。本书附录二简要阐述了我对这一段关于 prophasis"科学式"解读的反对意见。

[12] 认为 prophasis 应解释为控诉理由或对某一控告的辩解，可参 Theognis 364；Antiphon 5.59，60；Lysias 6.19；9.7(tés aitias tén prophasin"指控的理由")；12.28；14.1；Lycurgus，《反利奥克拉特》(*Against Leocrates*)，6；柏拉图《默涅克塞诺斯》，240a。至于将 prophasis 理解成正当性辩护或使自己免罪之意，可见托名色诺芬，《雅典政制》2.17；阿里斯托芬，《马蜂》339；欧里庇德斯，《赫卡柏》340，《伊菲革涅娅在奥利斯》1434，Antiphon 5.21，22，26，65；6.14，26；吕西阿斯，6.19；8.3，14；9.7，13，15；12.6，28；16.12。参 Schuller，*RBPhil*［34］，1956，页 976 – 984；Lynn S. Wilson，*Aitia and prophasis*，页 48 – 53。

[13] 参见托名色诺芬《雅典政制》(2.17)中的一个相似的并置。

[14] Pearson，*TAPA*［83］，1952，页 219 – 223；Andrewes，*CQ* NS［9］，1959，页 226；De Ste - Croix，《起因》，页 54 – 58。Heubeck(*Glotta*［58］，1980，页 232 – 235)和 Richardson(载于 *Owls*，页 157 – 161)虽然没有强调这个词的法庭论辩的意义，但注意到短语"最真实的 phophasis"暗示着面对众多对立的 prophaseis 做出一个选择，这些 prophaseis 实际上由论辩者发出。

他们听到"说出的最真实的理由",会理解为某一试图确定或转移 aitia 或归罪的派系所作出的"最真实宣称"或"最真实的正当性"。⑮ 这该有助于解释为何修昔底德非但不轻视交战双方的"怨诉和争执的理由",还继续进一步细致地对其进行阐发。

对 1.23.6 处 prophasis 的这一解读,能够在修昔底德于卷一各处对该词的使用上取得验证,其中一处恰好紧接着 aitia 出现。

> 不出几年[也就是说在"五十年"所述事件过后],就发生了业已描述的科基拉事件和波提狄亚事件,以及构成这场战争(tou polemou)之 prophasis 的其他事件。(118.1)

> 这些就是双方的怨诉(aitiai)和争执的原因,它们是由在爱皮丹努斯(Epidamnus)和科基拉所发生的事件直接引发的。尽管如此,两国继续相互联系,进行不派使者的交往,但彼此并非没有猜疑。因为构成和约失效和战争(tou polemein)之 prophasis 的事件正在发生。(146)(卷一结尾)

在以上两段,这个短语常被译为战争的"理由"(occasion);柯克伍德(Kirkwood)提议译作"战争的动机"。⑯ 但另一种翻译更为合理:casus belli(开战的原因),亦即充分证明诉诸战争之正当性的一个或多个论点。因为这清楚解释了 prophasis tou polemou 的意思,不论就其在卷一的另外一次单独出现,还是就全书来考虑。

> 在这期间,[斯巴达人]不断派遣使者前往雅典,提出各种指控,以防万一[雅典人]不予理睬的话,尽可能地找到一个

---

⑮ 有鉴于此,在 6.6.1 所使用的同样措辞,隐微地指涉了雅典人入侵西西里的真正动机(与他们声称的借口形成鲜明对比)和雅典人的敌人将侵略的罪名嫁祸于他们时所作的最真实的指控(丝毫不考虑这些借口)。参 6.33.2 和 76-80。

⑯ Kirkwood, *AJP*[73], 1952,页 54-55。

便于开战的好理由（hoti megistē prophasis...tou polemou）。（1.126.1）

斯巴达人需要为发动战争这一决定找到最充分的正当性证明；也就是说指控雅典的最佳借口。[36]与此相类，1.118处的aitiai构成了prophasis tou polemou，因为各方的抱怨相互激化且趋向恶化，综观来说，所有怨诉赋予了参战者casus belli。还有1.146处，构成"和约失效"的"正在发生的事件"也可以当作aitiai的同义词。

倘若修昔底德一如与他同时代的任何一个政治演说者那样频繁地使用prophasis，那么我们可以期待他那"最真实的prophasis"可以帮助读者确定战争的aitia或罪责的归属。但事实上他没有提及这对他笔下人物如此重要的一点。显然，他"最真实的辩称"阐明为何双方破坏了和约（1.23.3－4），而不是指明谁是肇事者。他留予我们决定它在归罪（aitia）方面的含意。

皮尔森（Lionel Pearson）提出对这个问题的一种解答。⑰ 他认为，prophasis是指处在两种情况下所作的一种辩称（allegation），这两种情况要么是指责对方的罪行，要么则是转移针对自身的谴责，而"最真实的辩称"更像是后一种情况。当要规避指向斯巴达的责难时，一个斯巴达人可以借此申辩斯巴达所作的行动仅仅是雅典的强迫使然。这等于暗示，从法律上讲斯巴达承认自己是战争的肇事者、侵略者。诚然，斯巴达人实际上从未提出这一观点，也没有供认自己是破坏和约的第一人。然而，"最真实的prophasis"表明了承认自己在战争中的罪名的情况下，他们将会给出的借口。在此意义上，该语词表示"最真实的宣称，但在言辞上却不甚明晰"。修昔底德使用prophasis一词，暗示着他把斯巴达，而非雅典，视为应当背负战争罪责的一方。

---

⑰ Pearson, *TAPA*[83]，1952，页219－223。这一解答也被其他权威专家（悉数罗列在注释11[译注：原书疑误为10]）接受。

不过，以上推论都建立在一个前提之上，那就是如果斯巴达发起敌对行动，她就承担了挑起战争的罪过。事实上，斯巴达声称诉诸武力，只是因为雅典已经破坏和约，从而招致了战争的罪责。最难以辨明的一点确实是谁最先破坏和约。底比斯人试图攻取普拉提亚这一事件之后，所有人都意识到和约已经遭到破坏(2.7.1)，但由于这次事件发生在数年以来的相互指控之后，这第一次明显的侵犯事件就不算是绝对意义上首次违反条约的行为(1.35,40,52.3,53,55.2,66,67,87,118.1,146)。再说，对普拉提亚的进攻出现在斯巴达第一次入侵阿提卡之前，但在斯巴达人宣告战争之后。然而，这次明显作为第一次违反和约的宣战，既不一定是首次（因为之前出现多次业已声明的侵约行为），又不肯定算是一种背约：破坏条约一定是体现在行动而非言辞上。不过，斯巴达发动侵略之时，条约已经成为一纸空文，底比斯事件正值其时。因此，综观上下文，虽然我们想必把 1.23.4–6 理解成 aitia 问题的提出，但其中的内容并不足以解决这个问题。

皮尔森一派还认为，修昔底德这里在辩论术意义上使用[37] prophasis，而且我们务必想象"最真实的宣称"出自斯巴达口中。然而，正如我们所见，皮尔森也承认，斯巴达在迫使下破坏和约，这一宣称既不能成功把罪责推给雅典，又不能洗清斯巴达的嫌疑——她一方面没有证实雅典率先毁坏和约，另一方面也没有否认斯巴达是肇事者。用皮尔森的话说，"从技术上讲"，斯巴达是个侵略者。但是，看似现代学者所理解的技术性的事物，绝不等同于斯巴达式的技术性。对于她来说，毁约问题对罪责的归属、在诸神与人类面前犯下的罪行这些问题来说至关重要。无怪乎斯巴达所有实际言论都旨在将毁约行为转嫁于他人。这些言论，而非所谓"最真实的 prophasis"，构成了斯巴达辩论术意义上的 prophasis。

由此可见，如果"斯巴达起先破坏和约（纵然出于对雅典的恐惧）"是一个辩论术意义上的 prophasis，那么它将对斯巴达极为不利。事实上，《战争志》仅有一类演说者提出过这一宣称。他们是科基拉人,当时他们正在回应对方的异议:科基拉寻求联合雅典对抗科林斯的同盟会对雅典不利,因为这样做很可能引发更大规模的战争。"如果你们[雅典人]当中有人认为[大规模]战争可以避免,那请你们想想,出于对你们日益强大力量的恐惧(phobōi),斯巴达已经密谋对抗你们,而且战争离你们近在咫尺"(1.33.3)。⑱

我们现在可以理解,修昔底德为何不着力阐释罪责问题。谁承担罪责的问题与造成罪行的诱因问题不无关系,为此不可放弃追问什么事物会减轻罪行。根据科基拉人的说法,显然要么说畏惧并非完整意义上(或不总是)具有强迫性(compulsory),要么说必然(compulsion)并不能减轻罪责(至少不足以勾销它);斯巴达将依旧对战争的爆发负有责任,即便她处于恐惧状态之下。斯巴达人也同意这一点。在卷一,他们并没有声称他们的畏惧能够为其违反和约的行为开脱;毋宁说,他们顽执地否认自己做过任何毁约的事情。而我们从后文获悉(7.18.2-3;参4.20.3),斯巴达人谈到,应将自己战事的失利归结于他们承负着罪责的事实;也就是说承认,他们是第一个违反和约的一方,不论他们出于何种理由。

现代读者兴许会回应道,"最真实的宣称"是指未决的罪责问题。因为如果那个术语归咎于法或道德责任,"最真实的宣称"不就使我们远离它了吗?难道它不是把权力的动力(dynamics)而非合法性引证为世界的始源吗?⑲

这样的反应并不限于现代;它也表达了一个"雅典人"对这些问题的看法。它在《战争志》仅作为整个复杂叙事的一个——仅只一个——方面。通过在罪责或正义问题的语境[38]中引入必然性的问题,他确信两类问题是相互联系的。他并非有意劝阻我们努力解决这些问题。

---

⑱ 参 Hornblower,《义疏》,页 64,78。

⑲ 参 Fliess, *Traditio* [16],1960,页 9–13 和 *Bipolarity*。

"正义的是……""必然的是……"

第一次"公开申明的怨诉"起因于雅典与科林斯的纠葛,彼时科林斯企图严惩科基拉(1.24 – 55)。⑳ 这一选节含有《战争志》的首个演说(31 – 43),对我们而言它的重要性在于开头几个用词。科基拉人演说开头的句式为"正当(或正义)的[是]"(dikaion, 32.1);而科林斯人则以"必然的[是]"(anankaion, 37.1)启言辞之扉。"这两个开头词表明修昔底德看待伯罗奔半岛战争的基本观点。"㉑ 但我们尚不清楚演说接下来如何阐发这一对比性主题。科基拉人和科林斯人都看似没有坚守各自的思想立场——正义和必然的优先性。毋宁说,他们每一个城邦都强调自身的正当性,不论是攻击他邦的理由,还是与雅典合盟的要求。双方都从未承认正义和必然之间存在任何张力。他们分别执意地认为,这两个关注点会因论证之需而合二为一。也许,演说的功用恰恰体现在,他们不约而同地否认这种张力存在的同时,也不经意地揭露了它。㉒

---

⑳ 对这一节颇具启发性的论述,可参见 John Wilson,《雅典与科基拉》,页 25 – 34,119 – 125。

㉑ 施特劳斯,《城邦与人》,页 174。参 Huart, Réseaux[18],1972,页 17。

㉒ Cohen(QUCC[45],1984,页 34 – 39)认为科基拉人和科林斯人分别吁求利益和正义(尽管他注意到前者有意把正义描述成符合雅典的利益)。Stahl(《修昔底德》,页 38 – 39)和 Cogan(《人类事务》,页 8 – 20)主张,正义的问题与这一论辩无关;Health(Historia[39],1990,页 389 – 390)强调双方都论及正义问题。Crane(CA[11],1992,页 1 – 27)恰当地突出了双方陈述所蕴含的"传统主义",这体现在这些陈述中对某一古老声望的诸种因素的强调。White(《言辞》,页 60 – 70)除了给出一种关于演说的敏锐分析,还(尤为可信地)提出修昔底德在这里提供了一些希腊人围绕正义和利益展开的普通对话,意在衬托雅典在斯巴达所采用的大胆言说方式(1.72 – 78)。根据 White 的结论,修昔底德主要关心的是对话中某些特定语词在建构一种"论争文化——修昔底德想要叙述的就是关于这种文化的历史"(67)时所起的作用,这一解读着

以正义为基调的科基拉人，必定公开表示自己会严肃对待正义问题。他们首先表明，正义的是，像他们这样过去从未做出贡献，现在也没有结盟的乞援者应当证明，给予他们帮助将对施予的一方有利。换言之，无法求助于正义的人必须转而寻求私利的可能。这意味着正义是决定性因素：只有那些无法获得道义支撑的人，才必须满足其他标准。由此得出一个可接受的观点：私利具有一定的吸引力，但正义是必须履行的，而且一时之利不足以为不正义行为提供借口。紧接着，科基拉继续阐发这一观点，他们进一步解释，为何说他们出现在雅典的门阶前求援是一件[39]幸运的事。他们坚持认为，帮助他们，雅典将等于帮助了那些受罪而非犯罪的人(1.33.1)。㉓他们详细说明科基拉埋怨科林斯是正当的(34)，而且雅典的一项偏袒科林斯的政策实属不义(35.3-4)。再者，接受科基拉加入雅典同盟并不会破坏雅典的三十年和约(35.1-2)。不管获取科基拉及其庞大海军将带来什么利益(36)，这些使者一再强调雅典不必为此牺牲正义。

另一方面，科林斯演说的主旨是必然，演说者首先宣称的必然，就是回应科基拉的谴责，以维护他们正义的声名。他们不遗余力地做出辩护(1.37-40.1)。照科林斯的讲法，世界上没有比科基拉更不义、比科林斯更无辜的城邦了。雅典也不可能接受科基拉的加盟而不触犯和约(40.2-3)。再说，科基拉的陈述在法的意义上对雅典无效，而科林斯在某种程度上是作为盟邦发言的（依照和约与雅典处在同一阵线），故而正义要求雅典保持中立，甚或协助科林斯(40.4)。演说者不止坚称科林斯的正当性(*dikaiōmata*,41.1)，还要求得到雅典的报答(41.1-3)。他们劝诫雅典，纵使或正是着眼于

实说服了不少评论者，Euben（《悲剧》）就是其中一位。然而，人们最好谨慎对待一种后海德格尔式的修昔底德的说法——至少怀疑修昔底德本人是一个后海德格尔式的人。参本书第八章，注释9。

㉓ 从字面上看是："那些遭受了不正义的对待而不是伤害了别人的人。"

利益,一个人也应当把正义放到首位:"违背正义程度最小的人就能实现最大的成功"(42.2)。避免不正义地对待与己平等相当者,将能得到比任何舰队更牢靠的力量(42.4)。双方使者虽处处针锋相对,但似乎都同意,正义是不可替代的。这一点是想表明,dikaion[正义]和 anankaion[必然]之间的对立关系,暗示着正义是最必然的事物?

未必尽然。双方使者的开篇陈述都指向他们各自作为演说者的立场。正义要求科基拉人诉诸利益(以及后来的必然);必然则要求科林斯人论及正义。两个开头词均暗指一种修辞性必然;每位演说者在这个场合下都要提及正义。虽然双方使者都尊重这一必然,但他们对于更大范围内正义和必然之关系的论证,最终显得含混不清。

正如我们所见,科基拉人一开始就暗示正义的决定性意义。然而,他们又接着宣扬必然所起的关键作用(1.32.5);必然可以作为违背正义的借口吗?他们继续在通篇讲辞中援引正义,有时间接地提示,正义仅在冲击他们强大舰队的桅杆。虽然他们一方面表示雅典无需在正义(和约)或与他们结盟之间作出抉择,但另一方面却嘱咐任何一直抱有这一矛盾心态的雅典人下定决心选择与科基拉结盟。"倘若有人……认为我们所说的事情确实是有利的,但又害怕接受这个建议就会破坏和约,那么他应该明白,当他的畏惧和力量结合起来时,将会让他的敌人更加畏惧;然而,如果他拒绝我们加入同盟,他的信心就得不到力量的支撑[40],强大的敌人也将无所畏惧了"(36.1)。正义中流砥柱的地位受到了动摇。战争的迫切性(33.3-4,36.1)既催生又宽恕了对战争而言必然之事。科基拉人甚至还不得不暗示,最有利于雅典的政策恰恰对她来说最为不正义:与科基拉结盟,同时指望科基拉和科林斯在对抗中耗损双方的实力,从而为雅典扫除海上一切异己的敌对力量(35.5)。所以,与此相类,演说者使雅典人确信科基拉作为盟邦的忠诚可靠之后,引证的不是他们引以为豪的正义,而是所给信任保证的必然——科基拉势力太弱,不敢单独直面科林斯(35.5)。有鉴于此,在演说结束语里,演说者声称会"就整体和具体而言"作结,但实际上他们一点都没有援引正义,而只是提及力量之均衡,这并不令人感到意外(36.3)。

那么科林斯人又如何呢?他们甚至比其对手更坚信正义属于他们一方并且确立了何为对雅典最好的政策。事实上,后一种论点巧妙地有所保留。只有"在大多数情况下"(malista),最少违背正义的人才会获得最大成功;这论点本身暗示,政治才能必须包括懂得不正义手段以及何时使用它的知识。(科林斯人自身的经历就确证了这一点,即使是他们自己说的,因为谁会在处理与科基拉关系问题上比他们所声称的更正义呢? 他们只在科基拉身上收获到挫败。)同样隐晦含混的是在这个场景揭示这一准则的用意,按理说,雅典避免对同等者行不义要比正式接受科基拉海军的加盟获得更大的力量。无论多不经意,这里隐微地揭示,重要的不是正义而是衡量相对力量的技能,也即分辨同等者和次等者的能力。(我们注意到科林斯如何严重低估科基拉的潜——鉴于与雅典结盟的可能性——和实际的力量。)所要追求的是占有优势,而非正义,因为正义只限于制约力量相当者。但是科基拉在这里提供给雅典的正是这种优势。即使科林斯目前实力在所有希腊海军中远居雅典之后的次位,不过雅典一旦与论海上实力位居第三(或第二? 参1.33.1,35.5)的科基拉联合,科林斯恐怕只得更落后于雅典。如果说科林斯对斯巴达的影响力促使他们大胆以有资格与雅典抗衡的身份自居,那么问题在于,向科林斯发难的策略是否无法使雅典挣脱与斯巴达整个联盟势力平起平坐的可恶束缚。

科基拉和科林斯都提供了关于正义的清晰论点。但是为何选择正义的理由却显得模棱两可。他们一时提出正义比利益更可取,一时又认为正义之所以可取,全因它所带来的利益。于是,他们留下一个开放的可能性:支撑正义的若干理由间或可能证成正义的对立面,或者说,仅当成功的非正义是不可能时,正义才彻底可取。如果正义首先因能有效地取得一定的结果[41]而备受珍视,那么它是否值得选择则完全取决于获得这些结果的必然性。

让我们回到演说起初设下的两个形成对照的术语,究竟正义是必然的,还是必然威胁要凌驾于正义之上。在正义问题被悬置的情况下,科基拉人声称雅典务必接受他们入盟以便争取到他们强大的舰队,这一吁请明显要比科林斯一方所作的宣称更有说服力。虽然科林斯人可以威胁说,与科基拉结盟将导致大范围战争的爆发,但他们难以保证这样的战争不会随时随地发生。如果与斯巴达交战果真迫在眉睫,以致科林斯企图鼓动战争的威胁有可能成功,那么科基拉敦促雅典必须实行自卫以保全她的舰队的做法便是毋庸置疑了。一个明智的邦国只能选择变得比潜在的敌人更强大并一直保持如此。这意味着,不论如何考虑当中的正义问题,科基拉一方都更有优势。一旦我们明确,正义和必然问题会形成聚合(全因"必然"给予证明)问题,科基拉人关于结盟所系的必然性的观点(如果实可确信的话)其实也同样表明了结盟的正义。

听取双方的演说之后,雅典人经商议达成了两次决议,而且后一次彻底改变了起初的抉择。修昔底德较为详尽地报道了最终支持科基拉的决定的依据;至于对科林斯有利的前一次临时决定的理由,他并没有清楚交代。雅典人之所以起初倾向于科林斯,原因有以下一种或全部:科林斯与科基拉相比更显正义些;雅典自己畏怕行不义之事,破坏和约;雅典人希望如今尽力避免一场普泛战争的爆发,仍尚不为迟。修昔底德对公民第二次决议的记述没有提及正义,这一点并不否认正义会涵括于第一次决议当中:公民的第一反应可能一般倾向于做出看似正当的表现(参3.36-49)。

修昔底德虽然表明雅典人认为大规模战争是不可避免的,但还不忘提醒我们注意,在决定与科基拉共同建立一个防御性联盟时,他们有意限制自己避免逾越三十年和约的条款。雅典人也许希望(但并不奢望),只要小心避免违背和约,他们也将能够阻止或延后战争的到来:他们避免充当战争的罪魁祸首的思虑一直离不开他们对战争迫切性的预期。他们因而巧妙地避开科基拉提出的问题——战争假定的必然是否可能证明他们破坏和约的正当性。恰如科基拉和科林斯,雅典在这里也尽力回避提及或否认正义和必然各自要求之间存在张力。

斯巴达首次大会和科林斯使者的演说

果不其然,雅典成功吸收了科基拉的军事支持,却无法避免科林斯的敌意。科林斯在前线的失利(1.50 – 52)[42]诱发了另一场冲突,使得她面临一次更大规模的挫败(56 – 57)。科林斯整个势力范围现已岌岌可危,只有斯巴达的介入才能挽救这种颓势。可以说,雅典一直小心避免作出破坏和约的举动,为的是不至于惊动斯巴达(参51 – 52)。我们也不该为科林斯赘言,因为她曾煽动雅典的盟邦波提狄亚(Poteidaea)实施叛乱。

即便如此,斯巴达最终通过表决得出一个结论——雅典已破坏和约,必须立即对雅典宣战(1.87 – 88)。在大会的陈词中,斯巴达人对合法性或正当性之首要地位的尊重,远远大于对私利的关注;斯巴达的利益(更不用说她的必然[necessities])甚至不在讨论之列。语势激昂的斯特涅莱达斯(Sthenelaidas)着重强调斯巴达站在正义的立场行事,他在简短演说中六次数落了雅典的不正义(86)。大会上正式议题仅有正义,而且主要指最首要且最狭隘层面上的守法(由和约制定的邦国之间的法)。这对科林斯使者来说似乎并非吉兆。斯巴达人虽然抨击雅典的不义,但却没有引证任何具体的违约行为。(不过,有可能大会较早发言的演说者已经举证过了:参67.4 的 enklēmata["指控、谴责"],科林斯在62.8、修昔底德在72 和雅典使者在73.1 都呼应了这一点。)总之,"斯巴达人如此表决,不是因为被同盟者的演说说服,而是因为他们眼见希腊大部分地区已臣属于雅典人,继而惧怕雅典日益增长的力量"(88.1)。修昔底德由此让我们回想起斯巴达处理眼前问题时所掩盖的东西:前文 1.23.6 的"最真实的辩称"。事实上,我们可以断定,这"最真实的辩称"恰恰为这次大会(甚或整个卷一部分)提供了主题:关键点由始至终都不是正义,而是雅典帝国主义所形成的必然。㉔

然而这一推断可能言之过甚。重复一下,修昔底德的叙述并不是取代而是补充说明他笔下演说者的观点。修昔底德没有把斯巴达描述成对正义漠不关心。(甚至在这里他也没有断言,斯巴达人完全不受其同盟者演说的影响。)就像在她面前的科林斯和科基拉,或者被这两者施压的雅典,斯巴达也暗自庆幸自己无需被迫在必然或正义两种要求之间作出抉择。㉕

更让人难以琢磨的是我们刚已引述的科林斯人的演说(1.68 - 71)。这篇演说也强调了正义和必然两种要求的平衡,毕竟没有别的城邦比雅典更不正义,更具威胁性。同时,该演说还坚持认为,除非斯巴达变得更像雅典,不然她无法指望能挫败雅典。演说实际上阐明了确保一个城邦安全的正义的无效(也就是说不存在避免不义的和平解决途径):城邦让对手更恐惧,就更安全,[43]而雅典在这方面相比斯巴达而言更是如此。众所周知,雅典令人生畏的力量的形成离不开她持久燃续的活性或变动、慕求统治和进步的永不止息精神及其衍生而来脱缰的不义。这样看来,就邦国之间的事务而言,必然所发挥的作用要胜过正义。尽管如此,使者们设法克服这个难题:斯巴达必须在反对雅典且恢复以往地位这一正当的过程中逐渐模仿雅典;也就是说,无论如何都要打破现状,做出改变。

科林斯人的演说以退出斯巴达同盟的威胁作结(1.71.4 - 7)。虽然极少学者重视这一威胁言论,但是科林斯使者很可能期望它会

㉔ Romily,《帝国主义》,页 17 - 36; Rhodes, *Hermes* [115],1987,页 154 - 165。

㉕ 参 Heath, *LCM* [11],1986,页 104 - 105。

对斯巴达产生效果,否则说出来显得太不明智了。正如我们所见,我们有充分理由相信斯巴达确实对此慎虑有加,而且,考虑到万一与雅典大战前夕发生这种叛离事件的前景,斯巴达被迫下定决心控告雅典破坏和约。因为科林斯及其属邦——财力宏厚且擅于航海的城邦——身为反对雅典的同盟国,斯巴达承担不起失去他们支撑的后果。我们也不能断定有多少其他城邦(包括具有重要战略意义的麦加拉)会跟随科林斯,退出较弱的联盟,下一步要么投靠斯巴达的老牌劲敌阿尔哥斯(Argos),要么倒戈相向并争取获得雅典提供的最可接受的条件。[26] 斯巴达所面临的两难处境与较早时期雅典的境况相似。科林斯与其属邦的海军的变节(由此可能归附于雅典和阿尔哥斯)、经由麦加里德(Megarid)入侵阿提卡的线路的封锁——这些后果对斯巴达所造成的忧虑不安,不亚于科林斯兼得科基拉海军对雅典带来的影响。

　　修昔底德详尽细致地叙说"怨诉和争执的观点",既不是为了显示它们的空洞无谓,也不是仅仅为了填补历史记录的空缺。"最真实的辩称"与这些 aitiai 无甚关联,一如开战的真正(但隐而不现)理由不同于公开宣称(但似是而非)的理由。科基拉和波提狄亚的事件并非琐事,雅典力量的提升也不是作为结果而出现的;更准确地说,这些事件展现了雅典崛起的重要阶段。[27] 当雅典对待这些城邦的政策威胁要剥夺科林斯的势力范围时,科林斯反过来逼使斯巴达选择要么以齐整无缺的斯巴达同盟与雅典对峙,要么冒着丧失其最有价值的盟邦的风险按兵不动。斯巴达不再犹豫不决了:雅典已"控制了[斯巴达]的同盟"(118.2)。在可认识到的必然的强迫下,[28]各城邦在战争的边缘维持平衡,同时拒绝承认负有引发战

---

[26]　参 De Ste – Croix,《起源》,页 59 – 60。

[27]　Adcock, *JHS*[71],1951,页 10;Kirkwood, *AJP*[73],1952,页 60;Walker, *CQ* NS[7],1957,页 27 – 38;Westlake, *CQ* NS[8],1958,页 103 – 104;Andrewes, *CQ* NS[9],1959,页 224 – 225;施特劳斯,《城邦与人》,页 174 – 175。

[28]　参 Ostwald,《必然》,页 21 – 32。

争的全部罪责。

自然、必然与正义:雅典使者在斯巴达的演说

[44]卷一中对必然与正义的张力作深入探究的,莫过于雅典人在斯巴达的演说(1.72–78)。这是雅典演说者在全书的首次亮相,修昔底德将其预留作某个戏剧高潮时刻的铺垫。这些在外办事的无名使者上前主动要求回应科林斯的抱怨。

科林斯已经描述出雅典和斯巴达之间的鲜明对照。雅典是个时常处于运动之中的城邦;而斯巴达则只希望安于现状。但是科林斯在强调雅典人的不义如何持久无休时,不啻暗示雅典人完全无法控制所行不义的蔓生。

> 因此,他们一生都是在各种苦劳和险阻中度过的,他们忙于增加自己所拥有的事物,却远不像其他人那样享受这些成果。履行义务就是他们唯一的休假方式。对他们而言,宁静安逸的生活比不懈地辛劳度日更不幸。简言之,他们生来(或者说这是他们的自然)㉙就放弃享受任何安宁,也不给他人留下丝毫。(1.70.8–9)

夜枭嘶鸣,橄榄熟成*,雅典人就是这样困扰着他们邻邦。以上描述几近暗讽雅典也是自己帝国的受害者,他们对帝国的渴求剥夺了可供享受的所有恬静(参2.49.5–6)。

然而,科林斯这番话也提供了一份辩词,以回击那些意欲证明雅典不正义的控告。这种辩护以不可置辩的内在必然为理据,

㉙ pephukenai 是 phusis("自然")的一个同源词。

* [译按]作者选取橄榄和猫头鹰两个意象,是因为它们与雅典和雅典娜女神紧密相关。这种表达类似于说"狗吠猫叫",重点在于表明每种事物都按其本性之必然来行动。

正因为无可置辩,故施事者所有会被归作不义的罪责都可得以免除。事实上,雅典演说者也同样显然以很大程度的曲理为雅典辩护。不论作为雅典人还是人本身,他们天生就不能让其邻邦安心度日。㉚ 为帝国所作的这种辩护偏离了葬礼演说对雅典"例外论"的赞颂。偏离之处是,前者把帝国主义归结为加诸雅典人身上的必然,而非他们自由选择的结果。(不过,在这一点上,这些雅典使者预见了伯利克勒斯的最后一次演说。)

大多数评论者认为雅典使者的回应是全书最不足征信的部分。他们断定这一回应过于大胆肆意,不适合在公开场合说出——尤其不适宜在一个强大对手面前试图劝诫他们维持稳定的现状(72.1)。㉛

[45]这篇演说实在坦率直白。但它之所以突出,是因为其他演说大多不会如此:直率坦言有助于揭示演说者的转变。修昔底德唯恐我们读者忽略了这一点,特意预先向我们简报了雅典使者的意图(72)。这也许看起来有点多余,因为演说者自己在一开始也会这样做。但这番说明与众不同地暗示,这些使者并没有那么坦白自己如此坦率的原因。

据修昔底德的介绍,演说者完全没有打算为雅典辩护,回应诽谤者的控诉,而是想劝告斯巴达人不应如此轻率地对他们所面临的问题作出决定,同时展示雅典的力量(1.72.1)。而从演说者的自我声明(73.1),我们得知他们到这里来不是为了反驳其他城邦的指

㉚ 参 Cogan,《人事》,页 24 – 26。但是 Cogan 没有把握到 phusis[自然]对雅典和科林斯各自演说的主题所发挥的同等重要的补充作用。

㉛ Schwartz, *Geschichtswerk*, 页 105;Jaeger,《教化》,1:396;Romilly,《帝国主义》,页 242 – 272;Stahl,《修昔底德》,页 43;De Ste – Croix,《起源》,页 12 – 13。至于为演说及其大胆创新的可信度所作的有力辩护,可参 Busolt,《希腊历史》(*Griechische Geschichte*),3.2.833;Pohlenz,《修昔底德研究》(*Thukydidesstudien*),1:95 – 138;Adcock,《修昔底德》,页 31 – 32;Grant, *CQ* NS[15],1965,页 265;Kagan,《爆发》,页 293 – 300;Cogan,《人事》,页 28,注 17(页 259 – 260)。

控,他们既没有得到邦内的授权,也没有承认对方享有法庭的权威。他们确实希望阻止斯巴达过早听从其同盟者的劝诱。鉴于所有强烈的抗议,他们希望表明,全面地看,雅典所拥有的帝国"不是不合理的"(oute apeikotōs),他们的城邦是"值得敬重的"(axia logou)。

修昔底德巧妙地以一个未被明说的动机(显示雅典的力量)代替了已经声明的意图——证明雅典使用力量的合理性。这一点对于理解这篇演说至关重要。使者略而不谈他们演说的一个目的,那就是公开为雅典作辩护;通过辩词的坦率大胆表证雅典力量这样的目的。[32]

雅典使者为帝国所作的申辩,首先让人回想起帝国是因雅典在波斯战争中的伟大功绩而诞生的(1.73 - 74)。他们也明确阐述作为斯巴达对手的雅典在过去和现在所拥有的实力。他们把雅典作战的决心、对自邦的热爱、战略远见以及航海技术与敌方在这些方面的缺失作了鲜明的对比——斯巴达一如波斯势必对此嫉恨不已。

于是在这一点上,这篇演说发挥了双面作用,既作为申辩词又提醒听者注意雅典的力量。正因为演说者承认答辩的不合时宜(1.73.2),所以提请对力量的关注很可能就是他们的首要目的。[33]简述过波斯战争后,他们开始详述他们"苛刻而又昭显"的帝国主义。[34]它的张扬外露可谓前无古人后无来者。不像我们时代共产主义的帝国主义者(Communist imperialists),修昔底德笔下的雅典并没有否认他们所拥有的是一个帝国。也不像十九世纪的帝国主义者,雅典人从未声称他们的属邦没有能力自我管治。他们更不像

---

[32] 施特劳斯,《城邦与人》,页170 - 171;Pouncey,《必然》,页62;Health, *Historia*[39],页39,1990,页386。

[33] 施特劳斯,《城邦与人》,页170 - 172;Stahl,《修昔底德》,页44 - 47; Kagan,《爆发》,页295。

[34] 施特劳斯,《城邦与人》,页172;参Aron, *History and Theory*[1],1960—1961,页104。

东方王朝君主那样[46]凭借神的意志和协助支配整个帝国。㉟ 他们承认自己的统治没有神性的护佑且是为了追逐私己目标,也坦言被他们统治是一件不好受的事。

但是,雅典使者从未声称"强权就是正义"。他们直言雅典的统治建立在强大力量的基础上(他们将其部分归因于优异的美德:1.74,75.1;参 1.145;2.35 – 46,64),而且主张强者无不实行统治。他们不把这一事态表现为合乎正义。可是他们着实强调,雅典把持着的帝国,若不说正义,至少"不是不合理的"(oute apeikotōs)。为求证明这一点,他们断言没有人会因为关心正义而抗拒统治的诱惑(76.1 – 2),而雅典至少在这方面比其他城邦表现得尤为克制(76.3 – 4,77)。

雅典帝国"不是靠暴力的手段获得的"(1.75.2),而是凭借一举终结波斯战争才发展起来的。斯巴达在这重要历史关头中明显缺乏能力和激情,故迫使岛屿和沿海城邦纷纷前来求助于雅典。雅典使者在此并非宣称帝国本身与战胜波斯的米提亚人一样高贵,而是仅仅声明,雅典基于自身高贵合理的表现,发觉自己处在必然的迫使之下,正因如此,帝国也显得情有可原。"继此事件[即我们接受同盟领导权的授予]之后,我们首先被迫把帝国发展到目前的状态,主要是出于畏惧,虽然其次是荣誉,最后也是利益"(75.3)。这篇演说的重大问题,就是这三种所谓强迫因素的分量。

最先摆出的畏惧,通常来说是一个可接受的恕罪理由,即便对于个人所犯的罪行亦然。雅典使者声称,畏惧不仅催生了帝国的创

㉟ 参格雷纳,《古希腊政治理论》,页 4 – 6;Chatelet,《生成》(La naissance),页 132,136。某些评注者(如 Romilly,《帝国主义》,页 78 – 80;Galpin,CJ[79],1983—1984,页 100 – 109;Connor,《修昔底德》,页 123)断言雅典在城邦内外实行帝国主义的正当性,至少隐隐基于"统治他人就是一种表达真正自由的方式这样的希腊观念"(Connor)。假如这一观念的确存在,修昔底德笔下的雅典人也没有援用。据他们描述,帝国需要的是洗脱罪责,他们提出的理由也不是所谓"一种表达自由的方式",而是自己处于被迫的事实。

建,而且一直对其施加压力。不可否认,一段时间以来雅典最为畏惧的不是米提亚人,而是她自身的同盟者,他们被视为有意投奔斯巴达的叛离者。"既然我们遭到大多数同盟者的嫉恨,而且其中一些叛离者已然另谋新主,你们也不再是我们昔日的朋友,既成为我们怀疑的对象又彼此不和,所以冒险放弃盟邦就不再安全了。再说,背叛我们的城邦将投奔于你们。在巨大危险面前尽最大可能谋求自己的利益,这样的人不应被斥责"(1.75.4)。

接着,雅典使者把目光引向斯巴达。斯巴达也同样按照自己的利益控制伯罗奔半岛的事务。此外,要是她在泛希腊同盟中坚持行使统治权,也会像雅典一样被迫(anankasthentas,1.76.1)以强有力的手段维持统治。这一说法的问题[47]在于,斯巴达在伯罗奔半岛内部的统治甚至还没有蜕变为帝国,更何况在这个范围之外——倘若她想要稳固自己的统治,必然会想到这一点。雅典人严正声明的帝国之必然,似乎并没有在斯巴达身上体现出来,这预示着雅典使者论点的失效。

雅典使者继续义正词严地阐述是什么因素迫使他们获取一个帝国。"所以我们所做的事情不足为奇,与人的本性也不相悖;如果我们不仅接受了一个奉献给我们的帝国,而且不肯放弃它,那是由于我们服从最强烈的动机——荣誉、畏惧和利益"(1.76.2)。鉴于这里更改了原先提及所谓"必然因素"的次序,他们迫使我们深思把它们视作同等重要的后果。他们暗示,无论帝国建立于何种必然都无关紧要,因为它们都属于"最强烈的动机",荣誉和利益不亚于畏惧,同样不可抗拒,因而情有可原。㊱ 他们由此抹去必然和纯粹利益之间的区分。这意味着在他们看来,帝国的每种普通的动机都可以为其开脱罪名;而且帝国本身就是一桩罪恶,但犯罪行径却拥

㊱ 这些所谓的必然因素的顺序换置实在令人难以置信,甚至连 Crawley 这位译者也拒绝将其直接译出,因而对他的读者隐瞒了这点。参 Bluhm, *Political Studies*[10],1962,页 19–20。

有充分的辩解理由。㊲

有什么理据可以证明这一惊人见解？使者的慷慨陈词既简练又大胆。我们必须承认，帝国的所有动机都是必然且不可抗拒的，这仅仅是因为从未听说有过一个社会能成功不受其影响。"我们也不是这种行为的首创者：一直存在弱者臣服于强者的普遍法则。㊳同时，我们相信自己与这种法则是相称的，你们过去也这样认为的；直到现在，你们算计你们的利益时，才讨论正义——当人们有机会用武力获得某种东西时，就没法阻止有这种念头的人攫取利益"（1.76.2）。各城邦所援引的正义都似是而非：每个城邦只会要求他者正义。没有谁会无视上述三种必然而选择正义；人们只是迫于这些必然的指使才会去树立正义的形象。

[48]雅典人于是承认他们之所以统治，是因为他们强大的力量足以逃脱惩罚，而且他们和其他人一样难以抵挡统治的诱惑。就其面对诱惑的软弱来看，雅典人与其他人相比堪称无异。他们给出的第一个借口就是他们不比任何人差多少。

第二个借口则是他们在统治方式上的优越再次证成帝国统治

㊲ "由此看来，雅典人凭借一个令人难以接受的辩解而实现了不需作任何自辩的诺言：因为在某种场合可能存在有理由令人畏惧的事物，并不能在不造成严重后果的前提下让对荣誉和利益的欲望也同样变得情有可原。"Bruell, *APSR*[68]，1974，页13。Romilly 认为，由于荣誉取代恐惧成为最重要的一种必然（compulsion），使者尽最大努力让荣誉化身为三种动机之中最为突出且"公正"（désintéressé）的一种（《帝国主义》，页251，注1；*AnSoc*[4]，1973，页55-56）。但即便如此，倘若作为不正义的一个借口，荣耀一点也不值得敬仰。使者把 time[荣耀]唤作一种必然，只会进一步夺去它的魅力；因为他们已彻底臣服于它（nikethentes，就像被恐惧和利益所操控一样：1.76.2），他们将其纳入作为一种免罪的借口，而非充当美德的声明。至于 time 在全书的演变，参 Romilly，*AnSoc*[4]，1973，页52-58；Pouncey，《必然》，页21和注20；福特，《统治的热望》。

㊳ 参德谟克利特 Democritus，残篇267：phusei to archein oikeion tōcressoni（"根据自然，强者天生倾向于统治"）。

的正当性。"然而有些人是值得称赞的,他们遵从人的自然统治别人,最终仍比根据实际力量而行事更为正义"(1.76.3)。正义是值得称颂的,而且公正无罪的城邦定会否认统治其他城邦的事实。㊴ 雅典使者在这一点上与其他人所见略同。不同的是,他们竭力缩窄一个城邦为正义所应负的责任的范围。尽可能公正合理地施行统治的城邦配得上称赞;放弃统治是不可能的。

与其他随心所欲攫取利益的帝国政权不同,雅典依据法律实行统治。遇到与其全民发生的争执,她都会交由法庭审理,即便臣民所在城邦内的案件也这样处理(1.77.1)。㊵ 雅典借此继续保持平等的表象,而这些使者们确实认为这并不只是表象:臣民们习惯于把他们视作平等交往的对象。但另一方面,演说者坦承这种平等是有缺陷的。臣民(hypēkooi,"那些倾听和遵从的人")的从属性质依旧不变;雅典使者的措辞毫不转弯抹角。他们宣称,雅典审慎地(metriazomen)对待她的臣民,向其征得些许利益,这些都公平合理(dikazesthai),而非出于暴力(biazesthai)——虽然他们后来甚至认为这无可厚非(77.3)。对于使者来说,臣民们将雅典秉持的正义误解为她好诉讼(litigiousness)的表现也是可以理解的。

> 但是,[我们的臣民]习惯于平等地与我们来往,所以一旦某一法律判决或帝国授予我们的权力在某种程度上令他们备感挫败,而且他们自认为正当的事物也无法得以实现,此时他们就不再感激我们没有攫取他们大部分利益的事实,转而抱怨他们所失去的,倘若我们当初就置法不顾并公然纵容私己的贪

㊴ Romilly,*Phoenix*[28],1974,页95。
㊵ 不少学者不认同使者声称的帝国式实践的体系、实质以及基础。参 De Ste-Croix,*CQ* NS[11],1961,页94-112;Meiggs,《雅典帝国》,页228-233;Winton,*MH*[37],1980,页89-97;Hornblower,《义疏》,页122-123。托名色诺芬(《雅典政制》1.16-18)只谈到雅典的审判,还暗示雅典民人(demos)以多种方式从中获益。

婪,他们的怨恨反而不会那么强烈。假如我们果真如此,他们也绝不会反对弱者应当服从强者这一必然。明显的是,一个不正义的判决相较于忍受暴力的支配,更会让民人深感愤懑,因为前一种情况看似被另一平等者欺骗,而后一种则像是被强者胁迫(77.3-4)。

雅典宣扬"审慎",不是为了荣誉、安全或利益的缘故。要是她否弃审慎,她的臣民很可能就不会再怨恨她——至少有所收敛。[49]雅典式审慎之为真正的正义,务必付出铸造三种必然的高昂代价。与此同时,正义充分听从这些必然——甚至满足它们对帝国的欲求——以致正义虽真实但并非不可企及。

演说结尾(1.78)显证雅典人可在必要时改以传统的方式言说。雅典使者点明数种触发战争的不可预料的机运,这一主题非常符合呼求斯巴达的场合(参1.80,2.11.4,4.17-18)。他们最后提及了自己被指控违背的三十年和约。和约上规定将各方控诉交由仲裁解决。虽然雅典是否真的违反和约还不得而知,但如果斯巴达漠视这一条款,她必定臭名昭著。确切地说,最典型的"斯巴达式"正义观念(严谨恪守誓言和义务)在这里却对雅典有利。雅典坐拥的岂止自然(75-76),还有诸神(78.4)。使者选择到最后才表达这些诉诸传统的吁求,暗示他们期望证明这些吁求所能达到的最佳效果(尤其紧接前文对雅典力量的提示)。如此多样的诉求都有一个共同点,那就是激化斯巴达人的畏惧。

尽管使者谈及正义,但作为演说者,他们的策略侧重于利用畏惧——以机运、诸神和雅典本身作为对象。无论如何,这些可惧因素最终都或多或少地在爱好和平的阿奇达慕斯(Archidamus)身上取得成效(1.80-85)。可是,斯巴达人大多投票给他们的执政官斯特涅莱达斯(Sthenelaidas),支持发动战争,"不太可能因为其同盟者说服了他们,而是由于他们畏惧雅典力量的日益增长,眼看希腊绝大部分地区已臣服于雅典人"(1.88)。雅典使者误以为对雅典的恐惧会使斯巴达俯首。如果他们有意减轻斯巴达对雅典的畏惧,他们会洞察到为斯巴达所看重的恐惧,并采取有利于缓和这种恐惧的姿态而非威逼斯巴达屈服。也许作为雅典人,他们无法设想自己会不畏敌人却迟迟不发动战争。不管怎样,雅典人以及随后斯巴达人的演说很大程度上都印证了科林斯人的描述。和《战争志》其他地方一样,这里两个差异颇大的共同体虽然相互指认对方是类似于自己的对手,但到头来只不过是自说自话。[41]

如果我们遵循这一思路阅读,自然觉得雅典使者的演说并不难以理解。正因为他们声称所要依赖的激情(passions)是"必然"而非正义,所以对策就是借助这些激情,尤其是畏惧。这篇演说不单单为了调停战争;但也不是蓄意激起它。使者希望延宕战争,同时避免实行绥靖政策,故而最终选择阻止战争。他们的目标有二,一是显示雅典的力量,二是凭靠有关正义的事实直面斯巴达人,这些事实应为任何一流强国所熟知。[42] 但是,明智的他们将阻止战争的希望[50]主要寄托在力量而不是正义之上,也因而托赖于证明正义的论点,这些观点所彰显的大胆性,委实传达出一种有关力量的印象。

"五十年"作为雅典使者演说的评注

在简要分析雅典使者的演说对必然和正义这一主题有何建树之前,我们有必要对照考察他们对自己帝国和斯巴达的相似描述,以及修昔底德在几乎紧随其后的章节的记述(1.89 - 117)——习惯

---

[41] 参 4.17 - 21;De Ste - Croix,《起源》,页 13;Cogan,《人事》,页 28,注 17(259 - 260)。

[42] Grant,*CQ* NS[15],1965,页 265;Kagan,《爆发》,页 295 - 300。参 Immerwahr 载于 Stadter 所编《演说》,页 24:"科林斯人首篇演说和雅典人在斯巴达的演说具有共同的目的,那就是恐吓斯巴达人;科林斯人希望借此威胁斯巴达参战,而雅典人则意在劝诫她放弃作战。"与此相反的观点,可参见 Cogan,《人事》,页 23 - 27;Coby,*CJPS*[24],1991,页 70 - 75,他低估了演说的格调上和对正义与帝国问题的总体叙述风格上的大胆创新。但亦可参 Cogan,页 28。

上称为 Pentecontaëtia("五十年叙事")。修昔底德本人将其划分为两个部分:章 89-96 交代了"雅典如何逐渐发展壮大自身的力量";章 97-117"说明雅典帝国是怎样形成的"(97.2)。因此第一部分论及雅典如何成为联盟的领导者,而第二部分讲述她怎样建立一个力量日益增长的帝国。有人会认为这一记述揭露了战争的"最真实的 prophasis",他们倾向把这个语词理解为"真正的原因",而不是"公开宣称的怨诉"。如果是这样的话,这些章节似乎可能是卷一举足轻重的部分。

但是,修昔底德恰恰称后一部分为一种离题(ekbolē,1.97.2),至于为何叙述这些事件,我们以上引述的理由也还不是他所给出的首要理由。在他看来,上面引述过的理由实际上几乎是一种后起之思(hama de kai,"同时""另外")。(首先给出的理由仅仅是更正现已散佚的赫兰尼科斯[Hellanicus]《雅典编年史》的年代学错误,)对此我们该如何理解? 不是说这些事件就毫无价值,倘若如此,修昔底德也就没有必要记叙它们。不过,"五十年"所叙述的摩擦事件虽然对战争爆发来讲是必要的,但并不足以直接激发战争。从这些冲突的结果看来,雅典的力量还没上升到足以迫使斯巴达坚决彻底覆灭雅典帝国的程度。事实上,经过几十年的零星冲突之后,两个城邦及其同盟国在和约(115.1)的作用下联合起来,过着一段看似相安无事的日子,伯罗奔半岛人出面支持萨摩斯叛乱却终告失败之后,这一和平由于斯巴达没有出兵援助萨摩斯叛乱(115-117;参40.5,41.1)而更为稳固。118.2(修昔底德对斯巴达参战动机的重述——在 89-117 的较为广阔的角度下)不是为了让我们忽略"公开宣称的怨诉",转而关注几十年前雅典的崛起,而是引导我们把这些怨诉理解为雅典崛起的深远(对斯巴达来说则是决定性)结果。[43]

尽管如此,我们还是可以透过"五十年叙事"对雅典使者的演说作出评析。[51]雅典稳固的海军力量最初源自特米斯多克勒

---

[43] 参 Connor,《修昔底德》,页 33。

(Themistocles)的构想,他带领希腊军队取得希波战争的胜利(1.14.3,73.4-74.1)。为了说服雅典人,特米斯多克勒也许犯了一个常见的错误,那就是从上一场战争([译注]指波斯战争)而非下一场战争出发作考虑(93.7)。可是在这种情况下,后见之明兼作先见之明,而从时间上先见之明确实早于后见之明出现,因为甚至在波斯战争爆发以前,特米斯多克勒早已设想出一个新雅典,它不是集中在古老卫城的城墙之内(2.15),而是以一个设有城墙的全新比雷埃夫斯港为中心(1.93.3)。但只有在波斯告败后,才是时候实现这一计划。

虽然放弃自己城邦并登上尚未试水的船舰,雅典人最终赢下了惊心动魄的胜利,从而趁波斯人不在时收复遭波斯人洗劫的国土。特米斯多克勒似乎推断,建立在海军之上的城邦的成功,暗示着从城邦本身向类似于一支海军的转变。他理由充分地论证,雅典可以通过在卫城和港口筑建围墙有效地防御波斯人或同样强大敌人的再次侵扰,这样一来敌人无法从陆地攻取舰船和城邦,而且舰船能在海上保全城邦(1.93.6-7)。"他径直着手开始[修筑防御工事]"或"他径直着手开始缔造帝国的根基。"(原文[kai tēn archēn euthys xynkateskeuaze,93.4]显得较为含混。)

所以说,雅典的后续力量有赖于一个受恐惧所激发的防御性决策。不过加固后的舰船明显在攻防两端都表现得非常出众,而防卫雅典免受来自陆地暗袭的城墙也可防范敌人的军事报复。无怪乎斯巴达及其同盟者都纷纷反对这一计策。斯巴达传统意义上的统治权以她在陆地战场上的绝对优势为基础,这也是希腊人常见的镇压手段,而且她好几次以军事方式介入雅典的政治事件(1.18.1,6.53.3,59.4),这些事件仍历历在目。因此新的部署肯定会打破希腊现有力量的均衡格局。特米斯多克勒很可能已经预见到这一点(1.138.3)。[44]

---

[44] 关于修昔底德笔下特米斯多克勒政策的玄妙之处,参 Cox, *Politikos* [2],1992,页89-107。

雅典也会因为确信自己能和斯巴达平起平坐,而在希腊事务中享有更大的发言权(1.91.4—6)。特米斯多克勒亲身感受到斯巴达战略的缺陷,㊺并有理由推断希腊和雅典都可以在雅典对公共审议所施予的更大影响中获益。于是,他的政策同时也是通向帝国的重要一步,而且就雅典的安全而言完全合理。

此外,值得斟酌的是,雅典在同一时间还接受了泛希腊同盟的领导权,这个同盟不久之后就演变为德洛同盟(Delian League)。[52]事实上有必要巩固那得来不易的胜利,因为虽然波斯人被驱逐出希腊的腹地,但还占有着底比斯这个据点(1.90.2)。此外,雅典将波斯人清出领海继而解放东部地区的希腊人,也是当务之急。早在这场由雅典主导且使波斯蒙耻的战事之前,雅典已经是波斯嫉恨的首要目标,㊻她绝不可能任由波斯占领附近任何一处领地作为据点。希腊一方这次可谓侥幸得胜(1.69.5,73.4—74.1,14.3),而且这场所谓的胜利也清晰地表明,尚且不可假定希腊城邦能够完全联合起来(2.71—74,3.34,3.54—67)。㊼斯巴达放弃领导盟邦,而只有雅典答应担当盟主之位,不管怎么说,是同盟国纷纷自发地向她提出吁请(1.95—96,130)。

但怎么理解从领导同盟到建立帝国的转变呢(修昔底德在1.97—99处明显区分了这两种形式)?他在这里也为雅典政策辩护,或者至少说尽量不对其做任何批评。然而,雅典这个严厉的领导者从来没有放松对自己和对同盟国的要求,因而招致不少怨怼,最终酿成叛乱事件——反叛者显然并没有做好充分准备。由于无力保卫自己刚获不久的独立,盟邦们只好选择缴纳贡税以代替服役,等于说为雅典这一权力中心提供源源不断的资金。于是,修昔底德对属邦的自甘屈从颇有微词(99.2)。

㊺ 希罗多德,《原史》,7.139;8.40,57—64,108。参修昔底德,《战争志》,1.69。

㊻ 希罗多德,《原史》,5.96—102,105;6.94;7.8,138;9.7—11。

㊼ 参希罗多德,《原史》,7.138—172 和前注45 中的引文指示。

但雅典能名正言顺地对她的同盟者"施加强迫"(prosagontes tas anankas)吗？拿索斯(Naxos)最先起难,这场暴乱发生在客蒙(Cimon)于攸里梅顿河(the river Eurymedon)取得大胜并甚至把波斯人逐出爱琴海最东部海岸线之前(100.1)。至于制服拿索斯并强化联盟的统一性,雅典只是为着自身安全的要求才如此行事。客蒙出师大捷之后,波斯的威胁已大为削减。但当其时,塔索斯(Thasos)爆发叛乱且被雅典围攻,便向斯巴达求援,并得到对方愿意出兵入侵阿提卡的秘密承诺(100.2,101.1-2)。这一承诺没有被兑现——斯巴达人受邦内问题困扰而分身乏力——我们也不清楚雅典是否得知这一承诺。不过这可以证明,虽然从领导联盟到建立帝国的转变需要一个渐进的过程,但斯巴达却迅速地从雅典的朋友蜕变为她的敌人。这种转变很快就广为人知且不为认同(102)。因此修昔底德的叙说证实了雅典使者的暗示,那就是雅典消灭波斯的威胁的结果,仅仅是招致了斯巴达的敌意,而且雅典永远不能摆脱维持帝国的诸种必然因素——即使我们对所谓必然的理解比雅典使者狭隘得多。㊽

[53]人们大可以邦国安全为合法理由,替雅典帝国正名,但这并不暗示这确实是雅典维持和扩张帝国的唯一或甚至首要的理由。使者自己还提及两种公开宣称的必然因素,而且雅典在"五十年叙事"中的表现看起来不像是一个审慎帝国的所为。相反,他们展示自己每次在前线的军事行动中所遭受的巨大危险和骇人伤亡,以及不屈不挠的决心和随机应变的智谋——这就是科林斯人在演说中所描述的行动迅猛的体现。雅典对冒险和功绩的热爱——愿意拿现有的一切冒险,但求有所增益(参1.70)——排除了一种可能,那就是雅典建立和维持帝国仅仅是出于自己对丧失帝国的畏惧。我们还得

㊽　Chatelet,《生成》,页136-137;Bruell, *St. John's Review*[32.1],1981,页26-27。正如Pouncey所见(《必然》,页66-67),修昔底德的叙述也确证了雅典使者的宣称的合理性,她宣称自己不得不惧怕她的同盟者会选择叛离她而投奔斯巴达。

从荣誉(timē)和对更高事物的渴求这两方面思索雅典帝国主义的动机。㊾ 但我们是跟从使者的说法,把 timē 解释为必然的一种形式呢,还是与伯利克勒斯一道将其理解为自由和高贵的选择的结果?

如果说"五十年叙事"很大程度上印证了雅典使者对其帝国的描述(但并未厘析其中的含混之处),那么这段叙事也同时显证了对斯巴达特点的刻画。斯巴达比雅典更严酷地对待其同盟者(1.95,130),因此她在把持领导权期间的一意孤行可能确实使自己与雅典一样饱受嫉恨。可是,"五十年叙事"还证实,斯巴达并没有继任盟主之位,而是默默地接受权力移交雅典的事实(95.7)。她这样做时并没有明显受到三种必然之中任何一种的束缚,从而对这些必然因素构成了公然挑战。安全、荣誉和利益无一能够强迫斯巴达自愿让位于雅典。尽管修昔底德明确把斯巴达的决策归因于畏惧,但现实经历并没有证明畏惧是一种胁迫:毋宁说她担心本邦的公民在行使霸权时会"变得堕落"(95.7)。斯巴达更重视的是其公民的德性,而不青睐帝国的虚名。她把荣耀、利益和困难都留给了雅典,相信雅典(或许不明智地)有能力照看斯巴达的安全(95.7)。即便确切来说这不算为了正义自身选择而行正义之事,但事实上的确挑战了认为荣誉和利益具有强制性的论点。

雅典人在斯巴达演说的未决张力

一如使者的陈述,雅典在两方面同时达到极致,集其他城邦所钦羡的帝国和其他城邦所佯装的正义于一身。但雅典使者最终没有解决帝国和正义之间的紧张,而只是开始试图清楚表达它。

[54]在强调帝国正义之时,使者让我们想起了葬礼演说。说到

㊾ 关于修昔底德在"五十年叙事"中关于雅典令人惊诧——甚至充满爱欲的——的果敢(daring)的论述,可参福特,*APSR*[80],1986,页 433-438 以及《统治的热望》,页 20-26。

雅典赠予其属民的恩惠以及为此她所作的牺牲时,使者把这两点都看成极为次要的。而且,当声称雅典自由地伸张正义时,他们摒弃了葬礼演说所暗含的深意:雅典自由地接手开始整个帝国事业。在这个基本且极端重要的问题上,使者提及了三种必然。即使我们勉强接受他们关于帝国之必然和忠于正义的真心论述,但他们践行正义的实际情况正如折中方案一样总是不尽人意。

我们无可否认,雅典的政策相比波斯的来说更为温和(1.77.5),各个属邦大都受益于雅典的管治。但是,要么她真的平等地对待那些同盟者(使者已声明这一点),否则她平等对待同盟者的努力就肯定显得虚伪做作。根据使者的说法,雅典是唯一真正尊重正义的城邦,因为只有她为了正义本身而做出实在的牺牲。雅典人虽然放弃以强力统治,但创立了法庭,让他们与同盟者名义上处于平等的位置。然而事实上,他们出于私虑任命自己担任处理诉讼案件的法官。使者尽管责怪同盟者把所有对其不利的判决看作不义,但也乐意承认,他们雅典人有时确实会利用所处的优越地位攫取利益(77.3)。雅典一方面赞成正义形式,避免使用赤裸的暴力,一方面发现自己总是不断地露出破绽,而她虚张的正义(即使半真半假)给同盟者造成的侵害,甚至还比她完全否弃正义的后果更严重。正如马基雅维利所宣称的,"武装者与非武装者之间毫无平等可言",[50]任何合法形式都难以构建这样的均势,倘若双方都不平等地服从公正决议的强制施行,那么这种平等必定仍是痴心妄想(参5.89)。

我们甚至好奇,严格来说正义是否可以运用于城邦之间的事务。再次引用使者的话,正义意味着"公正或平等的"(apo tou isou,1.77.3)关系,或者是平等地服从对人人有效的法律。无论这种正义如何适用于公民,它似乎在城邦之间不得其所。如使者所言,这些城邦之间缺乏由公共善所构成的共同体,就像所有政治正义所假

---

[50] 马基雅维利,《君主论》,第12章。

定的一样。(51) 城邦只晓得相互争斗,自然/天性(nature)驱使他们为一己之私着想,而恐惧感则迫使弱者服从于强者。

这里的关键不在于,使者的论述暗示着胜者可以严酷对待被征服者;事实并非如此(1.77)。问题毋宁是,在这种情况下,温和宽松的方式是否可以合理地构想为正义。说到正义,我们通常会理解为强制性或合法正当,伸张正义的原因在于(行动者)有欠于(被施予者)。[55]我们很难从使者的陈述中弄清楚一个城邦可能欠下另一个城邦什么东西。强者所施加的限制与其说是一种欠负,不如说是一种施予,也就是说将正义的某些好处延展到正义已经失效的领域。(52)

此外,使者所展示的观点不仅基于对"邦际体系"之动因的洞察,还基于对人性本身的理解。照此而论,人性暗示着城邦之内(within)关于生活的严肃问题。(53) 如果说自然驱使各个共同体为稀缺资源相互争斗,而非为公共善而努力,难道我们不也可以设想这种情形同样会发生在个人身上?公民之间和使者所说的城邦之间不正缺失公共善吗?使者的立场在两方面显得可疑。一方面,他们批评正义在外邦的式微,却对邦内正义的缺失避而不谈。另一方面又说,邦内正义继续为他们提供(平等)原则的理据,他们(尽最大可能)坚持对外邦施行这一原则。因此,他们关于正义的标准依旧是没有根据且未经检验的。

最后,演说提出了正义和虔诚的关系问题。在1.78,使者劝诫

---

(51) 3.82.8;4.60-61,85-88;5.90-91;6.89.1;亚里士多德,《尼各马可伦理学》,5.6.4;参 Bruell,*St. John's Review*[32],1981,页27。

(52) Romilly(*Phoenix*[28],1974,页96)提出,使者在1.76.3赞赏自己及其处境相同的雅典人的正义,因为这超出现行情势对他们的要求,紧接着他们又定性自己的行为不单是正义的,还是 epieikēs("合理公平的,但不极端")。这个词与 metriazomen("我们审慎地行动")一致,比较73.1出现的同源词 oute apeilotōs("不是不正义地"),用以描述他们所持有的帝国。

(53) 参 Saxonhouse,*Polity*[10],1978,页477 和 Galpin,*CJ*[79],1983—1984,页100-109。

斯巴达人恪守虔诚,免得诸神被他们所迫转投雅典的怀抱。然而,如何理解他们对于诸神的立场?虔诚能够与他们大幅降格的正义标准相协调?希腊和圣经式的虔诚都隐含着某种程度的正当性:老派的米洛斯人会把自己描述成"保卫自己免受非正义之人[雅典人]侵犯的无罪(即虔诚,hosioi)者"(5.104;参7.77)。使者可能会强调正义,以此竭力保全自己的虔诚,虽然他们的正义尚未达到传统的要求,但这是(至少他们这样声称)他们能够理性期待的最高目标。但是,诸神有可能接受使者关于人类践行正义的能力的自以为是的观点吗?

雅典帝国浮现于这篇意在与整个政治界达成共识的演说。虽然使者以此为荣,但他们并不把帝国形容为一个完全值得骄傲的对象。被迫也许可免于责咎,而且在这种意义上是正义的,但并不代表它配受赞许;一个人可能因受必然所迫而免于责备,但他不能以此邀功。然而,雅典人坚信帝国是他们的无上荣耀。它更胜于其他帝国的原因在于,它的发展建立在早期尽显美德的成就之上(1.73.2 – 75.2),以及雅典所关注的不仅只有帝国所带来的荣誉、安全和利益。

自葬礼演说以降,事实更为清晰地表明雅典并不是[56]一个我们现代人所说的"国家"(state),雅典帝国也不像我们所谓国家那样追求有限的目标。生活在城邦和帝国的公民仅凭此两者就可以实现人类最高意义上的幸福。对于这一人类终极目标,荣誉、安全和利益这些显现在演说里的元素是必需的,但并不充分。除了人类生活和帝国,正如使者所宣称的,它还意味着更多。他们统治的正当性(worthiness)是极其重要的一点(1.76.2),而这植根于他们的美德:仅当帝国显明他们的美德之时,雅典人才最为帝国感到自豪。美德包含正义,但是——使者们还不至于认为真正的正义不是一种美德——正义是所有美德之中与帝国的关系最为紧张的一种。他们极力缓和这一紧张。他们声称,虽然帝国在严格意义上不能算作正义,但他们配得上拥有帝国而且"不是不正义地"维持它;不是全然正义，但足以证明正当。由于无法瞬间止步于帝国的边缘，使者只好为自己仅只跃出崖边寥寥数步而自鸣得意。理解这一演说的关键，就是明白正义（使者令人惊诧地坦承雅典在这方面的不足）如何悄然回归——不是因为"强权就是正义"，而是由于"必然"以尽可能正义行事的意图这样的伪饰现身。

但是，我们不可否认正义本身（和正当的意图）在演说中仍然显得疑惑重重。倘若"自然"驱使人类追逐荣誉、安全和利益而非正义，我们可否推断，这些必然因素对我们来说本质上优于"正义"，它们凭靠"自然"而为好，但"正义"只是倚仗"习俗"才是好的？如果真的如此，我们还有必要"超出个人境况的要求"来施行正义？

换一个角度看，也如使者所隐约提及的，如果正义依旧是人类追求的终极目标，我们能够满足于使者对他们难题的解决吗？他们以拥有如此残缺不全的正义为荣是否合理？或许更深一层考虑，越出正义之界限地追求安全、荣誉和利益似乎在任何严格意义上都不像是强迫使然——如此一来我们就不能将其当作严格意义上的辩解理由。如果我们承认上述前一种假设并非不可能，*那么也就没有必要考虑第二个问题了。更确切地说，倘若雅典人更引以为豪的对象是他们的正义，而不是他们的荣誉、安全或利益，难道他们不应当促使自己为正义之故在这些方面做出更大的牺牲？

透过斯巴达的眼光看问题

雅典使者的演说明确地挑明了正义和必然的关系问题，它始终隐含在整个卷一之中。此外，这一论述还（鉴于其所在场合，它必定）内嵌于关涉某个问题的语境，这个问题就是谁将负有挑起战争的罪责。"最真实的辩称"是约束的一种体现，但它如何与 aitia［归罪］的问题联系在一起，尚且不甚明了。使者确信两者之间并无关

---

* ［译注］指前文"满足于使者对他们难题的解决"，"第二个问题"对应第二个问号的内容。

联。[57]他们直接把罪责的问题完全当作首次违背和约条款的问题(1.78)。负罪感将转移到斯巴达一方而非雅典,因为前者拒绝接受后者所提出的仲裁。这作为一种修辞策略就好理解了:使者向一位斯巴达听众发出吁求,而吁求看似最有可能成功达到使者演说的目的。

但从更广泛意义上说,使者的演说是在为斯巴达不顾和约执意发动战争的决定辩白。因为遵守条约,或者连同避免触犯诸神,都不是使者所说的人类的终极必然。我们有可能把罪责[aitia]推卸给这样一个斯巴达吗?她出于畏惧且"为[她]与巨大风险相关的利益做最好准备",最终以使者所说的无可厚非(anepiphthonos)的方式行事。

斯巴达并没有隐瞒自己发动战争仅是强迫使然:斯特涅莱达斯之所以胜于阿奇达慕斯,是因为他不认为可以拖延,而不是因为他否认如有可能的话战争将被推迟。但要是注意到斯巴达仅在必要之时参战这一点,就不会轻易指责斯巴达罔顾正义。就算批评斯巴达之静态性情的科林斯人,也承认斯巴达把静态看作对不正义的规避(1.71.1)。虽然斯巴达深感雅典日益强大的力量对她来说是种威胁,但她一直坚守这样的信条:只有在正义的允可下,才能做切身利益所要求之事。因而她不认为,任何行动严格来说都是必要的,除非它同时是正义的——她还坚称,戒绝不义就其本身而言对审慎来说是必要的。

这一观点隐现在以睿智和审慎著称的阿奇达慕斯国王的演说中,修昔底德介绍它为对大多数斯巴达人的意见的睿智回答(1.79.2)。他恳求斯巴达人考虑推迟发动战争,同时也是在针对科林斯人的责难为斯巴达政制作出辩护(80-85)。他辩称斯巴达为人所知的教育为"最为必要的事物"中的一种(1.84.4),这是他的演说唯一一次出现 anankē 或其同源词。⑭ 阿奇达慕斯详尽地讨论

---

⑭ 斯巴达政制教导公民"认清自己应当将最高优先权赋予哪种 anagkai [必然]"(Ostwald,《必然》,页30;比较页17)。至于对一种较为狭隘解释的论证,参埃德蒙斯,《机运和智识》,页96和注10。

当时的战略形势,而对宣战的正义方面只是简要提及。评论者据此假定,战略问题才是他的首要关注点。但是细想一下,他把关于正义的讨论留在演说的最后部分(85),也就是理论上产生最强烈效果的地方。另外,一个斯巴达人除非必要,否则绝不多言(4.17.1),而且在这紧要关头需要大量论证才能证明开战不是明智选择,所以阿奇达慕斯或许想到了一种证明开战不义的论点。他肯定会简要地陈述问题的所在。鉴于注意到当前有效的合约规定将所有争端归于仲裁处理(雅典使者正是援引这一条款),他仅仅表明"像起诉做不义之事(adikounta)的人那样控告提议仲裁的一方,是不合法(ou nomimon)的行为"。

[58]法在这里不止意味着成文法。这份和约与所有条约一样建立在庄重誓言的基础之上:条约(spondai)一词的词源指的正是这种誓言。因此赋予条约以荣耀是神法的需要。作为一个守旧的斯巴达人,阿奇达慕斯可能应该严肃对待这一事实。(结果,他是修昔底德笔下唯一向诸神而非人类听众发表演说的人物,由此劝谕诸神相信他将要采取行动的正当性[2.74.2]。)他认为条约的规定清晰且毫不含糊——不通过仲裁解决问题是不合法的(ou nomimon),斯巴达绝不会违反它。即使斯巴达掌握有利的军事优势,也不会做这种违法的事情。正义和必然(在阿奇达慕斯看来就是斯巴达不意的紧急状况)共同要求战争应当延后,直至仲裁失效。事实上,甚至连阿奇达慕斯也表明,在自我保全原则的要求下,在某些方面令人反感的权宜之策亦属正当(1.82.1)。不过,他认为在任何情况下都不容许违反条约。

正义和必然同样混存于斯特涅达莱斯的演说,虽然两者都倾向战争一边。他的演说是如此简短扼要,他对雅典之不正义的谴责又甚为激切,由此可见斯巴达看似深受正义这一考虑因素的影响,但仔细推敲,他的演说还暗示一点:斯巴达的安全依赖于她的同盟者,如果现在不立即援助他们,她将失去同盟者的支持。"确实,别人有很多金钱、舰船和骑兵,但我们有优秀[或说勇敢]的同盟者,绝对不能拱手将他们让给雅典人……"(1.86.3)。雅典力量的崛起已对斯巴达的势力构成冲击,因为前者威胁要使斯巴达丧失其同盟者,不论是战败还是叛离。这透露出斯特涅达莱斯不认同阿奇达慕斯的战略分析。斯巴达的处境可能不如雅典,但关键问题是延迟战争的到来是否可能加剧或缩小两者之间的差距。不管能在别处找到什么样的同盟者,科林斯及其属邦(斯巴达现有的盟邦之中唯一拥有阿奇达慕斯自己认定为至关重要的舰船和金钱的盟邦[81-83])的受挫或叛离是一种不可能在其他地方得以弥补的损失。㊿

尽管在多个方面分歧明显,阿奇达慕斯和斯特涅达莱斯仍然站在各自的立场同意援用正义和必然。"拉克岱蒙人决议和约已被破坏并且必须开始作战,不是因为其同盟者说服了他们,而是由于他们畏惧雅典力量的日益增长,[59]因为希腊绝大部分地区已臣服于雅典人"(1.88)。但他们投票决议的结果是认为和约已经被破坏。无论怎样,受到必然的考虑因素的影响,斯巴达人依旧提出关于正义的重要议题。修昔底德刻意不对正义问题发表意见,但他确实强调斯巴达对雅典力量的迅猛发展所作回应的不足之处。

> 拉克岱蒙人尽管意识到[雅典力量的增长],但只断断续续地加以制止,他们绝大部分时间保持漠然,因为他们过去除非是被迫,从来没有迅疾参战,而同时,他们也有点受国内战争牵制。终于,雅典的力量赫然飙升,并正侵袭拉克岱蒙的同盟。(1.118.2)

㊿ 新近的评论者,如 Bloedow(*Historia*[23],1981,页135-137 和 *Hermes*[115],1987,页60-66)、Cohen(*QUCC*[45],1984,页41-42)以及 Connor(《修昔底德》,页38-39)等人都断定阿奇达慕斯睿智,而斯特涅达莱斯头脑简单;他们忽略了后者涉及同盟者的观点。Romilly(《帝国主义》,页133)恰恰觉察到这一点。J. H. Finley(《修昔底德》,页135)和 Stahl(《修昔底德》,页56)同样对这篇演说评价甚高。最精彩的讨论当属 Allison, *Hermes*[112],1984,页10-16。至于正义在演说中的首要性的论述,参 Heath, *LCM*[11],1986,页104-105。

修昔底德再次揭示,对斯巴达同盟造成的威胁迫使她下定决心开战对抗雅典;要是不存在这样直接且极具压倒性的威胁,斯巴达会和以前一样,一味拖延或者慌乱不安和无所作为。(这段引文又再次显明"指控和争论点"和"最真实的辩称"之间的关系:科基拉和波提狄亚表明了一点,雅典力量的飙升对斯巴达同盟的团结性构成威胁。)然而,虽然斯巴达先前主要不是因为雅典破坏和约而选择开战,但后来她真的认为她的违约是促使她发动战争的一个必要条件(1.118.3)。㊶

　　斯巴达人不只参考了关于雅典破坏和约的决议,还派人前往德尔斐叩问神明(1.118.3)。他们并没有直接提出和约的问题,但他们必定将神的正面启示认作对雅典有罪的确证(参123.2)。通过向神吁告,斯巴达人继而暗示他们的抉择是出于选择而非迫于必然,而且他们关注的焦点在于神,而非人。

　　一俟他们的同盟者也决议参战,斯巴达就着手开始准备作战并派遣使者到雅典,"以防万一[雅典人]不予理睬[斯巴达的指控]的话,则尽可能找到一个便于开战的好理由(hoti megistē prophasis… tou polemein)"(1.126.1)。某些学者会把这里引出希腊文的短语译成"开战的好借口",但我们有证据表明不应将 prophasis 理解为借口。我们看到,卷一有其他两处出现了与此相同或类似的措辞(118.1, 146),它不是意指开战的借口,而是接近战争理据(casus belli)的意思。斯巴达定当严肃处理这些新的指控,这一点无需怀疑。修昔底德[60],就他个人而言,花了不少篇幅详尽地对其进行叙述:在卷一合计 146 章中,有 21 章涉及这些指控和雅典人所作的回应。

　　斯巴达一开始就规劝雅典肃清亵渎神法的人事——斯巴达所

㊶　参 Health, *LCM*[11], 1986,页 105:"即使斯巴达果真在备受威胁的情况下才会不顾 aitiai es to phaneron legomenal[公开说出的怨诉]选择开战,事实上他们无论如何也绝不会在未能使自己相信雅典人是违反和约的一方的前提下贸然如此。所以说 aitial 具有真正的说服力。"

说的诅咒可追溯到180年前——修昔底德详细地讲解其来龙去脉,以帮助我们更好地理解。

> 拉克岱蒙人要求雅典人驱逐的那些"被女神诅咒的人",从而(或说他们自称[dēthen])首先要为捍卫诸神的荣誉而报复到底,但事实上他们知道伯利克勒斯……在他母亲的家族方面,与这个诅咒是有牵连的,他们相信伯利克勒斯要是被驱逐的话,他们对付雅典的计划就容易取得进展。他们并不真的指望雅典人会驱逐他,只是想让他陷入雅典人的偏见之中,以为战争相当程度上是由他的不幸命运造成的。(1.127.1–2)

诸神有可能会问,斯巴达为何要等这么久才恢复他们据称已遭损害的荣誉;修昔底德清楚地表示,斯巴达因其他原因决定开战后才觉得是时候提出这点要求。她只在处理自己事务的过程中才会想到照看诸神的事情。㊼ 不过,正义通常被定义为关心自己的事情。㊽ 另外,说斯巴达的虔敬是正确的,那是因为他希望伯利克勒斯的声望会因自己与古老诅咒相关而备受打击。这种指控在雅典无疑石沉大海,㊾ 但我们完全有理由推断,在斯巴达,人们肯定会对

㊼ 参考一个世纪前斯巴达驱逐雅典僭主的决定,这些僭主之所以获此遭遇,是因为有别的雅典流放者诱使德尔斐祭司在斯巴达每次求问神谕时极力劝告他们下此决定。根据希罗多德《原史》5.63,斯巴达最终驱逐了僭主们,尽管"他们原是[这些僭主的]亲密朋友",因为"他们更看重神[或上天]的旨意而非人的意愿"。亚里士多德在《雅典政制》(19)中承认了神谕所起的作用,但把这一决定"至少同样"归因于"[僭主]和[斯巴达的敌人]阿尔哥斯之间的友谊"。修昔底德在简要叙述这段历史(1.18.1,6.59.4)时对神谕的作用保持沉默。

㊽ 比较1.71.1与2.40.2,63.2和64.4;比较6.87.2($πολλὰ...πράσσειν$)及6.87.3($πολυπραγμοσύνης$)与柏拉图,《王制》,433ab。

㊾ 根据普罗塔克(《伯利克勒斯》,33.1)的说法,这些指控实际上为伯利克勒斯增添了"在公民之间的荣耀,因为他是一个最为敌人所憎恨和恐惧的人"。

一个与诸神关系不佳的领导者颇有微词(参5.16－17)。⑥⓪

后续的事件让人联想起了与此相类的反应。斯巴达在这里也开始显得荒谬可笑。雅典以两个(不单只一个)直指斯巴达公然不敬神的事例反驳后者的指控(1.128)。然而,雅典没有严厉驱逐受诅咒的人(这一诅咒源于雅典自身),⑥①但斯巴达一直谨慎地[61]对诸神的要求(如德尔斐神谕所示)保持敬意,以便解除她两度诅咒中的一个(134.4)。至于另一个诅咒,斯巴达也比雅典更严肃认真地对待自己所遭受的诅咒。斯巴达相信,诸神严厉惩罚她是由于诅咒的缘故,当再次遇到类似情形时,她已警惕地避免重蹈覆辙(128.1;参103.1－2)。

卷一以斯巴达的其他政治性要求作结,很难设想雅典会接受这些要求(但我们同样可以这样理解:这些要求的目的在于找个开战的有利理由[hoti megistē prophasis...tou polemein]),⑥②而且伯利克勒斯演说足以证明雅典誓不屈服的决心(140－144)。⑥③ 我们依然不得

---

⑥⓪ 修昔底德特意推延至此刻才介绍作为雅典政策的首要策划者伯利克勒斯。为此,他甚至可能蓄意隐瞒伯利克勒斯在制定应对科基拉的决策时所起的关键作用(普罗塔克,《伯利克勒斯》,29.1)。于是,修昔底德设定伯利克勒斯以一个受某种古老不敬神思想影响的形象首次亮相。鉴于伯利克勒斯自身虔敬的可疑性,这可能意味着修昔底德同情典型"斯巴达式"对神法的关心。

⑥① 亚里士多德《雅典政制》残缺不全的第一章明显描述了驱逐因触犯神灵而受诅咒的将近一代人。不洁之人的后代必定延存下来或者回到城邦,但当雅典僭主均已被废除,斯巴达国王克里奥蒙尼(Cleomenes)再一次干涉雅典内政时——这次他代表的是与克里斯提尼(Cleisthenes)为敌的伊萨戈拉斯(Isagoras)一派,克里奥蒙尼要求把那些"被诅咒的人"(包括克里斯提尼)逐出城邦。克里奥蒙尼撤出后,由于雅典人把问题想成派别内讧而非虔诚问题,故又重新把克里斯提尼召回,其余的人悉数被放逐。参希罗多德,《原史》,5.70－73;亚里士多德,《雅典政制》,20。

⑥② 关于这些要求和修昔底德贬低其重要性的理由,参本书附录三。

⑥③ 这篇演说之所以值得一提,恰是因为它偏离了我们的主题:伯利克勒斯处理正义问题的谨慎。为了劝服雅典人参战,伯利克勒斯完全避免提及与斯巴达有关的必然因素以及雅典帝国的存在。(他谈到帝国的时候,仅仅是在

不停滞于战争的临界点(145－146),以此反思斯巴达和雅典各自甚为相异的立场。

习惯于迫不得已才作战的斯巴达人竟然拒绝承认,"必然"对他们造成的伤害已到了削弱他们以正义和虔诚行事的自由的程度。于是雅典和斯巴达各自风格存在明显的对立。斯巴达一直有意回避雅典的"启蒙",即论辩的智术化——她既不给出又不接受这种辩解方式。虽然她甚至在不得已的情况下也还行动迟缓,但她拒绝把强迫等同于为不正义所找的借口。反之,她坚持认为自己的行动不需要这样的借口。因此,她含蓄地否认两点,一是人类发现自己处于绝境当中;二是人类曾经被诸神遗弃,以致被迫无视人类对诸神所负有的义务。

事实证明,卷一并没有解决而只是提出了战争应归罪何者的问题——同时加深了我们对这一问题的理解。深究之下,令人诧异的是,斯巴达是否负有罪责取决于雅典在对正义和必然的关系上的立场,而斯巴达对这一问题的立场又间接证明了雅典无罪。因为倘若罪责(aitia)的传统观念足以说明问题,即城邦[62]有责任无条件地根据正义行事,那么正如阿奇达慕斯所说,斯巴达拒绝寻求仲裁就是一种僭罪。

修昔底德稍后告知我们,斯巴达实际上主动把战争前十年的挫败归因于他们自己第一个破坏和约的事实(7.18.2－3;参4.20.3)。他们随即暗示,正义应验于普遍广泛的领域,它深深地影响着人类,不是作为严格意义上的一种必然(人类既不能轻视它,又不能因为遵从必然而自我矜夸),而是充当一种至高无上的法。如果这样的法确实保持最高地位,那么人们就绝不能以必然为托辞漠视它。因此斯巴达人毫不讳言自己的违法行为。他们对此要么坦白

列举能保证战争得到满意结果的各种有利资源。)从而他把斯巴达描述为侵略者,她一心夺取正当属于雅典的事物;他还顺带比较雅典在现时和在波斯战争时期的情形——借此把斯巴达类比为波斯人。参 Levi, *Parola del Passato*[7],1952,页93;Heath, *Historia*[39],1990,页388。

供认要么予以否认(比较 1.128.1 和 1.103.1),他们天生太人性(all-too-human)的性情必然促使他们选择抵赖;但对他们称之为神之惩罚的报应的体验,足以使他们完全信服自己一直以来涉嫌触犯的罪过(aitia)。斯巴达以得到神认可的法/习俗(nomos)取代必然,而习俗与选择并不冲突。人们不会被迫在正义或非正义面前做出抉择;但是(仅在这一选择是自由的前提下),人们必须对其负有责任,接受相应惩罚或奖赏。

另一方面,要是(一如使者主张)按照正义更为宽泛的标准——正是因为诸神或自然要比斯巴达观点所暗示的更为严酷,留给世人的余地少之又少,那么斯巴达诉诸战争是无可厚非的,哪怕违反了和约的条款。这不等于说雅典是要被问责的一方。她逼迫斯巴达濒临战争的边缘,正是要斯巴达回应她自己所宣称的必然。"传统的"或斯巴达的理解方式可为雅典开脱罪名;"新式的"或雅典的观点则免除了双方的罪责。

然而,罔顾斯巴达和雅典立场之关键共同点就匆匆阅毕卷一,实有误读之嫌。尽管雅典强调而斯巴达含蓄地拒绝接受"必然"侵入"正义"之域的事实,但是正如我们在斯巴达所听到的雅典人的演说,他们和斯巴达人一样表示坚决严格限制所谓的必然。雅典使者所说的,人类世界之所以从人的角度上看尚可忍受,只因此世界仍留有可供选择乃至使德性成为可能的空间。再者,使者所声称的,不是正义制约不了雅典,而是雅典比其他人更敬重正义。他们虽然坚称正义势必屈从于其他使其受到贬损的好处,但并不以此认为正义是个虚伪之物,仅可作为获取这些好处的手段。他们声称,雅典至少超出这些好处的要求践行正义,而且在轻微(但重要)的程度上忽略这些好处。雅典的正义才是真正的正义,只为其自身而伸张。如果自然迫使雅典人像其他人那样追求荣誉、安全和利益,那么他们格外以其美德(包括正义)为骄傲的事实使得他们与别人区别开来。雅典使者突出了自然之必然(natural necessity)所涉范围之深远、所具力量之强大。[63]不过他们并非一点也不感激自然。如果雅典在自然的强迫下支配帝国，她也会践行自己的自由意志的正义。因为尽管拥有力量，自然之必然并不碾碎人类的自由。至少，对于最强者而言，自然应允真正正义的可能性，真正的正义得之于高贵，恰如它得之困难且稀有，真正正义，如果能在邦国间建立起来，体现为强者给予弱者的美惠，这根源于自然赋予那些渴望美德之人的美惠。在最大程度上让真正的正义成为可能，尽管实现正义的过程困难重重且少有成功，但总算不失高贵。邦国间的真正正义体现为强者对待弱者的雍容风度，这又根源于自然之于那些渴望美德之人的魅力。这场战争将向这一理解提出一个严峻的考验。

第三章　常态下的正义

[64]我们知道,雅典使者在斯巴达代表自己的城邦发言,该演说既没有主张"强力就是正义",也没有否认正义存在,而是表明与"必然"相区别的正义只能在"必然"所设定的限制中得以实现。每一个城邦都被迫追求自身的安全、荣誉和利益以致损害了其他城邦。仅当城邦的这些欲求膨胀到想望帝国的程度时,人们才能指望它合理(且正当地)考虑正义。使者举出的理据是具体的,即城邦为人所知且经久不变的表现。难道这是修昔底德自己的观点?他的叙述整体上能够证明这一点?

本章着重考察《战争志》中由雅典以外的城邦所践行的所谓正义的四个案例。犬儒主义者或许认为一个城邦的抱负越宏大,就越显得虚伪空洞;但是,我们坚持深入研究那些为其堪称模范的正义辩护的城邦。我们将关注三个这样的城邦——米提列涅(Mytilene,她在奥林匹亚申辩自己对其保护者雅典的叛离行为),还有普拉提亚(Plataea)和底比斯(Thebes)——她们在对方面前,在斯巴达、雅典和整个希腊面前,追述她们各自的过往事迹(3.53–67)。在这些例子中,每个谈及的城邦都在斯巴达面前申诉辩解,因为后者被誉为传统意义上正义的守护者和表率者。我们最后探究的案例,正是斯巴达这个有幸贵为雅典论说(Athenian thesis)之对立面的最显赫的候选者。

正义、德性和同盟的责任:
米提列涅人在奥林匹亚的演说(3.9–14)

我们首先关注某一假定因正义而制定的外交政策,这一事例涉及一个叛离雅典同盟的城邦,她正寻求斯巴达同盟接纳(3.9 – 14)。正如米提列涅使者所言,问题不在于斯巴达及其盟邦是否愿意接受她加盟,而仅在于他们是否会尊重她(9.1)。不过斯巴达人信任米提列涅的忠诚可靠,因而有意援助她,这可部分归因于他们对她的尊重。所以米提列涅的发言人就如卷三普拉提亚和底比斯的演说者一样,深感不得不在斯巴达及其同盟者面前证明其政策的正当。他们声明自己首先要讲的话题一定是正义和德性(10.1);这是《战争志》所有演说中唯一直接声明将这些作为议题的一篇。为了证明他们选择叛离的正义,他们必须提及正义一般在同盟中所扮演的角色问题。[65]他们颇为成功地处理了《战争志》的"同盟政治"问题。①

米提列涅人既急需援助又迫切想解释很多问题。她不仅要说明自己最近叛离雅典的原因,还要证实自己过去的忠诚;不单需要解释"在危难时背弃[雅典],在和平时期却受其尊重",还得申明自己在"五十年"期间的良好表现。没有别的雅典盟邦比米提列涅好多少。②虽然大部分其他城邦反叛雅典且被降格为属邦,但米提列涅仍然保持独立同盟者的身份,无需缴纳贡税不说,还能保留自己的城墙、舰船甚至她的寡头政制。从表面看来,恐怕不存在任何别的雅典盟邦能够比她表现得更为忠诚。

正因米提列涅使者发现斯巴达及其同盟者一并聚集在奥林匹

---

① 讨论这篇演说及其自相矛盾之处最为充分的是 Macleod(*JHS*[98],1978,页 64 – 68),但他过于轻率地拒绝考虑正当性问题的重要性。Romilly(*ClMed*[17],1956,页 124 – 126)强调了演说的现实主义。Cohen(*QUCC*[45],1984,页 44 – 45)观察到一处自相矛盾,即使者起初诉诸正义,后来又却诉诸利益。Heath(*Historia*[39],1990,页 389)不认为后一次吁告与前一次相冲突。Gomme(*HCT*,2:259 – 270)值得一读;亦参 Cagnetta,*RFIC*[111],1983,页 422 – 431(当中突显了这篇演说与克里昂在 3.37 – 40 的演说之间的对应关系)以及 Cogan,《人事》,页 44 – 49。

② 参亚里士多德,《雅典政制》,24。Kagan(《阿希达穆斯战争》,页 138)贬斥这场叛乱为"完全不正当"。

亚参加竞技比赛,所以他们主动在当地神庙向其发表演说(3.14);这是全书唯一一篇以神庙为背景的演说。这是敬拜宙斯最宏大的神庙和节日(1.126),而宙斯是作伪证者的惩罚者、誓言的担保人——当然包括同盟的誓言。③ 有鉴于此,使者赞颂正义和德性是再合适不过的了。

演说者首先从叛离的问题讲起。

> 如果反叛者和盟主在政策和共同善意(goodwill)上是一致的(isoi),备战状况和力量上也彼此相当(antipaloi),而且不存在任何合理借口(prophasis…epieikēs)发动叛乱的话,[通常蔑视叛离者的做法]并非不正当。但我们自己和雅典的情况特殊。(3.9.2)

假使一个同盟内部缺乏挑起争执的因素,那么叛乱就更没有理由发生。但在现实世界,难道一个忠诚的盟邦不应该谨守自己所负有的义务,不管发生任何势必滋扰同盟的冲突?如果不把正义看得比利益高,同盟的善高于自身的善,那又怎么算得上一个忠心的同盟者?

使者接下来开始强调"正义和美德"的作用。他们表示这些问题必定有助于阐发他们的主题,因为他们的目的是"寻求结盟,但除非彼此认为对方是高贵的(virtuous)且双方的原则通常比较接近,否则不可能在个人之间建立坚实友谊,在城邦之间建立伙伴关系(或共同体,koinōnia)"(3.10.1)。人类的所有联合,不论是私人还是公共的,都建立在信任的基础之上,而其中最重要的就是信任对方的美德。(这是《战争志》关于美德在人类生活中的角色的最彻底的论述。)通过结合演说者先前论述背景来解释这一表述,我们可以推断美德在同盟中的作用就是构建上面所说的"共同善意"。

那么,正义和美德对米提列涅有何要求?首先是忠诚,而米提

---

③ 赫西俄德,《劳作与时日》,279-285;阿里斯托芬,《云》,395-402。

列涅一直遵从有加。但她所认同的德洛同盟是"对抗波斯人的希腊同盟,而非对抗希腊本身的雅典同盟"。雅典很快就显露自己的本色,而且"因为看法不一致而产生行动上的差异"(3.10.1)。米提列涅人隐瞒自己的顾虑将近五十年了。为何到现在才选择开诚布公?

如果米提列涅有理由担心一味保持温顺会最终沦为附庸,那么她更有理由害怕一旦自己叛离,沦为附庸将成为她的归宿。使者承认雅典平等地对待他们,但同时强调这对于雅典来说多么不容易,所以很难设想这种状态还能持续多久。他们宣称同盟的唯一确切的基础就是相互的恐惧;但他们一会又提出,使雅典放弃征服他们的并非恐惧,而是掌控一个名义上自由但实际上顺从的盟邦的便利。他们承认米提列涅一直勉强同意协助雅典降服其他城邦,直到只剩下少数自由的同盟者。使者声称,如果雅典一开始就选择攻陷米提列涅,她将为此耗费艰难的时日。相反,雅典畏惧米提列涅的海军,而米提列涅则恭维她的 dēmos [民人],于是造成了难堪的僵局。尽管如此,米提列涅不再指望还能继续保持自身的独立,故决定反叛。因为她怎能信任雅典?同盟的唯一基础只是相互恐惧。然而,使者最后总结他们的辩解,认为雅典不像米提列涅害怕她那样对米提列涅感到畏惧——他们为此极力申辩自己决定率先(所谓先发制人地)做出反抗的正当性——因而不再声称缚住雅典手脚的是恐惧。

虽然使者继续因他们为说明自身情况而提出的 prophaseis 和 aitias④ 而正感到庆幸(3.13.1),但情况仍然混乱不清。最明显的矛盾在于恐惧在同盟中所起的适当作用。他们提出相互恐惧是同盟(他们和雅典之间缺乏这点)唯一真正的基础后,随即又声称同盟完全笼罩在恐惧之中,以此为自己的叛离提供佐证(比较 11.1 和 12.1)。我们记得,他们在不久前才把美德和配合度作为同盟唯一

---

④ 参见我们在第一章对这些语词的探究。

的坚实根基；他们似乎有意将这一根基推翻，另立相互恐惧为基础，随后又因恐惧不够充分或者甚至有害无益而弃绝它，重提美德和配合度。[67]在此，正如《战争志》的许多地方，设法解释清楚这些自相矛盾之处，就是理解演说的密钥。

我们注意到使者断定相互恐惧是一个稳定同盟的基石时，上下文的语境恰恰是他们否认自己与雅典之间存在这样的恐惧(3.11.1-3)。到后来他们又拒绝承认这种恐惧能够促进稳定，这次所在的语境则是坚称恐惧一直弥漫于他们和雅典之间(11.4-6, 12.1-2)。他们不认为自己与雅典都饱受同等的恐惧，这一点证实了他们提出的完全有理由预想雅典会起兵降服他们的宣称；另一方面他们咬定双方都畏惧彼此，这又说明了雅典按兵不动的原因。显然以上两种说法皆值得商榷。后一种说法，即恐惧对双方造成的威慑作用足以在五十年内制止雅典先发制人，暗示着这种威慑确实可靠，于是叛乱就变得无道理可言。正因如此，使者必须再次否认双方之间存有恐惧，以便自圆其说(12.3-4)。然而，如果说只有米提列涅一方生活在对雅典的恐惧当中而雅典并不畏惧她，那么使者的论证难以解释为何雅典一直保持观望态度。使者必须同时确认和推翻他们的假设，即五十年来雅典所表现的友善仅仅出于相互威慑的恐惧。他们只得既坚称又否认一点，那就是雅典尊重米提列涅的独立，仅是觉得绝对有必要如此而已。

那么究竟是什么打消了雅典进逼的念头？表面看来很可能正是因为米提列涅作为一个同盟者所表现出来的顺从（在3.11.5为争取寡头群体的支持而把自己重新塑造为"奉承讨好雅典民众及其领袖"的盟邦）。或者说得更客气些是因为米提列涅身为盟邦忠诚不二，雅典也相应报偿了这种忠诚——正如她兼享开俄斯(Chios)和麦塞姆那(Methymna)的尽忠。除了假设雅典也许鉴于米提列涅所拥有的海军力量而再三考虑降服它的尝试，显然再也没有任何证据（使者肯定也无法引证一二）证实雅典甚至有过一次这样的想法。撇开忠诚不说，尊重米提列涅的独立对雅典来说是有助益的

(使者也在 11.2-3 承认了这一点)。

我们还从雅典使者在斯巴达的演说得知,雅典为自己温和地对待其同盟者而感到自豪(1.77)。事实上就修昔底德所告诉我们的,雅典从未把率先叛离的同盟者通通降格为帝国的附属品(1.98-101,114,115-117)。米提列涅、麦塞姆那和开俄斯这些同盟者都能保持自身的独立性。他们不主动反叛,是因为雅典不打算征服他们,而雅典之所以不征服他们,则是由于他们并没有叛离她(或至少说她暂未意识到有人想要这样做)。这听起来像一个更为可靠持久的同盟基础,胜过米提列涅使者准备承认的那个;没有明确理由说明为何不该把以上这些说法无限制延续下去。[68]雅典当然不会在战争期间试图征服米提列涅,假定在这期间双方依然谨守忠诚,我们也没有理由推想战事之后雅典会贸然出击。米提列涅使者想摆脱危机处境,却收效甚微。虽然他们声称叛离雅典是为了捍卫自由——他们也承认雅典对其自由的尊重一直没变,但从现实角度看似乎真正危及他们自由的仅仅是他们的反叛行为。

使者在谈到同盟政治时提出了一个关系到正义和强迫在人类事务所占相对比重的问题,它是由雅典论说提出的。使者他们一开始就提议,最理想的同盟会依赖意向(inclination)和强制(constraint)两方面的因素。(正义在他们演说中充当必不可少的意向的一个方面。)"共识和善意"能构建伙伴关系,而伙伴之间在力量和资源方面旗鼓相当(3.9.2)。(在希腊文中的对立关系一目了然:同盟者必定"在政策和彼此诚意方面是一致[isoi]的",但同时又是antipaloi,即"不相上下"或"彼此对立"。)一个运行良好的同盟应该表现为相互自愿地保持和谐关系,但不得仅仅依赖这一点。它同样应当依靠协作双方的共有实力来巩固同盟自身,同时又依赖于这样培养出来的相互尊重。卓绝的防御造就一流的同盟,前提是盟邦之间已经处于良好状态(即和谐共处)——但没有盟邦因状态甚好而放弃进行到位的防守。在第二段阐述中(10.1),他们强调达成一种对美德的共同认识的必要性——这是维持同盟安定之必要意向的另一方面,但表明这并不足够。到了第三段(11.1)陈述,他们重申有必要利用强迫的力量,也就是说相互的威慑;而在第四段论述中,他们注意到,缺乏基于其他事物的信任,威慑的效力会失去稳定性。

但就使者所强调的一致性、意向(inclination)以及强迫性而言,强迫性在他们关于同盟的设想中显得更为突出,比他们的解释更为清楚,甚至超出他们对它的理解。相互之间的美德(理解为自我克制)和共同做好战备(一方凭此抑制另一方)的作用,就是在不甚愿意的情况下促使他们真诚对待彼此。美德教导每个盟邦看重同盟的利益而非私利;恐惧(害怕对自身构成一定伤害)消极地把私利与同盟利益关联在一起——虽然并非通过正面作用。但一个同盟成功的关键必定体现为各个同盟者一般倾向于尊重同盟,强制他们这样做是多余的。

然而,为何他们推定说,对这种意向之首要性的确认同时证明了强迫的重要性?原因在于,如果我们在演说中搜寻有关这一意向的根基,我们会发现它隶属于另一种强制,即由对一个共同敌人的恐惧所施加的压迫感。因为只要雅典和米提列涅都给予波斯足够的重视,他们所组成的同盟就是无懈可击的(3.10.2—4)。使者正是指靠这一保障去解决他们面临的极为迫切的问题——为何斯巴达能够指望他们会忠诚而雅典却不能。在巨大危难时刻背叛雅典又力图勾结她的劲敌,[69]米提列涅已经毫无退路了(3.14)。⑤ 吊诡的是,她对雅典臭名昭著的叛离反倒确证了她对斯巴达的忠诚。"必然"能锻造可靠的盟友关系。"恐惧"再度作为同盟唯一可信赖的根基出现,但这已不再是盟邦相互之间的畏惧,而是指向第三方的共同恐惧。

---

⑤ 3.14处一连串对比点明米提列涅的特殊利益与假定的希腊公共利益(或斯巴达特殊利益)之间的强烈一致性。"请不要舍弃我们,我们正遭受着危及自身的致命风险,倘若成功,所有人都能获得普遍的好处,万一我们(由于你们不同意援助我们)败北,将会造成更为普遍严重的祸害。"参2.43.2。

同样是向斯巴达致辞,米提列涅使者就缺乏雅典使者那种大胆的魄力。前者还可能比不上后者的老练成熟,虽然我们并不能明确断定这点。米提列涅使者的演说比雅典的更为保守和矛盾,但它确实更符合演说的目的,迎合听众的需求。两篇演说的共同之处在于,他们以相似方式旨在阐明正义和某些关注点(雅典人描述为具有强制性的)之间的关系。米提列涅人并不承认自己喜欢利益更甚于正义,更不认为自己是不合格的同盟者。但他们对其行为的申辩恰恰清楚地出卖了他们,也就是说他们还是主要围绕自身利益这一中心。起初对波斯,后来对雅典的恐惧使得他们一直甘于忠顺。鉴于同盟的基础莫过如此,一旦"恐惧"不再有效或者不再有利于同盟,如果有人认为米提列涅会继续忠于同盟,那么这种看法既不明智又不公正。我们可以说,在利益为重的情况下,利益实际上就有了强迫性,并证明了这种强迫的正当性。

米提列涅公然夸耀自己早年对雅典的忠心耿耿,但他们希望听者相信他们随后是出于必然而忠于她。就像卷三靠后出场的普拉提亚人,其使者声称只要在他们能力范围——在必然所允可的自由范围之内,他们的表现都会令人满意。就米提列涅人的情况看(正好也是普拉提亚人的状况),自由和强迫之间的界限不甚分明,因为米提列涅被迫以同样的理由在波斯的威胁消除之后继续像迫于波斯威胁之时一样服从雅典。在这两种情形下,她只能选择通过屈从于形势所迫而获得或保持自身的自由。如果说自由对一个城邦来说必不可少(特别是指它能为任何以其为名的行动洗脱罪名),那么米提列涅由始至终都在被迫状态下行动。

米提列涅人没有在更宽泛的意义上讨论必然的问题;他们仅仅谈及安全和自由,并谴责雅典的帝国野心。在这个意义上,他们简直印证了雅典论说:正义的修辞必定出自相对弱者之口。从他们的表现来看,他们意欲争取的不仅是自由,[70]还有一个便于弱势政权操控的帝国。⑥ 实际上,他们渴望以雅典损失若干属邦为代价成就一个帝国,故雅典有必要且有理由极力压制他们,这些才是米提列涅人反叛的真正原因。我们强调这一点不是为了责备他们,而仅仅是确认他们没有提供一个针对雅典论说的反例——有鉴于后者的实质,我们没有必要责备他们了。

普拉提亚和底比斯

普拉提亚人在一个对审判场景的拙劣模仿面前发表演说,斯巴达想趁他们归服于自己之前对其展开审讯,而普拉提亚演说通常被誉为《战争志》中感人至深的一篇,底比斯人对该演说的反驳则显得最为可恨。⑦ 不过,底比斯和普拉提亚也有共同之处,即通过不断相互指责一方迫使另一方把自己标榜为献身希腊公共善的光辉模范。可能不止底比斯一个不配这种崇高自夸。我们细究普拉提亚的声明并不是为斯巴达的审判正名,毋宁说是为了深化我们的问题:在正义方面能够对一个城邦提出什么合理的要求。

敬请注意的是,献身希腊的公共善这点并非由斯巴达"法官"强加于普拉提亚人的基准。前者命令有罪者独自上前陈述自己最近为斯巴达及其同盟者所做的有益之事(3.52.4)。斯巴达人可能理所当然地认为对斯巴达有益就是对全希腊做出贡献,鉴于他们声

---

⑥ 考虑到他们所预期达到的列斯堡岛(Lesbos)上的所有城邦在他们控制下的联合(ξυνοίκησις),这是着眼于自身及其城邦之利益的雅典所绝不允许的行动。参 Kagan,《阿希达穆斯战争》,页 137 – 138;John Wilson, *Historia* [30],1981,页 158 – 159。

⑦ Dionysius of Halicarnassus,《论修昔底德》,42(书中盛赞普拉提亚的请愿是《战争志》的最佳演说);Huart, *Réseaux* [18],1972,页 23 – 25(同参 31 – 34)。关于演说,亦可参见 Gomme, *HCT*, 2:336 – 355;Hogan, *Phoenix* [26],1972,页 241 – 257;Macleod, *GRBS* [18],1977,页 227 – 246;Cagnetta, *QS* [19],1984,页 203 – 212;Erbse,《广场》,页 333 – 339。Macleod 把自己对古代修辞的渊博知识运用到演说分析当中,而且特别敏感强迫问题所发挥的作用。

称开战的目的就在于解放雅典。被俘的普拉提亚人作为雅典的忠实盟邦,无论如何也不可能回答这一特定问题,所以,在绝望之下他们乞求一个自由发言的机会。既然不得以近来为斯巴达效力作为答辩,他们只好追述往昔有益于全希腊的事迹。

读过这篇荡气回肠的演说的人可能会推断,修昔底德意在暗中令人感伤或怀旧地比照波斯战争的荣耀和伯罗奔半岛战争的黯淡。⑧ 但强调自己致力于击退波斯的普拉提亚人,提示我们注意许多其他希腊人曾代表波斯出战的事实。⑨[71]哪怕普拉提亚的动机也许并不像她的发言者所说的那样,但她的英勇表现是毋庸置疑的。然而,她如此展示自己对正义的热忱,是为了反驳雅典的论说?

普拉提亚除了诉诸古代历史别无他择,虽然对其本身的关注略显过多。他们因而必须论证自己的行动没有辜负祖先(3.56.4-7)。他们坚称自己在历史形势所允可的程度上善待了斯巴达,之所以在重要关头做了雅典的同盟者,是因为迫于底比斯的欺压,和斯巴达对她请求加盟的拒绝:地处遥远的斯巴达自己迫使她加入雅典同盟(55.1)。如今长期与雅典共盟且大大受惠于她,普拉提亚已经彻底无法摆脱她,只适合做一个称职的同盟者。于是这触发了斯巴达现在剪除普拉提亚的意图,虽然斯巴达以前曾经因普拉提亚身上所赋有的某一部分品质而称赞她胜于所有其他城邦。

> 因此,如今将我们的过失[或犯错,hamartia](如有的话)与我们当时的热忱相权衡,你们会发现后者远远超过前者,而

---

⑧ Pouncey,《战争之必然》,页17(但亦参考页43-53);Cagnetta, QS [19],1984,页206-207;Connor,《修昔底德》,页93-94。参 Cogan,《人事》,页67-68;Euben,《悲剧》,页183-186。

⑨ 尽管波奥提亚(Boeotia)和色萨利(Thessaly)的众多城邦纷纷投奔波斯(medize),科基拉人和克里特人依然保持中立,仅次于斯巴达的最大陆地政权阿尔哥斯,强大的叙拉古僭主格伦(Gelon)也是如此。参希罗多德,7.147-172。

那时所处的情形是,很少有希腊人决定挺身而出对抗薛西斯(Xerxes)的军事力量,更值得高度称颂的,不是那些面临入侵却只顾自身安全利益的人,而是自愿在危难之中甘愿为最好的事物[即最有利于全体希腊人?]而冒险的人。我们就属于这类人,他们应得到最崇高的敬意,然而现在我们害怕因付出与之前相同的行动而遭到毁灭,鉴于我们公正地忠于雅典,而非做有利你们的事。(3.56.5-6)

就像斯巴达针对雅典不正义而提出战争议题一样,普拉提亚表明自己一如既往地选择出于自愿行事。她所辩称的限制大多是指德性本身的约束。她从不把自己的安全或利益放在首位,反而总是强调责任;如果她似乎没有为希腊效力或者在目前战事中为斯巴达尽责,那仅仅是由于她优先对雅典负有责任。况且倘若普拉提亚人跟随雅典误入歧途,那么应该追究雅典而非他们的罪责(3.55.4)。普拉提亚行为端正,若有差错只可能出自雅典的怂恿——即使当时是为了对雅典尽责或在她面前表现良好。

不出所料,底比斯人直接否定普拉提亚人所说的这番话——反而坚持认为这正是底比斯人自己所要说的。底比斯发言的目的,正如他们清楚表明的(3.61.1),是驳斥普拉提亚人的自夸且为自己的不佳名声辩护。在自愿情况下总是高贵地行动的不是普拉提亚,而是底比斯。因为她在"波斯化"([译注]即臣服于波斯)(充当一个封闭小寡头集团的俘虏,这一集团与一直以来统治她的更庞大的寡头群体形成鲜明对比)时并不享有自由,[72]但自此之后她借反对那些"阿提卡化"城邦为名,展现出对希腊公共善的忠诚,而普拉提亚正是这些城邦的典型。

> 我们和他们的分歧最早萌生于我们定居普拉提亚之时……紧接着普拉提亚人看我们刚定居不久,就不愿服从我们的领导,还与其他波奥提亚人疏隔起来,宣布与祖传习俗断绝关系,我们对他们施予强迫,他们为此投靠雅典人,和雅典人一

道给我们造成不少祸害,对此我们也予以回敬。

后来,当蛮族入侵希腊时,他们声称自己是波奥提亚人中唯一没有"波斯化"的人……我们认为,他们之所以没被"波斯化",是因为雅典人也没有这样做,这正如后来雅典人侵害希腊人时[普拉提亚人]又是波奥提亚人中唯一"阿提卡化"的人一样……(3.61.2-62.1)

……有鉴于此,你们[普拉提亚人]清楚地表明,那时唯独你们没有倒向波斯,并非为了[作为整体的]希腊人,而只是由于雅典同样没有这样做的缘故,你们希望效仿他们,一致敌视[我们]其他人。而现今你们(在所有方面!)因自己迫于他人压力表现勇敢而邀功自赏。但这一点并不合理。你们选择跟随雅典人,就理应与他们一并兴荣或衰落(xynagōnizesthe)(64.1-2)……关于我们不愿意"波斯化"而你们甘愿"阿提卡化"的情况,以上就是我们的阐释(64.5)。⑩

底比斯人拒绝相信普拉提亚人所声张的特殊美德,即使它表现出敌视波斯人这样的坚定态度。他们把普拉提亚故意分开的事件连接起来,即揭示他们与雅典结盟和随后拒绝"波斯化"这两者之间的关联。可以理解,普拉提亚人一开始就赶在为自己与雅典结盟的事辩解之前率先强调自己拒绝被"波斯化";尚未明确把握事件先后次序的读者难免认定他们与雅典的盟友关系是继波斯战争之后才确立的。底比斯提醒我们事实并非尽然。他们承认普拉提亚

---

⑩ Cogan(《人事》,页69-73)、Euben(《悲剧》,页184-185)随后,把底比斯新造的"阿提卡化"(atticism)一词解释为对应于"波斯化"的语词,标示一种战争的"意识形态"阶段。我仅仅将其理解为一种特殊的修辞性权宜用法。底比斯人通过强调自己反对"阿提卡化"的坚定立场,力图一笔略过他们臭名昭著的"波斯化"可耻倾向,同时提请斯巴达注意他们在当前战事中的有用性。正是主要注意到他们的助益,斯巴达人才得出这样的决议(3.68.4);他们即使在商议普拉提亚正义与否时,也完全没有考虑所谓的"阿提卡化"(68.1)。

人拒绝"波斯化"的决定是自愿做出的——但不过是为了迎合雅典。普拉提亚对希腊的忠心是虚伪的,她敌视波斯的态度也只是偶然为之。在那时她完全或应该有拒绝讨好雅典的自由,因为她从不需要躲避底比斯的亲密关注。至于她此后数十年忠于雅典,并随之同谋发展帝国,这些都缺乏正当理由。即使赋予她些许权力在底比斯面前申辩,她也不能以此作为她的借口,因为她除了雅典还可以选择投靠他者,即斯巴达,她[73]寄望于斯巴达在公元前479年——普拉提亚战役后,她明确表明自己敌对波斯及其盟邦底比斯的立场——订立的誓约能够保证她的自治独立(3.63.2)。她当然可以且应当接受斯巴达的提议,保持中立(64.3)。

于是,底比斯人认为,普拉提亚从来都行动自由,不受客观限制。事实上底比斯人进一步彰显自己在这一点上胜过普拉提亚人。普拉提亚人声称自己行动自由且卓越,底比斯人反驳说她的表现可谓自由无拘束(亦即无正当理由)而且拙劣。正因为普拉提亚不希望她自愿抵御波斯的光荣事迹所赢得的声名受损,而想将这一声名与她后来对雅典的忠诚混为一谈,所以底比斯意在从后一种忠诚入手玷污她有关波斯的声名。各方都有其理由削弱必然性在普拉提亚事件中所起的作用。

没有人会把底比斯的观点误作雅典的观点。(和普拉提亚人一样)在认同习传观点的基础上,即城邦拥有选择做卓越之事的自由并应受到相应的奖赏和惩罚,底比斯人坚持认为底比斯表现良好而普拉提亚人则不尽人意。他们(再次和普拉提亚人一样)承认城邦有时受制于强制性。底比斯在有需要之时就会以此充当托辞,但又否认其敌人有被迫行动的可能。职是之故,他们认定普拉提亚所做的一切都是在迎合雅典(或者进而激怒底比斯),而非无奈强迫的结果。他们驳斥普拉提亚的两方面声明,一是行为正当合理,二是在其他方面总是听命于强迫行事。他们实际上主张(貌似怪异地),不正义地行动对普拉提亚人来说没有任何好处(大概除了获得羞怒底比斯的乐趣)。他们为普拉提亚的行为构想出一个合理动机,即不是为了脱离底比斯和维护自己与雅典的同盟关系,更不是(在最后)打消底比斯最近有意在深夜突袭的企图(因为底比斯这样做只是为普拉提亚好,况且也是应她的邀请[3.65-66.1])。

撇开底比斯以上驳斥,揭示普拉提亚的真正意图不仅是可能的,而且对我们的目的而言也是必要的。诚然,普拉提亚积极地投入对抗波斯的战事,捍卫希腊的自由,她也确实默然支持雅典帝国,从而侵犯了希腊诸邦的同等自由。但这两个事件的共同之处不是像普拉提亚所说的都显示出她堪称模范的正义,也不是像底比斯所说的展露了她的怨恨之意。普拉提亚的一贯意图并非如此。她始终渴望谋求某些私利:起初脱离底比斯宣布独立,之后防范底比斯的报复。为了牵制底比斯,普拉提亚不得不选择站在雅典一边;为何要怀疑他们在公元前480年一定程度上或者甚至全部心力用于敌对底比斯呢?既然普拉提亚在那时表示维护自我利益就要保持顺从(3.56.5),那么除了想到役于波斯国王的底比斯人之外,她还能据此想象出自己会有什么下场?正因如此,她从那时起只得被迫转而[74]珍视与雅典的同盟关系:雅典不打算把她从底比斯人中解放出来,而她仍然需要防范底比斯。底比斯人提出普拉提亚应当拒绝履行对雅典的义务——实际上甚至应该叛离她——并投靠斯巴达以寻求庇护,这种建议简直是荒唐的。正值斯巴达尚与雅典维持良好关系之时,她绝不会贸然远道而来代表某个叛邦的利益介入其中并触犯雅典,那除了招致后者敌意之外一无所得;事实上三十年和约就是限定各个强邦不得支援别邦的叛离者(1.66)。一旦与雅典关系僵化且渴望得到底比斯的支持,斯巴达不会干预底比斯收回一个犯错的属邦。基于这些情况,普拉提亚对雅典的叛离确实可谓显示了对希腊自由的忠诚,同时也显得颇为狂肆。最近一次,普拉提亚人觉得自己接受斯巴达的提议是不自由的体现,提议是指普拉提亚撤离战争且在战事结束时把自己的城邦交还给斯巴达(2.72-

73);他们的妻儿还都在雅典。⑪

幅员狭小的普拉提亚一个世纪以来致力于争取和持守独立与安全,这从她位于波奥提亚和阿提卡边境之间的地理位置可以理解。在拒绝一个邦国力量的保护,但接受她可以从另一强邦那里获得的条件之后,她已经没有选择的余地。在这一意义上,底比斯人是正确的:普拉提亚政策的重心在于拒不遵从"波奥提亚的传统习俗",当时底比斯人正张扬地形塑他们的统治权(3.61.2;参65.2)。正如为身处斯巴达的雅典使者所熟知的所有城邦,普拉提亚的表现似乎主要是为了确保其自身的利益。这不是说她不曾冒险或未在其他方面展示德性,而不过是表明,她所冒过的风险仅仅为了自己着想,别无他也。由此可以质疑她的宣称,即她充当着公正无私的典范,投身于希腊公共善的事业。

可是,底比斯有志于为希腊事业效力的宣称同样空洞无物。弱小的普拉提亚顶多不过想要避免被统治的命运,然而底比斯则渴求统治。事实上,影响底比斯在任何政制下所制定的政策的一个考虑因素是,对普拉提亚及其庇佑者雅典的怨艾。(底比斯决定"波斯化"也可能基于这个原因?)这并不是说我们可以因此怪罪于她。如果雅典人说的不假,底比斯觊觎普拉提亚就如同普拉提亚珍视脱离底比斯后的自由一样自然。

我们在此见证了由雅典论说所揭示的政治正义的一个典型案例,因为所有城邦都力求确证其政治观点的正当性,而强者倾向打击妄图这样做的弱者。各方势力并不是黑白分明般地绝对化,毋宁说都同样晦暗不清。不过,被雅典遗弃且被斯巴达处决以满足底比斯怨恨的普拉提亚人仍然享有"受害者的无辜"。⑫[75]普拉提亚人根本无法证明自己究竟比底比斯人正义多少,这也让我们看到,

---

⑪ 他们接受这一提议也是不明智的。鉴于斯巴达讨好底比斯的卑劣冲动,一旦普拉提亚落入斯巴达手中,必定再也不属于普拉提亚人掌控了。参Huart, *Réseaux*[18],1972,页33。

⑫ Pouncey,《战争之必然》,页18。

底比斯的虚伪同样令人可憎。

斯巴达的正义与雅典论说

在可与雅典论说相抗衡的诸多例子中,最令人印象深刻的莫过于斯巴达——一个迥异于帝国的城邦,她已自愿把自己领导泛希腊同盟抗击波斯的地位拱手相让给雅典(1.95.6 - 7);她最显著的缺点不是渴望扩张,而是极度追求和平安宁(1.68 - 71);她公开声明战争的目标在于解放希腊(1.139.3;2.8.4 - 5;参 4.85 - 87,121.1);换言之,她守持希腊公共善的观念,这个希腊是由拥有同等自治权的每个希腊城邦组成的。⑬ 由于受到雅典激进的帝国主义的压迫或恐吓,其他城邦纷纷转而投靠斯巴达。他们不是责备斯巴达的帝国主义,而是我们所说的"孤立主义"(isolationism):不愿在对外事务中坚持自己的权利和意见,即便她自身的重大利益牵涉其中并要求如此。

在斯巴达的科林斯使者坦承,斯巴达的习性就实现城邦内部各种目标而言要胜过雅典:"因为保持静止不变的生活方式的城邦是最佳的。"(1.71.3)他们论及作为斯巴达式生活之特征的信任或信心(1.68.1);阿奇达慕斯演说中提到这种信任表现在政制本身以及传授公民美德的教育——信任有赖于这些美德(1.84;2.87;4.126.2;5.72.2 - 4)。斯巴达通常显示自己比雅典更注重培养其公民的德性。伯利克勒斯在葬礼演说中表明这种苦活对雅典来说是多余的,因为在雅典,卓越德性是高贵竞赛的自发产物(2.39)。斯巴达人的"孤立主义"甚至也反映出他们对公民德性的重视。我们记得他们曾决定不硬要插手统治泛希腊联盟,生怕"那些他们派作代表的人会变得比波桑尼阿斯更邪恶堕落"(1.95.7)。斯巴达

---

⑬ Strasburger(*Hermes*[86],1958,页17 - 40)甚至断言修昔底德的纪事毫无疑问是亲斯巴达的。

明智地把邦内问题置于邦外问题之前考虑;斯巴达人类似于修昔底德一直称作"审慎节制"的最优秀的雅典人,这些雅典人宁愿遭到一场能借此除掉政治煽动家克里昂的战事失利,也不愿收获一次将巩固他支配地位的胜利(4.28.5)。

斯巴达对其公民德性的关注并非徒劳。即使是雅典人也承认,斯巴达人"在处理他们自己的事务和他们本地的法律时,他们是最高美德的践行者"(5.105.4)。尤其突出的是他们的严于律己(4.39;5.70)、对法律的遵从(5.60.2;可同时参见5.60.5-6)以及他们的军事荣誉感(2.92.3;4.40.2;5.34)。在曼丁尼亚(Mantineia)战役的高潮处,拙劣的指挥导致斯巴达陷入灾难的边缘,而斯巴达普通将士的勇敢[76]挽救了胜利,若是其他军队早就破败且溃散了(5.72;参5.75.3)。

与斯巴达的公民德性相关的是一种强烈的公民团结精神。雅典以自己愿意付出血流成河的代价而自豪(2.64.3),与此形成鲜明差异的斯巴达则总是力求把伤亡人数减到最低。为了拯救三百名即将沦为雅典俘虏的斯巴达公民,斯巴达显然愿意提出对己较为不利的条件以便早日结束战争(4.15-22)。当他们的提议遭到拒绝,比起维护她自己引以为豪的声望,她更倾向于保证这些公民的安全,允可他们投降而不是强求他们顽战至死(4.38,40)。此后赎回这些战俘的希望一直激励着她奋力参战(4.41,108.5,117.2;5.15.1)。斯巴达并没有出现不信任和迫害横行的情况,赫尔墨斯石像事件发生后,雅典就出现过这种情况,最终导致众多优秀公民被处死(6.27-29,53-61)。⑭斯巴达也没有经历雅典在战争晚期

---

⑭ 比较斯巴达对待波桑尼阿斯(Pausanias)和雅典对待特米斯托克勒斯的方式(1.128-38)。雅典可耻地贸然将矛头指向为本邦做出伟大贡献的人,谴责他不和其他人一道将罪名彻底转嫁给他的斯巴达敌人。斯巴达人掌握着控告波桑尼阿斯叛国罪的明证,却给予他们公正的审判机会,其严肃的程度令人发笑。

所陷入的 stasis[内乱]处境(8.47–98)。

斯巴达不但不想统治伯罗奔半岛以外区域,而且一旦被迫采取行动,她还会亲自主持自由之战,挫败雅典的帝国主义。她在战争前夕给雅典下的最后通牒就是表明她自己将守护希腊城邦的自由,这也成了斯巴达的战争宣言(1.139.3;2.8.4)。于是,几乎所有希腊人都倾向支持她的事业。为这一志向所做的最大努力,莫过于伯拉西达(Brasidas)放胆远征至色雷斯管辖范围内的雅典属邦。这博得被派远征的人们的热情拥戴。只有以希腊自由为名,斯巴达才感觉有正当理由对不愿意者施加压迫(4.85–87)。在后来的伊奥尼亚战役中,利卡斯(Lichas)虽然没有反对与斯巴达的波斯盟邦合理和解(8.84.5),但拒绝给予波斯国王统治希腊城邦的权利(8.43.3–4,52)。

即便如此,某些读者或许不愿认同斯巴达的正义。毫无疑问,她认为自己正义而帝国主义是不正当的,众多城邦都希望斯巴达将无愧于她的名声。问题在于,斯巴达是否基于正义或其他更接近雅典论说的理由才对帝国不感兴趣。因为雅典的政治论点,再重申一次,并非认为没有政治共同体想过放弃帝国,而只是认为,在荣誉、安全和利益成为当务之急的情况下,没有哪个会因为正义而放弃帝国。

似乎除了屠杀战败的普拉提亚人之外,斯巴达的正义并没有受到更严重的污损。我们记得,这些久遭围攻且濒临饿死的普拉提亚人只好"自愿"投降并交出他们的城邦——这是斯巴达[77]有意捏造出来的一个怪异的法律上的假定,因为他们唯恐最终签订合约时被要求归还所有以武力征得的城邦(3.52.2;参5.17.2)。作为回报,斯巴达答应让他们接受多位斯巴达法官的一次审判——也就是说明确保证他们将不会直接遭到底比斯人的报复。正如我们所见,这些"法官"打算向每个俘虏提出如下问题:"在目前这场战争中,你们是否做过对斯巴达及其同盟者有利的事?"由于作为雅典的忠实盟邦的普拉提亚无法奢望能够完满地回答这个问题,⑮他们请求作一次发言,我们已经讨论过它了。我们看到,底比斯人生怕普拉提亚的演说能使斯巴达人动摇且放弃原定的程序,故也要求发表演说作为回应。要么是这一回应十分奏效,要么是诱发这次演说的恐惧实在不合时宜。"法官"们毫不费力地做出裁决,认定他们提出的问题是正当的,这意味着问这个问题实际上只是例行公事。

斯巴达允诺给予被俘者一次审判的机会,也就是暗示以正义的方式进行裁决。在一个重要案例中,人们会期待法官们仔细审查所有相关证据。而这些"法官"显然相当狭隘地理解哪些证据是相关的。他们简直完全无视普拉提亚与底比斯之间和普拉提亚与其他希腊城邦之间所争论的问题。普拉提亚人迫于底比斯的敌意而被逼继续效忠雅典,"法官"没有因此就赦免普拉提亚人,所以他们同样不会由于普拉提亚所谓对底比斯的不义,甚或她所谓"阿提卡化"及背叛希腊自由的缘故而谴责她。他们只考虑她与斯巴达自身(及其同盟者——仅仅视为同盟者)的关系,而且这些关系仅限于战争爆发之后发生的。鉴于不打算妄加评议普拉提亚对希腊整体、雅典甚或底比斯所负有的义务,这些"法官"谨慎地站在自身立场进行决议。

法官找不到任何借口为普拉提亚反叛雅典同盟的失败辩护。他们表明,从一开始劝告普拉提亚人变节(并且要求他们保持中立)起,他们已然履行义务,尊重普拉提亚的自治权,因为这是很久以前与波桑尼阿斯缔结的誓言(3.68.1;参2.71-74)。⑯ 因此对战俘提出的问题是合理正当的。在一定程度上,这体现了斯巴达的审

---

⑮ 他们当然不能这样,除非他们准备承认自己是自愿且不受胁迫地背离雅典而投奔斯巴达——这正是斯巴达人蒙骗他们的谎言。但斯巴达懂得如何两全其美:普拉提亚的自愿加入将会在稍后时间得以宣示,彼时这将符合斯巴达的利益,就像在这里无视这一点对她有利一样。

⑯ 此处斯巴达人的决议是以虔敬的阿奇达慕斯在2.74将手刃普拉提亚的事件为前提。参 Cagnetta, *QS*[19], 1984, 页208-209。

慎。他们承认自己履行宣示过的誓言是义不容辞的；在这个意义上，他们是值得尊敬的人。

但是，就像许多守法主义者一样，他们施用法律时对自己宽松，对他人严厉。当他们提出一种可能性时，即普拉提亚是在强制之下保持对雅典忠诚，他们完全不曾意料这就是事实。

[78]不过，对我们而言最有启发性的是，"法官"之中没有一个质询对普拉提亚所提出要求的正当性。他们审议的只是普拉提亚人究竟是否享有足够的机会满足这一要求。"你们最近为斯巴达做了些什么"这个问题如果是出自面对其儿女的母亲斯巴达之口，那是再合适不过了，但对于甚至难以称作斯巴达同盟者的局外者来说则未必尽然。如此提问无异于把外邦人当作斯巴达公民来对待，⑰但并非意味着对其寄予优待。

只要这些俘虏答不上这个问题，斯巴达就毫不犹豫地处决他们并将其城邦夷为平地。同一批雅典人除了赞颂斯巴达是最高美德的实践者外，还说道："关于他们对待别人的操行，可以说得很详细，但简明地说，在我们所认识的人中，他们最显著的特征就是认为他们所乐意做的便是光荣的，合乎利益的就是正义的。"(5.105.4)如今我们发现斯巴达对待自己人和外人的差异只是表面上的。两种情况所参照的标准是一致的。斯巴达把自身的利益树立为普遍的正义原则，根据这一原则同等地对非斯巴达人和斯巴达人形成约束。

自普拉提亚陷落之后，斯巴达建造了一座神庙供奉赫拉女神(3.68.3)，以此表征他们的虔敬。联系到我们刚刚讨论过的有关斯巴达"法官"的论证，修昔底德随后立即揭露斯巴达在这一事件上及与普拉提亚的所有交道的主要动机，其实就是为了取悦底比斯人，他们认为战争刚爆发不久，取得底比斯人支持是有助益的(68.4)。但是，这里说的是"主要"，而不是"唯一"，而且我们不必

---

⑰ 感谢 Harvey C. Mansfield, Jr. 提醒我注意这一点。

怀疑"法官"所下定论——向普拉提亚人所提的问题是正当的——的真实性。这些"法官"至少在这一方面是名副其实的。他们没有讨论灭绝普拉提亚人是否有用,而只是讨论这样做是否正当。⑱ 但是,我们观察到,对普拉提亚尚未言明的指控就是他们忽视斯巴达的利益。如此一来,斯巴达主动迎合底比斯的报复之心,却意识不到自己实质对利益的渴求超过对正义的关注,这就不足为奇了。由于长期习惯于根据自身利益的要求行事,他们表现得如此自鸣得意,仿佛正在施行无可挑剔的正义。⑲

事实依旧是,斯巴达公然放弃最终成就雅典帝国的领导权,并且素常满足于防御性、迟缓及间歇性的做事作风。与其扩充自身强大军事力量的影响范围,她宁愿致力于(又如[79]科林斯人观察所得)保存现已享有的一切。因此她接而对雅典论说构成挑战。

斯巴达克制自身对帝国的欲望这一点就像其他事例一样需要加以解释。精明的投资者就其本身而论并不能证明比敢于冒险的同行更正义,同理,斯巴达可能也不比雅典正义多少。我们不妨审视一下显得最为正义和大胆的斯巴达冒险行动——伯拉西达的色雷斯远征。

在修昔底德笔下诸多斯巴达人中,伯拉西达是最受人瞩目的一个。战争的第一年,他就凭借自身的主动出击而扬名在外(2.25.1 - 2;3.79.3;4.11 - 12,70 - 73);他从未被委以某个重大的指令。开

---

⑱ 施特劳斯,《城邦与人》,页 215。Heath(*Historia*[39],1990,页 390 - 391)抱怨修昔底德把斯巴达人描绘成把他们的决议基于"一种自私自利的判断","根本不作任何努力使这一判定……与他对斯巴达人审议过程的报道协调起来"。

⑲ Euben(《悲剧》,页 184 - 185)正确地注意到,不管斯巴达自己怎么声称,她在这种情况下是根据利益的需要而行动,因此在某种意义上步了雅典的后尘。不过,把这描述为"败坏",就等于暗示斯巴达之前的行为方式迥异于此。这种怀旧倾向在《战争志》中找不到相应的文本证据;雅典人在 5.105.3 - 4 提请弥罗斯人注意斯巴达的行为准则时,并没有将其描述为以往毫无瑕疵而近来却失足犯错。

战第八年,他终于被指派完成一项力所能及的任务:去挫败被他视作雅典帝国的阿基琉斯之踵的目标。这就是聚集在色雷斯监护地区中的同盟城邦,这片区域毗邻海岸线(因而属于雅典所属范围),但仍然可以通过大胆行军经陆地到达(4.78)。他是首位响应解放希腊之号召的斯巴达指挥官,亦即是说把雅典盟邦(甚至忠诚的属邦和在安菲波里斯[Amphipolis]的雅典公民)当作不情愿被解放的属邦,而非即将被屠杀的敌人(4.105.2,114,120.3 – 4;参2.67.4, 3.32.1)。他一人成功在属邦之间培养出一种对他自己和对斯巴达的牢靠信任。修昔底德已经赞许他三次而非一次了。"[通过]向其他城邦展示他是正义和有分寸的人,他煽动他们大多数人叛变……"(4.81.1)。(没有别的人物因其正义而被公开表彰。)"伯拉西达的德性与智谋……激起雅典的同盟者亲近斯巴达的意愿……他是第一位被派遣在外的斯巴达人,作为一个在各方面都表现优异[agathos]的人而获得声望,因而人们相信,其他斯巴达人也会如此(81.2)"。最后在4.108.2,修昔底德略微提及,就像他在4.81所做的那样,伯拉西达在对待某些受其感召意欲叛离雅典的城邦时,行为"审慎(measuredness)"及态度温和(praotēs)。

这可谓高度赞赏。这一赞誉之所以实至名归,就因为在各个场合都强调伯拉西达留下的印象和对斯巴达的贡献?修昔底德果真完全赞同这些同盟者的看法?他可能倾向于认同斯巴达反战派的观点,即伯拉西达积极参战是出于对荣誉而非正义的爱(5.16.1)?这个涉及正义的问题显得颇为棘手。伯拉西达首先保证斯巴达从未打算支配那些为了他而自愿叛离雅典的城邦,也不想将寡头政制强加于他们身上(4.86.2 – 4;参1.19),[20]而且即使面对那些表示誓死效忠[79]雅典的雅典属邦,他也表现出温和的姿态。修昔底德在

---

[20] 但考虑一下麦加拉(一个原先由伯拉西达从雅典手中解救出来的城邦)的命运,她一踏足斯巴达的领地就经受一场血腥的洗礼,随之被植入少数人统治的寡头政制,"虽然产生于极小撮人的stasis[内讧],但仍持续了很长一段时间"。参Connor,《修昔底德》,页132 – 133。

4.108 处提到伯拉西达的"审慎"——因而呼应了 4.81——这里显示的不是他的正义,而是他的温和。修昔底德还第一次告知读者,伯拉西达说他所拥有的军力足以保护这些城邦,而这一保证是"欺人之谈,但极具煽动性"。

我们要讨论的问题是斯巴达而非伯拉西达的意图,后者必须次于前者,即使伯拉西达可能希望相反的情形。他自己在阿堪苏斯(Acanthus)发表热情洋溢的演说时承认,阿堪苏斯最终应该为了自己安全着想,切不可指靠他个人的保证,更不可听信他用以制约斯巴达法官的"最有力的誓言",而只需要确信一点,按照他所说的做,就符合斯巴达政制的切身利益(4.87.1)。他关于这些切身利益的声明虽然可能让听众信服(他们肯定也仔细斟酌他要在作物收成前蹂躏他们土地的威胁),但却容易受到明显的反对。斯巴达会优待如果成功叛离雅典的阿堪苏斯,这样做的主要动机在于希望借此诱使其他雅典同盟者集体发起叛乱。斯巴达扭转战争形势的希望就重重寄托在这一战略之上。但这同时意味着,一旦斯巴达顺利获胜,她将因而不得再对这些城邦施加唯一可靠的限制。不管怎么说,斯巴达(不像伯拉西达)并不渴望取得全胜,反而希望战争乏味冗长,同时只想赎回被雅典扣押的战囚。叛变的同盟者对斯巴达来说是用来与雅典交换并达成和解的大量谈判筹码(4.81.1,117)。[21]

由此可知,伯拉西达所提出的保证其实是种误导。一方面,他所能支配的力量完全不足以保护这些叛离的城邦不受雅典的追捕和报复(4.122 - 123,129 - 131;5.2 - 3,6[加利普苏斯,Galepsus]),另一方面,斯巴达也没有打算长久庇护他们。伯拉西达可能比斯巴达更具野心。他也许做好充分准备通过一个与前雅典同盟者联袂建立的新同盟,最大限度地扩展自己的影响力,达到斯巴达的水平。他并没有被由他惊人连胜所促成的停战协议阻挡住自己的脚步,反而更努力奋行,可惜目标不是推进而是阻碍和平的进程

---

[21] 参 Brunt,*Phoenix*[19],1965,页 275 - 277。

(4.122 – 123,135)。他和斯巴达的意见明显相冲突(4.108.5),在他取胜势头正盛之时,斯巴达诉诸前所未有的手段以求抑制他在被他解放的城镇中的权力(132.3)。㉒ 和解刚达成不久,他就光荣地死去了(5.12 – 20)。这意味着归还所有未被收回的城镇,虽然附带保全颜面的条件——斯巴达缺少施加强制的力量(5.18.5;参18.8)。斯巴达命令驻守安菲波里斯的指挥官克里阿利达斯(clearidas)把该城邦交还给雅典[81](5.21)。他拒绝执行指令,另外虽然他的斯巴达军队已撤出,安菲波里斯依然坚持拒绝妥协。随后,斯巴达人(事实上已经与该地区断绝关系)强迫那些叛变的城邦一一屈服,借此托称自己没有能力实现和约的条款(5.35)。这些城邦的结局之所以比预期的好,不是因为斯巴达坚决帮护她们,而只是不忍心出卖她们。至于斯巴达余下同盟者的大多数,他们十分不满和约的内容,以致立即开始密谋推翻这些协议和斯巴达(5.17,22,25,27 以下)。

斯巴达的利益和希腊的自由之间的冲突更清楚地展现在早前的事件中,当时斯巴达寻求与雅典达成和解。由于无力及时挽救被困于派罗斯(Pylos)的三百人,斯巴达决定派遣使者到雅典谈判(4.15 – 16)。斯巴达使者在雅典发表的这一演说(17 – 20)对应于雅典使者在斯巴达的那次。同样志在谋求和平,都以失败告终,但又深刻地揭示出双方发言人和听众的品性。

斯巴达使者宣称他们必须调和雅典的利益和斯巴达的荣誉(kosmon,"信誉"或"面子"[4.17.1])。他们提及自己发表长篇演说的特殊必要性(对斯巴达来说),这暗示着达到演说目的并不容易。(从根本上说有必要以冗长演说来挽回斯巴达的面子?)他们起先表明雅典是靠机运才赢取最近几场战事的胜利——富有作战经验的城邦应当懂得最小限度地信靠自己军事上的成功,一旦占得

㉒ 关于修昔底德对伯拉西达的记述的含混之处的客观论述,可参Connor,《修昔底德》,页130 – 140,236。

先机就该适时避退。与身在斯巴达的雅典使者一样，这些使者们诉之于两个城邦的共同之处：在这种情况下，是他们对机运无常的体验。他们说，只需察看我们现时的境况就能说明这一点(18.1)。曾几何时谁敢与我们比肩？但现在我们一落千丈，皆因判断失误，而这对于所有人都是可能的。

> 因此，你们基于你们城邦此时的力量和新近的胜绩，就断定机运将与你们常在，这是不理智的(ouk eikos)。审慎之人会保全他们的优势以便应对不确定的未来——他们也会更头脑清醒地(euxunetēteron an prospherointo)克服困境——他们认为战争的状况不可能一直处于人们能够限定的范围之内，反之，人们受缚战事的变化，任由机运摆布。而这样的人……会识时务地趁着好运道尽快缔结和平。(4.18.4)

按照这一论点，雅典接受斯巴达的议和无疑是明智的抉择。但斯巴达提出这一请求是明智的吗？斯巴达人的演说会遭到这样有力的反驳：倘若雅典的成功果真如此朝不保夕，那么斯巴达更不应这样作践地向逆境屈服。相较于公元前480年既失城邦但仍奋力作战的雅典人以及1940年的英国人或自由法国人，*斯巴达确实显得懦弱无比。[82]在4.18.5，使者不情愿地承认，雅典的胜利归因于德性——但他们由此得出的结论是，雅典也不应在多变无常的机运面前逞强。

斯巴达不止向雅典提议签订一份和约，还请求双方缔结同盟(4.19)。唯一的条件就是归还岛上围困的斯巴达公民。斯巴达不愿意拖到最后才行动，也就是说等到派罗斯岛上的人们悉数被捕，但是，倘若他们甘愿在此达成如此有利于雅典的和平，为何他们不试着当这些人确实被俘时再提出？

---

* [译注]自由法国人是指1940年法德休战后继续抗击德军的法国人，后来有时也称作"战斗的法国人"。

在4.20,使者略带提及更宽泛的希腊背景。他们声称,战争结束后,两个城邦不仅会相互感到满足,更会让其他希腊人对他们心怀感激,这些希腊人浑然不知战争的爆发应归罪于谁,而且把和平的实现归功于雅典。但我们不禁要问,对于由斯巴达的投降协议所缔结的和平,别的城邦会因而感谢雅典吗?那些希腊人会在多大程度上感到庆幸呢,既然他们参战就是指望斯巴达覆灭雅典帝国?在20.4,使者暗示,一旦两大势力达成和解,别的问题自然迎刃而解;换言之,斯巴达寻找雅典的帮助,镇压即将产生不满情绪的斯巴达同盟者。㉓

斯巴达在军事力量毫发无伤的情况下,仅仅为了避免损失三百名公民而不惜背叛自己的同盟者和放弃自身的利益。不曾败于一场大战,她就决意投降。但是可幸的是,她对雅典人产生了误判。她想象他们会像她自己那样厌战。实际上她发现雅典人就像一头动辄扑向猎物的雄鹰,随时盯视着她。使者对克里昂做出了让步,急于制止协议的克里昂断然声称这些条款过于繁重,他们不可能当即完全接受(4.21)。结果是,斯巴达不单必须在等待签订协议之际放弃派罗斯被困的斯巴达公民,虽然拯救他们是斯巴达前来雅典求和的目的,而且还得同意重新修订旧有的三十年和约,并赋予雅典在伯罗奔半岛范围的领导地位。因此,斯巴达被要求做出让步,接受她一直极力避免发生的情形,包括被迫放弃战略性围攻。甚至连这一点使者都没有拒绝(22.1)。他们仅仅要求私下对其进行商议。克里昂对此的反应简直就像伍德罗·威尔逊(Woodrow Wilson):倘若斯巴达有诚意,他们应接受由公众商议达成的公开协定。和解由此破裂了。斯巴达或许会失信于她的同盟者,但她绝不愿意在这极有可能流产的谈判中公开这样做(22.3)。㉔

㉓ 参Connor,《修昔底德》,页112,注10。

㉔ Kagan(《阿希达穆斯战争》,页231-237)支持雅典否决斯巴达的提议,以及他们关于领土上让步而非仅仅各自退守维持现状的要求。一如往常的坚定语气,他甚至赞成雅典拒绝考虑斯巴达有关让步的谈判意愿,坚称这一谈判不可能取得成功。我与Kagan教授的分歧在于,我更依赖于对斯巴达语

[83]"解放希腊"着实是斯巴达谋求利益的一个有效口号。不过她所理解的是"保守性"而非"扩张性"的利益。人们可以至为精准地赞美斯巴达的"正义":深谙在繁荣顺境中审慎行事这一独特的德性(8.24.4)。她从不为虚幻的利益欺骗,拿现有的利益冒险(1.70)。最重要的是,她坚持自己的政制和法律,因为这是她成功的基石——对于一个享有如此长久成就的城邦来说,这是合理明智的政策(1.18.1,83 – 84;比较5.66.2 – 4,69.2,70)。㉕

如果不谈斯巴达的正义,我们是否可以说斯巴达的审慎就是立足于对雅典使者所声称的强迫的反抗?这个问题似乎也值得商榷。修昔底德揭示斯巴达力求谨慎的坚定态度,这体现在他对斯巴达最明显偏离这点的行为的解释:派遣伯拉西达出征色雷斯的决定(4.79 – 80)。伯拉西达雄心勃勃;而斯巴达只有在紧急情况的迫使下才会听从他的计划。当在派罗斯、基塞拉(Cythera)和其他地方遭遇失败且饱受困扰和混乱时,斯巴达才尽可能拼命地反击雅典。至关重要的是,斯巴达寻找一个借口把希洛人(Helots)组成的军队派遣到尽可能远的地方,因为她担忧在现时危机下这些奴隶会反叛,就像之前所发生的一样。修昔底德把最伟大的雅典远征事业归

调谦卑的演说的分析和修昔底德的提示,即使者愿意考虑重大的让步。我同意Cawkwell(*YCS*[24],1975,页58 – 59,65)的观点,认为和平的达成意味着完全背叛斯巴达的同盟者,继而正好有违伯利克勒斯原先所期待的战争结局。问题在于,这样的结局是否令人满意;Kagan对此持否定意见。Connor(《修昔底德》,页112,注10)的立场同样有待商榷。Gomme(*HCT*与此对应的部分,3:460)和施特劳斯(《城邦与人》,页220 – 221)更进一步地认定,修昔底德没有把克里昂的立场视为错误。可幸的是,这里牵涉的问题仅仅是斯巴达的品格。

㉕ 故而J. H. Finley(《修昔底德》,页132)谴责阿奇达慕斯在1.80 – 85的演说"藐视理性",是有失公允的;阿奇达慕斯的观点是,对斯巴达人来说,坚持她的传统风习是合理的(因为正是教育塑造了这些习俗)。参见修昔底德在5.70处某种斯巴达惯例的"合理"解释,读者或许会将这种习俗归结为虔敬。

因于爱欲(6.24),而说到极具野心的斯巴达事业,归根到底还是为了排除异己。

在这语境下,修昔底德牵涉斯巴达的残暴行径(4.80)。这结果演变为对普拉提亚事件的一次拙劣模仿。在某个尚未言明的时刻,斯巴达邀请那些"在城邦屡次战争中表现极其优异"的希洛人上前来宣布自身的解放。"结果,他们大概挑选出2000人,他们头戴花环,绕行神庙,自恃获得自由而欢欣雀跃。"斯巴达随后秘密地杀害了他们,"甚至于这些人中,每个人是怎么被弄死的,也没有一个人知道"。这一行径最初显得毫无理智,骇人听闻。一般而言外邦人是因为他们未能达到公民们所合理期许的标准而遭杀害,但斯巴达却不是这样,她在此杀死了他们的希洛人,正是因为他们已达到这一标准。希洛人既是又不是外邦者;他们唯斯巴达独有且无可替代,斯巴达政制甚至依靠他们充当战士,虽然在其他方面彻底排斥他们。"对他们人数和顽强品性的恐惧"影响到斯巴达的政治决策,[84]"由于想到首先要求自由的人,就是那些最勇敢的且最有可能叛变的人"。斯巴达人既需要又畏惧他们希洛人的"数量和顽强";斯巴达和希洛人注定骨肉相连。㉖

修昔底德对此次事件评论道:"斯巴达所制定的大部分政策都总是留心防范[这些希洛人]"。斯巴达在狂暴的海面上飘零沉浮;自律性和稳固政制就是她的救生船。斯巴达人并不倾向于自省;故而伯拉西达的某些言辞就显得颇为突出。当他发现自己身处任何战争都会出现的险境——被他的马其顿同盟者抛弃且被嚣张的野蛮人紧追其后时,他匆匆发表演说这样激励战士,人数占优的一方绝不会"使那些人胆怯,因为这些人身处的政制是由少数人统治多数人而非相反,而且统治权的获得除了凭靠军事上的优势,别无其

㉖ 关于斯巴达对希洛人的依赖,请注意希罗多德的论断(《原史》,9.28-29),即甚于斯巴达人(公民)七倍之多的希洛人被派去普拉提亚对付波斯,而且虽说是轻装步兵,他们却全都装备精良。

他办法"(4.126.2)。(令人惊异的是,伯拉西达竟然向一批由大量希洛人构成的军队发表这一演说。)㉗斯巴达内部即将激化的战争实质是对邦外战争的预训。针对平民的政策创新——斯巴达独有的政策——将呈现出新的意义,如果我们想到这一风俗可能作为对一个共同[内部]敌人的回应,斯巴达抑制内讧和镇压僭政而设计的"优良法律"亦是如此。

若说斯巴达的正义就在于单纯追求对斯巴达有利的事物,这并不令人感到意外。正是因为他们力求不失这个标准,他们也就永远无法超越这一视界。修昔底德的叙述确证了雅典使者对弥罗斯的声明:斯巴达认为合乎他们利益的就是正义的(5.105.4)。但也必须补充一点,他们所理解的不正义就是对他们不利的事。蕴含在使者观点中的这一侧面很明显意指某种正义的标准,而非避重就轻的说法。现在那标准似乎就是希腊的公共善,以及在现阶段来说(更重要的)那些斯巴达必须承担的经宣誓的义务。斯巴达不愿破坏三十年和约或者违背与波桑尼阿斯达成的关于普拉提亚自治权的五十年保证协议。(正派的阿奇达慕斯也尤其不愿如此。)在更广泛的层面上(因为有理由推断,斯巴达及其殖民者弥罗斯人有意把不正义当作一种不虔敬的形式来加以回避;参5.104),斯巴达从来不愿做任何有违诸神意愿的事。譬如说,我们一次又一次地看到,一旦预兆显示不利的倾向,斯巴达就会拒绝发起军事行动,[85]即便所有战略或政治的考虑因素都迫切需要他们付诸实践(5.54.2, 55.3,82.3,116.1;6.95.1)。㉘

那么斯巴达如何能够将一种限定正义为合乎斯巴达利益的倾向与另一种认为正义有别于且约束利益的清晰观念统一起来呢?看来只能凭借某种欺骗性或拙劣的矫饰。一旦斯巴达务必行动(甚

㉗ 我设想,"[伯拉西达]仍然掌握着伯罗奔半岛人"(4.124.1)包括七百原先追随他离开斯巴达的希洛人(80.5)。

㉘ 参希罗多德,6.106,7.206,9.7及11;色诺芬,《阿格西劳传》(Agesilaus),2.17及《希腊志》,4.5.11;Pausanias,3.10.1,4.19.4。

至当她深知行动的必要时),她就理直气壮地行动——但没有声明必然性能够证明不正义或不虔敬的正当性。她声称自己只在一种情况下诉诸必然,那就是当她所做之事即使不算必要但却正义的时候。被迫行动之时,她只会随时把任何促使自身行动成功的都一概视为正当的,就像对待普拉提亚的事例。但她也会迫不及待地认定所有失败都是对不正义或不虔敬的神圣惩罚(1.128.1;7.18.3;前文,页56-62)。她习惯性地拖延行动,无论这次行动多么迫切,似乎是踌躇于有关惩罚的不明预兆或神谕。像个要塞一样居于城邦之中的斯巴达人比任何人都清楚,诸神甚至会向成功的扩张索取代价。

只因我们长期以来忽视了斯巴达的"内在"帝国,斯巴达才会被当作雅典论说的反例。在赞美斯巴达强盛时保持绝佳审慎的同时,修昔底德隐微地将这种审慎与希洛人的问题联系起来(比较8.24.4及40.2),亦即牵涉在斯巴达强盛之时造成困扰的潜伏力量。斯巴达厌恶扩张这一点不能抽离于她对安全的关注来理解,因为使者假定,安全比正义更为强大。倘若她有意避免展开新的征服,那是因为她或多或少地意识到,自己只胜任于维持现有的属邦。[29]

---

[29] 参施特劳斯,《城邦与人》,页191。修昔底德的记述似乎支撑了M. I. Finley的论断:"第二次美塞尼亚战争后的斯巴达,军事机构(fonction guerrière)更像是在维持治安,而非发挥着正规的军事效用。它针对的是内部的敌人,而不是外部真实或潜在的敌人。为了在那些特殊形势下维持统治阶层难以为继的局面,这个社会进行了调整,以满足实践警察效能的需要。就连建立和持守伯罗奔半岛同盟的努力也许可以准确地描述为内部整顿作业的一部分,虽然当中他们需要参与频繁的战事。"Finley还强调了作为整个组织体系的峰顶,即斯巴达的agage或教养。照他看来(基于她的"悲剧"),导致斯巴达失败的原因就是她不可避免地卷入超乎其自身建构所能承受之范围的战争。参Finley于Vernant编,*Problèmes de la guerre*,页157-160;参Farrar,《起源》,页180-183。参Critias,残篇37(Diehls/Kranz);亚里士多德,《政治学》,2.6.2-4。至于收集众多主要古典文献证据且有关斯巴达的一个颇具学术意义的现代讨论,可参见Rahe, *Republics*。

以上并不是否认斯巴达独特的高贵品性,也就是说斯巴达公民能够在相互之间和在对其城邦的奉献之中展现出无比高贵的一面。更不是质疑斯巴达式虔敬的真实性。[86]甚至更不应引起对斯巴达不义的责备,因为斯巴达恰恰通过肯定雅典论说,尽本分地勾销了帝国不正义的罪名。在更广泛的意义上,面对两难的困境,她做了维持自身稳定所必须做的事,况且"当某人身陷最危险的境地时,谁也不能责备他,说他尽最大可能地攫取利益"(1.75.4)。斯巴达的极端困境要求她采取极端的手段。她最终成功应对了这一困境,令人印象深刻之余又不禁令人反感。

所有线索又重新引回雅典论说。修昔底德"从未听说,一个强大的城邦未能统治一个弱小的城邦——既然这样做有利于前者——仅仅是因为审慎的缘故,也就是说单纯出于算计的考虑"。[30] 他也不曾知道哪个城邦会为了正义而放弃帝国。雅典使者在斯巴达的论述涉及所有城邦的首要考虑因素而非正义的重要性,而这一论述只能通过修昔底德留予我们的证据求得证明。这对我们来说意味着什么?他给我们留下这种论述所呈现的问题。虽然能够确证这种关乎帝国的观察的准确性,但并不意味着我们必须接受使者从中得出的结论。"雅典论说"不能完全等同于这种观察,但对其构成了一种特别的解释(interpretation)——揭示出一种自然之必然(natural necessity)。不过,我们知道有些事物在任何情况下一定为真,因而无需证明其必然;但它流行的原因仍需要审察。使者提供了关于这些原因的一种解释,其力度之深不容小觑。然而,正如我试图提出的,就其所在位置和作用而言,这一解释是《战争志》中讨论这些原因的开始而非结束。紧随其后的是众多更深入的问题,修昔底德笔下的演说者对这些问题的见解有极大的分歧。我们首先来考察虔敬(piety)的问题。

---

[30] 施特劳斯,《城邦与人》,页192。

第四章　虔诚与必然

[87]雅典使者致斯巴达的演说所涉及的诸多问题中,就包括虔敬的重要性问题(前文页[55],[62])。通过诉诸诸神且向听众吁求虔敬(1.78.4),使者暗示(不管是否出于真心)他们自己会对诸神保持虔诚,这也是审慎德性的一种要求。但这篇演说首先值得注意的是,它明确提出人性所屈从的各种必然,而且使者在这一方面却对虔诚保持沉默。

在详细列举严格意义上的必然因素的过程中略去虔敬,这并不惊奇。使者必定有意拒绝暗示,神法以其不可阻挡的力量干预他们的行动,夺去一切在对立选项之间抉择的可能。其实,提及虔敬不利于使者演说的原因在于,它暗示人类受制于真正的必然因素,而虔诚不是其中之一并且同样服从于它们。进一步说,使者公开表明三种强有力的动机甚至迫使正义就范,这意味着它们同样会对虔敬施加限制。是否存在一种虔诚能与雅典新式正义准则的不羁(laxity)相兼容?每个虔诚的男人或女人都清楚知道,诸神主持正当或正义。事实上虔诚不就是从这一信念汲取相当大的说服力?规定仲裁的条款正好允许使者借机利用虔诚,同时诱使他们通过援引必然性从而令虔诚的问题变得晦暗不清。

然而另一方面,雅典似乎与斯巴达一样,致力于限制必然性所产生的影响(参见第二章中"雅典在斯巴达演说的未决张力")。尽管他们的教诲过于大胆,或者正是因为这一点,他们对其中最为大胆的暗示有所保留;他们似乎照样呈现出自己备受必然庇佑的一面。

虔诚是寄于必然之篱下的信仰,这一理解清楚地出现于2.17,

这是修昔底德两处求证某个神谕的其中一处。在这里,他关注的是一个对雅典人不利的德尔斐神谕断片:"最好让佩拉斯基(Pelasgian)的土地荒着。"这一小块地正处于雅典卫城下方,它的名字让人回想起被雅典人取而代之的前希腊居住者,一般认为它是受诅咒的。由于神的诅咒和谶言,人们都顺从地把这块土地留空,雅典城也随之在其四周建立起来。然而由伯利克勒斯一手策划的战前集结迫使雅典人占领了这片土地。在评论由此而生的不祥之兆时,[88]修昔底德确证这一神谕灵验,但结果也许与当初的预料正好相反。其他雅典人则从中感受到一种警告:不幸之事将会由于土地被占用而发生。

> 照我看来,神谕总算应验了,不过与当初预料的正好相反。因为城邦遭遇灾难并非起因于非法占用,而是由于战争期间使用该地的必然(necessity),神谕虽然没有详细说明这一点,但仍然预见到,倘若有人来此地居住,那肯定不是在境况优裕的时候。(2.17.2)

侵犯行为之所以兆示不祥,不是拜侵犯本身的后果所赐,而是归咎于某种必然,侵犯行径只是其中一种结果,换言之,不是侵犯行为引发了一定程度的灾难,反而是灾难本身导致这一侵犯的出现。① 在对这段所作的杰出注解中,伯纳德特提出,对神虔诚意味着诸神承诺不使人类归附于最极端的必然。② 正是通过要求人们克制自己所做的某些有利可图的行为,虔敬意味着诸神保护人类免受强迫人们诉诸这些功利性的威胁。只要别的地方具备充足的空间,这片受诅咒的土地就能得以空置。鉴于寄望这样的安排永远不变,一个社会就会认定,诸神将使他们免遭巨大的不幸。

敬神所假定的是,坚持虔诚的方式总是可能的。有死之人只有

---

① 施特劳斯,《城邦与人》,页178;参 Gomme, *HCT*, 2.65–66。
② 伯纳德特, *PolSciRev*[8], 1978, 页18。

放弃这种方式才会招致灾祸。雅典人设想,如果神谕应验,灾难降临于他们,那是由于他们没有对神谕予以重视;他们据此解释随后发生的磨难。他们拒绝考虑一种可能,即诸神可能比他们所想象的更缺乏正义或者力量。

修昔底德证实了神谕,所付出的代价是未能证实诸神的力量甚或他们的正义。他声称,神谕预示灾难之日将是雅典人无视禁令之时,也就是说,雅典人只会在迫于巨大压力的情况下违背神谕。他否认侵僭之举随后发生的灾祸构成了对侵犯的惩罚,由此表明,诸神因为雅典的无心冒犯而施予惩罚的这一非难概不成立。不过他也含蓄地承认,诸神不具有庇护无辜者免受灾祸的意愿或力量。他的解释仅仅认同"自然的因果关系"。既然在这一事件中灾祸是先于而非后发于渎神行为,那么戒绝渎神显然并不能逃避灾难的发生;诸神不再惩处人类的同时,也出于同样的原因放弃保护他们。修昔底德笔下昭告神谕的神深知,虔敬依赖于好的运道(fortune),或者,必然远比虔敬重要;他领会到身为一个神的能力限度。修昔底德闭口不言神是否预见到迫使侵僭行为发生的特别事件。可以说,显证神之神性的(一如他的神谕所示)[89]正是神对虔敬和必然之间一般关系的认识,修昔底德也深谙于此。修昔底德并没有赞颂神是他自身智慧的来源;神显得并不比这位作者聪明,而且对神的智慧的证明正是得益于修昔底德的智慧。③

由于坚信自己因占据禁地而受到诸神惩罚,雅典人不公正地进行自责,同时却又明显夸大神的力量。看来他们无法从修昔底德的解释中领受些许安慰。渎神直接导致的惩戒是(根据克劳利的译

---

③ 参 5.26.3–4。将神谕理解为单纯的先见之明,这种观点可见于加尔文,《基督教要义》(Institutes of the Christian religion) 1.16.4,及洛克,《政府论上篇》,第 118 节。修昔底德的表述相当含混,以致 Gomperz(《希腊思想者》1: 510)认为它分明是个"消极的反讽",Marinatos(JHS [101],1981,页 138–140)、Veyne(Grecs,页 84)以及 Ostwald(《必然性》,页 59–60)都不相信修昔底德会拒绝认同神谕的基本真实性。

文)"异常悲惨且极具毁灭性的天灾——瘟疫"。这就是修昔底德初次提及瘟疫的措辞(1.23.3);结合前后文的语境,瘟疫更有可能表征着神的忿怒。同样,短语 loimōdēs nosos(克劳利译为"awfully fatal visitation [极具毁灭性的天灾]"),直译就是"plagueish illness [瘟疫般的病症]"。尽管修昔底德并不是这一说法的首创者,它也是值得注意的,因为 loimos("瘟疫")第一次出现于荷马的诗作,且只在《伊利亚特》1.61。因此这个语词让人回忆起所有希腊瘟疫中最著名的一次,那时阿波罗神因达那安斯人(Danaans)蔑视他的神圣祭司而遭降瘟疫惩罚他们。许多雅典人的确把他们所遭受的瘟疫归因于诸神,尤其是阿波罗神(2.54;参 64.2,伯利克勒斯的演说提及这一信念)。修昔底德自己的分析暗含着对这种解释的否定:瘟疫爆发不单单局限于雅典所在地区(即使斯巴达大部分地区不受影响),而是在侵袭其他许多地方之后才波及雅典(47–48)。然而雅典人显然满怀希望,相信瘟疫是一场天降之灾——仅此希望而已。

> 身陷苦难时雅典人很自然地回忆起往事,很久以前流传这样一句老者的话:"一场多利亚人的战争即将打响,随之招来一场瘟疫"(loimos,再次出现荷马式语词)。那时有人争论说这一诗句究竟用的是饥馑(limos)还是瘟疫一词;但照目前情况来看,普遍意见当然(eikotōs)倾向于认定诗句所指的是后一种意思,因为人们的记忆与当前的受苦相吻合。但是,我认为假如再爆发一场多利亚的战争,而且恰好遇上饥荒,估计人们很可能会作出另一番解读。如今,有些知情人还记得拉克岱蒙人也获得一个神谕[参 1.118.3]……当下的事件理应与这个神谕相符。因为伯罗奔半岛人一入侵阿提卡,瘟疫就爆发了[并严重影响雅典,而斯巴达则很大程度上侥幸地逃过一劫]。(2.54。2–5)

[90]人们根据自己的意愿选择将诗句理解为对一场瘟疫的预示,正如他们用尽一切证据力图证明所谓天降之灾的理论。这看似

是更为乐观的理论,因为他们能够撤销诸神所降临的东西,而且他们或许终究有义务以人类的身份向诸神祈求。瘟疫是那么残酷无情,使得雅典人已经放弃与诸神取得和解的努力(53.4)。即便如此,他们仍然拒绝把自己所遭受的苦难归结为偶然或必然;他们坚信自己的受罪是"有意义的"。④

雅典人坚持认为有违他们意愿的力量本身具有意向性。他们宁愿承认自己与诸神之间不可缓和的紧张,也不肯承认诸神存在缺陷或对人类淡漠;他们坚信造成了这场瘟疫的根源在于他们自己。修昔底德对此的态度就在 eikotōs 一词中透显出来。但为何人们总是想着以这样的方式理解自身的苦难呢?像雅典人一样考虑他们当前的处境,我们就会发现,他们实际上是加重处境的不可挽回性:他们因与神为敌而沦为受害者,他们不再希冀缓和这一紧张关系。不过,通过在这件事情上放弃希望,他们维护了自己向其他方面灌注希望的权利。降临于他们身上的不幸不仅没有否定正义和强大诸神的存在,反而进一步确证了它;人类依然有能力避免瘟疫这样的灾难。

有鉴于此,雅典平民即使在绝望之中承受瘟疫的煎熬,但仍未放弃虔敬。可是,并非所有雅典人都如此"普通";有些人坚持一种新观念,我们一直称之为"雅典论说(Athenian thesis)"。我们已经知道该论说蕴含着有关虔敬的难题。展现新旧两种观点对峙的一个臭名昭著的例子,就是弥罗斯对话。但两者间的相互试探其实较早时分就已出现。

虔敬,必然与雅典论说:狄里昂论辩

战争第八年,雅典人入侵邻邦波奥提亚(4.76 – 77)。他们除了占据狄里昂(Delium)的阿波罗神殿并加以设防之外,还亵渎了它,正因如此,他们在战场上遭遇惨重的失败,只是尚未被逐出圣地

---

④ 参见尼采,《道德的谱系》,3.28。

(89-96)。事后他们极力恳求双方休战处理阵亡者的尸体——如此庄重的请求却被断然拒绝,这在《战争志》中仅此一次⑤——波奥提亚人警告,他们一天不撤离神庙,就别妄想收回尸体。双方互有责骂,誓不让步,谁也无法达到目的(97-99)。波奥提亚人于是围攻雅典的要塞,并成功将雅典军队逐出神庙。上次战役后的第17天,[91]波奥提亚人才勉强同意收回尸体的请求(100-101)。⑥

在这场争论中,双方都论及基本的修昔底德式问题:正义与虔诚的关系和这两者与力量或强迫的关系。再者,这是修昔底德只把代表雅典的演说者称为"雅典人"的仅有的三次场合中的一次,其

---

⑤ 在我们所讨论的古典时期中仅出现一次对这种请求的驳回;参色诺芬,《希腊志》(*Hellenica*),3.5.21-24(在这里又是波奥提亚人充当反派角色),及 Pritchett,《希腊邦国》,4.211-212。

⑥ 17天时间以夏日来算可谓不短,大部分评注此段的学者都跟随雅典人和 Grote 在《希腊史》(*History of Greece*,6.394-395,第二部分,第53章)的观点,责备波奥提亚人蔑视神法,妄求非分的胜利。譬如参见 Gomme(*HCT*,3.571),对他来说,"修昔底德插叙这场冗长争论,且坚持叙述这场言辞的争辩,都是因为他感觉到,波奥提亚人拒绝让雅典人收回他们死者的尸体,这一做法正是战争所导致的又一种恶行……它摒弃了一种希腊公认的、人道的风习"。但是修昔底德笔下人物所争论的并不是回绝请求的"非人道",而是回绝一事与雅典造成此事的行为是否违背了人类所立之法,即禁止亵渎诸神。对波奥提亚"非人道"之举的义愤,果真可以解释修昔底德为何如此详尽地叙述这场关于神法之要点的争论? 到后来甚至 Gomme 也似乎对此存疑;他嘀咕道,"修昔底德就是特别对这些诡辩话着迷"(同上,页569;参施特劳斯,《城邦与人》,页208,注70)。至于对这次事件的简要评述,参 Strasburger,*Hermes*[86],1958,页39,注2;Schneider,《知识与意图》(*Information und Absicht*),页106,注213;Lateiner,*CW*,1977,页101-102;Pouncey,《战争之必然》,页94-95;Proctor,《经验》,页82-83;Rawlings,《结构》,页51,注46;Cicciò 载于 Sordo 所编 *Santuari*,页138-139;Mikalson,《献给 S. Dow 的研究》,页224;Pritchett,《希腊邦国》,4:191-192。施特劳斯(《城邦与人》,页208,注70)虽然没有详细地讨论这次事件,但指出了应该予以讨论的理由;参 Palmer,*CJPS*[15],1982,页111,注19。

余两次分别是雅典使者在斯巴达演说和弥罗斯对话中。⑦ 这些特征显示出这一段论辩重点揭露了"雅典论说",而且(鉴于它在全书中的位置)或许还能衔接雅典使者在斯巴达的演说和弥罗斯对话这两个更为人熟知的场合。

波奥提亚人的怨诉记述如下;正如在这一场合的其他演说,修昔底德有意用间接陈述的方式报道它。

> 雅典人行为失当,违犯了希腊人的风习,乃因全体希腊人都遵从这样的惯例,侵入他邦领土时不得僭越此地的圣殿。可是雅典人不仅在狄里昂筑建工事,现在还胆敢在此任意妄为,各方面的表现就像生活在不圣洁之地的人那样,甚至还擅自抽水作日常之用,要知道这水除了用作祭神仪式,连波奥提亚人自己也不曾碰过。因此,为了诸神和他们自己着想,波奥提亚人以守护此地的神祇和阿波罗的名义正式警告雅典人,取走属于他们的尸体前,必先撤出神庙。(4.97.2 – 4)

雅典人这样回应道:

> (1)……雅典人并未不正当地对待神庙,将来也不愿损害它。他们占据神庙不曾出于这种用意,而只是利用它自我防卫,抗击那些蓄意侵犯他们的人。(2)按照希腊人的法,无论谁掌握统治一个地区的权力,规模大小与否无关紧要,[92]那么当地的神殿也将归他们所有,而他们则必须尽其所能以过往习传的方式照料它。⑧ (3)毕竟波奥提亚人,与其他采取暴力征服别国且驱逐当地原居民的大多数人一道,原先就是靠攻取异邦人神殿起家的,现在他们又视其为己有。(4)至于雅典自

---

⑦ Proctor,《经验》,页 82 – 83。

⑧ 遵循 J. M. Stahl 读作 pro toū eiothosī("以过往习传的方式"),而非手抄本的 pros tās eıothosī("不同于这些风习的方式")。

己,倘若能够成功征服波奥提亚的更多领地,相信这些地方也是属于他们的。另外,事实上他们视这部分土地为己有,且不会心甘情愿离弃它。(5)最后说到水的问题,他们是在被迫(anankē)的情况下搅扰了它,而非出于自身的傲慢放纵,他们是为了防范那些率先入侵他们领地的人而不得不取用这些水源。(6)除此之外,任何迫于战争和危难而采取的行动,甚至在神看来也都可以合情合理地祈求宽宥。因为圣坛是一个规避非自愿⑨地犯下罪行的后果的庇护所,况且侵犯的罪名是留给那些不为情势所迫而做不义之事的人,而不是那些受灾祸迫使而冒险行动的人。要求以撤出神殿作为归还尸体的条件的波奥提亚人,显然比拒绝放弃神殿来换回属己之物的雅典人更不虔敬。他们要求[从波奥提亚那里]清楚听到的,不是"撤离波奥提亚的领地"——因为他们所在之地已被武力攻占,故不再属于[波奥提亚人]——而是遵循祖传惯例,允许他们收回死者的尸体。(4.98)

雅典人没有否认他们的行动表面上是不虔诚的。⑩ 从一开始,

---

⑨ 依据 codd. C, E, 和 F2 抄本,读为 akousian("非自愿的"),而非 A,F,及 M 抄本的 ekousiōn("自愿")。

⑩ Barton 和 Chavasse(《修昔底德卷四》,页 122-123)谴责"[雅典人]攻占、驻防且破坏神圣之地的肆意罪行,以及他们以行动辩护的无耻悖论",进一步指出,由于拒绝撤出神庙以便索回他们亡者的尸体,雅典人"更重视的是保留某种政治性利益,而非履行虔敬的义务"。(在案可查的唯一情形下[参前文注2],斯巴达人则是选择尽到虔敬的责任。)参 Lonis,《用法》,页 73;Garlan,*Guerre*,页 37;Parker,《亵渎》,页 190;及 Ducrey,《战争与战士》(*Guerre et guerriers*),页 282,这些学人一致认为这些亵渎情况严重,Parker 站在波奥提亚人立场表明,通常来说惩戒强夺神庙的人,就要禁止其埋葬尸体。在雅典本土,亵渎神庙可予以死刑惩罚(参 Demosthenes,24.120),表面上至少拔除神圣的橄榄树就得获刑(亚里士多德,《雅典政制》,60.2,参 Lysias,7)。关于剪断葡萄藤的具体行径,参 3.70.4-5 及 Parker,《亵渎》,页 165,注 21。至于亵渎神灵

他们的吁求无异于为当前形势寻找托辞。他们照常套地开篇就对不当之举(wronging)与故意伤害(harming)做出区分,让人联想到有关正义之战与不义之战的公认区别(98.1)。[93]他们暗示,以正义为由的行动被斥为不虔诚,是极不公正的。可是他们继而更为明目张胆地为自己征获神殿辩解(98.2-4)。由于阐明了征服所授予的正当权利,他们不再费心界分正义与否的征服。现在他们所持的观点是,征服就其本身(亦即只要是所向披靡的征服)就赋予了征服者对土地和圣所的合法所有权——不然波奥提亚人怎么能只因为赶走原居住者就自称为波奥提亚的正当持有人呢?雅典人可以承认波奥提亚人占有波奥提亚的正当性,恰逢波奥提亚人设法驱逐他们,所凭靠的理由正是(根据他们的理论的)所有权完全具有法律效力。既然任何手握所有权的人都有正当理由这样做,那么人们为了合理地占为己有就只需要强夺他人之物即可——直到出现下一个霸占者。雅典在战败后仍旧保持对波奥提亚的弹丸之地狭里昂的控制,无论此地近期如何被抢去和迅速被夺回,雅典始终凭借"力量代表正义"的名号掌控波奥提亚人,乃至其余地区。因此,正义由此降格为一种衡量征服的限度。

至于诸神,他们也对一种既成事实表示默许。至少希腊风习本身已经暗示了这一点。即使征服行动像影响其他事情那样波及神圣事务,生活依旧如故。征服、驱逐或屠杀——这些于诸神何干?圣火重新燃起,神的祭仪得以恢复;由被征服者赠予的荣誉如今变成胜利者的义务。雅典人在此进一步发展了波奥提亚自己提出的一种意见。他们把不虔诚描述为不正义,但并不是说其他不正义就等于不虔敬。他们当然认为入侵波奥提亚是不义的,但他们只认定攫

问题的完整概述,参 Parker,《亵渎》,页 144-190,而综述在战争时期侵害神庙的问题,则参见 Sordi 载于 Sordi 所编 *Santuari*。Jordan(*TAPA*[116],1986,页 130)与 Eatough(*AJP*[92],1971,页 244-246)一道斥责雅典使者的演说为《战争志》中最具诡辩意味的一篇。

取神殿才是不虔敬的行动。⑪ 于是雅典人只需要指明，神殿和橡树及岩石一样，属于（被征服）领土的一部分。如若占领土地不算对神不敬，那么占据神殿也不可能触犯神灵，而且如果某座神殿刚好属于先前所占土地，这就既算不上蓄意冒犯诸神，也不代表确实对神做出不敬之事。

迄今为止，雅典人演讲声明的是对神殿的占有，而非对其的亵渎。他们因而继续声称，诸神在接受关乎必然的吁求的同时，可能会酌情认可征服行动，甚至不虔敬本身（98.5 - 6）。[94]接着再次引证希腊式虔敬的一个基本惯例，这次指的是向非自愿渎神且前来祭坛求助的人提供庇护。（这种情况的典型案例就是意外杀人。）然而雅典人故意拓宽了它的用法，以此争取对他们行为的豁免。而关于希腊虔敬的编年史著中并没有载入过祭坛对那些亵渎神坛的人提供护佑的实例。

雅典人坚称，诸神可能且应当接受有关不虔诚与不正义事例之非自愿性的辩解。可是他们归于诸神的减罪标准却出奇地不严谨。雅典所说的理应宽恕的非自愿渎神，其实并不只是意指那些通常意义上的不知情者。没有什么比他们攻取狄里昂更为处心积虑——鉴于这是他们取缔波奥提亚政权的主要计划的部分（4.76）。雅典人说非自愿的意思，就是在迫使之下行事，所谓强迫不过是极其轻微程度上的。受战争压力所做的事就足以称为在迫使之下行事；倘

---

⑪ 修昔底德笔下的弥罗斯人过着比雅典或波奥提亚人更受神庇佑的生活，他们在 5.104 中含蓄表示，虔诚包含着正义（因此所有非正义行为都是不虔诚的表现）。Mikalson 在《雅典公民宗教》(*Athenian popular religion*，页 27 - 30)断言，在当时的雅典，这是一个为人敬重，或许甚至是颇有影响的观点，即仅有某些不正义行为受到诸神的关注，也就是那些（譬如自杀和抢劫神庙）同时涉及对神不敬或特别冒犯诸神的行为。但这分明不是修昔底德笔下尼西阿斯的观点，也不是参加西西里远征的士兵所想的，有鉴于他们不正义的希望终究破灭(7.76 - 77)。Connor(*AnSoc*[19]，1988，页 161 - 188)认为这种古老观念事实上仍旧被当时的雅典所接受。

若就如当前情况,亵渎神物正好是不错的战略,或者(就像使用辟邪之水)是有利战略的一个必然结果,⑫那么你就有理由诉诸必然。危险必定随之带来强迫性,这一点显然得到诸神明的同意:他们并不期望哪怕是不正义的战士倒下身亡。

"难道就没有什么事是神圣的?"波奥提亚面对雅典亵渎他们圣所时怒斥道。是的,雅典人回答,甚至连神圣之物本身也是如此。因为它也存在无数非神圣的可能。照样看来,雅典是想通过释解虔诚的诸多要求而达到革新的目的?恰好相反。他们公开表示和其他城邦一同践行因古老而同等备受尊重的原则。他们的创新之处毋宁说仅局限于他们对这些原则之理解的透彻以及陈述该原则时的坦直。他们争辩自己的虔敬毫无瑕疵,不是因为他们把虔敬放在首位,而是因为没有人这样做,而且他们能够指明(无论如何自相矛盾)在当前形势下波奥提亚比他们更不虔敬。

这些论辩自然让我们想起雅典使者在斯巴达的演说。他们虽然同样在演说中以新颖方式直陈己见,但毅然否认在实践帝国事业中趁机采取革新性的行动。他们还类似地在承认正义之威信的同时,强调非正义事例的正当性,这些例外事件所涉及的范围远比演说所普遍认可的范围大。另外,他们也凭靠普遍经验,声称必然就是这些例外事件的根基,而且援引必然,甚至为征服和帝国正名。

雅典人把所有这些都牵扯进虔敬的论题。以正义为题的转移[95]正是通过讨论庇护非自愿渎神者的习俗。如果诸神纵容非自愿的不正义行为,为何不同样宽恕非自愿的不敬神?雅典论说很自然地从正义演变为虔敬,因为无视这两者的典型借口都是一样的:必然性驱使我这样做。

---

⑫ Pritchett 在其《地理志》(Topography, 3. 295 – 297)暗示,夺取狄里昂实际上是入侵者的一种战略性必然;正如他给我写道:"必须如此,否则无功而返。"圣水的可利用性就其自身而言必定是此地一个重要战略资源。本书作者受惠于 Pritchett 教授和 Malcolm B. Wallace,感谢他们给予我关于希腊神法和军事实践之要点的耐心建议。

雅典这一立场是自相矛盾的。如果他们能够以战争之必然证明亵渎神殿的正当性,为何波奥提亚不能以同样的方式为自己拒绝交还尸体正名?关于波奥提亚比他们自己更不虔敬的断言是不充分的,因为关键问题并非在缺乏恕罪理由的情况下谁渎神的程度更大些,而是谁能提供更有说服力的恕罪借口。这样看来他们平分秋色,波奥提亚有必要驱逐雅典出境,犹如雅典必然要求守持自己的据点。围绕旗鼓相当的必然性展开争论,预兆着神圣制约的失效,因为交战国愈发降低限度,以致允可双方侵犯界限而不触犯神灵。

雅典一方论辩的难题在于,即便尊重神明,也不得不屈从于人类生活的必然因素。显然这里暗示,敬神本身并不属于这些必然因素之列。值得将这一对虔敬的观点与传统习俗相比较(与此同时谨记雅典人曾声称这种观点基于俗见)。根据普遍接受的看法,人类生活的幸福由诸神分配,因而其原则就是视乎我们虔敬的程度;虔敬行为说服诸神使我们免遭(我们犯错的可能原因)必然的严酷。⑬在自然之必然缺席下虔敬就是唯一的必然。

这些雅典人在没有对问题进行全盘思虑的状况下,含蓄地表明"必然"脱离于诸神,或者说暗示严格意义上的必然的现身。如此一来不得不承认,他们并没有像揭露希腊式虔敬的薄弱作用那样过于断绝自己与这种虔敬的关联,也没有增加它自身的压力。就诸神与必然的关系而言,虔敬从一开始就已经含混不清,仅仅是因为它不曾把诸神敬为全能的创造者。与圣经不同,荷马和赫西俄德笔下并不把我们出生的世界描绘成完美的(也即仅由于我们的反叛而日渐变得不完美)。他们没有把世界(这不是奥林匹亚诸神的杰作,而就其本身是神圣的且属于一个比他们更古老的神)描述为单纯的好——即使对奥林匹亚诸神自己来说,恰恰相反,这个世界受到诸

---

⑬ 赫西俄德,《劳作与时日》,232-234;荷马,《奥德修斯》,第19章,109-114;至于与《圣经》对应之处,见《申命记》(Deuteronomy),11:13-21及《诗篇》(Psalm),92。关于《奥德修斯》整部诗作的复杂教诲,可参见 Clay,《雅典娜的愤怒》(Wrath of Athena)。

种恶行的侵害,诸神已无力修补。于是,诸神对命运的屈从与人类对诸神的敬仰在一定意义上艰难地共存。这也意味着,饱受自身种种必然困扰的诸神不配获得神圣之神的地位。以色列的神将成为他(he)所要成为的;而希腊诸神则遭受着成为他们不能不成为角色的痛苦。[96]仅凭这个原因就足以断定,甚至连正义之神的正义也不是那么可靠地正义或那么体察。⑭

这些雅典人明确地表明某些张力,如果特意向全体希腊人宣示的话,这些张力实际上随处可见。传统意义的虔诚是自相矛盾的,因为它一方面认识到现实情境中的某些例外状况,另一方面又承认,如果撇开自身不谈,某些事物对我们来说比虔敬更为根本。雅典人还不至于拒绝承认诸神会对有意为之亦即名副其实的不虔敬行为施予惩罚。但雅典人予以否认的是,诸神可以理直气壮地指望我们首先考虑神圣之事,先于关注我们作为人类所屈从的强迫性因素。既然不愿且不能指引我们屈服必然,诸神只好默然接受这一事实。只有这样,我们的需求才变成了真正的必然,在最高且最严格的意义上的必然,甚至连诸神也无法使我们幸免于此——虔敬对我们而言也是一无是处。⑮

显然这样的论证颠覆了神的权威。如果说诸神无力应对困扰着我们的必然性,那么我们还能奢望他们什么?希腊式虔诚的薄弱之处,即把诸神归于命运属下,由此要把人类从诸神的监护中解放出来——同时使人类受缚于必然(参 2.17 及前文页 88 - 90)。这一结果非常成问题。事实上,与他们的论证逻辑恰好相反,虔敬似乎仍未失去在这些雅典人之间的全部威信。故而他们的立场又是

---

⑭ 赫西俄德,《劳作与时日》,35 - 36,225 - 285;参荷马,《伊利亚特》,14.153 - 360;阿里斯托芬,《云》,398 - 402,902 - 906,1080 - 1082;《鸟》,1494 - 1693;《和平》,382 - 425;《财神》,87 - 92。参 Lloyd - Jones,《宙斯的正义》,页 176:"简单说来……在某种意义上宙斯是正义的,但在另一角度看却并非如此。"

⑮ 参 Clay,《雅典娜的愤怒》,特别参见页 230 - 231。

自相矛盾的。他们依然想着索回阵亡者的尸体,这正是神法所要求的:"按照赴弥罗斯的雅典使者——或苏格拉底的观点——本应完全无需顾及死者尸体的下落"。⑯ 这个悖谬实质揭示了雅典人残留的虔敬思想。由于无心遵从神法,除非结果对他们有利,他们也就无法净化自己灵魂中由虔敬所培育的希望和畏惧。

这个选节向来被忽视,雅典人在其中首次展开论述他们对神与人关系的独特看法,这段对于把握他们逐渐明朗的帝国主义政治神学——在弥罗斯对话中达到极致——来说至关重要。

---

⑯ 施特劳斯,《城邦与人》,页208,注70。参 Heraclitus,残篇,96;Epicharmus,残篇,64。

第五章　弥罗斯对话和弥罗斯的命运

[97]战争第十六年,雅典表面上与斯巴达和平共处,同时又对弱小的弥罗斯岛(Melos)发起了进攻。弥罗斯虽为斯巴达的殖民地,但毕竟是个岛国,易受雅典的侵害,于是她拒绝偏袒任何一方,力图避免冒犯他们。早前尝试征服弥罗斯的雅典(3.91),如今却要郑重其事地着手征服行动,派遣一支强大军队在岛上登陆(5.84)。然而在蹂躏城郊前,将军们派来一些无名使者与弥罗斯人进行交涉。随即展开了《战争志》最具戏剧性的语段——这确实是唯一具有严格意义上的戏剧性的一段。修昔底德兼以直接陈述和对话形式记述了这次谈判,每一方都就对方的上续陈词作出回应,从而不仅展现了双方极为激烈的对碰,还相当充分地阐明了相对立的观点——雅典和弥罗斯各自的风格,后者被证明是一种纯粹或质朴的"斯巴达"式版本。读这篇对话,我们首先必须探询,对话中究竟发生了什么。①

为何是对话:演说与语境(5.84 – 89)

正当雅典使者发现自己被要求在"执政官与少数人"——而非大多数人——面前说明来意时,他们提议采用一种坦直的平等对答的形式(5.85)。使者深谙弥罗斯人不许他们向公众发表演说,以免

---

① 参Stahl,《修昔底德》,页161:"确切来说,我们疑惑的是弥罗斯对话,即对话的行进间所发生之事"(Unsere Frage ist vielmehr was *im* Melier – Dialog, *innerhalb der Bewegung des Gesprchs*, *geschieht*[着重号皆出自原文])。

第五章　弥罗斯对话和弥罗斯的命运　131

公众"不受干扰地听取他们有说服力且无可辩驳的陈述之后受到迷惑",于是转而提出一种更为"稳妥"的办法:在座行政官"在听到任何似乎不甚满意的陈述时",立即逐一反驳雅典人的论点。"但首先请说说,你们是否欢迎我们的建议"。

据此,这次会议以选择所采取的形式作为开场,亦即首先讨论关于讨论本身。弥罗斯人站在自己立场上称赞使者的提议为公平(*epieikeia*,5.86)的典范。但使者声明自己弃用修辞,为的不是公平,而是弥罗斯的安全。他们在这里所指的首先是其自身设定的论辩策略所带来的安全。然而他们立刻又宣称,弥罗斯的[98]"获救"或"保全"(*sōtēria*,5.87)②就是对话的唯一目标,弥罗斯人获救的希望就在于使者说服的成功。因为如果对话形式使弥罗斯人成功不为似是而非的论辩所动,它也能让他们满怀信心地反驳似是而非的异议。有强硬理据支撑的论证无需畏惧细致的审查。③在选择讨论形式方面使者显露出对其论据之说服力的高度自信。

事实很可能是,使者建议的公平性(5.86)促使弥罗斯人随即发出乐观或反讽的请求。面对一场公正论辩的挑战,他们贸然下结论,认为论辩的主题将要是公正(fairness)。他们抱怨说雅典的军事准备表明雅典人到这里来是想自己作这次交涉的裁判,而非依从正义的客观评判。(他们继而暗示自己无论如何都会听从后一种评判。)为了建立良好的信誉,雅典人在未获驻军此地合乎正当的裁决

---

② Cagnazzi(《雅典远征》)认为传统上把对话各部分分别归于雅典和弥罗斯人名下,而她和她的导师 Canfora(*Belfagor*,1971,页 409 – 426)指出,对话系修昔底德所作,而非出于后人色诺芬之手。关于这点,参 Macleod,*Historia*[23],1974,页 396 – 397。

③ 再试比较弥罗斯人对使者提议程序的表述"引导彼此平和讨论"([5.86]和3.42.1 – 2 与 3.48.2;5.26.5)。弥罗斯对话在实际谈话的层面上呼应修昔底德本人阐明现在、过去和必然发生之事的努力(1.22.4;3.82.2;参5.105.2)。Levi(*Parola del Passato*[8],1953,页 6 – 8)恰切地强调了对话的"苏格拉底式"(对应于"智术师式")特征。亦可参 Cagnetta,*QS*[32],1990,页 159 – 162。

之前,必须撤走自己的军队。

正义问题由此第一次在关于讨论本身的讨论语境中显现,这并不让人意外。所涉及的两个问题其实互有关联。弥罗斯人向往的世界是符合法律的,服从"国际道德秩序"。雅典对弥罗斯的远征据称是基于一定的正当性;所以雅典在正义裁决未明之际务必撤军。正义的言辞(参 *dikaiōn logōn*,5.98)决定所有事情,高于力量之间的差异。

弥罗斯人坚持维护正义的优先地位,雅典人则强调必然是首要考虑之事(5.87)。他们压倒性的力量限定了对话所处的语境,这场论辩无法抽离于这一事实,并且只能以此作为论辩的起点。弥罗斯人抱怨雅典人的军事准备是立足于当前或迫切的现状(paronta),而不只是立足于将来(mellonta),在弥罗斯人看来,仿佛不可能存在关乎某个既成事实的公平论辩。雅典使者现在呼请他们戒绝对未来的臆测(hyponoias tōn mellontōn),并根据目前且可见(ek tōn parontōn kai hōn horate)的现实讨论自身城邦的安全(87)。至于唤使他们对言辞方式作出让步以便于对话的请求,使者回应道,若要对话顺利进行,必须更改主题迎合对话自身的语境。雅典对弥罗斯所造成的威胁并没有不公地阻碍讨论。这是双方必须讨论的主题。④

[99]弥罗斯人语气有所缓和,他们同意(5.88):这些讨论的主

---

④ Macleod(*Historia*[23],1974,页387)承认,这个对话不能被想象为一篇智术师式的诡辩,"而是一种共同思考某一实践问题的理想模式;因此在5.101,雅典人尖锐地对比他们所认同的 boulē[计划]和他们所拒斥的 agōn[行动]"。在389:"就此而言……对话是一种理想的思考形式。它结合了公开演说的实用性和辩证法的准确性,清晰地界定所讨论的主题,而且立足于实际的具体事实,而不是无益的猜测。对话并不企图超出那些事实允可的范围,反之有意发现可能或有利之事。"即便如此,Macleod 继而尖刻批评使者左右讨论主题的举动:"言辞……在残酷事实中创造出看似平等的幻象;但这并不能掩饰两点,一方面对弥罗斯来说,可以选择的是投降,另一方面雅典人是真正掌握主动的人,反之弥罗斯人则只得忍受。"(页390)但为何雅典人要"掩饰"一个对双方如此重要的真相呢?

题将会是关于他们自身的保全。他们替自己开题的失利辩护,指称这是"正常且可以理解的"(eikos...kai xyngnomē),处于他们这种境遇的人们都会寻求多种论据和推测。他们承认,自己关于正义的论点是由其弱势处境强加于他们的。

雅典人愿意原谅弥罗斯人,条件是他们不再提及正义问题(5.89)。既然回避了"美好的语词"(onōmatōn kalōn),雅典将不会断言帝国或目前的远征是正当的,相应地,弥罗斯人亟须克制自己,绝不声张自己立场的正义。使者力争摒弃正义论题的诸多论据都缺乏信服力(apiston);他们禁止弥罗斯人的理由亦然。不过他们坚称,因为弥罗斯人和他们一样明白:"只有在双方服从相同的必然(apo tēs isēs anankēs)时,正义(dikaia)的声称才能在人的言辞中得到裁定(krinetai),占优势(hoi prouchontes)的强者做他们能够做的一切,弱者向强者臣服。"

至于所有指向他们的骂名,使者在此既没有声称正义之不存于世,也没有鼓吹"强权就是正义"。⑤ 他们对这两者之间的张力保持一定的敬意。他们至少现在不是主张雅典和弥罗斯同等正义,而是他们的强大力量绝对压制着弥罗斯高调的正义。正义只存在于拥有同等力量的对手之间——在这些所谓同等之中,是力量而非正义占得上风。在正义支配与否的地方,正义都服从于必然。

使者的言说方式毫无外交策略可言,但这并不等于说它让人难

---

⑤ 我个人认为,他们也没有断言正义仅仅起源于势均力敌者之间。这是尼采对此段的解释。参《人性的,太人性的》,格言92(收录于 W. Kaufmann 所译的尼采《论道德的谱系》)[译注:该段格言的中译可参见魏育青译,《人性的,太人性的:一本献给自由精神的书[上卷],华东师范大学出版社,页89])。问题在于如何做出 krinetai(判断、判决、决定、裁定、声明、宣称),亦即暗示着两类正当性(rights)之创建——这种正当性究竟是指向某一特定问题,抑或只关乎他们的辨别力? 后一种解释显然是两者中更为可信的一种。参 Romilly,《帝国主义》,页299-300:"在这一段,雅典人并未否认,正义的观念具有某种有效性。他们只是指出,这种观念所适用的情况非常有限。"在第300页的注释1,她参照了尼采的解释。

以置信。⑥［100］对于他们而言，就像早前派去斯巴达的使者一样，坦率态度服务于他们的目的。他们只消说服弥罗斯人相信他们此行是为了帝国的利益(3.91)，就可以轻易避免发动围攻的麻烦。他们无需掩饰，皆因他们无什么可隐瞒；正如在斯巴达的前任使者，除了自身具有压倒性优势的力量以外，他们构想不出其余更有说服力的论据。他们大有能耐与弥罗斯人平等交谈。他们比弥罗斯优越的事实是无可辩驳的。这一事实之所以不可辩驳，是缘于它不因演说而有所变更。⑦ 职是之故，演说也就不可能不受该事实的影响。对话必须从认识对话本身的局限开始。

雅典是否应当发动进攻？(5.90–99)

弥罗斯人表示接受这些限制。在接下来的回合中，他们一边表明自己坚持立足于利益，一边又竭力抑制它成为正义的掩饰。

> 无论如何，我们认为它只是利益——我们被迫这样说，因为你们要求我们谈论有利条件而不是正义——你们不应该破坏共同善(to koinon agathon)，但随时处于危险中的任何人，总会声称公平和正义，即使他没有完全证明自己的立场，他仍然可以从该声明中得到一些好处。这个原则对于你们的影响不

---

⑥ 关于演说可信度的评论，有 Grote，《希腊史》，7:109–112（但参看他自己在第110页注释1中的引证，即涉及1807年遭往哥本哈根的英国使节类似的直率言辞，当时英国在自身必然性驱使下，无正当理由地攻取中立者丹麦的舰队，以免后者落入拿破仑之手）；参 Hudson–Williams，AJP[71]，1950，页167–169（但也可参看第164–167页）；以及 Romilly，《帝国主义》，页297。Grant(CQ NS[15]，1965，页261–266)和 Kagan(《尼西阿斯和平》，页149–151)有说服力地指出（以 Kagan 原话）："我们不必怀疑总体上对话的真实性。"

⑦ 参柏拉图，《王制》，327c；Cogan，《人事》，页247，注8。关于修昔底德以物质性的言语意象表现弥罗斯困境的论述，参 Bahr–Volk，CB[52]，1976，页59–60。

亚于任何人,在某种程度上,当你们倾覆之时,你们不仅会遭受最大的报复,也会成为警示别人的一个例证。(5.90)

敢于吁求正义,对弥罗斯人来说是有益的;而雅典人准许这一诉求同样是有利的,为了将来自己的吁求得以通过。弥罗斯人致力于教导雅典懂得从长计议。他们并没有进一步断言,雅典会为错对弥罗斯付出倾覆的代价。但他们确实告诫他们,一旦雅典陷落,报应将降临于她身上。在这个意义上,透显出一股支持正义的力量,继而变为一种共同利益。施以恶行的后果无异于忍受恶行带来的灾祸。

雅典人毫不在意这一警诫(5.91)。他们曾经设想过自己的帝国终究会灭亡(参2.64)。弥罗斯人所描绘的前景丝毫没有让他们感到不安。帝国必定覆灭,不论是败给另一个帝国式城邦,还是遭到自身被激怒的臣民攻击,彻底分崩离析。对于那些被征服者来说,帝国式城邦并不那么令人生畏。使者没有明说,但很可能怀疑,一个帝国会谴责另一个犯下帝国主义之"罪行"的帝国。不管怎样,有比解决与其他城邦的宿仇更要紧的事值得思量。使者坦承,发起叛乱的臣民无疑让人畏惧。就复仇等同正义这一点来说,正义的确是留存于世的一种力量。但倘若她控制自己不降服弥罗斯,雅典其他臣民会因此减缓对她的愤恨吗?[101]雅典不得不提防那些着意清算自身宿怨的敌人;她才不至于那么愚蠢地惊惧于弥罗斯后世的复仇者。⑧

---

⑧ Liebeschuetz(*JHS*[88],1968,页74 - 75)认为,后发之事证实了弥罗斯人这个预言。但在《战争志》中找不到支撑这一论述的依据。修昔底德没有在7.18和西西里战事期间或之后的其他地方提到,弥罗斯事件可以说是雅典所招致的愤恨的来源之一。色诺芬的《希腊志》(2.2.5 - 20)不足以支撑各种关于修昔底德会如何述说雅典战败后的辩论的论断。我们手上并没有清晰的文本依据证明Regenbogen(《论集》,页227,注13)、Scharf(*Gymnasium*[61],1954,页507)和Rawlings(《结构》,页243 - 249)等人推测的意见,即修昔底德有意安排一个由关于弥罗斯的回忆主导的就雅典落败的最终论述。

弥罗斯人无法显明正义是两个城邦之间公共善的特性。他们于是必须直面这样的驳论：一俟弥罗斯投降，双方的利益都能得到满足。使者只字不提某种公共善。但他们确实赞许弥罗斯屈服，因为这将对双方有利："我们想尽量避免麻烦地统治你们，你们得以保全，对我们彼此都有益处"(5.91.2)。弥罗斯人当面反驳："如果我们做奴隶，你们来统治，如何说这利益对你我是一样的呢？""因为有益的事是，你们臣服，就不会遭灭顶之灾；而我们没有毁灭你们，就可以从你们这里获利。"(93)就像某人赠予我们生命而只索取金钱一样，雅典指出一条弥罗斯不可抗拒的出路。

弥罗斯人顿时陷入缄默，只得(5.94)无力地恳求对方允许他们继续保持中立。使者耐心地解释(95)，为何弥罗斯人对她的敌意比其中立更可取。前者对雅典无伤大雅，然而在他们的臣民看来，后者正是雅典力量虚弱的明证。

这一回答促使弥罗斯人提出又一间接援引正义的论点(5.96)。难道这些同盟者把那些跟雅典完全没有关系的弥罗斯人，与自己——大部分是雅典的殖民者或其他被雅典制服的反叛臣民——等量齐观吗？弥罗斯人暗示，这些臣民的烦恼是自找的；他们肯定能够明白，弥罗斯不该操这个心，而且他们会相应地加深对雅典忍耐程度的理解。

雅典人回答说，他们的臣民并不像弥罗斯人所说的那样天真。这些臣民清楚，在这些事情上占绝对优势的不是正义而是力量。他们绝不会把自身的臣服归结为正义；他们只会把弥罗斯所获得的自由看成雅典虚弱的结果。因此，雅典人确实不满别人说雅典帝国可能得益于正义。

在5.91，雅典人承诺自己将会表明，他们冲弥罗斯而来是为了自己帝国的利益；而在95，他们宣称自己臣民对其力量的评价的重要性。⑨ [102]他们现在揭示的(97)这后一种考虑因素，促使他们

---

⑨ Cogan(《人事》，页87–93)表明，"弥罗斯对话"萌生的新事物，以及

第五章　弥罗斯对话和弥罗斯的命运　137

确定当前的使命(顺带解释了他们不放弃征服弥罗斯的原因):打败弥罗斯,他们将使那些桀骜不驯的臣民的希望破灭,从而巩固他们现有的统治区域。出于自卫的考虑,雅典势必吞噬弥罗斯。

这一声明激起弥罗斯作出自己在此次会谈中最长的一次发言(5.98)。貌似他们只在此时才明确自己应当如何组织说辞来劝服使者——也许是因为,在被迫谈论雅典利益的情境下,他们到现在终于了解雅典声称行动所依傍的利益。总之,他们顺势援引雅典所声明的对安全的顾虑,展开反击。他们提醒使者们,这一吁请完全符合使者们强加于他们的论证逻辑。

> 但是你们觉得另一种方式就不会有安全吗?因为在这里,我们处于被动状态(dei),正如你们迫使我们放弃正义的辩说(或基于正义的论辩,tōn dikaiōn logōn),试图劝服我们听从你们的利益,而我们也想告诉(或教诲,didaskontas)你们什么是我们的利益,并试图劝说你们选择它,如果碰巧这对你们也有利的话。

弥罗斯人反复使用"教诲"(teaching,参5.86),意味着他们确信自己终于找到有力的说辞。⑩遭遇多次回绝之后,他们如今掌控一个致胜论点。雅典进攻弥罗斯,就会使得其他持中立观点的城邦

修昔底德陈述此事的正当据,就是雅典所表露出对其属邦发动叛乱的恐惧。亦参 Macleod, *Historia*[23],1974,页 392。事实上,雅典人已经在更为早前的战争阶段泄露出上述迹象,例如雅典使者向斯巴达发表的声明,雅典人对米提列涅叛乱的惊恐和随后的暴怒,以及他们对伯拉西达所获得的成功的反应。Romilly(《帝国主义》,页287-289)恰当地指出,雅典在此表现出来对其属邦的恐惧,就如他们对维持帝国之必然性的论证一样了无新意:这两方面又紧密相关。

⑩ 在特定语境下使用的这个语词具有指涉伯利克勒斯和狄奥多图斯的弦外之意;参2.40.2和60.5-6;3.42.2(didaskalous)。参 Yunis, *AJP*[112],1991,页184-185。

萌生戒心,从而不但增加已有敌人的数量,还危害而非捍卫自身的安全。绝非如此,使者答道:大多数身为大陆居民的中立者不会对雅典构成威胁,因为她不曾这样对待他们;他们相信雅典所把持的力量仅限于海洋(5.99;参2.62,6.90)。我们再次看到,弥罗斯人频频依赖"合法性"的界分,而雅典人则往往晓示他们,问题只关乎力量而已。⑪

弥罗斯人是否应当抵抗?(5.100–113)

[103]照目前来看,对话所蕴含的戏剧讲述到,弥罗斯竭力要规避由使者强行要求他们使用的论辩语词。⑫ 鉴于被迫讨论利益而不是正义,他们奋力从利益的角度为正义辩护。遇挫后,他们同样也耗尽了他们诉诸雅典利益的诸种论说。对于这场并不产生于其不正义之事实的对外征服,弥罗斯人已无法构想任何驳论了。在5.100处,他们改变了立场。问题不再是,雅典是否能够合理地发动进攻,毋宁说是弥罗斯能否理直气壮地作出反抗。⑬

雅典人已经表明自己愿意为了帝国而甘冒风险(5.91)。他们描述自己的臣民"被帝国之必然激怒",并为求自由而倾向于投身

---

⑪ Liebeschuetz(*JHS*[88],1968,页74–75)继Romilly(《帝国主义》,页275)之后指出,8.2处应验了5.98处所公开的预言,但修昔底德在那里引证的不是弥罗斯事件,而是更为野心勃勃的西西里远征,以此警示中立者,雅典并不能提供安全的避风港——而那次远征的失败已然让这些见风使舵(fair-weather)的战争鼓吹者相信,雅典如今不过是瓮中之鳖。Bartoletti(*RFIC*[67],1939,页301–318)主张,偏执倔强的弥罗斯人展现出来的"精神力量"将最终摧毁整个帝国,他们所正确预见到的斯巴达复兴使这一结局成为可能。对于这样在弥罗斯毁灭后印证其立场之实现的尝试,我们应该以此比较修昔底德自己对雅典失利之原因的叙说(2.65.11)。西西里灾难后敌视雅典的人并不具有固执或高尚的思想倾向。他们只是过于自信罢了(8.2)。

⑫ 参Ferrara,*Parola del Passato*[11],1956,页345。

⑬ 参Romilly,《帝国主义》,页286–287。

鲁莽的冒险中(99)。弥罗斯人接续话头:"至于我们,仍然享有自由,在受奴役之前没有不惜一切去抗争,那就肯定显得无比卑贱和懦弱。""假若你们的考虑是审慎的,就不懦弱了。因为这不是一场基于男子汉荣誉所决定的平等竞赛,不会让你们招致羞耻;而是一个你们所面临的安全问题——不要抵抗那些远比你们强大的人。"(101)

雅典使者尚不认为屈服会带来羞耻。但他们反对弥罗斯人考虑荣誉。他们预见了亚里士多德的关于高贵与必然、德性与其"实现活动"(equipment)的区分。⑭ 他们声称,在获胜机率相当且不危及任何重要利益的前提下,男子汉德性及由此带来的荣誉——他们使用 andragathia 这一语词试图模糊两者的区分——是值得追求的奖赏;它本身并非一种至关重要的利益。对于那些有幸享受安全和闲暇的人来说,它是一种有价值的消遣。但这些实力差距甚远且受严格意义上的必然所制约的弥罗斯人不配得到它。倘若他们执意奢求它,他们就没有"审慎地"考虑。使者并未请求弥罗斯人摒弃德性本身。他暗示,审慎才是基准点,即所有其他德性之相关性的标准。审慎意味着懂得向"必然"屈身颔首的德性。

这一论说同样给弥罗斯人留下深刻烙印。他们试探性地提出,命运远未达到无法抵抗的地步,而非一味坚持要抵抗掌控一切的命运(5.102)。对机运的寄想给予他们希望;战争胜利并不总是与双方人数的差异相契合。现在的问题不是弥罗斯抵抗的高贵性,而是其可行性;弥罗斯人暗中承认,前者建立在后者的基础之上。⑮ 雅典人谴责将冒险事业托付于希望这种愚蠢行为(103;参 3.45.5 – 6,[104]4.62,4.108.3)。如同荣誉,希望只是为那些具有其他雄厚资源的人而设,"它可能引起伤害,但不会毁灭他们"。鉴于自身力量极其薄弱,弥罗斯人会承担一切风险并甘愿冒险。

---

⑭ 亚里士多德,《尼各马可伦理学》,1.8.15 – 17。
⑮ 施特劳斯,《城邦与人》,页 186 – 187。

相较于机运,雅典人更轻视虚幻的东西。

> 也不要像那些普通大众,当通过人的手段拯救他们仍然是可能的时候,一旦他们身处不幸而且切实的希望也逃离了他们,就转而求助虚幻的东西——诸如预言、神谕等等,它们激起的希望会把[毫无防备的人们]带向毁灭。(5.103)

雅典使者,而非弥罗斯人,率先点出了"神"。不过在使者看来,弥罗斯人顽执的希望诉求似乎逼迫"神意"问题的提出。使者并没有说错。弥罗斯坦承,同时抵抗命运和雅典的力量是何其困难(5.104)。但是,他们相信(pisteuomen),"作为对抗不正义之人的公正清白的人"(hoti hosioi pros ou dikaious),他们的命运通过诸神的保佑将不会处于不利的位置"(tēi...tychēi ek tou theiou)。正如他们凭靠诸神抹去机运的不公,他们也还指望斯巴达——"在必然之下,即使不是为了其他原因,也会鉴于我们的同族关系和出于羞耻"——来援助他们,以弥补其力量上的不足。"我们的信心毕竟不是完全不理智(alogōs)的。"

弥罗斯人在此提醒我们,问题依然是,他们满怀的信心是否明智。他们指称,若要对抗雅典,力量和机运方面的缺陷都必须得以弥补。表面看来,只要斯巴达敢于出手相助,诸神也就能挽救弥罗斯免遭厄运。当弥罗斯人说斯巴达是迫于必然才伸出援手,他们并没有对神的眷顾作出类似的声称。他们所犯错误的最突出之处,不是他们对神意的误判。

雅典人接着分别论及神的眷佑和斯巴达人。

> 现在,至于神的保佑,我们不认为你们能否认我们也享有它。因为不论在我们所主张(dikaioumen)的还是正在做的事情中,都绝没有偏离人们对于诸神的信念和人们对于他们自己的意愿。根据神的声誉(doxēi)、人的显证(saphōs),我们认为他们总是按照自然的必然去统治权力所及之处。我

们既不是制定这个法律的人,也不是在它制定出来后第一个实施它的人;我们发现它本就存在,并打算让它永远存在下去。我们知道,你们或者别人拥有像我们一样的力量,将会一样地行事。那么就诸神而言,我们不必害怕处于不利地位的可能性。(5.105.1-3)

正如沃尔泽(Walzer)的简练评述:"不止弥罗斯人在此承担必然的重负。"⑯使者不曾宣称强者具有一种正义,假如这意味着它只为强者所享有,弱者则被排除在外。[105]相对突出的力量并不直接赋予正义;雅典未曾享有超越弥罗斯的正义(同样地,诸神的正义也不一定高于人的正义)。倘若各方的正义都源于对彼此而言平等的必然,情况该当如何?每一方力量都能够声称根据自身力量所及范围行事的正义;谁都不可抱怨享有的仅仅是自身的力量(或机运)所能提供的限度。

弥罗斯人提出的正派观点认为,诸神眷顾那些敬畏他们的人,惩罚那些不正义的人;换言之,对人不义,亦即侵犯他人的行径,也会招致诸神的责难。⑰雅典人拒绝承认这点,始终否认他们是创立应对诸神之方式的人。虽然他们没有像就人事所声明的那样声明拥有关于诸神的确切认识,但他们对诸神的了解其实源自习传的观念。根据这种观念,他们认为诸神同样习惯于就其所能地统治。这个结论无疑颇为可信。一般公认对神的描述是由诗人提供并广泛受到各城邦的认可,它们把诸神描绘成永久争斗的形象。奥林匹斯诸神对抗提坦神(Titans),乌兰诺斯(Ouranos)被其子克洛诺斯(Kronos)废黜,其后又被克洛诺斯之子宙斯篡位,奥林匹亚诸神内

---

⑯ Walzer,《正义和非正义战争》,页5。

⑰ 关于hosios("无可非议的虔诚")包含dikaios("正当")之意的观点,参van der Valk, *Mnemosyne* [3d ser. 10],1942,页118-123;Eatough, *AJP* [112],1971,页238-251。亦可参Connor, *AnSoc*[19],1988,页161-188。参看尼西阿斯的类似处境,7.77。

部的不和——煽动人类争执且受其诱发——所有这一切都支持了雅典的立场。⑱ 宙斯自己身为正义之神和严惩伪誓者的神,到头来不过是最为成功的僭主,或许还是一个僭主们的守护神。⑲

无论这些故事听起来多么高贵,使者从中得出的结论却不然。另外还留存一个关乎诸神对人类之要求的源远流长的传统,弥罗斯人在此显然凭信着更为坚实的根基。毕竟虔敬一直承认无差别地对诸神和人使用同一种法是不可能的。神作为法的来源,就不能接受法的判决并承担其后果。对诸神的模仿就是肆心(hybris)的表现,最终将造成对神的亵渎。⑳

[106]雅典人隐晦地为自己辩护,否认关于肆心的指控,正是这样的辩护显露出他们有关神圣的真正革新思想。这一创新源自他们对人的理解——他们声称对此了如指掌,远非道听途说。如果他们拒绝让人类服从神圣之法,那么这不是由于他们傲慢地将神样的自由转嫁到人类身上。事实上,他们剥夺人类享有这种传统赋予人

---

⑱ 赫西俄德,《神谱》,147–210,454–506,617–735,819–885(参 Clay,*CPh*[88],1993,页 27–38);埃斯库罗斯,《七雄攻忒拜》(*Seven against Thebes*),501–520 和《被缚的普罗米修斯》,350–374;品达,《第六凯歌》,行 50–95。参 Xenophanes 残篇 1,11 和 12;Heraclitus 残篇 53;柏拉图,《游叙弗伦》(*Euthyphro*),5c–6c;《王制》,377b–378e。

⑲ 参 1.126,修昔底德不动声色地向读者报道,德尔斐神谕暗示着,宙斯大庆节就是僭主发动政变的恰当时机——他自己也暗示,政变企图的失败,可能只是因为野心者尚未辨明哪个宙斯节庆日最盛大。同参 1.13.6(《战争志》中首次提及一位神——显然就收受了一个僭主的赠礼)和 6.54–55,59(雅典旧时僭主们非一般的虔诚)。参阿里斯托芬,《云》,行 900–905;宙斯在众神中的统治依靠的不是他出众的正义,而是他卓绝的力量。参荷马,《伊利亚特》,1.565–569;8.5–32;埃斯库罗斯,《被缚的普罗米修斯》,204–244。

⑳ 荷马,《伊利亚特》,24.602–612;《奥德赛》,5.116–128 及 11.576–600;索福克勒斯,《菲罗忒忒斯》(*Philoctetes*),行 678–680 及《安提戈涅》,行 825–831;品达,《第二皮托凯歌》(Second Pythian),行 21–48 和《第一奥林匹亚凯歌》(First Olympian),行 52–64;Acusilaus 残篇 16 和 40a;Athenaeus 281b。

持有的自由——是否做犯罪之事的自由和选择"无罪"(blamelessness)而非"不义"的自由。"[他们的]声明中毫无傲气;因为他们宣称只依循必然行事……"㉑一言以蔽之,他们援引了雅典论说:人被迫根据其自然之必然来显证自身。

于是,一如弥罗斯人所愿地执行神法的诸神将要予以严惩的,不仅是模仿诸神行事的人,还甚至包括无法像人之为人那样行事的人。偏袒弥罗斯的话,诸神会惩罚雅典,原因是她做了换作弥罗斯在相同处境也会做的事情。我相信这就是雅典立场的关键。可以肯定的是,诸神必定认识到,凡人与诸神一样能够克制自己,他们绝不会如此自相矛盾地为此惩罚人们。

当然,诸神也同样不会给予人以奖赏。弥罗斯说他们不畏惧迎受由神降临的机运,意思是期望神意眷顾他们。而雅典人的相同说辞却很可能仅仅意指他们希望自己的运道不比弥罗斯人差多少,神对他们一视同仁。在两个最重要的方面,使者尚能接受他们所被告知关于神的说法。但在这两方面——神对待人类享有声誉的正义以及神们内部普遍争斗的事实——他们根据自己对人的全新理解,重新诠释关于神的各种描述。我们不能过分强调,使者的"人性论"思想歪曲了他们的"神义论"。他们所了解的具备人类特性的诸神恰好符合他们对人的理解。

使者对人性的优先考虑,说明了他们在描述诸神时极其大胆的创新:意欲把诸神置于自然之下。他们甚至唯独在这点上预示了柏拉图,虽然将我们描述为传统虔敬观念中的薄弱之处激进化了。诸神并非决定所有事物的第一存在;他们与其他事物一样听命于自然。在这方面,使者所持有的神义论是"哲学性的",是从他们的人性论延伸而来的。

雅典使者鼓吹一种有所革新的神义论。古老的诸神不义且虚伪,挟迫我们遵循连神与人的自然都难以承受的严酷标准。使者一

㉑ Macleod, *Historia*[23], 1974, 页395。

边否认诸神并未臻至严格意义上的完美,一边又期望诸神适当顾及人性的自然不完美。吊诡的是,他们赞同诗人的说法,认为诸神是贫乏的(因为欠然普遍存在于自然之中),[107]却又隐晦地否定诸神反复无常地对待人类的可能性。

这并不是说,我们能够道出使者对诸神最深层的思虑。他们的言辞反映出其实际意图:他们仅仅看在弥罗斯人率先提出的份上才讨论这些问题,他们必须以便于弥罗斯人理解的方式进行论述。他们否认神的惩罚降之于帝国的可能性,这与他们其他否弃诸神正义的臆断相吻合。

若说使者质疑弥罗斯对诸神的希望,那么他们还更苛刻地拷问他们寄予斯巴达人的信任,这种信任印证了弥罗斯人的天真(apeirokakon,直译为"对种种恶行缺乏经验")以及愚蠢(aphron)。他们越强烈地依赖斯巴达人,使者就越坚定地宣扬自己所信奉的人性。我们之前讨论过(见页75-86)他们对斯巴达人的描述及其明显矛盾的解决。身为公民且代表整个城邦的斯巴达人,单单依循一个衡量标准:斯巴达的利益。其他一切利益都得遵循这一标准,无论是他们个人自身的,还是别的城邦的利益。弥罗斯人并不怀疑斯巴达这种观念。他们甚至用其确证自己所抱有的希望(106)。斯巴达的利益必定会驱使他们挽救弥罗斯——因为他们怎么会背叛自己的朋友,从而扶助敌人呢?

非也,使者答道(5.107),皆因自私自利关联着安全;高贵和正义恰恰包含着危险。斯巴达人是极不愿意冒险的人。弥罗斯人也承认这一点;却似乎仅仅增强了他们自己的信心。他们对即将面临的危险做最低的估计,甚至不曾考虑斯巴达人不愿意满足他们请求的可能性。使者针对这一评估的方方面面展开辩驳(109)。他们尤其不认为斯巴达会下决心发动一场海上远征,鉴于他们不相信自己的陆军力量,总是联合众多同盟者进攻他们的邻邦。

弥罗斯人显现出某种折服于使者论点的迹象。自此之后,他们仅仅以祈愿的语气谈及斯巴达的介入。㉒但他们对此的憧憬越发受到鼓舞,变得荒谬且不切实际。假如(斯巴达或其同盟者)难以渡洋而来,何不取陆路?他们提及入侵阿提卡,重演当年伯拉西达通过陆路进攻雅典盟邦的大胆壮举(参4.78以下)。他们进而表明全面恢复敌对态势。他们必定未能洞察迫使斯巴达参战的必要条件(参1.118,7.18),以及伯拉西达发动那次战事所需的特殊局势(4.79-80)。提到伯拉西达的名字——整篇对话唯一一次出现具体人名——不禁令人联想起修昔底德对那些受伯拉西达怂恿叛离雅典的城邦的评价(4.108.3)。这些城邦也聪明不了多少,[108]鉴于伯拉西达是目所能及的可信赖者,而雅典人似乎遥不可及。现在的情形是,雅典人近在咫尺,而斯巴达却远在天边。弥罗斯依然故我地坚持,即使雅典使者一再剥去他们的希望,他们仍旧誓不妥协。

到最后,使者厌倦这样折腾下去,于是郑重其事地责备弥罗斯人(5.111)。他们留意到(enthymoumetha),尽管弥罗斯人说要商议有关自身城邦的安全存活(sōtēria),但至今没有提出一个证据使人们相信他们将会得救。再次重申目前现实状况和未来希望的对比后,雅典使者警告,如果他们退出会议之时弥罗斯人还不能"做出比当前更为审慎的决定",那么表现出来的态度就非常不理智了(alogismos)。使者再次预示不祥的前景。

> 处于可耻而又显著的危险时,你们当然不必诉诸那种时常把人带向毁灭的羞耻感。在许多事例中,所谓羞耻,通过魅惑的语词力量,诱使那些本来有能力预见必将发生的事情的人们,屈从于某个语词,并平白无故地(hekontas)陷入不可挽回的灾难之中,在比糟糕的命运更为可耻的愚蠢中为他们自己招致羞耻。如果你们采取明智的思考,就会避免这样的事情发生,你

㉒ 施特劳斯,《城邦与人》,页188。

们不要以为你们屈服于最强大的城邦是不光彩的,而这个城邦给你们提供审慎(metria)的条件:成为她的同盟,保持你们自己的领土但要缴纳贡赋。当你们可以选择战争或安全时,不要为更坏的选择固执地坚持。那些拒绝屈从平辈、有尊严地(或高贵地、体面地,kalōs)顺从优势者、审慎地(metrioi)对待劣势者的城邦,我们说,这些城邦最有可能繁荣昌盛。(5.111.3–4)

弥罗斯人虽然毫无任何实际可见的资源,但似乎还决心一意孤行。任凭他们如何不妥协,或说正因他们这种强硬态度,雅典使者撤回之前不予考虑荣誉的言辞。他们如今不是主张城邦陷入危险并非羞耻之事,而是认为不去避免这些危险反倒是可耻的,他们由此区分了"所谓羞耻之事"与"在比糟糕的命运更加可耻的愚蠢中为自己招致羞耻"。他们并不过分宣称只有后者才是真正的羞耻,而前者不算;或许羞耻不可完全脱离其名声而存在。无论如何,绝不可将常人一般认定为具有决定性质的羞耻程度,与该决定性质可能致使人们陷入的深度混为一谈。弥罗斯人必须做出抉择,要么"屈从于某个语词",要么"屈服于某些强大的城邦"。只有一个愚人才会主动招致毁灭,只求(可耻地)追随某个幻觉,而不愿顺从强势者的力量。

雅典使者于此并非责难弥罗斯人对于耻辱的厌恶,而是力图对其施以教诲。弥罗斯的困境不是显现为[109]高贵与理智两种诉求之间难以解决的冲突。为了在客观情况允许的范围内尽可能能保存城邦的完整性,弥罗斯人将会因其荣誉之故做出相同的抉择。

不过虽然勉强承认弥罗斯所处情形关涉荣誉,雅典使者必定预先设想好一种反驳。不惜一切代价地与机运抗争,难道这样的命运就不那么羞耻?即若如此,雅典请求弥罗斯选择的也绝不是这种命运。虽说作为"最强大的城邦",雅典向弱者提出的条件是审慎的(metria)。㉓ 雅典使者力劝弥罗斯接受这样的安排:好好顺从优势

㉓ Gillis, *RendIstLomb*[112],1978,页198–200;Cogan,《人事》,页89。

者,拒绝屈从平辈,使唤那些屈从于你的劣势者,这些举措都响应了同一伟大政策。尽管使者称赞这些政策是出于审慎,他们同样尊之有加——他们用以指称劣势者顺从优势者的字眼就是 kalōs[好好地]。弱者的尊严就像其安全一样始于承认他们的弱小。而强者的尊严则包括尊重弱者的尊严。

弥罗斯人经过单独商议之后(5.112),重申坚持抗争的意愿,正如他们所宣称的,他们相信神灵保佑他们的命运,也相信在人事方面斯巴达会伸出援手。雅典使者带着明显愤激的语气回应道(113),弥罗斯人似乎认为未来比目前更为可靠。他们冒险对"斯巴达人,命运和希望"寄予信任,注定走向毁灭的厄运;况且没有任何迹象指明所谓的命运源自神意。

这篇对话后半部分的戏剧性就体现在无力的弥罗斯的固执与往昔教育他们的人的无能为力两者的鲜明对比。雅典使者在对话中所施展的策略终究流产,留予弥罗斯的,则是灾难性的后果。

斯巴达人袖手旁观,雅典人残酷杀戮与西西里战役惨败

接下来的叙事就其不动声色的信服力而言,在《战争志》中甚至无法超越。㉔ 其以朴实无华的笔法,一方面交替旁述雅典人和弥罗斯人的情况,另一方面交代斯巴达人的动静。显然他们都没被诸神忽视。

雅典人开始着手围攻弥罗斯岛。与此同时,在诸多被简略提及的事件之中,伯罗奔半岛上的斯巴达人始终没有对雅典宣战,即使后者多次侵袭斯巴达领地。弥罗斯人曾参与在夜间进攻雅典人,倏而撤退,警示雅典人往后更加小心谨慎。是年冬季,斯巴达人试图侵略阿尔戈利斯(Argolid)领土,但祭祀征兆不利,故又折头返回。[110]其间,弥罗斯人再度延续此前的进攻得手。雅典援军随后抵

㉔ Méautis, REG[48],1935,页 275–278。

达,弥罗斯人遭到猛烈围攻——弥罗斯内部一些人发起叛变——结果,弥罗斯向雅典人投降了,并任由雅典人处置他们的命运(hōst' ekeinous peri autōn bouleusai,5. 116. 3)。雅典人决议杀死所有弥罗斯成年男子,把儿童和妇女卖为奴隶,随后在此地殖民。

叙事的戏剧性表现在两个方面。首先,弥罗斯人进攻得力使其滋生虚幻的希望。倘若诸神明示自身等同机运(参5.103 – 5,112 – 13),且倘若人能够信任机运,同时忽视自己的敌人,那么诸神确实给予弥罗斯非同其围攻者雅典一般的眷顾。到头来,这并未给她的厄运带来任何实质性的转变,鉴于双方力量的悬殊(弥罗斯把自己的运气,即雅典人自满的结果,归因于此)。但后来弥罗斯甚至不再奢望诸神帮忙弥补力量上的差距,因为他们信赖斯巴达会在这方面有所贡献(104)。

这一叙事的另一线索就在于斯巴达的无动于衷,她既无法介入,又未曾考虑过出兵救援。斯巴达不愿挑起雅典的敌意——尽管理由正大光明——或者触犯阿尔哥斯这个邻邦、陆上的一支劲旅和有明显弱点的敌人,由此看来,斯巴达人完全印证了使者对他们的评价。㉕

若说对话的目标在于达成共识,弥罗斯对话显然最终以失败收场。然而,这并不意味着对话无果而终,也就是说并非无助促成共识的基础。一方可以在另一方未被说服的情况下持有正义。雅典使者的论辩虽说不甚招人好感,但可谓极具说服力,至少就辩说弥罗斯人所抱希望的合理性时如此。雅典使者无力劝服弥罗斯一事,暗示出使者自身所谓"启蒙"的计划也是基于不合理的希望。

弥罗斯人在5.112宣示自己依然全心寄信于神。这可以看做他们对105处的回应:当时他们的缄默并不表示赞同。必然的是,缄默传达出他们的震惊,表明了他们确信再多的争辩是无望的——

㉕ Reinhardt,《遗产》,页197。

也就是说,雅典使者已无药可救地不虔敬。这一确信只会同等程度地激化他们的怒恼和对诸神及斯巴达的希望。雅典越是不虔诚和不正义(皆体现在 5.105),弥罗斯越是觉得屈从于她显得羞耻不堪,就更炽热地假定自己会受到诸神的眷佑,更急切地臆想斯巴达会毋庸置疑地拯救其无辜殖民者。只有在 5.105 之后,弥罗斯才开始拒不让步——他们决不放弃的,只有自己最不可靠的希望。㉖

人们往往对此次事件倾注过多同情,以致把弥罗斯人视为该事件的中心人物。可是我们也必须从作品的整体考虑它所处的位置,就整全而言,[111]雅典,而非弥罗斯,才称得上是类似悲剧性的主角。那么我们必须考虑到弥罗斯对话/西西里惨败这样的重大"悲剧性"系列事件。弥罗斯所上演的情节只有在更宏大的戏剧中才能达至完整。但这表明了什么?弥罗斯事件又何以导致或预示后起的灾祸?

一个直接的暗示是,雅典沦为神降惩罚的遭难者,若弥罗斯得以保全自身,那就可以说,这种报应在惩罚雅典肆心的意义上显证了弥罗斯的祈望。㉗ 然而,修昔底德不仅给出西西里战役溃败的人为原因,还强调了这些原因的决定性(7.4,42,48 – 49,50;8.96)。㉘ 雅典在弥罗斯"亵渎神圣",而后又在西西里遭受"报应",这难道仅

㉖ 参 Stahl,《修昔底德》,页 166 – 171:"人的基本心理倾向,正如由狄奥多图斯所证实的,……依然保持有效……即使在最为极端的情况。"("*Die von Diodotos festgestellte psychologische Ausgangsdisposition des Menschen…bleibt sogar für die äusserste Situation*"[强调出自原文,页 167]。)

㉗ 参 Cornford,《修昔底德的神话历史》,页 174 – 187;De Sanctis, *RendLinc*[ser. 6, vol. 6],1930,页 299 – 308。Grote,《希腊史》,7:117 – 118;Regenbogen,《论集》,页 227;Scharf, *Gymnasium*[61],1954,页 510 及注 17;而 Liebeschuetz(*JHS*[88],1968,页 76 – 77)都注意到雅典人在弥罗斯的言辞和/或行动透露出来的 hubris,修昔底德就凭着这点证实对神降惩罚的期望。

㉘ 参 Reinhardt,《遗产》,页 214 – 216。Herter(*RhM*[97],1954,页 330)评论道:"涅墨西斯(Nemesis[复仇女神])的报复对象不是[雅典人的]不正义,而是[他们的]不审慎。"

仅是偶然？弥罗斯/西西里系列事件的结局是诗性的,亦即比真实更美(参1.21.1)。但正因修昔底德不只是位诗人,我们可以假定,这里指向某种重要的真理。

是否可以说,雅典兵败西西里,也就是他们在西西里所犯下的致命错误,以某种方式追溯到雅典使者所倡导的理智(understanding)？或者说,我们可以将其表述为弥罗斯式的错误,即重蹈弥罗斯人所犯的错误？无论哪种情况,弥罗斯都能从中雪耻;就后一种情况而言,不啻为一种反讽。这后一种结果或许能证实雅典使者过人的智慧——当然,前提是他们的理智本身就是"弥罗斯式的"。为了探究这些问题,我们必须从阐释这种理智开始。

身赴弥罗斯的使者作为雅典论说的阐述者

我们时常读到,弥罗斯人的遇害反映出雅典在战争影响下的衰落迹象。[29] 既然我们还获知,使者的述说显现了这种衰败,那么这种明确性要求我们察觉到,这两者之间的关系并非不言自明。再者,就这些使者拒不承认正义高于利益这一基本立场来看,他们只是重述了在斯巴达的雅典使者所持有的论点,以及(正如我们所主张的)伯利克勒斯自己的含蓄观点。[30] 因此,"衰败"与否实在是个难以琢磨的问题。

[112]弥罗斯的毁灭确实令人震惊。[31] 当然,其他城邦亦秉持残酷制裁的惯例,这不惟雅典独有,另外,弥罗斯事件甚至也不是她

---

[29] 这一经典说法来自 J. H. Finley,《修昔底德》,页208–212。最近重申于 Euben 的《悲剧》,页167,178,197–198。

[30] 参 Kagan,《尼西阿斯和平》,页151。Cajani(*Prometheus*[6],1980,页21–28)认为,这场辩论的反讽就在于弥罗斯所阐述的曾经为雅典人所推崇的"伯利克勒斯价值观";可他没有注意到,伯利克勒斯这些"价值观念"是带有帝国主义性质的。

[31] 格劳特(Grote)的《希腊史》(7.114–115)最鲜明地指出这一点。

施行残酷的唯一例证(参 2.67,4.57,5.32.1)。㉜ 不过,《战争志》的读者在这一点上,自然会联想起米提列涅论辩(3.36 - 49),㉝雅典人在其中显证自己比修昔底德所志之战中的任何人都更愿意接受的善待被征服的敌人的观点。此外,狄奥多图斯彼时倡导的论点之所以凭借微弱优势取胜,一方面归因于精明实际的现实主义,另一方面由于他回避正义而强调有利与否的问题。他的对手,力图严厉处置米提列涅的克里昂,则言辞激烈地引证正义和利益。正因雅典对米提列涅手下留情并非因为偏爱关于正义的论点甚于关于利益的论点,所以她严酷对待弥罗斯的事实也不是简单的摒弃前者偏好后者之故。

事实上,狄奥多图斯的论点似乎也指涉当前这一事件中的仁慈问题。弥罗斯的例子与米提列涅无异,一个演说者可能找到足够关乎利益的理由,而这些理由恰恰根据的是雅典论说,即"让尽可能少的人承负罪责"(3.46.6)。狄奥多图斯反对屠杀米提列涅时所提及的诸多理据之一,就是合乎分寸的惩罚对于抑制未来叛变所起的效用。严厉惩罚一个本可抵抗多时却选择投降的城邦,就等于迫使将来的叛变者誓死顽抗(3.46);对大多数人施加与少数真正唆使叛变的人同等的惩罚,也就驱使其他城邦的大多数人加入少数人的行列之中(3.47)。狄奥多图斯以可疑的理由断言,米提列涅其实有可能再坚持下去,而且很多人曾把握先机,想将城邦拱手相让给雅典(参 3.27)。这一看法显然至少同样适用于弥罗斯的情况。我们知道,普通民众无从参与关于抵抗与否的决定(5.84.3);况且我们还获悉,某些零星的叛变——由民众发起?——进一步促使城邦弃械投降(116.3)。

就米提列涅事件而言,雅典人最终并没有决议执行杀戮,反而

㉜ Kagan,《尼西阿斯和平》,页 153:"雅典对待弥罗斯的方式只不过是摧毁斯基奥涅(Scione)的政策的延续。"参 Gillis, *RendIstLomb*[112],1978,页 187 - 194;Cogan,《人事》,页 89 及注 6。

㉝ 我们将在第七章细致讨论这一论辩。

基于狄奥多图斯和我们说过的那些雅典使者所共通的论说,急切撤回早前达成的屠杀决定。㉞ 我们务必谨记,主宰弥罗斯命运的不是我们所听闻的使者,也不是召遣他们而来的指挥官,更不是后继的使者。这一决定由雅典的公民大会作出。㉟ [113]埃乌本(Euben)认为民众的态度与声称雅典人出于"冷峻算计"(cold calculation)毁灭弥罗斯的使者的态度并无二致。㊱ 事实上,修昔底德没有描述这些雅典人的审议过程。他们或许在盛怒激愤中进行,因为当时他们通过了最初关于米提列涅生死的判议。

至于使者自身的"冷峻算计",我们绝不可假定它能为屠杀正名。他们尤其提倡避免过分伤害不如己者(5.111.4)——这是雅典可能遵行过的守则,它包含于雅典给予弥罗斯的提议之中,但并未表明弥罗斯拒绝接受这些就会招致毁灭。再说,使者所提出的这一准则,貌似紧随前文某种"现实主义"政策,他们意欲借此对弥罗斯做一番疏导。虽然他们所展现的审慎并不依从正义,但也不倾向于暴戾,因为审慎和暴行互不相容。简单来说,雅典摧毁弥罗斯之举看似惩罚性的,但使者所阐述的论说中并不存在任何关乎某种惩罚性意向的根据。他们自己责备弥罗斯人的愚蠢,而不是罪恶(5.105.3,111.2)。而愚蠢应当唤起怜悯,而非怨怼。㊲

事实上,相比雅典使者对弥罗斯的评价,弥罗斯对雅典的看法更能表明后者遭受严酷报应的理所当然;然而使者断定弥罗斯是不明智的,弥罗斯则控诉雅典的不义,声称她应得人与神的双重惩罚。

㉞ 参 Liebeschuetz,*JHS*[88],1968,页 73 – 74;至于一个论及伯利克勒斯的类似观点,可参 Wassermann,*TAPA*[78],1947,页 23 – 24。

㉟ 这点在 5.116.3 说到对待战俘的方式时有所暗示,并于普罗塔克的《阿尔喀比亚德传》(16.6)得到确证。

㊱ Euben,《悲剧》,页 178。

㊲ 参 Stahl,《修昔底德》,页 165 – 166。Fliess,《对立性》(*Bipolarity*),页 156 – 157;Amit,*Athenaeum*[46],1968,页 217;De Ste – Croix,《起源》,页 14;及 Cogan(《人事》,页 89 – 90)同样认为使者的论点并没有预示弥罗斯的毁灭。

那么在此稍作总结:使者对雅典政治论说的持守,也就是说坚信利益优先于正义,并未标示出他们自身的衰落迹象,更不用说背负唆使屠杀的恶名。

既然如此,这些使者跟先前该论说的倡导者比较起来如何? 倘若他们的自述比前人更坦率直接,那很可能是由于事态之特殊,或者因为他们经历多年战争压力后发现自己正置身于这种情状之中。正如所有修昔底德笔下的演说者,他们一贯强调自己的特殊处境。

在斯巴达的雅典使者就像面对同等地位和生活世界相似的人们言说,身处弥罗斯的雅典使者则向实力和经验都远不如己者致辞——力量悬殊的事实不言而喻。还需注意的一点是,雅典之前曾试图征服弥罗斯,但未付出全力(3.91)。使者这次势必让弥罗斯人确信,雅典将不会半途而废,任何事物都无法阻止她攻取弥罗斯,甭提什么正义了。而且鉴于弥罗斯拒绝以雅典的方式看待周遭世界,使者必须毫无掩饰地坚定阐明自己的立场。

问题是,这种立场实际上果真有别于身处斯巴达的使者所宣扬的那一套吗? 两位使者都坚称强者必定胜于弱者,甚至统治弱者,但前者应当审慎地统治后者,而非对其诉诸暴力。我们现在这位使者的不同之处在于,不把这种审慎看作正义[114](他们在5.89声明只有双方实力相当才适用这一正义),而只当成政策——采取这种政策(pleist'an orthointo)的强大城邦"最有可能繁荣昌盛"(fare best)(111.4)。或许还能看出,这些被一种更理性或精明的新精神所攫住的使者不同于在斯巴达的那批使者的地方,就是把一切归结到利益(advantage)的考虑,其中利益更倾向于安全和获利(profit),而非荣誉,最后甚至摒弃关乎正义或高贵的思虑。

然而,即便是这样对利益的强调,也是出于修辞的考虑。既然回避一切正义的诉求,使者也就不能将其温和措辞说成正义使然。如果谈判的唯一议题是利益,那么他们必须陈述与其相应的政策。即使这样,正如我们先前说过的,他们在5.111.4已经强调过,对弥罗斯有利的政策对她来说同样高贵或光彩。

使者选取这种言说方式,有可能隐瞒着他们所在乎的高贵,乃至承认他们无力劝说弥罗斯人放弃对高贵的诉求。不过有进一步证据显示,使者一直无法洗尽自身灵魂中的正义和高贵。接着他们断言斯巴达人把高贵看成乐意做的事、合乎利益就是正义(5.105.4),而弥罗斯人回应道,他们正是基于这些动机(pisteuōn tōi xympheronti)而取得斯巴达的援助。使者对此的回答如下:"那么,你们难道不相信,自私自利关联着安全(to xympheron men meta asphaleias einai),而正义和高贵包含着危险吗?一般来说,斯巴达人是极不愿意去冒这个险的。"(5.107)

奇怪的是,这一反驳自相矛盾。我们显然看到,使者向弥罗斯人多次强调,设想得到像斯巴达这样谨慎的政权力量的援助是愚蠢的。使者可能还寄望,作为斯巴达的忠诚殖民者,弥罗斯人将以斯巴达为榜样,处事谨慎有加,在明朗且可感知的范围内寻求自身利益。不管怎样,使者依然不得不暗中拿雅典和斯巴达做对比,并有意歧视后者。恰如在斯巴达的那些使者,他们也以必然性为借口,但否认对必然的屈服意味着不幸。

这些雅典使者比他们的前任更着重把雅典描述为受帝国之必然驱使的囚徒。必然性无情地压制着她;她可支配的自由领域比以往任何时候都狭隘。即便如此,使者仍然渴望为他们的雅典德性而自豪。与斯巴达的暗中对比暗示着雅典并不把乐意做的事看作高贵光荣,或把合乎利益当成正义;她也不缺乏作为正义和高贵行为之必要条件的勇气。雅典超出谨慎的权宜之计——即高于使者声称她当前所依循的那种政策,和他们希望弥罗斯就范的政策。弥罗斯人会接受这个建议吗?或者说,他们会仿效提议者高贵的坚定态度吗?——鉴于提议者就是一座自鸣得意地坦言从未因为"畏惧他人"而放弃冒险的城邦(5.111.1;参112.2)。[115]虽然使者接下来将重新解释他们甚至正要再度恢复的荣誉(尽可能地将它和私利混为一谈[111.3以下]),但他们对雅典人之大胆的残存自信以及对斯巴达人之优柔寡断的蔑视,都不得不削弱这种言辞策略。

雅典使者简略提及斯巴达的表现时,会否随之回想起自身某些方面,而这些思绪是否反映在他们随后复原高贵品质的尝试之中?因为我们看到,在5.111处他们一边再次责难弥罗斯关于羞耻的错误观念,一边撤销他们早前对这个议题的弃置。这次他们反而区分出羞耻的不同层次,指出最低的一种就是缺乏智虑的愚蠢;他们尚不拒绝考虑与理性互不相容的高贵问题,反而尝试调和这两者。这证明了返回问题本身的倾向。

不过即便在5.111,雅典人也并未言明羞耻等同愚蠢,或者暗示理智的事就永不会是羞耻的。但他们的论证似乎有意作出这样的暗示。他们断言,所谓招致羞耻就是说在现有情况下选择做更为可耻,同时又更显愚蠢的事——明智地行动意味着在条件允许时表现得光荣体面(honorably)。我们不禁疑惑,更显愚蠢跟更为可耻总是一回事吗?如果说行动的标尺是安全,那么最安全的做法就是最体面的——即使按照任何普通标准来说是可耻的?可以说,使者不经意间让我们联想到阿奇达慕斯,作为一名指挥官所作的简短有力的演说,其中的主题就是谨慎安全,他宣称"最高贵而又最安全的莫过于众多[军队]服从一致纪律的景象"(2.11.9)。最高贵和最安全,这些观念必定集中在斯巴达最受人敬重的演说者的思想中,这一点也证实了使者在5.105的声明。但是他们自身论点背后有种强力潜流正归于这一方向——即使他们在稍带提及斯巴达时貌似对此不以为然。

使者意欲兼顾两者,标榜自己既明智谨慎,又具有高贵的勇气。一方面,他们暗示政治行为唯一正当有理的标准就是理性的自私自利,其中重点落在安全上。他们声称,针对弥罗斯的军事行动(无疑是一项有风险的事业)恰恰出于他们对冒险的厌恶。他们不能对弥罗斯坐视不理,任由他们危及他们帝国的安全。另一方面,在略为提及斯巴达之时,他们表明大胆无畏(连接高贵和正义的一环)就是值得骄傲之事。实情会不会是,他们为自己拥有免于考虑利益的自由而沾沾自喜,这里的利益考虑既是他们当前的行动依据,又是他们对弥罗斯的要求,即便他们又在斯巴达时有意蔑视利益。到最后,他们似乎在两种不同立场之间作出折中,向弥罗斯人推崇谨慎,作为对他们而言最不羞耻的选择。

我们记得伯利克勒斯曾称赞雅典是赋有无法超越的勇气和无与伦比的理性的家园。他并没有否认这两者处于紧张状态;他断言所有城邦之中,仅有雅典能成功融合它们[116](参 2.40.3)。可是如果(正如伯利克勒斯所声称的)雅典所冒的一切风险全都经过理性的充分权衡,难道他们的果敢不会从属于某种关乎利益的理性原则?理性肯定会毫不犹豫地算计即将面临的风险,绝不放弃考虑冒险是否明智的问题。如果雅典除了受自身利益引导外从不冒险,那么我们可以赞许她的审慎和坚定㊳,但不会赞扬她高贵。因为可以设想,从属于安全和利益的高贵还能称之为高贵吗?

弥罗斯人回绝使者在 5.111 着重提出的牵强或"开明的"(enlightened)高贵观念,这并不令人意外。使者低估了弥罗斯对理性的抗拒程度,一种更为合理的策略本应考虑到这种可能性,之前就应该考虑一种更为合理的策略。㊴ 弥罗斯人自己一致赞成,当前商榷的问题就是抵抗合理与否。他们承认,一种希望渺茫的负隅顽抗未必是明智之举,而且这样做的高贵性也会引人非议。但任由使者怎样作出一番论说,弥罗斯人就是不愿承认他们实际上已陷入无望境地。凭着一种怪异但太人性(all-too-huamn)的思维转向,他们想必假定某个神(或斯巴达)将拯救他们,看在他们优先考虑高贵而非安全的份上,也由于他们明确表明身为无可责备的一方反对不正义一方的立场。高贵性要求对成功或幸福处之泰然,这显然激起了弥罗斯上述超越一切理性的奢望。

正如我们所见,这些希望并不独为弥罗斯人所有。在没有明确

㊳ 参 Plato,《拉克斯》(*Laches*),尤其 192cd。
㊴ 参 Stahl,《修昔底德》,页 158–171,尤其 167–168。

把雅典描述成正义或高贵的情况下,这些使者拒绝切断雅典自身与这些德性的生命关联。尽管屈从于普遍的必然性,雅典并不是个普通的城邦。就其明晰(clarity)、直率和胆识而言,她依然是唯一配得起盛誉的城邦。如若雅典人继续坚持视其政策为所谓高贵,那么他们能克制不滥用他们认为自己应得的成就吗?我们能够信任他们所声称的,只信靠明确可见的事况(the manifest)吗?

理性/明晰和高贵/非明晰之间的张力并非使者演说所呈现的唯一张力,还包括这两对张力与严格意义上的强制性(compulsory)之间的紧张。这些使者比身在斯巴达的使者更进一步,把雅典置于必然的羁轭之下。如今,迫使强有力者(像其他人一样)行动的并非只有某些动机,单单拥有力量这一事实就驱使一个人统治自身能力所及之处(5.105)。这点并不取决于强者的抉择,反倒阻碍了他的抉择。我们能够推断出所有适应当时远征[弥罗斯]的各种理由;⑩尽管如此,根据 5.105 的说法,这点与具体的动机无关。正因为弥罗斯存在,雅典就必须征服她。

但是,对这种如此铁定不变的必然的依从,果真贴合一种冷酷、慎重的政策,甚于另一种高贵无私的政策?⑪[117]可以说,三种关于雅典的说法在使者话语中针锋相对:既有自由因而高贵地选择践行大胆之事的雅典;又有避免一切出格行为(包括大胆之举),并自由熟稔地选取最明智的政策以便提升自身安全和利益的雅典;还有深受一种残忍、顽执的扩张主义影响,敌视上述任何一类选择的雅典。

演说者的发言不甚明晰,造成了解读对话的最后困难。在论辩最后,眼看劝服弥罗斯人的希望渺茫,备感失落的使者说起话来,就像被弥罗斯人自虐性的愚钝所刺伤。正如我们提过的,愚蠢本身应

---

⑩ Kagan,《尼西阿斯的和平》(Peace of Nicias),页 148 - 149;Sealey,《城邦—国家的历史》(History of city - state),页 350 - 351。

⑪ Romilly,《帝国主义》,页 288 - 289。

当引来怜悯,而非愤怒(参 5.105.3)。然而,启蒙弥罗斯人时遭逢困难的使者抱怨说,他们的愚笨并非无知(若然则尚可原谅),而是有意地明知故犯(*hekontas*,111.3)。尤其在发出最后警告时,鉴于弥罗斯人公开声称单方拒绝向现实妥协,使者决定放弃劝说(5.113),这一警告听起来似乎说明他们坚信敌己者应该遭受灾祸。在这个意义上,不管他们随后在关乎弥罗斯命运的决议中发挥什么作用(如果有的话),他们上述反应早已作出预示,而在这里,读者或许感觉到整个论证又重新回到了原点。

使者声称禁除对话中所有关于正义的内容,但他们思想上并没有摒弃它们。他们在愤怒中展现出一种特殊的报复,一类揭露正义(并且报应)的人的报复,即他会因为他的揭露被拒而愤怒不已。如果这一解读是正确的,那么他们在认识自我和理解弥罗斯人方面都存在着缺陷。

我们不妨复述一遍,必须强调的一点是,问题不在于雅典论说本身,而在于甚至这些"精于算计的"(sophisticated)雅典人也没能完全直面这一论说的深意。(当然,我们必须在对该论说的总体评价中考虑这一失败。)这批使者与雅典其他匿名(或"具有代表性")的发言者——在斯巴达和在狄里昂的使者——有个共同之处,他们惊人的胆量盖过了言辞的清晰度,由此造成真正勇气的缺失。为了更好地说明这一点,我们将会在第七章考察其他演说者——狄奥多图斯(Diodotus)和赫墨克拉底斯(Hermocrates)。

第六章 弥罗斯和叙拉古

尼西阿斯的智慧和愚笨

[118]我们再回看弥罗斯对话/西西里灾难的系列事件。它的结局首先作为一种罪与罚(crime and punishment)映现在人们眼中。而继续从事自己不义事业的雅典人显然因不自量力而惨遭失败。①

西西里远征也许让我们想起赴弥罗斯的雅典使者所传授的教诲;当然,雅典决意尽可能在自己力量所及范围内实行统治。另一方面,不自量力,也就是说做事抱有超出实际能力的希望,正是那些使者枉然地告诫弥罗斯人避免的一点。在为是否出征而辩论时,尼西阿斯试图劝阻他的同胞别被尚无把握的好处冲昏头脑,为此拿他们的一切来冒险(6.9 – 14;参 6.1.1,24)。② 从西西里灾难的角度看,雅典人所受的"惩罚"或许由他们重蹈弥罗斯人覆辙所致。③

---

① Conford,《修昔底德神话历史学》,页 185;De Santis, *RendLinc* [ser. 6, vol. 6],1930,页 305 – 308;Liebeschuetz, *JHS* [88],1968,页 76 – 77;Lloyd - Jones,《宙斯的正义》,页 143。

② 他在 6.13.1 使用的 anarhriptouses("遗弃死者")一词呼应了 5.103 处使者对弥罗斯的警告。他说的 peri tōn aphanōn kai tōn mellontōn kinduneuein ("为未知及未来之事冒险",6.9.3)则与使者在 5.103.2 和 5.113 处所用的 aphanes 及 5.87 处所用的 mellonta 遥相对应。关于尼西阿斯的这一普遍观点,参见 Stahl 载于 Stadter 所编的《演说》,页 71 – 72。

③ Cornford,《修昔底德神话历史学》,页 185;Topitsch, *WS* [61 – 62], 1943—1947,页 58;Herter, *RhMp* [97],1954,页 330 – 331。

这看似令人欣慰——反讽对于悲剧来说再适合不过了。但是我们必须牢记,这种解释似乎并未撼动在弥罗斯的雅典使者所持的立场。④ 正因他们的立场未受质疑,所以那些否弃它并采取其对立观点的人只得吞尝苦果。

任何将西西里远征与"征服弥罗斯"等量齐观的解释都会面临以下异议。不管投票支持着手发动远征的大部分雅典人怎样无知或轻信,修昔底德表明远征计划并没有越出雅典所拥有的力量所限。这次实际派遣的远征军队"与所要交手的敌方相比,因具有压倒性力量而扬名于世"(6.31.6)。事实上一支更小规模的军队(譬如原先所提议的;比较6.8.1与25.2、31)可能就足矣;它肯定会更符合阿尔喀比亚德打算着陆后所采取的战略:[119]"利用对方分散的特点进攻"。(况且这还能少冒些险。)结果,远征的策划者"并非由于误判了所要攻取的敌人的军事实力,问题全出在他们随后没有采取有力措施援助那些派遣在外的士兵,反而选择汲汲于个人阴谋,以图夺得对民众的领导权"(2.65.11)。⑤ 我们得知,前线得不到紧要的支援是由党派阴谋直接造成的:阿尔喀比亚德联合指挥远征的权力被强行撤销(6.15)。修昔底德对阿尔喀比亚德在战争中表现的赞同是否可能表达了雅典人而非他自己的观点,还尚未明确;不管怎样,往后发生之事证明,若由阿尔喀比亚德指挥,这次远征将会取得最终的胜利。他对于战胜西西里主要城邦的战略有可能会成功,尤其假如雅典再多赢得几场关键胜利的话(参6.74.1,88,103)。在任何情况下,一旦遭到挫败,他仍然有足够的时间另谋新的应对之策。甚至可以说尼基阿斯漫无目的的努力遭遇失败,也仅仅因为伯罗奔半岛的援兵终究抵达西西里。这批援兵之所以准时到达,只因雅典有意召回阿尔喀比亚德,以捏造的罪名宣判他的

---

④ 参 Liebeschuetz, *JHS*[88],1968,页75。

⑤ 关于 ou ta prosphora(不利的决议)的语义,可参 Hornblower,《义疏》,页348。

死刑(6.61.4),结果驱使他叛离母邦,投靠斯巴达。⑥

到后来,尼西阿斯实际上支持雅典下定决心实现西西里远征计划。既然无法劝阻他们实行远征,他必须决定是否放弃自己的联合领导权。[120]为了理解他毅然坚持的决定,我们必须回顾他早前在派罗斯(Pylos)的惨败事迹。面对与此相似的高风险委任任务,他曾把军队的指挥权移交给克里昂,后者令人震惊地成功兑现自己的承诺,自然巩固了他的政治支配地位(4.27 – 28,39)。尼西阿斯会再度把这样一次机会拱手相让给羽翼未丰的年轻阿尔喀比亚德吗? 答案是否定的,他反而决意再次催逼雅典人增加这次远征的必

---

⑥ 参看 Gundert,*Die Antike*[16],1940,页102。Kagan 指出,阿尔喀比亚德的策略可谓聪明过头,从发动的远征规模来看也是前景黯淡,况且它还昭然表示要征服全西西里的真正意图(Kagan,《和平》,页213 – 214,248,255 – 256)。然而起关键作用的城邦和部落仍然保持中立,另有一部分愿意加入雅典一边。阿尔喀比亚德自己把麦西那(Messane,[译注] 又称 Messina,Messana)确定为战略之关键(6.48)。随着雅典赢下起初几场战役,那个城邦似乎将要投向雅典一边,不久以后,阿尔喀比亚德被召之令就迫使他背弃自己主使的策谋(6.74.1)。卡玛林那(Camarina)只因更为惧怕叙拉古而最后决定倾向于叙拉古(6.88.1),这一态度暗示,一旦阿尔喀比亚德制定的比尼西阿斯更有力的策略得以执行,或许能够享有更盛大的胜利(参6.103)。不管怎样,要不是阿尔喀比亚德的催促,斯巴达就永远不会及时进行干预以便拯救叙拉古,而倘若不是尼西阿斯无法强制实行充分的攻防措施,这次介入行动也会宣告破产。参看 Romilly,*REG*[103],1990,页376 – 378 和《建构》,页98;Herter,*RhM*[93],1949,页137 – 138;Lateiner,*CP*[80],1985,页212。

依旧存疑的是,阿尔喀比亚德是否可能之前就支持由拉马库斯(Lamachus)所提出的颇为大胆的策略(6.46.5 – 50)。他应该早已怀疑政治煽动家们会趁他不在之机合谋反对他(6.29),在这种情况下,他不仅需要在西西里取得振奋人心的战绩,而且必须速战速决。一种外交性的策略难以承诺在短时间内取得这样的结果。他确实可能认为拉马库斯的提议不可行。唯一肯定的是,尼西阿斯绝不会同意拉马库斯的建议,然而阿尔喀比亚德堪称深思熟虑的提议一定能得到他的首肯;这也许能解释为何阿尔喀比亚德会回避拉马库斯的计谋,而且后者又为何立刻对前者表示自己的支持态度。

要投入,甚至远远超出原初的预算,希望以此造成雅典人的反感,或者借机确保远征(及其自身)的安全,如果他们通过这个预算方案的话。

虽然尼西阿斯期待的是前一种结果,而他得到的却是先前已预想到的另一种(6.24)。尼西阿斯第一次演讲时还呼吁年长者与他一道遏制那些年轻同胞们对离邦(亦即征战)(dyserotes apontōn)的热望,而如今唯一落实的却是煽动起所有人(无论老少)的爱欲(eros)。他到头来使得人们坚信扩张计划极其安全,远征之计势在必行。由此看来,他将对外在可见事物的依赖转换成诱发(而非阻碍)远征事业的因素。

尼西阿斯令人惊愕的出征预算,除了唤起公民的信心以外,还刺激了他们对炫耀卖弄和骄奢恣狂的欲望。在它的鼓动之下,舰队所承载的华丽壮观,远远超过严格配备的标准水平,企及一种胜于伯利克勒斯式的辉煌,展现出公众超群争胜精神的极致(6.31;参1.71)。如此奢华精良的装备只会给道别时的人们带来些许慰藉。(6.30.2–31.1)。

于是,尼西阿斯在诱使人们参与如此庞大的远征的同时,也肩负着他们所想象的宏伟目标。他不能率领舰队一无所获就毫发无伤地打道回府(6.47–48)——或者未达到征服整个西西里的预期。

虽说叙拉古成为征服的目标而尼西阿斯又总是显耀那富足的人力物力,他却没能充分地利用他的优势。赢下最初几场战事之后,他便起程到别处过冬(6.63–71)。当雅典军队重返战场且获得更多胜绩时,他们也快修筑完位于叙拉古的城墙,从而截断她接收外界援助的一切希望(94–102)。叙拉古人陷入了绝望和纠纷之中(103.3–4)。然而在这个紧要关头,尼西阿斯似乎显得单单对他那明摆着的物质优势过分自信。伯罗奔半岛的先头援军即将到达,但尼西阿斯"由于获悉来者人数甚少",故而没有在海陆两路增派任何有效兵力,以防他们顺利登陆城邦(6.104.3,7.2,7.7.1)。尽管援军数量贫乏,但形势很快就恶化了。由于尼西阿斯按兵不动而不是给予敌方有力的反击,吉利浦斯(Gylippus)第二次尝试就成功击溃雅典军队,而叙拉古也趁机开始修筑一条穿过敌人未完成的封锁城墙的单墙(7.3-6)。[121]在即将大功告成之际,围攻者反而变成被围者。⑦

尼西阿斯并没有利用海军采取进攻,即使雅典在这一方面军力上具有压倒性的优势;他显然只是将其留作备用,以确保撤退的安全。事实上,为了保全舰队,他下令将他的水手和海军补给物资一并封存在陆上一隅,当时雅典已在当地失去自身优势。生活如此受限,"甚至船员的处境首次变得险恶起来"(7.4.6)。这个据点及其要塞不久就被攻陷,大量人员伤亡,物资和金钱流失严重,连运输军需的航道管辖权都丧失了。"而[这次失利]很大程度上导致远征走向溃败。"(24.3)这支舰队在还未试着使用就已经失去了主动权。

尼西阿斯虽然单独承担着指挥庞大远征军队的重任,但他从不把它转化为战略上的优势。他非但不迫切追求巨大获益,还使雅典蒙受惨重损失。不幸的是,安全的获得只能通过取胜或撤退,无论哪种都存在一定风险,需要他所缺乏的决断力。可是他总是重犯先前的错误。当尼西阿斯所掌握的兵力完全足以安然后撤,加之再大规模的军力都无法确保制胜之时,他向雅典邦内的公民提出两条出路,要么召回远征军队,要么尽可能多地把他们现有的物资输送到前线。到现在他确实应该知道他们会做出哪种选择(7.10-16)。

一支援军终于抵达,它的规模按预定计划比上一批远征军更强大(参7.16.2,20.2,比较42.1与6.8.1)。它的指挥官德摩斯提尼(Demosthenes)判断当前已错失良机(7.42.3):如今派来增援的军队按理说有希望取胜的时机已经错过了。他看到一种可能性,趁夜色昏暗之时向俯览整个城邦的高地冲杀,以此巧妙地攻破叙拉古的

---

⑦ 对尼西阿斯的疏漏及调度两方面错误的清算,可参见 Kagan,《和平》,页267-276 和 Pouncey,《必然》,页117-130。

防线。若然成功,雅典人将从此恢复围攻者的姿态;若然失败,则全军立即撤离(42.4–5)。实际上,夜幕下陷入混乱的雅典军队难辨敌我,这一描述生动且富有戏剧性的事件,严格来说表明了德摩斯提尼大胆计划的流产(43–45)。有鉴于此,德摩斯提尼提议立刻撤离此地(47.3–4)。

可是虽然征战的胜利已悄然离尼西阿斯远去,而且他取胜的希望就如同他起初所宣称的那样虚幻蹈空,他依然屈从于不实的希望(7.48)。尽管这些希望在诸多方面具有讽刺意味(尤其是他设想叙拉古人身上的"稳健财政倾向"和他自己一样强烈),它们还是挽回了尼西阿斯的自尊但破坏了整个远征计划。这些希望允许他模糊那以其他方式逐渐显现为一个赤裸选择的东西,这一选择介于雅典的利益和他体面辞世——[122]宁愿在西西里"私密地"死于敌人手下也不肯在雅典"公开地"忍受不公正的指控(49.3–4)——的个人愿望之间;不过他也受到这些希望的蒙蔽,未能认清自己正等同于犯了叛国罪。⑧ 德摩斯提尼非常清楚,只有撤退才可能挽救远征军,保存雅典的力量;他只想保全两者。可是他提出一种折中意见,以此减轻尼西阿斯个人的顾虑:撤到西西里更安全的地方,而非撤回雅典(49.2–3)。但尼西阿斯依然反对这个提议,他的固执使德摩斯提尼寸步难行。正因为尼西阿斯反对撤退的理由如此缺乏说服力,德摩斯提尼推断他必定掌握某个他一直隐瞒的更有利的情报(49.4)。所以德摩斯提尼也允许自己继续抱有希望。修昔底德给予世上众多像德摩斯提尼这样的人的重要教诲,就是不要相信尼西阿斯那样的人,也就是说,不要低估他们信奉虚幻之物(the immanifest)的惊人习性。

连尼西阿斯很快也开始明白自己立场的不智。不出所料,敌人

---

⑧ 参见 Pouncey,《必然》,页125–126。正派虔诚的尼西阿斯指挥军队期间对雅典造成的伤害,远远大于被放逐的阿尔喀比亚德指导其敌军反攻雅典所造成的。

带着援军卷土重来,进攻雅典这些残余部队,他也同意侵入西西里的他们应当迅速撤离(7.50.1-3)。纵然尼西阿斯有过其他失误,这支军队本可以大半完好地逃脱鏖战,如果不是现在由于月食而决定把迫在眉睫的撤退延迟到"三个九天"后(7.50.4;参5.26.3-4)。在紧要关头,一支雅典军队竟然宁愿相信神秘虚幻的兆示也不相信自己亲眼所见之事——当前来说就是他们务必立刻撤离;这必然难逃全军覆没的命运。修昔底德就此事责备尼西阿斯"有些过分迷信占卜一类的东西"。⑨ 而最重要的是,尼西阿斯虔信神灵会眷佑人事,而这却造成他指望获得神明解救的希望彻底落空(7.77.2)。

无论这次远征结局如何,如果当初恪守雅典使者在弥罗斯所宣称的原则,它本来很可能会取得成功;灾难也必定能够得以避免。修昔底德并没有怪罪雅典普通士兵解释月食为神赐的旨意。他认同使者在弥罗斯所说的,"普通大众"总是"像弥罗斯人一样"(5.103)。在8.1,在报道雅典人对远征遭受灾难性结果的反应时,他透露了之前一直有意隐而不发的一点:兆示和神谕"促使[雅典人]寄望(epelpisan)"远征凯旋(参6.31.6)。⑩ 我们也不得忽视,他们狂热地执迷于不利于远征胜利的预兆(6.27-29,53-61)。大多数雅典人从未像他们在弥罗斯的使者那样表现出"雅典人的特性",更未意识到[123]依赖神示的愚蠢或凭靠自身的可贵。⑪ 军队起先认为恶劣天气不过是季节性(即自然的)现象,后来却把它当作不利预兆或神示(比较6.70.1和7.79.3;参7.71.3)。⑫ 至于叙拉古

---

⑨ 比较普罗塔克,《尼西阿斯传》,23-24.1,与他的《伯利克勒斯传》,35.2及塔西坨,《编年史》,1.28-30。

⑩ 这一语词的意义,可参 Powell, Historia [28],1979,页15-16;这篇文章其余部分同样相当有用。

⑪ 参普罗塔克,《尼西阿斯传》,13 及阿里斯托芬,《骑士》,974-1052:民人(Demos)的帝国主义往往依赖于神谕。

⑫ 参塔西坨,《历史》(Histories),4.26。

人,则是雅典历来"最具雅典个性"的敌人(6.33.5,7.55,8.96.5)。

雅典兵败西西里,不是因为远征事业从一开始就注定失败,而是由于尼西阿斯和普通士兵所持的弥罗斯主义(Melianism)而成为必然。⑬ 在这个意义上,雅典所承受的"惩罚"才与"罪行"相称。修昔底德具有警示意义的叙事并不仅仅为虔敬辩护。造成溃败的必要条件,就是出征不久后雅典人信任虔敬的尼西阿斯,并以他取代了不虔敬的阿尔喀比亚德。理解接连发生的弥罗斯/西西里事件中的政治或理性的意义,就是把握弥罗斯事件和从阿尔喀比亚德到尼西阿斯指挥时雅典所发生的转变的关系。

阿尔喀比亚德几乎成为雅典的化身,他的行为就是雅典的模范。作为首位公开将雅典政治论说引入邦内事务的演说者,他面对其雅典同胞,就像代表雅典向其他城邦发表演说一样。尼西阿斯在西西里一次辩论中指控他怀有不利于城邦的个人野心,对此他表明自己从未有过这样的野心,而且这些野心也不纯粹属于个人。但他毫无顾忌地坦率坚称,他要最大限度地影响希腊城邦每一个人的尝试也同样附带地有利于城邦。外邦人从他奢华显赫的地位可以推断城邦具有强大实力。如果把阿尔喀比亚德比作太阳,那么雅典就是月亮(6.16.1-4)。相比之下,伯利克勒斯曾坚持认为,每个雅典人都因城邦而获得自己的传世佳名和真实存在,阿尔喀比亚德扭转了这种依赖关系——雅典将会因他而名扬于世。伯利克勒斯暗示,雅典这一代人给他们的祖先带来荣耀,而非从他们身上借取荣耀,

---

⑬ Jebb,《论文和演讲集》,页403;Schwartz,《历史著作》,页139;Lavagnini,《文集》,页50;Luschnat,《修昔底德史著中的将领演说》,页91;Méautis, REG[48],1935,页278;Wassermann, TAPA[78],1947;页30-31;施特劳斯,《城邦与人》,页192-209。Stahl(载于Stadter所编的《演说》,页64-69)宣称,结局证明了尼西阿斯反对远征的意见实属正确;他未能承认这样的事实,即结局之所以如此,只是由尼西阿斯自己后来的错误所造成的。参Romilly(REG[101],1990,页376-378)论述阿尔喀比亚德许下的取胜预言最终模棱两可(ambiguous)的失效。

而阿尔喀比亚德则认为自己个人充当了这一代人的角色(6.16.1)。(他的祖先包括伯利克勒斯。)正因伯利克勒斯声称后人将承认目前雅典已处于力量之巅(2.41,64.2-6),所以阿尔喀比亚德坚信未来的雅典人将竞相宣告自己与他有亲属连带关系,即使其中不乏作假者(6.16.5)。他使他的听众不得不认为,他们的子孙将乐于把他们当成戴绿帽者(cuckolds);修昔底德不止提及(6.15.4),而且还描述阿尔喀比亚德在私人生活方面引起每位同胞的反感。[124]伯利克勒斯曾基于雅典比众多城邦卓越的事实,赞颂每一位公民身上平等的荣耀,而阿尔喀比亚德则迫使他的公民同胞们意识到自己普遍不如他一个人。

雅典冒犯得起别的城邦,因为她无需征得他们的容许。相比之下,阿尔喀比亚德仍然离不开他的公民同胞们。面对尼西阿斯的指责,他必须设法保证人民对他的支持,因为这一指责可能会挫败他的野心所指靠的远征事业。不过话说回来,他怎能期望他们会愿意拥护一个如此明显鄙视他们的人呢?显然是诉诸一种甚至更为雅典式(even-more-than-Athenian)的坦诚。亦即承诺从他的所得拣取些许的财富和荣誉,隆重回报他们,由此吁请他们克制对他的怨恨情绪,一切为了最终实现他们自身——准确来说就是他自己——的目标。

阿尔喀比亚德通过诱使公民寄望于一种增进他们各自利益的默定协议,重新把城邦解释为纯粹谋求这些利益的舞台。人类最终归根于个人自身,其自我利益或好处显然比对城邦的责任更重要。可以轻易看出,阿尔喀比亚德是修昔底德《战争志》中最为"现代"或"自由"的人物。实际上他是"最接近伯利克勒斯"的一个。在接受伯利克勒斯准则(荣誉是人类生活的极致追求)的前提下,他阐明了伯利克勒斯尚未明言的结论:荣誉是更能支撑城邦之间而非城邦内部的一种真正共同善的基础。他驱除了伯利克勒斯那种对公民平等享有荣誉的幻想。荣誉,无论在个人还是城邦之间,本质上都是稀有且相对的,"其原因是……既然它的存在离不开比较(comparison)和突出(precellence),那么,如果人人都享有它,它就会什么都不是了"。⑭ 将好定义为一种以牺牲其他城邦为代价所积累而来的一份无与伦比的荣誉,这样的城邦无疑给它的那些会对这个范例思虑再三(因为雅典政治论说迫使他们如此)的公民树立一个不良的榜样,因为人们何不像城邦那样,以公民同胞为代价,追求个人最大的声望?事实证明,"被误解的"共同善容易暴露出它自身的内在悖谬。⑮

阿尔喀比亚德清楚知道,他之于他所牵连的公民同胞们,就像雅典之于她所关联的其他城邦那样,一辈子都不可能完全挣脱受忌妒的负担(6.16.5;参2.64.4—6)。[125]只有在死后,才能和他的公民同胞完全达成和解。即便如此,他仍请求得到同胞们的宽容。他不仅诉诸他们的利益,还诉诸他们的正义感。嫉妒他而不给予他属于狮子的一份荣耀,这并不公正——毕竟他就是一头狮子。另外,强求他对待他的属下的态度像他们彼此之间的态度一样温顺,以及硬要他比他们更坚定地遵守平等原则,都是不合理的(6.16.4)。他们对他的不满源于妒忌;他吁请他们回归正义,从而抑制嫉意。在这一点上,他同样模仿了雅典,她也请求其他城邦诚实地承认一点,她怎么对待她们,与互换角色后她们怎么对待她,并没有实质差别。正如其他持

---

⑭ 霍布斯,《论公民》(De Cive),1.2。[译注]中译见应星、冯克利译,《论公民》,贵州人民出版社,页5。

⑮ Gundert, Die Antike [16],1940,页112:"Alkibiades diese stärkste Durbrechung des perikleischen Kriegsplane mit einer Weiterführung perikleischen Gedanken begründet."("阿尔喀比亚德以对伯利克勒斯思想的激进化,证明彻底偏离伯利克勒斯战略的正当性。")参 Burckhardt,《力量与自由》,页218及336;Reinhardt,《遗产》,页205;格雷纳,《古希腊政治理论》,页30-32;施特劳斯,《城邦与人》,页193-194;Macleod,《文集》,页68-87(相同的讨论又见 QS [2],1975,页39-65);Pouncey,《必然》,页111-112;Barel,《基于理性的追寻》(La quête du sens),页227-230;福特的《统治的热望》及 Palmer 的《荣耀之爱》提供了对阿尔喀比亚德的有益讨论,他们认为阿尔喀比亚德以其特别鲜明的雅典形式,典型地表现"个人与社会"问题,而这个问题早已充分地隐含在葬礼演说中。

守雅典政治论说的演说者,阿尔喀比亚德开诚布公,也要求他的听众和他一样坦诚。他对这种性情的经典阐述,马上可见于他叛离雅典不久后(6.89–92)在斯巴达的演说,其中,他辩称自己就像一个"为自己而爱城邦(philopolis,92.4–5)的人"那样行动。⑯

然而雅典人不能接受公民相互之间(城邦亦然)最终都是人人为己的观点。这些拥有一个准僭政式帝国的人们竟然不能容忍邦内萌生僭政或甚至寡头政治的苗头(参 8.68.4)。他们不能认同:只把他者当作满足自身目标之手段的共同体,其内部的公民也持这种态度对待彼此。他们不承认共同善是一种幻想,也不相信公民之间的信任基础并不比城邦之间的可靠多少。

阿尔喀比亚德问题给修昔底德提供了一个重提雅典民主问题的背景。这一民主显然基于两种颇为流行的错误观念:昔日雅典僭主的统治残暴恐怖,而他们以前的被废黜者则有着爱国主义(6.53–59)。⑰人们自以为是这种爱国主义的继承人;他们怀疑阿尔喀比亚德企图夺走他们的自由。他们转而相信一些居心叵测的煽

---

⑯ 此语出自 Pouncey(《必然》,页 105)。《战争志》中仅有一位作为自己城邦的叛离者而非官方代表而置身其外的人,那就是阿尔喀比亚德,因此,他也是唯一一直面自己城邦和听众所在城邦,并向其外邦听者证明自己——而非所属城邦的——行为正当的人。事实上,他以与斯巴达人平起平坐的[集体]身份发表演说,他只身一人且名义上作为雅典公民,就像雅典和斯巴达人平等对待他那样对待他们,对于整个世界,仿如他自身就构建出一个城邦。他承认,他把自己的利益置于母邦利益之上:他的"爱国主义"包含着对母邦的忠诚,但后者完全取决于母邦对待他的方式,至于方式公正与否,当然全由他自己一人判定。这篇演说的相关论述,亦可参福特,《统治的热望》,页 96–115;在这点上,就像在其他方面上,福特对阿尔喀比亚德在《战争志》中的身位的论述超越了以往所有相关研究。

⑰ 关于这一所谓的"离题"及其实际关联,可参 Schadewaldt,《历史编纂学》(Geschichtsschreibung),页 91–95;Rawlings,《结构》,页 100–117;Farrar,《起源》,页 147–148;福特,《统治的热望》,页 33–37;Palmer,《荣誉之爱》,页 80–89。

动者,后者虽然公开表示着眼于共同关心的问题,但其实一心只想排挤阿尔喀比亚德(6.28.2,29;参2.65.11,3.82.6,6.35-40)。一如阿尔喀比亚德重蹈希帕库斯(Hipparchus)[126]的覆辙,私底下侵犯哈摩狄乌斯(Harmodius)和阿里斯托吞(Aristogeiton)(比较6.15和56.1),这些煽动者也在咬定阿尔喀比亚德有罪的同时,再度饰演刺杀僭主的角色,同样为着私念而酿成可怖结局。他们利用他有不虔敬的嫌疑这点作为他谋划僭政的证据,从而发起一波迫害浪潮,吞噬了大量最优秀公民的生命(6.53,60)。在西西里被传讯回国接受死刑判决的阿尔喀比亚德,最终与一些同伴逃离到斯巴达(6.61.6-7)。

因此,尼西阿斯对阿尔喀比亚德的指控(6.12.2)证明既有实效,又有预见性。正因为雅典僭主的残暴统治只是未遂的"刺杀僭主行动"所带来的后果而非其原因,所以阿尔喀比亚德所谓针对雅典的阴谋,其实肇因于他被指控策划这种阴谋而遭流放的事实。斯巴达接受他对邦外事务的指导,同时维持自身传统政制不变。相比之下,雅典把至关重要的海外事业托付给可谓半个斯巴达人(quasi-Spartan)的尼西阿斯,另一方面太雅典化的(all-too-Athenian)政治煽动者则在母邦对公众施加影响。这样奇特的比照导致斯巴达在城邦内外都表现优异;而雅典在这两方面都明显糟糕透顶。出于自身的猜疑,雅典人将自己的西西里冒险留给这样一个人掌控,他那无可争议的公正和虔诚消除了雅典人的疑虑,但他怀着弥罗斯式的希望,使自己和整支强大舰队承受与弥罗斯一样的命运。

弥罗斯对话和爱乌菲穆斯[18]的虚伪

爱乌菲穆斯(Euphemus)在卡玛林那(Camarina)的演讲

---

[18] [译注]徐松岩译为攸菲姆斯(广西师范大学出版社,2004),而新近出版的福特的《统治的热望》(未已等译,华夏出版社,2010)则译作爱乌菲穆斯,从希腊文的读音来看,后者更为贴切,且作者表示敬重福特的研究,为使读者更方便参读福特的专著故特此不从徐松岩译本的译名。取《统治的热望》的译法。

(6.82—87)是除却使者在斯巴达的演讲外,在《战争志》中唯一系统性为雅典帝国之正义所作的辩护。虽然爱乌菲穆斯自如地效仿过往的演说者,但他对雅典政策的辩护正因其过于老派而(为雅典人)带来新的突破。他申辩帝国的正义,却没有稍微解释一番何为正义。然而,他的演说远不如葬礼演说激动人心;那样未免不合时宜。这一演说反而充分显露出使者们在斯巴达和弥罗斯的"现实主义"。尽管如此,爱乌菲穆斯还是完全遵循传统的正义观念。[19]

爱乌菲穆斯的演说与使者在斯巴达的演说一样,都竭力反驳对帝国的指责。就在雅典初次交手打败叙拉古后不久(6.69—71),[127]作战双方都来到名义上分别与他们保持盟友关系的卡玛林那,希望争取劝服她加入他们各自的阵营。雅典人声称自己受当地盟友之命远赴西西里这里,这些盟友与他们一样是伊奥尼亚希腊人(Ionian Greeks),而叙拉古和卡玛林那都是多利亚人(Dorian);这些事实贯穿论辩始终。

叙拉古发言人赫摩克拉特斯(Hermocrates)坚持认为,卡玛林那必须着眼于双方利益,支持叙拉古(6.76—80)。雅典不是像她所说的那样仅仅与叙拉古为敌,更不是神给所有西西里城邦派来的救星,不管是伊奥尼亚还是多利亚人的城邦,他们都(像卡玛林那一样)畏惧他们强大的邻邦([译注]指叙拉古)。雅典对伊奥尼亚的

---

[19] Strasburger(*Hermes*[86],1958,页33)认为这篇演说确实揭露了雅典的政策。Stahl(《修昔底德》,页120,注51)形容它是全书表现正义之堕落的极致之处("den Höhepunkt in der Entwertung des Dikaion")。Heath(*Historia*[39],1990,页386—387)相信它缺乏对正义的思虑,难以有效地回应赫摩克拉特斯对帝国的抨击。Proctor(《经验》,页98—101)并不认同这种"无力的申说",但也同时指出,它出乎意料地让我们回想起雅典专擅演说的伟大(甚至伯利克勒斯式)传统。至于将这篇演说与赴斯巴达的雅典使者的演说做一简要比较,可参Romilly,《帝国主义》,页243—244;Schneider,《知识与意图》(*Information und Absicht*),页102—104;Rawlings,《结构》,页117—122。对此问题所作的出色研讨,可参福特(《统治的热望》,页61—67),他的观点我并不完全赞同,但我深深受益于他的研究。

利奥提涅斯(Leontines)的关心是虚伪的,她并不打算保护伊奥尼亚人不受多利亚人侵害,而是策谋一并征服他们,有如她在离母邦更近处迫使那些刚被她从波斯"解放"出来的伊奥尼亚城邦臣服于她一样。即便如此,赫摩克拉特斯仍可将战事形容为多利亚人与伊奥尼亚之间,多利亚人的自由和伊奥尼亚的僭政及奴性之间的比拼(77.1)。事实上,他甚至把伊奥尼亚人描述为多利亚人的宿敌(80.3[译注]疑为79.3)。[20]

这些断言,爱乌菲穆斯回应道,掩饰了叙拉古自身的帝国图谋,而只有置身西西里的雅典人[128]才能洞察这一点。他站在雅典的立场嘲讽那些惧怕这些图谋的人。为了实现这个目标,他宣告自己"被迫谈到帝国,以及我们正当(eikotōs)保有帝国的方式"(6.82.1;参1.73.1;oute apeikotōs[不是不正当地])。根据他的说法,雅典仅仅出于恐惧而统治她的臣属。一个自由城邦所担忧的,首先就是她的自由,而正是为了维护她的自由,雅典获取且持有她的帝国。(爱乌菲穆斯从而含蓄地引入一个关于荣誉的暗示:维持帝国的是一种值得尊敬而非奴性十足的畏惧。)从赫摩克拉特斯声明的关于伊奥尼亚和多利亚人的敌意开始,爱乌菲穆斯把帝国归因于雅典挣脱斯巴达对她的支配和制约的决心。当她在波斯战争后拥有一支自己的舰队时,就可以做到这一点;再者,作为从波斯手上解放雅典同胞的众望所归的领导者,她随后一直保持她的霸权地位,想着自己从此不太可能再受制于伯罗奔半岛人(6.82.1-3)。

爱乌菲穆斯生怕别人反对雅典为了私利而牺牲其他城邦的行径,故而赞同赫摩克拉特斯关于伊奥尼亚人(至少那些现在屈从于雅典的人)之奴性的主张。这些人非但不冒险全力保卫属己的自由,还毫无顾忌地追随波斯威胁母邦雅典的自由。那么"严格来

---

[20] 对于爱乌菲穆斯和赫摩克拉特斯各自演说之间关系的出色论述,见Romilly,《历史与理据》,页186-194;Bayer,《F. Egermann 纪念文集》,页57-65。

说",(*to akribes eipein*,6.82.3),雅典"不是不正当地"统治他们。她的帝国在其政策和正义方面都是无懈可击的。

为了说明雅典拥有帝国当之无愧,现在爱乌菲穆斯开始概述若干理由:她为全希腊人的抗争事业贡献出最庞大的舰队和最慷慨的热情(参1.74.1);[129]她的属邦有多少曾自愿联合波斯人攻打她;她致力于加强自身力量以防伯罗奔半岛人的侵害。然而害怕自己说得过火,他唐突地转变立场,否认自己使用过任何华丽章句(6.83.2;参5.89)。他不吝赞美自己未曾将雅典据有帝国的声明说成是她凭一己之力击败波斯的结果,或者说由于她更致力于维护现有属邦的自由,而非所有[希腊]人或她自身的自由。在这里首先暗示的是她的确提供过援助,其次暗示在帮助他人的同时,她首要关心的是帮助自己。"但尽力保证自身各项安全的人,是无可非议的"(6.83.2)。

至于雅典随后的冒险行为,包括现在的西西里远征,这些都仅仅意在继续维持她的帝国,保障自身安全,以此对抗斯巴达的敌意。她针对属邦只是为了防止他们反叛投敌,而在遥远的西西里,达成这个目标的最佳方式,就是援助叙拉古的敌对者,而非征服他们。只有这样才能牵制叙拉古,使其困于近邻之争而分身乏术,以致无法发兵援助斯巴达。卡玛林那人尽可在闷热的西西里夜晚安枕无忧,因为他们拥有一个雅典朋友——一个最为直接的朋友,因为她的友好建立在一个利益算计的共同体之上。

为了增强以上论点的说服力,爱乌菲穆斯采用了他最不同寻常的修辞技巧。赫摩克拉特斯提到,雅典决心解放西西里那些卡尔基狄克人(Chalcidian)/伊奥尼亚人"亲族"(他们早已被雅典就近征服了),这完全不合理(*ou...eulogon*,6.76.2;参 *alogōs* 79.2)。爱乌菲穆斯反驳道,"对于一位僭主或一个握有帝国的城邦而言,只要有利就没什么不合理(alogon),同样,只要能够靠得住关系自然就密切,但在个例中,朋友和敌人的界定必须根据具体时间和情境"(6.85.1)。从语境看,这句话明显旨在打消卡玛林那人的疑虑:既然雅典实力不济无以征服西西里,那么理智要求她守护所有值得信任且愿意对付叙拉古的人的自由,他们可以是伊奥尼亚这些臣服于她的人,甚至也可以是伊奥尼亚的世仇多利亚人。令人不可思议的是,爱乌菲穆斯竟然把僭政和帝国相提并论,这在雅典众多辩护者中绝无仅有,他证明帝国完全正当合理——正如他竟认为这次恰如其分的冒险只遵循一个利益至上的原则。[21]

倘若爱乌菲穆斯注重利益问题的坦白让我们联想起前几位雅典申辩者的言说方式,那么他对帝国之正义和恐惧的巧妙强调则与那种方式截然分离。综观上下文,他那伪装的坦率仅仅为了夸大雅典(所谓的)恐惧。在斯巴达的雅典使者曾旨在震慑,并使斯巴达人信服雅典所拥有的力量。与此形成鲜明对比的是,爱乌菲穆斯反而使卡玛林那人相信她相对的弱势。他假意的坦白其实相当虚伪:帝国绝非仅仅在意安全问题,而且雅典远道而来西西里也不是因为她感觉自身安全受到威胁。

是否可能爱乌菲穆斯在此正中赫摩克拉特斯下怀?卡玛林那力量有限,而说雅典取胜缺它不可,不正表明即使得到它的支持,赢面也不大?至于赫摩克拉特斯,他并没有乞援于卡玛林那。他威胁要惩罚她的背叛。他告诫她,叙拉古缺少她的帮助一样能胜利;还使她相信,只要联手合作,获胜将轻而易举(6.79.3,80;爱乌菲穆斯似乎不经意间认同了这一评价,84.3、85.3、86.3)。[22] 卡玛林那下一步行动的依据究竟应该是较弱一方雅典所给予的承诺,还是较强

---

[21] 爱乌菲穆斯的陈述显得不如伯利克勒斯(2.63.2)和克里昂(3.37.2)大胆:伯利克勒斯和克里昂以帝国可能或实际存在的非正义或者对其属邦不轨为由把帝国比作一种僭政,爱乌菲穆斯仅仅基于帝国对利益的考虑而将其比喻为一个僭主,同时又否认它实际上做过类似僭政的不义之事。

[22] Bayer(《f. Egermann 纪念文集》,页 65)讥讽赫摩克拉特斯诉诸多利亚主义(Dorianism)的做法,认为与爱乌菲穆斯"诡辩式"论证相比,前者太落伍了(altväterische)。这一评价对赫摩克拉特斯不公——他做的不是诱骗,而是威胁。

一方叙拉古所发出的威胁？她虽然弱小,但仍然最希望见到持久的对峙局面,一旦希望落空,她打算尽量避免冒犯任何一方,只要有机会作出选择,她立即支持获胜的一方。不过现在选择为时尚早,而雅典已经取得前几次战事的胜利。即便如此,卡玛林那人决定姑且站在与其敌对的叙拉古一边,这完全根据他们对双方相对力量所作的评估(88.1)。当事实表明爱乌菲穆斯无法使听众信服雅典的正义时(参88.1),他的虚情假意也许恰恰让听者确信了她的弱势。

看似理解爱乌菲穆斯演说的关键就是他表现出来的缺乏自信。想想他引人注目的离题话,按照他的描述,帝国起因于伊奥尼亚和多利亚人之间的敌意。[23] 在众多为雅典辩护的人当中,只有他如此突出种族因素,但他似乎坚持认为,这就是唯一讨论的问题。诚然,他将矛头指向多利亚人,可以推断他们并不把伊奥尼亚人放在眼里且具有族群间的某种敌意(2.87.3 – 4;5.9.1;5.108;8.25)。爱乌菲穆斯进一步利用这一推论在修辞上对赫摩克拉特斯转守为攻。我们记得,后者一开始就嘲讽雅典人在西西里采取任何这样的手段,结果到头来他自己也使用它,果然没有哪个多利亚[130]的发言人会忽略这种如此有效的计谋。爱乌菲穆斯窃取赫摩克拉特斯之修辞力量的方式,就是通过巧妙(虽显奇怪)地运用伊奥尼亚和多利亚人所谓的世仇关系,劝服多利亚的卡玛林那,她在伊奥尼亚的雅典拥有一个可靠的朋友。最后,爱乌菲穆斯可能看到一直强调雅典帝国政策始终如一的连续性所带来的好处,以致他能够使卡玛林那人充分相信他所描述的这个政策——从一开始就设定为防御性的和反斯巴达的。

就算这样,爱乌菲穆斯依然缺少先前雅典辩护者的大胆。他最

---

[23] 一种要在军事和政治上与斯巴达平起平坐的热望,曾经在帝国肇始时发挥其作用(正如特米斯托克勒斯向斯巴达人强调的,见1.91.4 – 7),后来逐渐升温为两大城邦之间的对抗,这又转而助长了这种热望。尽管如此,根据修昔底德的叙述,雅典既不曾在帝国初期畏惧斯巴达,也从未屈服于她,更不用说种族对抗在其中起过多少作用。

明显有别于在斯巴达的使者的一点,就是他无法公开声明雅典的政治论说。他与这些使者一样认为,雅典一向有着掌控帝国的使命感。然而他对这一过程的叙述比前人更为谨慎(且更有失真实)。他甚至从未援引必然性(除却他有意提及的颇具修辞意味的一次:6.82.1;参89.1)。他没有试图进一步扩大合理的自私自利的可接受范围。正如我们所见,他单单以安全和自由装饰帝国,任何人都会害怕失去这在政治上起决定性作用的两个方面。

然而爱乌菲穆斯远不仅为雅典执掌帝国的理由而担忧。我们看到,他宣称,分配性和惩罚性正义的标准充分证明了帝国的正当。为自由敢冒一切风险的雅典有理由从那些不比她大胆且在不得已的情况下与另一个会剥夺她自由的政权勾结的城邦中,夺回属于自己的自由(6.82-83)。雅典可能合理地以最严厉的惩罚力度对待她的属邦——也就是说她可能理直气壮地置他们于她自己利益之下。[24] 但相比于把所有无法满足她的利益的城邦认作有罪,还有什么比雅典为自由敢于不计成败不寄希望地冒险的决定更有失尊贵呢?[25]

我们回到演说中的难题,即爱乌菲穆斯对正义和利益的双重强调所蕴含的矛盾。他不仅强辩帝国的正义,而且坚称雅典千里迢迢来西西里所要实现的目的,对于卡玛林那来说也是正义的——每个西西里城邦的独立,特别是那些被叙拉古所操纵的城邦。他甚至进一步描述雅典,"由于必须防范多种危险而被迫干涉诸多事务"(6.87.2),扮演着到处保护遭受不义者的角色。然而他完全以利益为由解释雅典的干涉主义,其中并未暗示,雅典实际上无时不考虑正义问题。"雅典人……结果变成了拥护正义的不义者,强行推广节制的不节制者,我们可以说他们是不义的施义者。"[26]事实上,爱

---

[24] Connor(《修昔底德》,页182-184)是唯一注意到"利益和正义这两种观点的融合"的评述者。

[25] 参Forde,*APSR*[80],1986,页436-437。

[26] 福特,《统治的热望》,页64-65。

乌菲穆斯声称他们理应免除任何这些咎罪,因为单纯有利的政策(这反过来只不过恰好对应卡玛林那的自私自利)[131]是他们保全帝国所需要的,而帝国又正是他们维持自由的必需,"致力于保障自身安全,这无可厚非"。

那么到底爱乌菲穆斯根据正义得出的所谓论证的前提是什么?有这么一些所有城邦都不能理所当然地为了别的事物而放弃的东西,即使是为求正义也不例外。答案首要是安全和自由,它们珍贵无比,各个城邦有权做任何她认为对保护这些东西相当必要的事情。然而细想之下,这个论证实际暗示着为两种国家的帝国主义授权,一种国家类似于公元前480年未得帝国但可利用它来捍卫自身自由的雅典,另一种则仿似现在公元前415年手握帝国(不管如何获取)且惧怕一旦失去帝国自身自由和安全将受到威胁的雅典。当然几乎所有非帝国的政权都归于第一类别,而大概每个帝国政权都可归入第二类别。

换言之,爱乌菲穆斯自以为是地对帝国正当性的宣扬虽然如此鲜明地区别于他的前辈所宣示的雅典论说,但实际上正暗示了这一论说。无论修辞方式如何奇特,他早前对帝国正义的强调与后来对帝国专注于利益的推崇,大体上没有任何出入。从根本上讲,爱乌菲穆斯不同于在斯巴达的雅典使者之处,不是(乍眼看来)把雅典帝国自身作为雅典论说的反例,而是隐晦地以一种道德化版本(亦即更容易令人接受地)呈现这一论说。㉗

当我们回想爱乌菲穆斯所要取代的演说者,就能尤其明显地发现前者演说的怯弱虚伪。因为他的演说是《战争志》中最虎头蛇尾的一篇——阿尔喀比亚德从不做这样的演说。他谈到继自阿尔喀

㉗ 读者或许疑惑,爱乌菲穆斯的名字是否暗示"委婉说法"(euphemism)之义?简要地说,确实如此。参 Liddell and Scott,《希腊语辞典》,尤其是 euphēmeo,euphēmos 词条。爱乌菲穆斯也是卷八前出现的唯一显示名字——但被修昔底德略去父姓——的雅典发言人。我们必须考虑,这个作为现实存在的人的名字是否太完美地贴合了这篇演说,以致难以让人置信?

比亚德的远征的战略部署的推进——争取西西里城邦的支持,组建一个宏大联盟对抗叙拉古——假若阿尔喀比亚德仍然身在战场,他肯定会自己说出这些(参6.50.1,51.1)。我们作出这种推测,是基于爱乌菲穆斯和阿尔喀比亚德两人演说的并置,而非因为修昔底德有意引导我们注意斯巴达和阿尔喀比亚德某些最突出的表现。阿尔喀比亚德的演说与爱乌菲穆斯的极其不同,因为前者远非掩饰,而是夸大雅典人谋划西部的大胆(比较90.2及15.2:阿尔喀比亚德把自己所定的目标归咎于他的同胞,这一目标雄心勃勃却又不切实际,他只好尽量避免让同胞们察觉)。像阿尔喀比亚德这样远比爱乌菲穆斯有力的演说者,有可能还会证明甚至在这方面也超过赫摩克拉特斯吗?[132]鉴于他利诱西西里城邦的策略至今仅仅对卡塔那(Catane)有效——该策略在可感知的强迫下施行——那么他可能软硬兼施吗?

至于在弥罗斯的雅典使者,爱乌菲穆斯像他们那样仅以安全和利益为由阐释帝国所必须做的事;实际上他在这个方向比他们走得更远。讽刺的是,对于一个断定伊奥尼亚和多利亚人之间以及雅典与斯巴达之间存在永久敌意的人,竟然描绘出一幅雅典帝国的典型"斯巴达式"图景。若然赴弥罗斯的雅典使者依然踌躇于雅典式的大胆和斯巴达式的谨慎之间,那么爱乌菲穆斯就已然选择倾向斯巴达,从而消解这一张力。正如我们所见,对显明(the manifest)之事的依赖并不符合雅典的大胆风格;勇于向超出自身可见力量范围挑战,才算有种。爱乌菲穆斯所陈述的帝国完全清晰明了——侧重自卫且精于算计私利;正因为目无野心,故亦无伟大事物可言。

在一定意义上,爱乌菲穆斯是至今最"现实"地为帝国辩护的人。全因帝国的"行动主义"(*polla...prassein*;6.87.2),爱乌菲穆斯口中的帝国仅仅关注最基本的层面,这些基石可称为安全和利益。如果阿尔喀比亚德以个人特点追求普世荣耀而成就了雅典主义的一个极端,那么爱乌菲穆斯则以他彻底平实的理性主义达到了另一个。

表面看来不恰切的是,全书最后一个为雅典申辩的人竟遵奉那种他每位前辈都嗤之以鼻的虚伪矫饰。然而爱乌菲穆斯可能仅仅证明比弥罗斯的雅典使者更坚定不移。雅典理性主义最后趋于远离冒险,崇尚安全和利益。而难道这一明确目标尽管带有对荣誉和冒险的潜在蔑视,不正也重新为增强安全和增加利益的伪装之术开路?有人或许不敢承认爱乌菲穆斯——修昔底德笔下的演说者有幸得到适合自己身份的独有名称——正是雅典论说的最坚定自觉的宣扬者,因而又是最隐秘、最有选择性且最具欺骗性地阐释它的人。

爱乌菲穆斯还有最后一个方面值得注意。如果阿尔喀比亚德体现了伯利克勒斯那种摆脱公民身份制约以追求荣誉的作风,那么爱乌菲穆斯则展现了一个不再追求荣耀的城邦。他说得如同这个城邦无非就是一个专注于安全和利益的团体。但是,城邦之于其公民的优越性——后者对前者忠诚这样的接合——必须是某种城邦所象征之物,而且它应该超越纯粹的安全和利益。倘若城邦不是高于我们自己,它怎么能声称比我们自身更重要呢?这个自霍布斯以来一直困扰着自由主义思想的问题,同样出现在修昔底德的著作中。那些大都摆脱了虔敬方面的传统束缚且远离了伯利克勒斯高贵的新见的公民们,[133]除了自身个人安全和利益之外,已然缺乏指引他们的恒星。这些公民已经出现在雅典,而且人数将在西西里远征告败后的数年内呈上升趋势。㉘爱乌菲穆斯甚至比弥罗斯的雅典使者更清楚地预见到这个问题。正如尼西阿斯和阿尔喀比亚德,他也必定映射出我们所谓的雅典"危机"。至于他的命运,我们应当猜想到他是众多未能返回家园的雅典人之一。(7.87.6)

雅典与米卡列苏斯

西西里远征期间,一伙来自色雷斯的雇佣兵出现在雅典。他们

㉘ 福特(《统治的热望》,页130-139)已经借助修昔底德笔下福赫尼库斯(Phrynichus)这一人物刻画了上述困境。

本来跟随德摩斯提尼出征支援前线,但因迟到而赶不上,资金短缺的雅典人决定把他们遣送回色雷斯。

在记叙这一决定和它的后果时,修昔底德从中对该决定的必要性进行了解释。但他告知我们的,远多于我们理解城邦财政危机所需要知道的,虽然有些文不对题,但这次危机并没有遮蔽其重点所在。修昔底德着重强调了雅典人所招致的严重苦难,以及他们面对挫折的顽强精神。

> 但是,最使他们备感沉重的是要同时兼顾两个战场,因而在此事发生之前,任何有所听闻者都不会相信他们已经达到如此顽执(philon[e]ikia)的程度:即使被盘踞在阿提卡的伯罗奔半岛人围困,他们也非但不撤出西西里,还依然会以同样方式围攻在规模上与雅典不相伯仲的叙拉古,或者凭着自身的力量和胆识,他们也使全希腊人震惊不已,因为在战争初期,有些人料想如果伯罗奔半岛人入侵他们境内,他们不过只能坚持一年。有些人说是两年,没有人认为会超过三年;可如今距离首次入侵已逾十七个春秋,经历过战争的一切磨难后,他们还能前往西西里投身一场全新的战争,其规模相当于早前伯罗奔半岛人与他们交战的那次。(7.28.3)㉙

这一文段让我们联想到2.65,修昔底德当时强调过雅典拥有极其丰富的资源。不过,修昔底德在那里所说的资源似乎是指伯利克勒斯所枚举的有形资产(1.141-43,2.13),可现在我们看到,雅典的终极资源其实是他们对其城邦事业无与伦比的奉献精神。他们勇于面对任何困境,远离一切[134]安逸,誓不轻易言败。若这样解

㉙ 出自 Crawley 译笔,为紧贴文义而有所改动。这段似乎多有讹误(最后一句同时弄错西西里远征的时间和地点),但就我所知,迄今仍未有令人满意的校正。参 Schwartz,《历史著作》,页 199-202;Schadewaldt,《历史编纂学》,页 78-82;Bartoletti,*SIFC*[14],1937,页 230-231。

读的话,这段包含着为数不多的高度赞许,可能是修昔底德给予雅典"爱国主义"的最高赞誉:引人注目的是,它刚好出现在西西里远征的语境中。㉚

修昔底德对雅典人坚忍不拔品质的赞誉在两个方面得到支撑。首先,他并不使用 tolma["大胆"]这个雅典人中意用来描述自我的字眼,而是称这种品质为 philon[e]ikia。从词源上看,这个词表示"对胜利的热爱",但不带有高贵甚或积极的涵义(尤其参见 3.82.8)。它所隐含的意思,不是自由和高贵的奉献,而是炽热的狂乱。另一方面的依据,就在于米卡列苏斯的命运,这段给出了这一事件的背景,还影响了我们对它的理解。

雅典人显得甚为他们所处的险境揪心,以至于他们只想一心甩掉雇用那帮色雷斯人的费用。由此发起的这次出征类似于伯拉西达的那次,斯巴达人派出伯拉西达,与其说希望他可能获得成功,不如说是为了清除跟随他远征的众多希洛人(4.80)。另外,被围困的雅典人也像先前的斯巴达人一样,寄望于尽其最大能力给予对手致命的反击;正因他们仍需在引送过程中支付色雷斯人的薪酬,所以他们自然想从他们身上得到点什么。所以他们命令狄伊特里弗斯(Dieitrephes)在遣送佩剑兵返回色雷斯的路上,趁机给敌人造成伤害。

于是带领色雷斯航行返乡的狄伊特里弗斯,在未被发觉的情况下在波奥提亚的海岸上登陆,随之对内陆发起了突袭。

> 他在离米卡列苏斯不到整整两英里的赫尔墨斯神庙附近度过一夜,尚未被人发现,于是等一天亮就开始猛攻这个不大的城镇,居民们猝不及防,从未料到有人会从海上远道而来袭掠他们,此刻城墙过于薄弱,有些地方已经倒塌,而其他部分还没有建起像样的高度,至于大门也因他们自感安全而一直敞开

㉚ 参 Bartoletti,*SIFC*[14],1937,页 227 - 235;Pouncey,《必然》,页 123 - 124。

着。色雷斯人一举闯入米卡列苏斯,洗劫它的房屋和神庙,屠杀所有人,毫不怜恤幼孩和老人,只管接连杀害他们偶然碰见的所有人,妇女和儿童,甚至连驮兽和他们所见的一切活物都不放过;因为这些色雷斯人像大多数野蛮人一样,在他们自信[定能免于惩罚]之时最为嗜杀。结果,城内一片骇人狼藉,充斥着形形色色的灭绝景象。特别是他们侵袭了镇上最大的一所学校,把刚好步入校园的孩子们一一屠杀殆尽。总之,灾难降临于整个城镇,惨重程度前所未有,其突发性和可怖性也与其他任何灾难无可比拟。(7.29.3-5)[31]

米卡列苏斯所遭受的与其规模相当的灾难,如同战争期间任何灾难,配受深切的痛悼。(7.30.4)

[135]米卡列苏斯的命运并不具有悲剧性——小镇缺乏悲剧所需要的崇高宏伟。这一命运部分归咎于受害者的过失:他们为何不事先巩固他们的城墙?好像米卡列苏斯人还没有闻听这场战争,我们读者之前也没听说他们被卷入战争。他们在这场最大的运动中过着安宁和平的生活(参5.26.5),相信机运和自身的无足轻重能够保存他们别于时世的繁荣。那种吞没他们的野蛮过去曾经发生,将来也会重现,只要人性依然不变。但米卡列苏斯究竟对修昔底德意味着什么,促使他竟然为此打断(仅此一次而已)西西里远征的连续叙述?

在斯特尔看来,修昔底德对米卡列苏斯的关注揭示了他真正的主题:不是战争过程中发生了什么,而是因战争之故而陷入苦难的事物。米卡列苏斯之所以值得关注,就像先前的安布拉基亚人(Ambracia),是因为它的不幸事件从比例上看实在令人生畏;因此它成了整个战争的一个缩影。[32]莱因哈特举出米卡列苏斯作为他表明修昔底德关注"人"(the human)的首个例子,他认为,这段文字

---

[31] Crawley 的译文(有改动)。
[32] Stahl,《修昔底德》,页137-138;关于安布拉基亚人,参见页134-137。

的要义在于呈现微不足道的原因(悭吝)与血腥恐怖的结局之间的强烈对比:这种无意识的失衡(Missverhältnis)属于战争的一种面相。㉝ 格雷纳则表示,修昔底德对这场毁灭的完全无端发生作出回应,这种毁灭并不具备任何政治或军事的必要性。㉞ 格雷纳认为,只有在这样的情况下,修昔底德才觉得适合作出"道德评价"。

诚然,以上各种意见都不无道理,但也存在不少更需进一步争论的地方。我们记得,修昔底德所作篇幅最长的"道德评价"是为回应政治动乱(stasis)的现象。米卡列苏斯的灾难,即一个有着一所大型学校(甚至也不是当地唯一的一所)的小城,同样揭露出战争所隐含的巨大危险:希腊性(Greekness)自身的消解。色雷斯人随着色雷斯的意志行事,他们的嗜血性将使那些并不熟悉他们的读者惊讶万分。真正令人震惊的,恰恰是雅典的同流合污。

希腊的居住者曾一度是,或者也可能一直是色雷斯人——他们践行着极端的野蛮(2.29)。这种野蛮只在攀向希腊性及其两个对抗因素(雅典与斯巴达)的漫长过程中才有所减弱,最后又在雅典与斯巴达之间的对立中重现。米卡列苏斯的命运尤为刺目尖刻,一旦我们想到可在《战争志》别处找到的与米卡列苏斯生活方式相仿的对应者——被波斯战争打断但尚未匿迹的雅典自身古老的生活方式(2.15 - 16)。[136]那种生活安宁、保守、虔诚和依赖土地,却相当富有教养。如今它的终末残余已委身于斯巴达所占领的狄凯里亚(Deceleia)。只留下新型的要塞式雅典到处向世界宣战——特米斯托克勒斯关于雅典脱离阿提卡本土的设想终究实现了,如同一个挥之不去的梦魇。在达到好斗的顶峰时,新式雅典与色雷斯人联手,覆灭了一个有如她自己前身的可悲影像。

㉝ Reinhardt,《遗产》,页207 - 208;"它意指……人在战争之法控制下的命运。"("Sein Sinn ist…Menschenschicksal unter dem Gresetz des Krieges.")

㉞ 格雷纳,《古希腊政治理论》,页75;同参 Bowersock, *AntRev*[35.1],1965,页135 - 136。

在葬礼演说和最后演说中,伯利克勒斯曾经把雅典塑造成希腊性的典型。这并非空洞的捏造。但是,雅典真正的政治特征,亦即潜藏在他对公民献身的高贵修辞表面之下的真实情形,正是她强硬不屈的 philon[e]ikia(尤其参见 2.64.2 – 3)。而这一点因其思想单一以及对胜利以外的事物置之不理的特性,预示着重新萌发野蛮风习的趋势。米卡列苏斯的命运无疑是可怕的。而雅典的命运则充满悲剧色彩。倘若修昔底德不曾中止他对雅典在西西里的叙述以提及雅典在波奥提亚的这种行为,他本可以不让我们知悉雅典悲剧的方方面面。㉟

尼西阿斯的愚蠢与智慧

尼西阿斯感人至深的最终演说(7.77)的主题是希望。㊱ 败走大港湾(Great Harbor)之后,幸存者所处的困境看似希望渺茫。由于在海上和陆地双双失利却甚至拒不从水路撤离,筋疲力尽而又给养紧张的他们,现在必须选择沿陆路穿过敌人的领地撤回。收拾行装准备离开之际,他们一看到己方阵亡者成堆的尸体就战栗不已,他们未能向死者履行最神圣的义务——埋葬(参 2.52;4.42 – 44,97 – 101)。那些被他们遗弃的患病和受伤的人纷纷倒地恳求和恸哭,最后还祈求诸神将愤怒发泄在他们身上(75.3 – 4)。人们不禁想到前去叙拉古和从叙拉古撤退的强烈对比,因为这是"有史以来降临于一支希腊军队最惨重的失败"。但尽管如此,相比即将来临的巨大危险,这一切似乎也尚可忍耐。眼看着他的军队士气消沉,尼西阿斯设法上前鼓舞他们。与此同时,他必须提出若干一直牵动

㉟ Longo 在 *Studi Barigazzi*(1984,1.366)略为提及的是米卡列苏斯的"野蛮化",而非希腊性的主题。

㊱ 对这篇演讲的研究,可参考 Luschnat,《将领演说》,页 101 – 106;埃德蒙斯,《机运和智识》,页 135 – 139;Pouncey,《必然》,页 128 – 129;Lateiner,*CP*[80],1985,页 207 – 208。

着我们整个研究的关键议题。

尼西阿斯一开始就提到有些人甚至在比这更可怕的境况中仍然得以生还,他试图安慰眼前这些强烈责备自己参与远征的士兵们,声称他们不该如此遭罪(para tēn axian,7.77.1)。

> [137]我的身体并不比你们任何人强壮(因为你们看到我如何深受病痛的折磨[参 6.102.2,7.15.1–2,16.1]),我想我在私人或公共生活方面的好运气也绝不次于任何人,但现在发现我自己却与你们当中地位最低下的人一样置身于同等险境之中。可是我终生向诸神履行无数规定的义务(nomima),待人公正且无可指摘(anepiphthona)。因此对于未来,我始终保持着自信的希望,我们所遭受的灾难并不像我应得的(kat'axian)那样吓倒我。㊲ (7.77.2–3)

尼西阿斯对获救的希望依托于他个人的虔敬和正义。这能促使可能不比他那样问心无愧的普通士兵振作起来吗?难道尼西阿斯不因涉足当前远征事业而有损清白吗?他自身的处境恰恰对其诉诸神圣正义的希望构成疑问。㊳ 或者,这一希冀暗示着诸神的正义糟糕透顶。这些雅典人曾自恃傲人的力量而前去征服西西里,现在他们却面临着死亡或被奴役的命运。尼西阿斯能够在接受神圣正义的"悲剧"构架的同时,断言雅典人不配承负如此不幸的苦难?他继续说道:

> 诚然,[我们的灾祸]会有缓解的可能。我们的敌人有着一切可能的好运气,如果说我们因投身远征而得罪了(epihthonoi,比较上文的 anepiphthona)诸神中的一位,那么我们已经受到足够惩罚。一直以来,其他有些人攻打自己同胞,做出了

㊲ 我认同 Pouncey 对 Kat'axian 的理解(《必然》,页 128)。
㊳ 参见普罗塔克,《尼西阿斯传》,26.3–6。

人之为人所会做之事(直译为"践行人事",anthrōpeia drasantes),反而没有遭受超出自己所能承受的苦难。有鉴于此,我们便似乎(或很大程度上,eikos)有理由期望神对我们更仁慈些(只因目前我们肯定更应该得到怜悯而非愤恨[phthonou])。(7.77.3 - 4)

尼西阿斯认同诸神的正义,而不是雅典的政治论说。他当然不打算将犯罪(transgression)的观念排除在人类生活之外。但他把这一观念描述为人类行为(anthrōpeia)的特征,犯罪和惩罚都是人类生活的典型模式。他并不暗示它的必要性,仅仅示意它的普遍存在使诸神有理由予以饶恕。正如所有真正虔敬的人,尼西阿斯懂得,恰好因为任何人都无法逃避主持正义的神灵所发出的召令,所以没有人会由衷地听从它;完美正义是一种不虔敬之人所制造的假象。(尼西阿斯自己不也是在这命定的远征中随波逐流?)在这一意义上,虔敬本身认同雅典论说。㊴ 尽管如此,期望诸神完全宽容这些犯罪之举,似乎对他们所求甚多(和甚少)——等于说,这超出了(和达不到)对正义的期待。[138]人们对神的体会,最主要是神意对人们自身计划的违背。㊵ 在任何情况下,一味宽恕的诸神将不能提供对抗不正义的保障。然而主持正义的诸神则至少会体谅人类在恰当掂量罪罚方面能力的欠缺;这种弱点将唤起他们的怜悯。而在评估当前的有罪性时,他们会一并参考过去曾有的公正表现。不像在弥罗斯的雅典使者,尼西阿斯并不试图把诸神归入一种自然强迫性的普适法则,譬如说这一强迫性据称把人类置于其统治之下;正如我们所见,他不认为人类屈服于这样一种法则。尼西阿斯企

㊴ 在众评注者中,只有 Pouncey(《必然》,页 95 - 96,128 - 129)显得注意到这一对应关系,在他富有说服力的论述中,他形容这篇演说为给全军的一次"赦罪",修昔底德自己严肃地认同这点。

㊵ 参阿里斯托芬,《骑士》,30 - 40(以尼西阿斯对诸神的信念为理由);塔西坨,《历史》,1.3。

望诸神能合理地强制施行正义;他并不认为公正的诸神会放弃执行正义。

至于人类,他们一般而言保持行动的自由,或者克制自己做出正义或不义之事的自由。身为虔敬者,尼西阿斯拒绝以严酷的必然性作为辩称理由。这一声称既带有羞辱意味(因其否认人类的自主尊严),又显得傲慢放肆(认为人类不再遵从神法)。事实上,他反倒期望诸神使他免除严酷必然的制约(参见第四章)。他无法在这种必然出现时做出辨识,这一点成了他(和他的远征军)的祸根。由于他际遇沉浮,他说服自己能够避免抉择的必然;他总是向他方求助,如果有需要的话,甚至会乞援于他的敌人(7.85.1)。的确,意识到自己依赖诸神的尼西阿斯显然不敢触犯他们;他尽量避免主动冒犯(4.42-44),竭力远离危险(5.17),只在慎重而且做好充分人力准备的情况下才去冒险。(他甚至在这演说的最后时刻向他的属下保证,他们凭自身力量仍足以与敌人抗衡[7.77.4-7]。)但这种在惩罚不义和肆心的诸神面前表现出来的怯弱,与对守护正义和无辜者(anepiphthona,77.2)的诸神所抱有的希望相比,两者并非不相容。

尼西阿斯的希望终归彻底破灭。他比德摩斯提尼更一意孤行地率领全军撤离,结果不过使得他的军队蒙受更惨烈的杀戮(7.84)。㊶ 由于信任斯巴达将领的好意,他主动向其投降,可不久之后他就被屠杀,就像弥罗斯人一样,悔恨自己相信诸神和斯巴达人。他在某种程度上就是自身过往所抱希望的受害者。那些他曾期望会背叛自己城邦的叙拉古人,如今却一定要置他于死地,以防他揭穿他们的谋约(86.2-4)。至于剩余的雅典士兵,要么在竞相喝下污秽的阿西纳鲁斯(Assinarus)河水时被屠杀(84),或者被困在叙拉古令人窒息的石坑里(87.1-3),"据说,他们被彻底打败,全军覆没;[139]他们伤亡极其惨重,只有极少数人能重返故

㊶ 参 Pouncey, *HPTh*[7],1986,页1-14。

里"(87.6)。㊷

西西里远征的动机和强迫

要是修昔底德质疑尼西阿斯对神圣正义的希望,那么看来他在某种程度上支持尼西阿斯对"犯罪"的理解,这允许我们谈论尼西阿斯的智慧。

修昔底德在临近第七章的高潮处,首次且在其著作中唯一一次给出了对各城邦行为的概要分类,所依据的是这些城邦自身的强迫性(compulsoriness)。上下文叙述的是即将在大港湾爆发的战争,就在全面大战一触即发之际,修昔底德停下来向读者交代交战双方的人员编目(7.57-58)。《战争志》共有两次与荷马笔下的舰船编目(《伊利亚特》,卷二;参2.9)对应的列举,作为这其中的一次,他追问了一个荷马没有涉及的问题:各个支队出战的动机。另外,他还逐一判断他们参与战争是出于自愿还是被迫。

在这部分插入了这么一种因素,虽然频繁出自修昔底德笔下人物的口中,却几乎未曾以修昔底德自己的名义道出:同一血缘族群成员所谓的亲族关系。㊸ 如果从这一角度看,他对诉诸争斗的多次反常现象作出了细致报道:雅典的埃奥利斯(Aeolis)属邦对抗叙拉古的埃奥利斯盟邦,这个或那个殖民地敌对它的母邦或者同一母邦之下的另一些殖民地。这些反常现象之多,让我们瞬即明白,与其说它们是雅典事务的例外状况,不如说是其正常规则。事实上,修

㊷ 我们必须借助修昔底德著名的尼西阿斯悼词(7.86.5)来说明尼西阿斯自己的期望。参施特劳斯,《城邦与人》,页208-209;Pouncey,《必然》,页129-130;Lateiner,*CP*[80],1985,页209-210。我认同把悼词中的nenomismenen理解为"法所制定的"或"习俗所假定的",也就证明尼西阿斯所赋有的德性的正当。

㊸ 参2.87.3-4;5.9.1;5.108;6.77.1,80.3,82-87;8.25.5。对本文段的论述,可参见Romilly,《帝国主义》,页82-84,Dover,*HCT*,4:433 和Romilly,《建构》,页36-41。

昔底德确实清楚表明,亲族关系(xyngeneia)在营造对抗性同盟(这暗中包括那些碰巧由亲族之人所组成的联盟)时所发挥的作用微乎其微。然而,通过援引亲族关系这种准自然(quasinatural)的标准,修昔底德限定自己对偏离这一标准的不同借口做出判断。

最为显白的借口莫过于正义和强迫。修昔底德断言,与底比斯人交战残存的普拉提亚人不惜加入其宿敌波奥提亚的一方,以反对底比斯,这是"合理正当(legitimate)"或"恰当必要(warranted)"(eikotōs)的(7.57.5)。可是他也明确声称,正义(dikē)与亲族关系一样,在军事力量之布局的决定上无足轻重。不论加入哪个阵营,大多数人都如此,要么出于被迫(kata anankēn),要么以利益为由(kata to xympheron)(57.1)。[140]属于雅典一方由强迫所致的是一些名义上自由的盟邦,他们作为岛国,备受雅典的扼制(kateirgomenoi,57.7)。遭遇相似的还有一些因为政治原因被放逐者,鉴于自身的不幸(kata xymphoran),他们必须与接纳他们的雅典并肩作战(57.8)。可科基拉人也被这样列入在案,他们虽以必然性作为辩辞(anankēi men ek tou euprepous),却长久以来受对科林斯的仇恨的驱动(57.7),同样,对底比斯的敌意也刺激了普拉提亚人,而修昔底德则觉得这是 eikotōs[必要的](57.5)。由此,他的评判依据不是动机,而是处境,科基拉和普拉提亚——他们甚至在没有强制的情况下也会与雅典结盟作战——因实际受限的境况而以被迫为由取得正当性。

所列出的出于自愿的雅典盟邦显然数量上要少一些(7.57.9-11)。他们的主要动机是利益(to xympheron)——不论公共还是私人(就如雇佣兵的情况)——修昔底德在57.1已经将其区分于强迫。自愿参战的还有阿卡纳尼亚人,尽管为薪酬而战,但他们主要是基于与德摩斯提尼和雅典的友谊(philia)。㊹ 最后,修昔底德列

㊹ 关于阿卡纳尼亚人,参见 Engeman, *Interpretation*[4.2],1974,页66-78。[译注]中译可参"荷马式的荣誉与修昔底德式的必然性",载《荷马笔下的伦理》,华夏出版社,2010。

出来自意大利和西西里的雅典盟邦。除了图里伊(Thurians)和麦塔蓬提昂(Metapontines),邦内动乱的时势大大迫使他们向雅典投怀送抱(57.11)。在叙拉古方面,只有西基昂(Sicyon)据说被迫(*anankastoi strateuontes*,7.58.3;参5.81.6)前来参战。

修昔底德在此所作分类的原则也许看起来出人意料,因为他们显然更接近斯巴达和尼西阿斯,而非他笔下精明的雅典人的原则。他必定回避这么一种观点:安全和利益表现出一种毫无差异的区分;他对那些自身存活或其政制命运受雅典支配的人的诉求表示宽容,而对雅典人自己或任何只想着增加财富的人的态度则不然。恐惧果真不能仅仅作为一种强迫而获得正当性。在编目中均无提及两方阵营中有哪个迫于压力而参战的西西里城邦,虽然他们大多数显然要么畏惧雅典要么忌惮叙拉古(或两者皆惧)。我们亦不可将这种疏漏归结为一个事实,即所有这些城邦的情况都不过是多利亚人联手多利亚人,或伊奥尼亚人联袂伊奥尼亚人作战,就像那些支持自己亲族的人总是被假定会自愿这样做。因为修昔底德只提到西基昂人(Sicyonians),这种多利亚人与同族人并肩作战的情况,他们是在受迫之下参与战争。

根据修昔底德的要义,自愿是指所有免受直接外部限制且行动自如的人的参与,不管他们的动机如何。加入叙拉古战线的西西里城邦可能有着各种强烈动机驱使他们这样做;不变的事实是,他们依然可以自由决定,像阿克拉加斯人(Acragas)那样(7.58.1),冒着保持中立的风险比承担参战的风险更可取。

修昔底德以在强迫下行事为由,只为那些受他人动机控制的人申明无罪。[141]他并没有以自己的名义声称,所有致力于征服的人都根据一种自然的必然行事(1.76.3,5.105.2);至少,我们必须说,他把握住一个与雅典论说保持距离的机会。

然而,这一章节并没有显现出敌视雅典论说的那种人特有的愠怒。修昔底德既没有对那些冲着金钱而战的人义愤填膺,也没有对出于友爱动机的阿卡纳尼亚人表达愤慨。他对偏离亲族俗成准则之行为的描述,看起来就像质疑那些明显遵从该准则的人的动机那样平静自然。一如虔诚的尼西阿斯,修昔底德似乎也认为,即使严格来说并非出于强迫,犯罪行为——可谓人性的典型(参见 *anthrōpeia drasantes*, 7.77.4)——也很大程度上不应受到义愤的对待。

第七章　重审雅典论说:狄奥多图斯和赫摩克拉特斯

[142]雅典和斯巴达各自的作风证明远没有她们起初看起来那样势不两立。斯巴达胜在虔诚好比胜在她的虚伪;雅典败于不虔诚好比败于她的虔敬。双方都展现出相应的美德和恶习,而这正是它们各自权衡虔诚与非虔诚、宣称正义与顺从必然两类关系之独特方式的典型体现;纵然两者均博得读者的敬重,但双方都未可声称得到修昔底德的赞同。

因此,要想企及修昔底德所持观点的高度,我们必须转向考察他笔下的人物,他们所表达的看法最大程度地向他自身观点攀升。我们务必研究两个皆已解决迫切的实际困境的主要人物,他们的处理方式揭示出他们反思政治生活的深度。

米提列涅论辩

战争第四年,米提列涅企图叛离雅典,但终告失败(参照本书第三章)。在叙写事后雅典内部展开的论辩时(3.36 – 49),修昔底德浓墨重彩地处理了正义与必然的问题。

米提列涅投降情况如下(3.27 以下):由于对援军的到来失去信心,来自斯巴达的指挥官下令让城邦的民众手握武器。濒临断粮乏匮的公民们突然袭击在位的寡头官员,要求当局发放公共谷仓的粮食,否则他们将自甘投降,与雅典人议和。寡头官员们听后惊怵

第七章 重审雅典论说:狄奥多图斯和赫摩克拉特斯 193

自己将无缘参与订立和约,故决定自己交出城邦。①

在雅典展开的论辩主要争论是否应当惩罚这些公民。奇怪的是,修昔底德自己在别处从未对公民合谋叛乱的严重性加以评判。这些不曾激发或阻止叛变的公民们是否对叛变保持反对态度?这似乎难以定断。假如统治者认为公民有意支持叛乱,他们必然不会把武器分发给他们以致自己陷入任其摆布的境地。另一方面,斯巴达的指挥官即便悲观绝望,也怎么会不与寡头执政者商榷,就直接把民众武装起来?一俟武器在手,公民旋即揭竿起义,[143]但只为充饥,并非偏袒雅典。修昔底德的沉默引发了一场关乎"雅典帝国之声望"的激烈讨论。② 然而,由于作出有说服力之意见所必需的信息悉数欠奉,他借此让我们深信,我们对接下来论辩的回应将会引发更为根本的问题。

修昔底德笔下再现的论辩可谓一次重新审视。米提列涅已经投降,条件是他们的命运应由雅典人处置(3.28)。在场的雅典指挥官把上千对此次叛乱负有重要责任的寡头派党羽遣送回雅典。雅典人一怒之下决定不只处死这批人,还要杀害所有男性公民,并把妇女与儿童当作奴隶变卖。他们当即派遣一支船舰赶赴米提列涅执行这一决议(36)。

正如大多出于盛怒的决定,这次也流露出对正义而非利益的执着。我们想必记得,众多盟邦之中几乎只有米提列涅一个从未沦为属邦并缴纳贡税,她甚至还保有自己的城墙和舰队,故而一直实力非

---

① 关于米提列涅战役,参 Stahl,《修昔底德》,页 103 – 112;Kagan,《阿希达穆斯战争》(*Archidamian war*),页 124 – 152;John Wilson,*Historia*[30],1981,页 144 – 163。

② De Ste – Croix,*Historia*[3],1954,页 1 – 41;Bradeen,*Historia*[9],1960,页 257 – 269;Andrewes,*Phoenix*[16],1962,页 64 – 85;Legon,*Phoenix*[22],1968,页 220 – 225;Gillis,*AJP*[92],1971,页 38 – 48;Quinn,*Historia*[20],1971,页 405 – 417;Macleod,*JHS*[98],1978,页 76 – 77。我同意(虽然理由不同)Weslake(*Historia*[25],1976,页 429 – 440)的观点,修昔底德的沉默是有意为之。

凡,繁荣自由。而她却反而背叛雅典,而且被证明经过充分的预先谋划,还引领一支斯巴达舰队直抵雅典海上帝国的腹地。雅典人意欲声张惩罚性的正义,他们一致认定这是一起有预谋的叛变(3.36.1–3)。

同样,当雅典人次日醒来记起大量关乎道德的遗留观念时,他们所作决议令其忧心的已不再是利益。"他们开始认识到这一决议的严重和残酷程度,不单肇事者受到处决,连整个城邦也将一同毁灭"(3.36.4,英译出自霍布斯之手)。由此,重新审视决议的正义成为可能。

面对一个看似反常的现象,以上这点值得我们重视。随着论辩的展开,我们看到,重启审议似乎更关注的是决议所带来的利益,而非决议本身的正义。这反映出克里昂的策略,此人"在公民当中言辞最激烈,当时对公民的影响力最为强大"(3.36.6)。由于前一天的情绪得以延续,他俨然变成反对撤回决议的最具说服力且极其激进的演说者。他的演说基于两个主要策略。对于决议是否正义的问题,他额外加入了决议所涉及的利益问题。在论及对外政策的议题时,他则提出邦内的忠诚问题,尤其针对那些敢于为米提列涅辩解的聪慧的演说者对邦国的忠诚。他极力使听众坚定信念,不只要严惩叛乱者,还要指摘邦内任何可能为叛徒平反从而使他失信的论辩对手。[144]这两个步骤姻娅相连,我们往后探研狄奥多图斯的伟大演讲时必须均将其谨记于心。

虽然我们可能厌恶克里昂的演说,但我们不能否认它的有效性。行文杂乱无章、语势咄咄逼人、思维前后矛盾,简直就是平民主义(populism)的杰作。克里昂一开始就提起雅典人生活中常存的信任(参伯利克勒斯在2.37的演说),随后马上指责他的听众过于信任他们的盟邦(参1.68.1–2)。实际证明克里昂同时擅长于奉承他的支持者和严厉批评他们对他的反复无常。③ 他强有力地主张,所有发言支持撤销决议的人都是民众的叛徒,他借此力图胁迫

---

③ 我以更长的篇幅讨论过克里昂演说中的平民主义,详见 *The American Scholar*[53],1984年夏季刊,页313–325。

他们沉默。他有意玩弄民众的心理,唆使他们对"精英们"(3.37,38.1–3)和他们自己失去信心——因为他们竟不能毅然抗拒那些"精英"(38.4–7)。

对克里昂来说,引入利益的主题并声称它优先于正义,可谓明智之举。他担心现在只援引正义的话,很可能达不到理想的效果。公众对这个问题的态度已经发生偏移,而且之前的演说者(3.36.6)想必已经诉之于此。毫无疑问,克里昂必须为他所支持的决议的正当性辩护,但他还选择强调它的利益,并坚称,在两者处于紧张对立状态之下,利益必定压倒正义。

在他演说的其他相互交错的织体中,他阐明了他对米提列涅的有所改进的新立场,而作为引子,克里昂首先提出一个看似不合常理的断言。他宣称雅典人朝夕相处的方式一如他们与其属邦的关系那样,毫无恐惧可言且彼此深信不疑,另外,他们的帝国是一种彻头彻尾的僭政(3.37.2;参1.122.3,2.63.2,6.85.1)。他们没有正视自己是个僭主的事实,当然就无以实现一个僭主所应完成之事——他们在民主制下管理帝国的无能正说明了这一点(37.1)。克里昂图谋指责雅典的宽仁及米提列涅的忘恩负义,并设法敦促他的听者寻求自身的安全,不必理会正义的美好,同时又向他们保证,即便正义也会要求彻底灭绝米提列涅人。虽然理论上多有不合逻辑之处,但不得不说这种表达颇有实际效果。④ 它似乎轮番诉诸两种最刺耳的激情:恐惧和愤怒。

克里昂一边声援正义的报复,一边鼓吹放纵嗜杀之欲。窍门就在于他衡量惩罚和罪行之同等关系的方法。他反对延迟惩罚叛变的人,"这样全然有利于犯罪者。因为拖延的话,受害者是在怒火减退后对付作恶者,而不是利用苦痛仍历历在目之时施以惩罚和尽可能对等的报复"(3.38.1)。他吁请雅典人回想当时叛乱消息传来时

---

④ Winnington – Ingram, *BICS*[12],1965,页76–77;Cohen, *QUCC*[45],1984,页47–48。

他们所承受的苦楚(40.7)——正义要从极端愤怒的角度加以衡量。

[145]我们自然明白,为何克里昂能够描述米提列涅为"比以往任何其他城邦更大限度地伤害过雅典"(3.39.1)。米提列涅人自己面对着最善倾听的观众,也曾难以为自己的行为申辩(3.10-14)。尽管如此,克里昂所理解的正义就是根据那些对正义无益的激情行事。既然雅典人准备听从道理,他就打算重塑他们原初的狂热。

至于公民所背负的罪名这个具体问题,克里昂并未细说。"他们全体无一例外都攻击我们",而且"平民与少数人一同造反,满心以为这种冒险比较安全"(3.39.6)。他明显期望他的听众谴责这对安全的估算如何背信弃义。他付出极大努力诋毁叛变本身,希望他的听众的愤怒对象从少数人扩散到大多数人。⑤

正如先前所说,克里昂所援引的并不仅限于所谓对正义的思虑。他考量利益的论述也再明白不过了。假如雅典不表明惩罚叛乱的方式就是判决死刑(3.40.7),她所有属邦不久之后就会纷纷叛离,反正成功的话自由唾手可得,一旦失败也无伤大雅(39.3)。因此,严惩全体米提列涅人既符合正义,又合乎利益(40.4)。然而如果雅典对其从轻发落,"你们不但得不到他们的感念,反倒给自己判刑。因为假如他们叛变有理,那么必定证明你们的统治是非法的。不过倘若你们尚且觉得这样的统治即使有所不妥仍然适合维持下去的话,那么你们必须下决心惩罚这些人,要不就放弃帝国,在绝然安全的情况下做个合乎正道的人"(40.5;参2.63.2-3)。由此,克里昂的策略将两全其美:雅典人要么是正义的统治者,可以合乎道义地惩处叛离事件,要么叛离者背负不义之名,必须不顾一切地对

---

⑤ Legon(*Phoenix*[22],1968,页208-209)提出,在坚称少数人和民众都同等对叛乱事件负有责任的同时,克里昂接受了代表少数人的使者的请求,而狄奥多图斯则会接受代表大多数人的使者的请愿。这种说法有一定道理,虽然从修昔底德对出现在雅典的米提列涅使者的简略提及中(3.36.5)我们难以弄清克里昂和狄奥多图斯他们是否都代表两方党派,如果仅代表一方的话,那又会是哪一方的立场。

其施以惩罚。

克里昂的演说确实暗示出可供他的对手使用的某些策略。譬如他问道,谁会如此不审慎甚或堕落,以致认为"米提列涅的罪行对我们有利"(3.38.1),从而间接提示一种可行的方法,即以纵使合乎正义但适得其反为由拒绝施加惩罚。他承认,要是这一冒犯行为实属非自愿或被外界力量(敌人)强迫所致,那么它理应得到宽恕(39.2,7)。他又以较为不同的语气,差点怪罪雅典一直骄纵米提列涅,最终酿成叛乱。"假使我们很早以前就不区别对待他们和其他人,他们肯定不至于变得如此傲慢无礼。因为人类鄙视卑屈奴态,就如同对强硬姿态保持畏惧一样自然"(39.5)。同样地,克里昂强调叛变者显露自负作态的愚蠢,他人惨败的经验和他们自身现有的繁荣也始终未能阻止他们铤而走险(39.3)。[146]虽然他提请人们考虑这些加重而非减轻刑罚的因素,但雅典人还是选择支持他们将要听取的出自狄奥多图斯的另一不同论述。

我们越深入阅读狄奥多图斯的演说,就越发现它其实得益于克里昂。⑥ 它同样一开始分析审议在城邦中的位置,以此直言不讳地批评听众和对方辩手。但鉴于克里昂反对重新审议,狄奥多图斯将矛头指向他的做法,并责备雅典人未能遵守公共辩论的适当规定。事实上,他坚持认为当前处境极其不济,无论谏言者的建议多么睿智,动机多么无可指摘,他都无法希望通过陈述己见而取得成效。"整个城邦且只有城邦是这样,除非存心欺骗它,否则无以使它受益"(3.43.3)。我们稍后会重新琢磨这个惊人声明的来龙去脉。⑦

---

⑥ 关于狄奥多图斯回应克里昂时继承克里昂的成分,参 Bodin, *REA*[42](*Mélanges Radet*),1940,页 36 – 52;Eberner, *WZUH*[5.6],1956,页 1085 – 1166;Schram, *AntRev*[35.1],1965,页 126 – 129;Macleod, *JHS*[98],1978,页 68 – 78。

⑦ 鉴于每次公民大会的召开都以庄严地诅咒出言不实的演说者作为开始这一事实(提出这点的是 Macleod, *JHS*[98],1978,页 75,注 47,他所依据的是阿里斯托芬,《地母节妇女》[Thesmophoriazusae],行 356 – 360),上述声明的重要性就更为突显。

而如今，我们只能注意到，狄奥多图斯鼓动我们深思他处理米提列涅问题时究竟潜藏了何种欺骗。

若说有一点能得到评注者普遍认同的话，那他们所指的一定是狄奥多图斯依据利益而非正义来恳请宽恕米提列涅人。⑧ 他首先坚称，他关注的议题不是米提列涅的叛离，而是雅典的利益(3.44)，而最后又强调不可能有两全其美的政策(47.5)。尽管如此，他的演说绝对没有遗弃正义。毋宁说，克里昂迫使它隐蔽自身。

狄奥多图斯甚至以比克里昂更严厉的口吻开始他对米提列涅问题的论述。按照他的说法，他自告奋勇地慷慨陈词的目的，既不是控诉也不是辩护；"如果我们是明智的人"，那么所讨论的就不是"他们的正义"而是"我们恰当的决策(counsel)"(3.44.1)。"尽管我理应宣判他们大逆不道，但我不会因此唆使你们把他们通通处死，除非这样做对我们有利。即便他们有理由要求从宽发落，我亦不会力劝你们恕免他们罪行，除非这明显有益于[雅典]"(44.2)。

[147]狄奥多图斯正因把利益看得比正义还重而臭名昭著。但开启先例的人是克里昂——纵使有失正义，他的决策是必要的。狄奥多图斯对此作出挑战——即便合乎正义，判决仍属不智之举。这无疑是个漂亮的反击。宣扬正义莫过于复仇的克里昂一心只纠缠于正义，如今看起来未免太愚蠢了。

---

⑧ 参见，譬如，Bury，《古希腊纪事作家》(*Ancient Greek historian*)，页137–139；Cochrane，《修昔底德》，页103–104；J. H. Finley，《修昔底德》，页177；Romilly，《帝国主义》，页137–149，*Phoenix*[28]，1974，页97–98，及Douceur，页151–153；格雷纳，《古希腊政治理论》，页29；Wassermann，*TAPA*[87]，1956，页29；Stahl，《修昔底德》，页121；von Fritz，GGS，1：688；De Ste–Croix，《起源》，页13；Kagan，《阿希达穆斯战争》，页159–160；Walzer，《正义之战与非正义之战》，页9–10；Pouncey，《必然》，页86–87；Proctor，《经验》，页61；Connor，《修昔底德》，页84–91；Heath，*Historia*[39]，1990，页388–389；Coby，*CJPS*[24]，1991，页85–89。Cohen(*QUCC*[45]，1984，页52–53)跟随Kagan和Connor的观点，认为狄奥多图斯放弃诉诸正义仅仅是出于修辞性理由；而狄奥多图斯究竟如何聪明地设法处理这个问题还有待考察。

狄奥多图斯自称由利益主导的论述包含四个阶段。逐一展开讨论它们之后,我将说明它们也构成了一种基于正义的论证。当前讨论利益,就是围绕如何阻止叛变发生的问题。因此,狄奥多图斯一开始就贬损死刑的震慑力量,以此抨击决议。虽然不比叛离严重的罪行都处以死刑,但个人和城邦仍然敢于以身试法,对他们的诡计盲目自信。"任何人本性上都倾向于犯罪,不管单独行事还是集体作业,而且任何法律也无法加以阻止"(3.45.3)。

为了证明这一观点,狄奥多图斯追溯到远古时代。"大概"(likely)——他没有明确地说——在那些年代,对最严重罪行的惩罚尚算较轻(同上)。但并不是说这时期就是黄金时代。那时与当今一样罪恶横行——毕竟恶是我们本性所特有的,而随着时间的推移,惩罚变得更为严酷。他认为当时的掌权者并没聪明多少;他们天真幼稚,如同缺乏经验所致。而积累起来的经验逐渐催生出比以往更严厉的刑罚,因为较轻的惩罚显然无法抑制人类本性。这种不断吸取经验教训的进程以狄奥多图斯自己的洞见告终。旧时的立法者假定,温和的惩罚实际上足以制止犯罪行为,而狄奥多图斯偏说任何惩罚都无效,无论它多么可怖。他略带悲观的智慧已然与古代的乐观心态形成极其鲜明的对比。但两者在这意义上彼此趋同,即天真抑或聪慧者都绝不诉诸严酷手段作为惩治罪行的良方。

狄奥多图斯并未声称通过什么途径掌握远古时代的实情。很明显,传统的权威们——诗人——和修昔底德自己的探究(1.1-23,2.29,2.102,3.96.1)都不能支撑狄奥多图斯关于那个时代的说法。诗人叙说一个真正的黄金时代,而修昔底德讲述的是普遍的贫乏和暴力。看起来狄奥多图斯像是借取后者关于罪行的部分,前者关于惩罚的说法。难道他可以声称这种合成为"大概"?

狄奥多图斯的论述只有一点说得过去:施行惩罚之初,它唯一不变的用意就是防止人们日后变成犯罪者。从前人们施罚的动机不是报复(正义),而是防止(利益)。唯独这样我们才能证实一个推断:只有随着时间推移,最严重的罪行才逐渐引起相应的惩罚措施。

这有多大"可能"真是一种对惩罚的说明,我们将在当前的情势下得到解答。雅典毫无愤怒和迟疑地考虑施展威慑。[148]正如他们的初衷是击溃罪有应得的犯罪者,他们随后想的就是所有连带遭殃的人是否命该如此。狄奥多图斯论述惩罚时仿若置身事外,但他忽略了眼前案情至关重要的那些方面。通过概述貌似只关乎威慑作用的刑罚的"历史",他不动声色地劝服他的听众认同这一观点。他借此暗示利益之于正义的首要性,从而发展了克里昂论证的一个方面——以便一举反攻克里昂。⑨

脱离正义而自谋其利的政策或许显得无情无义。它意味着无所顾忌的残酷,只要应合一个有利目的。但反过来,仅当它服务于某个有利目的(绝非报复)时,它亦能避免施用严酷手段。就惩罚而言,一般就是用于威慑。但狄奥多图斯将用以威慑的惩罚的力度降到最低。他的论述可能甚至看似暗示废除惩罚。明显的是,他明智地适可而止,间接地表明屠杀米提列涅人一事虽然合乎正义,但无助任何有利目的。狄奥多图斯由于继承了克里昂所坚持的观点,即利益高于正义,故避开直接批评克里昂残酷的决策——尚未质问它的正义所在。

至此,狄奥多图斯坚持认为,无论克里昂的政策多么正义,它仍未增进雅典的利益。他现在接着主张它甚至会给雅典带来祸害。克里昂的政策不仅无法阻止叛乱的发生,还会使得投降不再可能(3.46)。到目前为止,发起叛变但已自知被围困到绝境的盟邦尚且会像米提列涅那样投降,希望以及时的投降为由减轻不合时宜的叛变的罪责。杀害米提列涅人,等于宣布那些早早投降和拒不屈服的人殊途同归,难逃死劫;从而驱使所有城邦誓死顽抗。由于长期疲于四处征战,雅典收获到的只能是满目疮痍的城邦,她们已无力支付赔偿或贡税。

---

⑨ 至于另一种读法,可参施特劳斯,《城邦与人》,页 234–235。

论证的第三阶段乍眼看来就是在补充说明。它与前一阶段的联系,就在于一种总体反思,也就是说雅典应当谋求自身利益(譬如征收贡税),而非自命为严格主持正义的法官。

> 可如今我们却反其道而行之,而且倘若我们成功挫败某些由武力统治且(合理)争取自由的民众,我们就会认为必须严厉惩罚他们。然而我们不应当在叛变后严惩他们,而是应该在他们起势前予以密切监视,抢先防患于未然;要是顺利实现征服,我们也应该尽可能少地怪责他们。(3.46.5–6)

本段最后一个分句自然衔接了论证的第四阶段:若雅典人采纳克里昂的建议,这无异于正中他们敌人下怀。目前各个属邦的公民都对雅典保持好感,[149]即便被寡头分子胁迫参与叛变,他们也将成为雅典的第五纵队*(fifth column)。⑩ 不过一旦雅典把米提列涅人赶尽杀绝,而这些人"不曾参与叛变,武器得手后又毫不犹豫地立

---

* [译注]"第五纵队"一词源于西班牙内战,指西班牙内战期间位于马德里的长枪党党员支持者准备加入在城内游行的四个纵队,后成为帝国主义与其他国家中收买的叛徒和派入的间谍的通称,泛指工作在一国家内部的一个秘密的旨在颠覆政府、援助入侵敌人的军事和政治的组织。

⑩ Cogan(《人事》,页55–65)断言,狄奥多图斯的演说开辟了战争的一个全新的"意识形态"阶段。然而Cogan夸大了支持属邦中的民人(demos)反对少数人这一政策的新颖性。狄奥多图斯说明民人对雅典的友善是一个既成已久的事实,而托名色诺芬(Ps. - Xenophon)在《雅典政制》(Constitution of Athens)2.10–11,(该文本大概可以追溯到与目前米提列涅论辩相同的时期),也表示袒护自己属邦中的民人是雅典的既定政策。然而,反对Cogan的论说的主要观点是,修昔底德所报道的演说和行动都没有暗示雅典有任何人把战争看作是一场民主党人与寡头党人之间的争斗,还把别处的民主政制当作雅典所为之奋斗的一个因素(这与一种有利于维持帝国的工具截然不同)。如果要说战争这一(或任何)阶段是意识形态的,那么上述观点自然会构成一个最低限度的条件。关于战争的"意识形态特征"这一普遍问题的讨论,参见Fliess,《两极化》(Bipolarity),页127–137。

马交出城邦",那么他们不仅"因诛杀有恩于他们的人而背负不义的罪名",还了结了所有寡头掌权者的私愿。自此之后,即使人们不满统治者而被迫发起动乱,他们也将拼死到底,只因雅典"已经公开宣示,有罪者和无辜者将一律受到同等惩罚"(3.47.3)。事实上,狄奥多图斯总结道,纵使米提列涅公民有罪,雅典也应置若罔闻,以免失去唯一在别处依然忠于自己的盟邦(47.4)。⑪

狄奥多图斯在此从区分涉罪较浅和较深的犯罪者——亦即区分米提列涅人和拒绝投降的反叛者——推进到区分完全无辜者和明显有罪者各自所带来的利益。这后一种区分将运用在米提列涅人身上。

这些论述——包括中途关于防范胜于整治的警言(3.46.6)——都含蓄地从防范的角度理解利益。狄奥多图斯显然没有否认惩罚的力量就在于实施威慑。量度经过适当校验的处罚方式能指望达到理想的效果:阻止涉足尚浅的犯罪者掉入泥淖,以及防止无辜者将自己的命运全押在有罪者身上。克里昂的策谋同样发挥威慑作用,而且理由确凿——但正如我们所见,它无疑步入歧途。

如此对惩罚——显然包括死刑——之威慑力量的突出强调,看似可能在逻辑和修辞上与论证的第一阶段构成冲突。因为狄奥多图斯在第一阶段从未停止贬低他当下如此热衷利用的惩罚效力。事实上狄奥多图斯并未在别处声称,畏惧惩罚的心理无助于阻止叛变,[150]他只是强调这种心理效应永远无法杜绝一切叛变的发生。当他的话题从叛变心理转向投降者的心理学时,他对威慑力量更为乐观的评价很可能对他的听众来说毫无突兀之感。

狄奥多图斯与克里昂争论的真正分歧,不在于惩罚是否能阻止

---

⑪ 不过狄奥多图斯并不是建议[所有]"有罪的民主党人都应免除惩罚"(Coby, *CJPS*[24],1991,页88),而仅仅提议雅典赦免米提列涅民众,他们有的是无辜的,有的也同样可以归为这一类(3.47)。他所暗示的,不是说雅典不应当甚至连公然参与叛乱的民众也予以宽待,而是说她应该仅仅惩罚明目张胆的叛民。

犯罪发生,而在于这种惩罚效果的可靠性,以及如何对其进行调控,以便增强它的效用。狄奥多图斯认为克里昂夸大了抑制罪案发生的可能性,毕竟那是涉及激情的罪行。起先软弱乐观的叛变者一旦发现自己身陷绝境,便感觉到接受惩罚的命运比想象中更令人惊颤。狄奥多图斯会在心智对恐惧毫无防备之际,利用恐惧的力量。虽然它或许无力制止叛乱,但它能成功降低叛变次数,并且极大减少它们对雅典造成的损失。[12]

上述论证看似具备充分的说服力。然而,当狄奥多图斯从如何劝诱投降的问题(3.46.1-4)引申到如何抑制公众参与叛变的问题(47.1-4)时,矛盾也随之而生。前一段似乎暗示所有米提列涅人应该因及时投降而得以饶恕。但后一段却主张,少数(有罪之人)应当予以惩罚,而大多数人则不然。有罪者得到宽恕这点是否实际上会诱使将来的叛变者及早投降,以便雅典在不造成破坏的前提下重新获得叛逆的城邦呢?抑或严厉惩罚这些少数有罪者(同时赦免其他民众),令人们日后自觉置身叛乱之外?狄奥多图斯显然避开了这个问题,他现在把城邦的提前投降归功于那些违抗少数人意愿的民众(47.3)。[13] 叛逆者顽固的轻重程度之分已经沦为叛逆者与所谓忠诚者之分。他虽然成功混淆了这种区分,但问题本身依然存在。

这一难题可以表述如下:倘若发起叛变的阶层一般是掌权的寡头派,那么通常会由他们来决定是否放弃叛变以及投降的时机。(我们记得,即便在米提列涅,最终作出抉择的也是少数人。)只有当属于少数而非仅仅充当多数的米提列涅人得到宽恕,他们才能成为楷模,以资鼓励其他处境相同的人尽早缴械投降。(否则狄奥多图斯的政策并不能比克里昂的更有效地促使叛乱者迅速投降。)然而这种宽恕似乎与为了巩固其他民人的忠诚而处理他们的作法相矛盾。难道

---

[12] 至于对此的进一步详述,参 Coby,*CJPS*[24],1991,页 83-84。

[13] 参 Macleod,JHS[98],1978,页 76-77,作者也阐述了对这些事件的解释的存疑之处。

对民众的从轻发落不正与严厉处理少数人的做法形成鲜明对比？难道不应树立少数有罪者为典型，以便衬托大多数人的无辜？最终，狄奥多图斯可能同意克里昂，认为从轻发落有罪者只会纵容犯罪行为(3.39.7)——[151]既然事态严峻时可指望及时自首以摆脱绝境，那么何不参与叛变？如果适合用来鼓励投降的政策同样有助于激起叛变，雅典应该如何选择？

纵使严酷惩罚的威吓或许不足以制止所有叛变事件，但可能需要用来阻止其中一部分(甚至避免激发这些事件)。在3.46.6，狄奥多图斯证明自己与克里昂一样重视防患于未然，不仅防止公众参加叛乱，还扼杀叛变本身的萌芽。在此他含蓄地承认刑罚制裁也许能防止叛乱，但他暗示道，发挥震慑之效的不是某种惩罚的残酷性，而是遭受惩罚的相对确定性。要想劝阻犯法者，人们必须炫耀自己的力量，迫使他们从一开始就有逼至绝境之感。为了达到这一目的，他暗示要抢先对其进行监视。防止罪恶的最佳手段莫过于数盏明亮路灯、巡警，还有对触犯法律者的坚决惩戒。[14]狄奥多图斯在此明确坦言，即便在策划叛乱的阶段，惩罚也可能发挥警诫和劝谕的作用。但假如更明确的比不甚确定的惩罚更有效阻止罪行，那么更坚定更严酷的惩罚难道不比更分明更宽仁的惩罚发挥更加有效的震慑作用吗？倘若如此，狄奥多图斯自己看似勉强承认一点，那就是必须对被俘的寡头派处以严厉刑罚。他到最后并不是说这些人应该予以宽恕(毋宁说他接连肯定那些交出城邦的公民)，而是表明雅典人应该如已所愿处置他们。

由此看来，狄奥多图斯围绕利益的论证确实错综复杂、疑团重重。他曾想暗示惩罚本身收效甚微，轻罚寡头派和公民们反倒比严刑更有成效。但是他最终通过鼓励雅典人重新考虑，表明自己支持严惩寡头派并赦免全体民人的立场。

此外，狄奥多图斯不单只是针对利益进行论证。他其实展示了

---

[14] 参 J. Q. Wilson,《思索犯罪》(*Thinking about crime*)。

自己不止一次拒谈的对正义的诉求。在演说最高潮,这一诉求终于破茧而出,大放异彩。他在那里单刀直入地声明,杀害公民不是单纯的愚蠢,而更是一种犯罪(3.47.3)。这绝非一时的错乱,也不是内心按捺不住的呐喊(cri de coeur)。事实上,只要我们觉察到前日颁布的决策本身的不正义,自然就能理解他以自己方式所展开的涉及利益的论证。

为了尽可能表述清晰,我绘出狄奥多图斯论证计划的两个表。结构为 ABA′B′,交织着两种思路,各自分为两个阶段呈现。表一勾勒了侧重于利益的论证思路,表二则概述了同时隐含着的正义诉求。

表一

1. (A)(45)严酷惩罚证明并不像克里昂所假称的那样有利,因为犯罪者完全无法控制自我,尤其是那些为争取自由而选择叛变的人。

2. (B)(46.1-4)对轻犯者施加不比对重罪犯那么严厉的惩罚才更有利。

3. (A′)(46.5-6)严酷处罚并不适用于防止自由人申诉自身自由;反而应当对其进行严密的监控。

4. (B′)(47)有利的是,惩罚有罪者,宽恕无辜者。

表二

1. (A)(45)虽然犯罪一般意味着做出不义之事,但米提列涅一定程度上是无辜的,因为她一直受不可阻挡的强迫所驱使,这包括对自由和帝国这两种"最伟大事物"的渴求。

2. (B)(46.1-4)虽说有罪,但他们的罪名并不像他们可能所是那样严重。

3. (A′)(45)尽管他们确实叛变,但他们这样做正符合自由人的所为。

4. (B′)(47)人们至少完全无辜,也就是说,他们非但没有参与叛乱还主动交出城邦。

[152]虽然现阶段无需进一步评述图表右方的论证,但仍有必要对表的左方稍作解释。它是两个要点的统一,其一是反复提及米提列涅人所追求的自由(3.45.6,46.5-6),其二是声称虽然被判罪,但他们的所作所为纯粹是逼不得已(45.4-7,46.5)。两个阶段之所以有所不同,是因为第二阶段通过改变第二要点的含义,从而强调了第一要点。由于起义是为自由之故——自由之人势必如此,所以米提列涅人不单有资格要求雅典人报以同情,甚至敬佩。一方面他们因为包括雅典人在内的所有人都容易犯的错误而导致失败,另一方面他们的冒险和失败无不是为了追求某种雅典人推崇至极的东西。

施特劳斯注意到,在狄奥多图斯所作论证的第一阶段(A)中,他暗示米提列涅人即便有罪也可能值得原谅。⑮ 他所采用的方式,不是要否认他们所犯罪行的严重性——要挑战这一假定还为时过早,而是暗示这种重大罪行仍值得我们同情。他声称,[153]没有一种人类生活能置身某种致命且迫切的激情之外,贫寒者的胆识由必然性激发,而富有者对额外的追求(pleonexia)则催生于傲慢和肆心。"希望以及爱欲(erōs),后者导夫先路,前者紧随其后",诱使人类坠入毁灭,机运(fortune)亦然,施惠于少数人从而迷惑所有人(3.45.6)。

狄奥多图斯想必不会期望他的听众认同"任何犯罪者都无可指摘"这样的观点。他只公开谈论利益,亦即预防犯罪的问题,从而避免承担宣称这一观点的责任。然而通过引起对施予公然犯罪者的惩罚的一丝疑虑,他为自己下一步暗示铺好道路,也就是间接表明米提列涅甚至不是罪恶昭彰的冒犯者。

也正是为着这一目的,狄奥多图斯在这里首次提到"最伟大的事物"——自由与帝国,此为城邦极有可能不顾一切地追求的对象(3.45.6)。狄奥多图斯引入这些"最伟大的事物",是想解释实际上城邦比个人更易于犯错,以及两者急切猎取这些荣耀之物的原

---

⑮ 施特劳斯,《城邦与人》,页234。

因。然而,他还就此使得行犯罪之事的城邦显得格外比每个城邦中的罪犯高贵。

自由和帝国正是雅典极为珍视的目标。狄奥多图斯提醒雅典人,叛变者就是他们的镜像,不仅反映出他们易于出错的特点,而且折射出他们的抱负。为了叛离雅典,[154]他们只做了雅典自己也会做的事情。⑯

当狄奥多图斯讲述如何处理自由人时(A′),他又重回上述暗示。既已指出米提列涅人虽身负叛变之罪但证明并非执迷不悟,他暗示叛变本身表现出雅典所钦佩的品质。既然现在已经暗示米提列涅人始终在不可抗拒的力量支配(A)下犯下基本算不上不义(A′)的轻度罪行(B),狄奥多图斯断定民人(demos)甚至没有涉足这一罪行,更何况它如此情有可原。

因此,旨在利益的论证的每一步骤都隐含着正义的诉求。狄奥多图斯唤起民众的怜悯和公正感的同时使他们相信他只劝告他们保持精明和强硬(3.48),从而成功化解了克里昂所留予的困境。

即便如此,双方的票数相当接近(3.49.1)。因克里昂的话改变心意的人,要多于因狄奥多图斯而回心转意的人。戏剧倒数第二幕由此展开。第二艘舰船已被派出,火速追赶前一艘。结果有惊无险——仅仅因为第一艘舰船踌躇于这"可怕使命"而尽量拖延时间(49.4)。我们可以想象雅典的桨手们从未试过如此缓慢地划桨,随着时间推移,激愤渐渐让位于疑虑,后者又屈服于怜悯。这一细节真是恰如其分。它提醒我们,故事的发展取决于雅典人内心的自发变化。倘若他们不是一再深受克里昂之害,他们也许就不需要狄奥多图斯了。⑰

狄奥多图斯关涉利益的论证深处回响着持续轻渺的正义之音。

---

⑯ Romilly,《帝国主义》,页 141 及注 1;Huart, *Le vocabulaire*,页 484 注 1 及 *Réseaux*[18],1972,页 30 注 25。比较 Macleod, *GRBS*[18],1977,页 245 - 246 与 *JHS*[98],1978,页 75 - 76。

⑰ 关于这两艘三桡战船的轶事,参 Connor,《修昔底德》,页 16 - 17,86 - 87。

其中似乎蕴含着他实际早已承诺运用的欺骗手段(3.43.5)。⑱然而重大疑团并未迎刃而解。[155]他将就采纳的正义看似达不到他的论证更大胆的延伸所暗示的标准。因此协调利益与正义的问题在演说的更深层次不断重现。

狄奥多图斯只请求雅典人饶过米提列涅民众,并另择时日审判那上千罪魁祸首(3.48.1)。他必定预料到他们会至少杀害后者,因为他们不久之后就经无所不在的克里昂的动议做到了这点(50.1)。⑲

---

⑱ 除了施特劳斯《城邦与人》(页234),先于我对这一选段的讨论(*APSR* [78],1984,页485-494)的评注者,只有Moraux, *EC*[22],1954,页22; Winnington-Ingram, BICS[18],1965,页79; Huart,《用语》(*Le vocabulaire*),页484注1和Réseaux [18],1972,页17-38; Macleod, GRBS[18],1977,页245及JHS[98],1978,页77; 以及Manuwald, Hermes[107],1979,页407-422,注意到我所强调的诉诸正义的这种或那种特点。但没有哪位提出整个论证结构暗示着对正义的这种吁求,或者主张围绕利益的论证过程的每个阶段都唤起我们的正义感。正是施特劳斯提到3.45中关于防止犯罪的论述不单只涉及利益问题,这提醒了我这篇演说作为一个整体需要我所尝试使用的这种解释。同参Bruell, *APSR*[68],1974,页11-17; Corsi, *APSR*[68],1974,页1679-1680; Bruell,前揭,页1680-1681。

Macleod(*JHS*[98],1978,页76-77)认为狄奥多图斯的欺骗就在于提议一种不符合雅典和克里昂利益的政策。但这一批评假定的前提是狄奥多图斯鼓励雅典人去相信那些民人遏制叛乱和怂恿他人投降的自发善意——就我对这篇演说的理解,狄奥多图斯并没有这样做。Macleod过分严肃地看待狄奥多图斯起初对震慑犯罪的力量的轻视态度,所以无视他后来关于要比克里昂更熟练地操控这种力量的提议。

⑲ 关于这场大屠杀,Connor(《修昔底德》,页86-87)指出,负责传达执行和撤销死刑指令的两艘舰船的动人故事只是为整个叙事添上虚构的结局;修昔底德随即猛然使我们回到现实中来。Gomme,(*HCT*, 2:325)不无道理地质问是否可能有上千造反的元凶;雅典人似乎已经杀害了城邦统治阶层的所有人。Connor进一步提出,雅典人随后使米提列涅沦为她的属地[译注:原文是cleruchy,指雅典殖民地的一种特殊形式,在此属地中,居民保留雅典市民身份,政治上依附雅典](雅典的殖民者为其利益计大规模征收土地,在该土地耕种者必须向他们交付租金):岛上的人们始终难逃一劫。但我并不信服Connor的论证(页87注19),他认为狄奥多图斯打算撤销原先决议的提议必定已经设想到随后的属地政策。

狄奥多图斯引导雅典人按照自己后来的第二种想法行动(36.4);他们从未质疑过寡头派是否有罪。他实际上拿富人的罪行作鲜明对比,以此突显民众的无辜(47)。但狄奥多图斯能断定富人就等于罪人吗?

正如我们所见,狄奥多图斯的申诉中存在紧绷的两端,一方面援引正义的常识性观念(BB'),另一方面则对其表示怀疑(AA')。狄奥多图斯的过人之处在于使后一端从属于前一端。实际上他仅仅利用赦免重罪的论点,吁请听众相信某些被指控者是无辜的——这等于暗中为叛变辩护,并促使他们认可某些被告并未参与其中的主张。从修辞上讲,这一策略行得通;但是它也引起了令人困扰的问题:狄奥多图斯会怎样看待——最留心听讲的人会怎想——诛杀寡头派的正当性?

专心的听者定会认出狄奥多图斯的论点其实就是雅典论说之主题的变体。他将早前雅典人辩护其帝国所提出的主张,作为反叛帝国的借口来援引。因此,譬如,他说到帝国时多提了自由这种自然要求城邦追求的"最伟大的事物"。这点确实隐含在雅典论说之中。要是所有城邦有能力的话都去统治,那么肯定没有人会被统治,而自由就成为一种介于两种情况之间的手段。如果人性就体现为雅典不得不争取统治,那么它同样可以表现为雅典属邦不得不抗拒被统治,而且倘若雅典论说能为统治者开脱,那么出于相同原因它也一定能够申明叛变者无罪(参1.77.4–5,4.61.5)。因而经再三考虑,这种论说的确暗示,强大者会同情弱小者反抗他们的决心。

[156]其次,狄奥多图斯作了语义的引申,关于被迫犯罪的说法现在表述为在强迫之下易于犯错的倾向。他这样更为轻而易举,皆因一个希腊语词就涵盖两种意思(hamartanein,"失足"、"误入歧途")。[20] 因而他更引起人们同情叛变者失败的命运,他们的错误是

---

[20] 参 Bodin,*REA*[42],1940,页41;Romilly,*REG*[78],1965,页564–566;Stahl,《修昔底德》,页121;Hunter,《往事与进程》,页156,注4。至于说明hamartanein 及其同源词 hamartēma 的含混用法的其他例子,可参3.56.5;Antiphon,1.4;4.8;Pindar,《第一奥林匹亚凯歌》,64。

某种难以抗拒的力量而致,这与迫使他们冒险的那种力量如出一辙。他认为愚蠢错误并不可耻且是普遍人性弱点的一种症状,从而建立起胜利者与被征服者之间的另一种同情关系。

最后,狄奥多图斯将雅典论说的适用范围从城邦延伸到个人。推及后者也有着明显实用的理由。意欲表明米提列涅人虽公然侵犯雅典但也许值得怜悯的狄奥多图斯,肯定暗示所有犯罪者都有权利如此声称。因此,他从最显著的个例入手,不是可减轻罪行的情节,而是任何人的意欲——普通罪犯犯罪的意欲。他继而指出,一个叛变的城邦多么值得人们体恤(3.46.5-6)。

尽管存在这些差异,狄奥多图斯倡议雅典论说的意图从形式上与其他倡议者一致。他设法使所谓犯罪之举变得情有可原,并让听众明白它其实深植于行动者的性情,所以不宜盛怒相待。然而这种延伸于雅典论说并推向极致的辩护,既不是以个人的反常状态作为根据,也不是(像当今常见的那样)归咎于环境所起的作用。它指控的对象不是这样或那样的个人或社会的脱序,而是人性本身。[21]

狄奥多图斯先于马基雅维利、霍布斯和尼采,将犯罪理解为基本的人类事实而非一种脱序现象,从而要求我们反思相应的后果。其中首要的是协调正义与利益的真正难题。狄奥多图斯在此独创的主张并没有产生误导,即便它的实质深藏在起初看来浅显的表面之下。诚然,就民众来说,宽大处理他们同时满足了正义和利益的要求。但是雅典别无他法,只好严厉惩罚寡头派人。她无法既赦免明目张胆的反叛者又希望保存帝国。不过根据狄奥多图斯论述(A和A′)的最深层涵义,公然作恶者与无辜者一样无可责备。

在狄奥多图斯所描述的世界里,存在且必然存在众多招致惩罚之人,但唯独缺少虔敬意义上的犯罪者。按照他的说法,至关重要的"强迫"和其他人所暗示的,就是人类显而易见的善向他们自身施加的强迫。穷困之人为满足生活必需而奋斗,富裕者则追求多余

---

[21] 参 Reinhardt,《遗产》,页197。

之物:后者与前者无异,皆情有可原。所有人都渴求"最伟大的事物";[157]对于城邦来说,这意味着自由和帝国,以及它们所必需囊括的尊严、奉献㉒、高贵、义愤和残酷。狄奥多图斯并没有荒谬地声称法律从未起到威慑作用,或者声称没有人遵守法律行事,故无力克制自己不去犯罪。可是照目前来看,法律确实通过威慑手段时刻约束着我们大多数人,我们并不比那些犯罪者正义多少,顶多更有所顾忌而已。他暗示说,纵使我们某些人比其他人更公正,他们也无一能免受某种非正义爱欲的侵蚀,而且一旦被缚就难以逃脱被希望吞没毁灭的下场。这就是狄奥多图斯所说的法律在制约自然方面的无能(3.45.7)。虽然我们可以反驳冒犯者所依据的善的观念,但我们绝不能"站在道德立场"责备他们在其自身所认同的善的诱使下行事。任何人"都懂得(自我克制的)好但无法践行",他是无能而非犯罪,所受到的责备要少一些;看到某些不义的好却洁身自爱,任何这样的人都基于某种其他原因,某些其他值得追寻的好或其他应当避免的恶。㉓

因此,狄奥多图斯的演说化解了我们对其他罔顾我们利益的自

㉒ 参施特劳斯,《自然权利与历史》,页 133–134。

㉓ 没有人只是选择依照正义或非正义而行动,而不顾这样做本身好还是不好;我们选择这样做,是由于我们觉得这种行为是好的。爱欲渴望得到某种善(good);最强大、最难以抵挡的爱欲(erōs)正是由最大的善(goods)激起。那些经得住这些最大善诱导的人之所以能做到这点,要么是因为他们畏惧在追随最大善的过程中潜伏着的邪恶,要么因为他们碰巧获得关于某种更诱人的善的知识(参柏拉图,《王制》,366cd,485c–486b)。鉴于所有选择都涉及好与坏的某种算计或表象(从而由它决定这些选择),认为抉择无涉道德(而又认为某些选择理应受惩罚)的见解将把我们抛入一种无尽的倒退之中。以一种过时的方式讲,狄奥多图斯含蓄地否认了"善意"(goodwill)的无条件性,从而不承认它绝对的善(goodness)。高举人类自由和责任(就"斯巴达"一方而言),就是要将一种自然且合理的行为模式还原为肆意专断的形式;也就是(与雅典论说的根本见解相悖)将人类行为看作是超自然的现象(参1.76.3)。这至少是理解狄奥多图斯借用雅典论说的论证的一种方式。

私之人的愤怒,以及同样消除了我们优先考虑自身利益的不安情绪。但假如这一演说不是吁请我们采取一种开明态度看待人的利益,那它将一无是处。要是说他与其他几位演说者一样倡导"雅典论说",那么他比他们更进一步地发挥了它,并与他们形成巨大差异。在别处关于个人自身的利益高于正义的宣称,在他的口中就也变成了一种事关人类弱点或非理性的普遍教诲。他给我们展示了霍布斯自以为从修昔底德《战争志》领悟到的消极信念所泛起的微光。当他说到自由与对他人的统治对个人和城邦来说都是"最伟大的事物"时,从上下文看这些事物更像是驱使人向自己或他人施加最严重的恶行(greatest evils)的东西,而非至高无上的善(greatest goods)。自由和统治是无法抵抗的至善(参 1.75 – 76)。狄奥多图斯强调的不是帝国的宏伟,而是它的危机和辛酸;[158]任务越是艰巨,就越有可能错误地对成功抱有不当的自信。

最后,评价狄奥多图斯的立场时,我们不仅需要考虑他所说的关于米提列涅的内容,还必须思考雅典和所有其他城邦的审议过程。[24](在葬礼演说中强调雅典所具有的美德的伯利克勒斯坚持认为她大不同于其他城邦;至于狄奥多图斯,身兼数落雅典恶德这一高难任务的他,则把这大多数恶德描述为城邦本身所固有的:他由此甚至比克里昂走得更远,后者只是把它们当作民主制的恶习。)狄奥多图斯原先显然拥护完美且自由的审议,故而明显支持伯利克勒斯所赞扬的那种理性的政治程序(参 2.40)。然而经过再三反思,戈姆(Gomme)的评说得到确证,他认为狄奥多图斯"不无冒险地试图质疑自由讨论的有效性"。[25]更确切地说,他提出自己对自由或理性讨论之可能性的疑虑。

---

[24] 参见我早年对这个问题的探讨,*American Scholar*[53],1984 年夏季刊,页 313 – 325;对其的回应和阐释,亦参 Coby, *CJPS*[24],1991,页 86 – 87。关于狄奥多图斯对审议大会的透析的普遍性,参见 Romilly,《结构》(*La construction*),页 127。

[25] Gomme, *HCT*, 2:314。

狄奥多图斯辩护说公众审议是制定合理决策的唯一方式（3.42）。他坚称，否认这一点的人一定愚蠢无知，或者更像个流氓，"他们意欲说服你们做可耻之事，并怀疑他们自己为着卑劣目的成功完成演讲的能力……擅于利用诽谤威吓他的对手和听众"。最恶劣的是那些（像克里昂那样）指控对手受贿的人。即使他们这类指控得逞，他们也会随之遭人猜疑，若然失败，他们就被称为不明智和不义者。"这种事况对城邦来说毫无益处，因为恐惧使城邦丧失了她的策谋者。"

狄奥多图斯似乎与我们的公民自由主义者（civil libertarians）持一致意见，认为公众审议对揭露有用的真相来说不可或缺。但是他与他们的分歧在于对这种审议有利的条件。事实上他拾起他们所遗漏的话题，即表面上自由的公共讨论。从刚才引用的话可以看出，他所指的问题，就是自由辩论无疑证明是个悖论。有这么一个适用于演说者的格雷欣法则（Gresham's law）：低劣者若不沉默的话，将会驱走优秀者。他们会激发不信任以此达到目的，迫使优秀者丧失用自己的善来进行说服的信心。"狄奥多图斯和克里昂各自的威望难以和好并存。"[26] 审议场所之所以不自由，就是因为受制于对信任的考虑，而大大偏离对理性的思虑。

然而狄奥多图斯暗示，我们至少可以想象在这种事态下爆发一场激进的变革。"[这个城邦]将达到最佳发展状态，倘若……这类[擅于诽谤的]公民……失去发言的能力。"（3.42.4）这听起来像是一种祈求：在哪个现实的城邦，发言权曾经离那些会滥用它的人而去？[159]假若上天不大可能满足这一祈求，那么城邦能为自己做出改变吗？狄奥多图斯暗示了这种可能。

> 至于好公民，他不应恐吓那些发言反对他的人，而要在公平条件下证明自己是更好的演说者；虽然审慎的城邦未必授予

---

[26] 施特劳斯，《城邦与人》，页232。

提出好建议的人额外的荣誉,但它也不应当剥夺他们已有的一切,至于那些意见碰巧未被接纳的人,城邦也不该惩罚他——更不要让他蒙羞。这样一来,一个希冀得到更高赞誉的成功演说者将不会为迎合听众而牺牲自己坚信的良策,而不成功的演说者也不会用同样的手段奉承民众以博取欢心。(3.42.5–6)

这里让好公民服从的规定,其实遵循为城邦而设的方针。在当前状况下,对诽谤的热衷完全压倒不行此道的高贵品质,不然坏公民就无以逼使好公民陷入缄默。那么就现在而言,不诽谤他人不能被定义为最佳公民的一个方面,他一旦行罪恶之事,便置身危险从而无法对城邦有所帮助。狄奥多图斯顶多在这里指明好公民将如何演说,倘若所有发言者都是好公民——也就是说如果城邦果真一笔勾销坏公民发言的权利。这正是狄奥多图斯建议城邦进行改革的目标。

通过这一被提议的改革方案,我们已触及狄奥多图斯对公众审议问题的阐述的核心之处。他的讲述过程枯燥无比,仿如这是一份罗伯特议事规则(Robert's Rules of Order)*的修正案。事实上,它暗示着对政治生活进行一次彻底改革。它无疑是乌托邦式的,我的意思是,它提供了一种带有欺骗性的解决方法,以便澄清某个真正难题。

把狄奥多图斯的提议看作乌托邦式,理由有二。首先是因为绝对不可能将这个提议落实到实处。稍有参与审议经验的任何人都懂得,听从建议也就是对提议者表示敬意——荣誉体现在提议的听取。毕竟大多数议会都遵守某种狄奥多图斯所指的礼仪。每个成员都是同等"尊贵"、"卓著"的议员,无论他们来自何方。但这无法

---

* [译注]《罗伯特议事规则》是一本由美国将领亨利·马丁·罗伯特于1876年出版的手册,它搜集并改编自美国国会的议事程序,普及于美国民间组织,也是目前美国最广为使用的议事规范,该规则历经百年修改,最新版本(第11版)于2011年发行。

遮蔽参议人员具有极其不平等的影响力的事实。当某些人起身发言时,听众思想会游移不定,但其他人上场却迫使听者思想极度集中。必然的是,劝服某个人相信你的意见是明智的,就等同于获得那个人的尊重,若无法做到这点,自然得不到他人的敬重。时常保持说服力的人享有极高的声望(这反之又可增强他们的说服力),反之那些总是被忽视的人只能黯然离场。这是本性使然,而不是法的功劳,况且任何法律不可指望反对它。

至于具体的政治荣誉,这些主要是指权威地位(offices),即意味着信任和责任的职位(positions)。(希腊语词 timē 同时包含荣誉和权职的含义。)要不是以公认的正直和智慧为标准,我们又何以分配职位呢?但没有什么能证明我们对符合这些标准的人抱有好感,除非我们通常听从他们的建议。这些人起初正是作为有影响力的演说者在政治上崭露头角,而所有政治家也必须像令人信服的演说人一样保持这样的受关注程度。[160]在此再次证明,摒除所有能够促成演说的动机的做法,简直不可想象。

狄奥多图斯所提议的革新证明是乌托邦式的第二个理由如下:由于对某些社会来说纯属多余,它可能完全无法在其他社会展现自身价值。一个明智的社会(如果存在的话)不会需要这种改革。这个社会不难识破像克里昂这样的人的心计,因而不再需要其他防范他们的手段。一旦演说失势,他们自然很快就销声匿迹。这样的社会渴望听到忠告,即使出自那些只想获得名声的人之口也在所不辞——因为打动这个社会的唯一方式,就是明智地向它进言。

所以说狄奥多图斯的提议只适用于不明智的社会(他似乎认为所有现存社会都属于此列)。我们记得,他描述那个会按照他的建议发展的城邦为"审慎"而非"明智"。城邦的审慎体现在它坦诚智识方面的缺失,以及设法遏制不良建议,因为它知道一旦不慎就会受其蛊惑。

不过细想之下,这个"审慎"的城邦显然不可能实现。同样,这种审慎所必需的最佳审议智慧的缺失将扰乱整个城邦。让我们设想一下不可想象之事,也就是说,一个社会果真决定既不给成功的演说者荣誉,又不使失意的演说者蒙羞,还借以禁止热爱荣誉者发言,却又鼓励那些怀有纯粹个人意图的人各抒己见。既然期望这些人达成对复杂的生死问题的一致意见是不切实际的,这样一个城邦仍然不得不对陈列在它面前相互抵触的提案进行审议。然而这个"审慎"城邦,不仅自己缺少智慧还无法认出他人确实拥有智慧,只得退而关注它所信任的演说者。于是,议事大会将继续受关于信任的思虑支配,它误把对理性的考虑当作对信任的考虑。激起信任的技巧自然还是演说者所具备的重要技能——不管是明智、爱国的,还是其他的演说者。

只要听众们依然缺少智慧——只要他们还需要建议,那么对于某个特定想劝服他们的演说者来说,智慧不足以达到目的,况且也不必要。㉗ 这就是狄奥多图斯乌托邦式暗示的真正要点,而且它所带来的影响非常巨大。

再者,困扰雅典人的问题不只是他们不能识别好的建议。一旦他们怀疑演说者的动机,他们将会否弃他的建议,哪怕他们在其中挑不到任何硬伤(3.43.1)。他们宁愿忽略有益的建议,也不愿冒险受人欺骗。

随之造成的结果就是,质朴的好意见如果缺乏那种培养信任的技艺,还是会任由论辩对手的刻意诽谤所摆布。[161]狄奥多图斯解救米提列涅的方案无论多么有利于雅典,仍难以获得通过,因为人们会怀疑他并非由衷言之。坦率与否不能直接从表面判断,故它不足以洗脱蓄意矫饰的嫌疑。单凭欺骗的技艺就可以做到这一点,只要它渲染出某种显证坦率的夺目光泽。

这些考虑解释了狄奥多图斯演说中最令人咋舌的一点,那就是他公开宣示欺骗在公共生活中的必要性。他认为,只有向城邦说

㉗ 参 Keynes,《修正》(*Revision*),页 1–3。

谎,否则无法为它效力,不管这些努力究竟有损还是有利于它(3.43.3),他对这点的坚定态度从表面上看似乎不适合用来消除克里昂挑起的对他的不信任。不过这必定是他坚持的意图:传达出某种彻底的坦诚,以便让民众相信演说者的诚实,即使他在声明欺骗的必然性。毕竟很难怀疑任何一个人坦诚,假若他如此直言不讳自己欠缺的正是这点。

综观狄奥多图斯对审议的讨论,他总是以这种谴责性语调言说,同样起到一定的作用。他看似要求民众改变自身习性,起码对单纯的诚信作一番审视。他把现状概述得多么不完美,以至于我们不可能省悟到,他对演说者之欺骗手段的公然抨击,本身就是演说者所谓骗术的一个示例。

狄奥多图斯以关于城邦如何可能更明智地决策事务这最后一个建议,结束他对公共审议的探讨。他说道,照目前状况来看,对提议者来说,即便受到青睐也是有风险的。若然结果证明是灾难性的,他们且只有他们会被归咎罪责。㉘ 我们注意到,狄奥多图斯未曾劝告——哪怕以乌托邦式语气——人们抗拒那些所提建议一旦施行必遭失败(区别于那些纯粹听起来似乎会触礁的建议)的提议者。他只是建议人们应更公正地区分自己不信任之人(3.43.4 – 5)。对于城邦来说,在众多咨议者当中作出区分,并不见得只是件坏事,如果它通过激励他们为其提出合理建议来进行的话。狄奥多图斯关于演说者如何劝诱的论述类似于他关于威慑反叛者的论说:问题不是弃用这些提议者,而是学会明智审慎地利用他们。

欺骗也许必要,但必定不足以确保政治上持久的成功。为此,这一手段必须用来劝导民众信从好的而非坏的建议。在这个意义上,就算不道德,这位治邦者的好建议至少也能与城邦的福祉趋同。狄奥多图斯大概深信自己关于如何对待盟邦的谏言是恰如其分的。欺骗的必要性依然得以保留。我们已经讨论过他谈论米提列涅事

㉘ 2.61.1,64.1;托名色诺芬,《雅典政制》,2.17。

件时所施用的诡计,这一定程度上受克里昂的阴险策略所迫。让我们继续讨论他所诉诸的那些不甚体面的策略。

狄奥多图斯谴责克里昂的论辩作风有失一名好公民的身份。但他自己却明知故犯。克里昂质疑他对手的真诚,狄奥多图斯在指责他这点的同时,却也对克里昂的诚实表示怀疑。虽然表明,诋毁他人受贿构成了原告贪污的初步证据,[162]但他却显然以身试法——因而看似亲口认定自己有贪污之罪。他这一策略的侥幸成功,证明他并不正直,但聪明绝顶——散播对某人的不信任,因为引发不信任是造成某人不可信的最巧妙方式。㉙

他们既不信任自己的领导者——这种心理还因惧怕过于信任他们而加剧——又渴求得到一个能够信任的领导者。按照克里昂和狄奥多图斯的说法,这是被领导者的自然性情。人们只会听取他们信任的演说者的意见;信任本身并不产生于一次细心的聆听。这也是我们所谓"形象政治"的永久必然——即使设定在由集会民众决议的直接民主政体。对信任的思虑形塑且限制了所有公共审议,而在现实中狄奥多图斯与克里昂一致认为,那些擅于利用怀疑心理的人恰能获得信任。据他描述,诽谤过于重要,恐不能任由不讲道德之人操纵。㉚

但狄奥多图斯自己又如何?倘若城邦能看穿克里昂的心计,它便不会信任他;它会信任狄奥多图斯吗?㉛ 我们已经注意到,狄奥

㉙ 参亚里士多德,《修辞学》,3.15;托名亚里士多德(Anaximenes?),《亚历山大修辞学》,39;Moraux, *EC*[22],1954,页 17–21;Winnington-Ingram, *BICS*[12],1965,页 78。

㉚ 参托名色诺芬,《雅典政制》,1.7,2.19。

㉛ 参 Banfield,《人们在此统治》,页 xv:"智识人(the intellectuals)……与政治人无甚共同之处,除非说前者或许偶尔会被政治人利用,而且在美国政治上也无甚作为……有时巧合的是,一位智识人也同时是一名政治人——林肯就是一个不错的例证……但这样的结合并不常见,一旦出现,智识人往往会觉得在公众面前隐瞒自己的智识水平是有利的。"

多图斯显示出,雅典的恶习并非她和民主政体所独有,而是城邦本身的必然存在。不管讨论邦外政策还是审议的缺陷,他都显得(一旦我们识破他的修辞迷雾)站在奥林匹亚山的高度俯视雅典。我们难以想望任何城邦会信任这样一个公民,他对城邦的看法甚至低于她的自我评价;享有威严的城邦一般拒绝被人以奥林匹亚山的高度通盘审视。不难想象,只要经过严肃反思,也就是说对于那些已置身城邦之外来理解的听众来说,狄奥多图斯对城邦与其自身的理解之间的巨大隔阂自然会水落石出。[32]

---

[32] 参见修昔底德自己的声明:他写作不是为广大普通的读者,而是为那些首要考虑真实性的少数人(1.20-22)。关于狄奥多图斯这位《战争志》中作为上升到普遍性这最高层面上(由此最为接近修昔底德本人)的演说者,相关讨论可参 Romilly,《建构》,页 96,118-119,127,128。参 Hunter,《往事与进程》,页 156-157。Müri,MH[4],1947,页 251-275 和 Stahl,《修昔底德》,尤其是页 122-128 提供了对修昔底德"狄奥多图斯式"的解释,但对我们的问题着笔甚少。就人性问题而言,修昔底德和狄奥多图斯两人论证的相似性最为清晰地体现在 3.82-83;4.58-64(下文将会讨论);4.65;4.108.4;5.84-116;6.24 和 54-59(爱欲在西西里远征中在旧时雅典僭政的衰落中所发挥的作用)。至于其他平行处,可参 Müri 和 Stahl 的相关论述。

某些学者近来发掘出狄奥多图斯演说中巧于操纵听者心理的特征,其演说通过基于利益而非正义来展开论证,在更大程度上降低了雅典公共言辞的档次。参 Macleod,GRBS[18],1977,页 245-246 及 JHS[98],1978,页 72-77;White,《言辞》,页 75-77;Connor,《修昔底德》,页 86-91(有点让人捉摸不透);Euben,《悲剧》,页 180-183。必须提请注意的是,狄奥多图斯别无选择,只能以一种定能成功的特殊风格回应克里昂,他以他所掌握的最为有效方式(也就是欺瞒)来诉诸正义,照他本人的分析来看(与克里昂的一致)民主制下的公共演说从来不会直吐真言(pristine);不存在一种民主式"话语共同体"。至于伯利克勒斯的演说,修昔底德形容其为极其巧妙且充斥着对其对手的中伤。如果说米提列涅论辩标志着雅典的衰落,那它是通过提醒我们雅典不再以拥有如伯利克勒斯一样技艺纯熟因而颇具影响力的演说者而自豪来实现这点的。(毕竟没有人不像狄奥多图斯那样渴望在城邦获得领导地位并随之尽必要的努力树立自身可信度。)

赫摩克拉特斯在革拉的演说

[163]赫摩克拉特斯在革拉(Gela)的演说(4.59–64)可谓修昔底德《战争志》中最具欺骗性且最有智慧的演说之一。或许只有狄奥多图斯的演讲能在这两个方面与之匹敌。㉝ 修昔底德特别重视它。西西里所发生的事件,虽然至今在全书仍无足轻重,但现在首次登上舞台中央,在此我们可以预料到前后矛盾现象的出现,即我们正好遇到一篇(像伯利克勒斯和伯拉西达那样)横扫之前一切的权威演说。㉞ 让我们极感兴趣的是,赫摩克拉特斯在这里成了《战争志》中唯一一位阐明雅典论说的非雅典人。然而一如狄奥多图斯,赫摩克拉特斯提出雅典论说并非仅仅为帝国主义申辩,而是以此作为一种普遍政治观点的基础。

身为在革拉举行的泛西西里会议上的叙拉古代表,赫摩克拉特斯面临着一个复杂处境。西西里内部有希腊人和野蛮人之分(参6.2–5),而希腊人自身再有细分,不是分为众多城邦,而是两个"种族",多利亚人和卡尔基狄克人(伊奥尼亚人)(参6.76–87)。他们"本性上[by nature]彼此敌对"(4.60.1),而且本来分别是斯巴达和雅典的盟邦(参3.86)。然而就算多利亚人内部也存在分歧,因

㉝ Reinhardt(《遗产》,页197)恰切地把两篇演说联系起来。Landmann 的《和平劝说》(*Friedensmahnung*)颇有助益,这是篇逐行讨论此革拉演说的德语论文。Edmunds,《机运和智识》,页3、17、184–185 将赫摩克拉特斯的理解与伯利克勒斯的理解截然对立起来,并断定前者例证了多利亚人在机运无常面前的审慎。Hammond(载于 Stadter 所编《演说》,页49–59)认为这篇演说中的概论表现了修昔底德的成熟理解。最佳的论述当属 Connor 的《修昔底德》(页119–126),他意识到赫摩克拉特斯尊荣的地位和他的演说与《战争志》整体的高度共鸣。

㉞ Connor,《修昔底德》,页119–122,他还注意到这篇演说显然是卷四和整部伯罗奔半岛战争史的戏剧中心:"它标示出从雅典的派罗斯大捷到遭遇挫败的转变……这些挫败经历在全书的后半部分得以叙述。"

为所有西西里城邦都惧怕他们之中最强大的多利亚人的叙拉古这一城邦。这诱使他们与雅典交涉,希望得到外人的保护,以对抗国内受胁迫的现状。经过多年断断续续的战争,众城邦现已有所厌战。战争没给它们带来什么好处;但城邦从未抛弃自身的参战初衷。除了召开过集会以外,确实在赫摩克拉特斯演讲前,[164]并没有取得迈向和平的切实进步。他证明是《战争志》中伟大的和平缔结者,从而是唯一配受赐福(Beatification)的演说者("……因为他们将被唤作上帝的儿女",《马太福音》5.9)。但赫摩克拉特斯的名字所含有的神名,却属于那个擅长盗窃和潜行的神([译注]应指赫尔墨斯)。

先前各位演说者都迫切地提出自己个别城邦的要求(4.58)。而赫摩克拉特斯一上来就提到叙拉古并不是受战争祸害最深的城邦(59.1)。事实上,他从未讨论过她执意想从和平中得到什么;言下之意,作为最强大且最不畏惧战争的城邦,一旦达成和解,她肯定只能获得最少的利益,这与她的其他邻邦相比甚不公平,也就是说仅仅得到所有城邦都会平等享有的和平所带来的共同利益。他断言战争是种祸害——正如和平缔造者所应做的那样,但由于他把这一说法表述成一种为所有投身战争的人所熟知的老生常谈,这种断言效果反而不好。"没有人会被迫在[对战争的祸害]不知情的情况下参与战争,就像如果他相信战争有利可图就绝不会以畏惧为由而打消参战的念头。因为对后一种人而言,利益显得比恐惧更重要,而前一种人则宁愿经受风险,也不愿牺牲哪怕任何一点利益。"(59.2)他所提出的要求就是战争作为一种祸害务必加以规避:它的收益也许成为首要考虑因素。然而,当战争的恶果接踵而来而所期待的利益却迟迟未得时,各方才可能会同意停战以减少损失。

为了说明各邦卷入战争的不合时宜,赫摩克拉特斯对他们各自的利益和整个西西里的共同利益作出了区分。虽然各个城邦对岛国充足财富的划分提出抗辩,但他们同时也面临整个岛屿落入雅典之手的危险(4.60)。赫摩克拉特斯并没有驳斥个体利益的首要性;

一个城邦只有在其自身利益的要求下才有必要关注更为普遍的利益(59.3,61.1)。正如我们所见,他描述西西里城邦为"本质上彼此敌对"(60.1);虽然他所指的似乎主要是多利亚和卡尔基狄克各自城镇之间的种族隔阂,但他的论点貌似进一步暗示,每个城邦天生就是彼此的敌人。于是,在劝诫各邦奉行审慎(61.1)的同时,他吁请他们不要为了某种普遍利益而不顾他们各自的利益,而是仅仅以一种更明智的方式追求各自利益,召集那些只真正有利于实现这一目标的盟邦。

然而正当赫摩克拉特斯认可各邦关注各自利益时,他又坚称他们将对内乱负有罪责,倘若他们继续以自身利益为由相互争执(4.61.1)。"我们必须在个人与个人之间、城邦与城邦之间达成和解,力争团结一致拯救整个西西里。"(61.2)是什么令西西里城邦从自然的敌人蜕变为一个共同体——其内部城邦的分裂就好比内乱?答案只会是雅典的到来。赫摩克拉特斯演说伊始承诺会讨论的共同善或利益,并非与各个城邦的具体利益截然分离,反而是它们的集合体［165］(61.3: en tēi Sikeliāi agathōn...ha koinēi kektēmetha)。只有通过外在胁迫,它才得以形成。一个共同敌人的威胁构建出一种共同的善。㉟

在4.61的剩余部分,赫摩克拉特斯揭穿了雅典的虚伪,雅典人声称来西西里是为了帮助伊奥尼亚城邦对抗他们的"天敌"多利亚人。他争辩道,雅典人的真正目的就是利用伊奥尼亚人打败多利亚人,继而臣服前者,随之掌控整个西西里。然而他远没有责难这个谎言和以说谎为手段的帝国主义,反而完全谅解它们。"雅典人觊

㉟ 参 Landmann,《和平劝说》,页 15。Connor(《修昔底德》,页 123 – 126)忽视这一点,因此认为赫摩克拉特斯对雅典论说的利用比这论说更为矛盾。倘若"[这里]所谓强者法则变成一种使弱者联合的劝诫",它也因此能够证明强者打击弱者的正当性——正如赫摩克拉特斯打算让叙拉古待外侵危机解除就要做的事的一样。当反抗雅典的泛西西里联盟得以建立,一个全新的叙拉古帝国将从此崛起(参 6.33.5 – 6)。

觊和想方设法得到这些,是完全可以理解的,而我要谴责的不是那些渴望统治的人,而是那些早已准备屈服于他人的人。因为人的本性从来都是统治那些甘于屈从的人,就如抵抗那些进犯的人一样。"(61.4)作为唯一的非雅典人陈述雅典论说的过程中,赫摩克拉特斯并没有谴责那种对他人所拥有的好东西的欲求,而仅仅批评防卫自身财物的积极性的缺乏。他力劝雅典昔日的盟邦仿效她的精神,振作起来保卫它们的自由,就像她一鼓作气意图夺去它们的自由那样。

对当前的迫切状况进行一番解释后,赫摩克拉特斯甚至抛开这些思虑,继而开始赞颂和平(4.62)。现在他声明一个全体一致同意的观点:和平就其本身就是一件幸事。他相当细致地详述和平的福祉以及战争相应承担的风险。但他刚几分钟前不已表明这些话题众所周知且大多不切题,要么无关紧要,要么简直多余吗?不过他这样做确实有一定道理,既然已使那些看重自身利益的同伴明白和平合乎时宜,他接着应当力图劝慰他们放弃各自意欲通过战争来谋求的事物。因此,他提醒在座各位,由于战争的机运无常难测,所以每个人必定要么失利要么获利;不妨考虑更好的选择,即一致同意保持他们现时拥有的一切。为达成这一目标,他提出一个真正符合雅典人一贯思想的论点,同时又申明典型的"多利亚人"观点——机运在世上起支配作用。㊱

赫摩克拉特斯从4.63开始转向迫在眉睫的问题:对不可预测未来的不明恐惧将连同对雅典的畏惧,迫使各邦之间达成和解。他明确地提出这些考虑,作为每个城邦违背各自原初参战目标的理由;他理所当然地认为,它们心甘情愿停息纷争,不是归因于对人类境况的反思,[166]而是基于当前的挫败,又装作对此满不在乎。事实上,即便在极力宣扬和平的福祉和战争的风险之后,他仍觉得不

㊱ 参Edmunds,《机运和智识》,页89-142,他论述了修昔底德所搭建的多利亚人与对机运之统治的顺从之间的关联。

仅有必要言及这些关乎停战的迫切（且不可重复的）理由，还要强调，假若他们现在达成和解，日后必定会重启内战（63.1–2）。各个城邦显然愿意听到有人向他们保证，他们将永远活在和平的福祉中，不再吞声忍气，也就是说，他们请求暂时搁置他们的战争目标，但不意味着要抛弃他们。赫摩克拉特斯暗示没有人会因战争的恶而撒手，所以他并不相信自己已让听众信服永久和平的美好愿景。

在 4.64 的总结部分，赫摩克拉特斯开始把他的论点运用到自己身上，"作为一个伟大城邦的代表，更惯于进犯他人，而非防卫[自己]"（64.1）。再次强调投身战争的隐患因而将自己交托给机运之后，他声称自己已准备作出让步，并奉劝其余的人效仿他。他简要回顾了多利亚人和伊奥尼亚人的议题，随之又把他们共同的困境和名称（西西里人）说成是一个仍然有说服力的考虑因素。通过提醒他们，将来他们有可能相互爆发战争，但不会有境外冒犯者掺和（"如果我们审慎的话"，64.3），他一再劝慰他们接受和解的必然。[37]

赫摩克拉特斯成功说服一致反对叙拉古的众多城邦接受她的和解提议，并将雅典驱逐出境（4.65.1–2）。不过我们肯定会对他如何做到这点感到好奇。假设这些长期受制于叙拉古的城邦普遍只会谨慎行事，难道他们就看不穿赫摩克拉特斯的意图？他以同样的口吻明确表示，它们一旦清除了所谓来自雅典的威胁，他们马上就会面临叙拉古的威胁——不仅伊奥尼亚城邦，连其他多利亚城邦也难逃此劫。他不但豁免帝国主义（4.61），而且视而不见（碰巧揭露）为帝国主义掩饰的种族论点：叙拉古恰恰惯于利用那种观点。

---

[37] 这一章中，赫摩克拉特斯谈到西西里的卡尔基狄克人（伊奥尼亚人）相互之间是亲属（xuggenōn），但雅典人（同样与这些人是亲属关系）却是 hallophulous epelthontas（"外来种族的闯入者"）。allophulos 虽然是指称外部的标准语词，但字面上是指"另一个种族"；我们看到，赫摩克拉特斯力图将友爱或亲属关系这些祖传观念置换为政治或视具体情况而定的观念。我们可以在 6.9.1 找到对此用法的讽刺式回应。

(赫摩克拉特斯自己将在卡玛林那使用它[6.76-80]。)他强调,和平将持续短暂的时日,西西里必定重燃战火,但不同的是,下次雅典不会再支援叙拉古的其他死敌。他明显在暗示西西里人之间缺乏共同基础,除了摆在眼前的外部威胁;若然这一威胁解除,叙拉古这个"非常伟大,且更惯于进犯他人而非自卫的城邦",将追逐她自己的帝国目标。如果仍扎眼般愚蠢地说这不自相矛盾,那它还能是什么?[167]若非提醒雅典的盟邦(不只这些人)注意为何他们竟让雅典留在西西里,还会有什么其他意思?然而叙拉古的敌人却同意驱逐雅典出境。难道他们是傻子?

答案恰恰相反,赫摩克拉特斯也不傻。他让人更容易洞悉他的演说。然而他还似乎不经意地暗示,那些畏惧叙拉古的人亦可鱼熊兼得。因为"即使不被邀请"(4.60.2)也常常伺机出兵干涉的雅典人也总是能够被请回,而那些寻求他们庇护的人能设想利用这一威胁源,以便遏制叙拉古的进攻。让伦提尼人(Leontines)撵走雅典,他们相信自己总是能把她唤回。㊳ 与此同时,他们不必经过战争的磨难,便可享有与雅典建立起来的关系所带来的好处。

赫摩克拉特斯是修昔底德笔下唯一一位不断让听众满心以为洞察到他欺骗他们的努力的演说者。那么他真的让他们都上当受骗了?是又不是。赫摩克拉特斯认识到叙拉古扩张计划的时机尚未成熟;对她来说更好的选择是耐心等待,同时极力组建一个反雅典的有力同盟。假如雅典遭难,她的帝国的陷落将为叙拉古帝国的崛起——从那个同盟蜕变而来(参6.33.5-6)——铺平道路。赫摩克拉特斯把雅典认作新波斯,叙拉古为新雅典——而他自己就是新的特米斯托克勒斯。

尽管不是演说者之正义的典范,赫摩克拉特斯的演说确实合理

㊳ 到最后他们确实如此;或者更确切地说,雅典在未经[他们]请求的情况下主动向他们提供帮助,但声称在爱吉斯泰人(Egestaeans)的命令下援助他们;譬如参见6.6.2,6.8.2。

地复制出西西里希腊人之共同利益。在专门论述他的听众的个别利益时——也即阐述共同的观念时,根据这一观念,除了敌人再无别的共同之物——赫摩克拉特斯突出表扬雅典对正义之缺陷的深刻洞悉。与此同时,他又强调了正义的力量——作为虚幻希望的根基和愚蠢的诱因。

让我们回顾他关于和平之福祉的论述(4.62)。它不禁使我们想起狄奥多图斯(3.45-46):犯错是人性使然,不过一察觉做错就至少马上暂时服从理性,这也同样是人性的体现。赫摩克拉特斯在某处对西西里的同胞们施计,在这一点上,狄奥多图斯曾主张雅典应当在叛变的属邦时运不济且逐渐恢复理性之时对其施加压力。狄奥多图斯这种对人类有限理性的假设前提并非一味乐观;一旦西西里人镇静下来,犯错与觉悟(hindsight)的循环模式将重新开启。

由此可以断定,和平状态尤其不可能永远得以保持,而赫摩克拉特斯明确表明了这点。诚然城邦有时会缔结和平并把战争当作罪恶加以否弃,[168]但他们同样肯定终究也会不顾一切地再度爆发战争。赫摩克拉特斯判别出两种时常诱使城邦冒险的错觉(4.62)。两者都让我们忆起狄奥多图斯。首先,他强调了行动者夸大自身相对实力的倾向(3.45.5-6)。赫摩克拉特斯如今将其表现为低估机运之力量的趋势;一个强大城邦确信自己的实力势必不受那种力量支配,结果却变得越来越容易受其伤害。

赫摩克拉特斯揭露的第二种错觉则令我们想起狄奥多图斯的另一评论:由于能够一直引用其他城邦以比他们更少的资源取胜的例子,城邦就会依仗同样眷顾他们的机运而轻率大胆地冒险。这里可能暗示的,不是对机运之力量的低估,而是对其友善程度的过高估计。但是赫摩克拉特斯确实把它说成是一种对机运力量的漠视。城邦对其自身力量过分自信,类似地,他们也过分相信自己是正义的。当一个城邦遭到挫败因而认定自己受不公对待时,它很有可能会超出自身能力范围地冒险,错以为正义就是力量——尽管这次挫

败着实揭示出城邦的弱点。㊴

这样,赫摩克拉特斯的演说补充了狄奥多图斯的演说,对后者所论述的诱使城邦冒险的错觉作了进一步引申。人们以为得到机运垂青的假定,到头来却是得到基于对正义之力量的假设。非但行不义的后果无法抑制城邦进行侵略,而且遭受侵略的事实竟也激励他们鲁莽地冒险。人们所宣示的正义并非只是虚伪的;他们的行动证实了他们对正义之力量的信任。可是他们简直是自我欺骗的艺术大师,连这一信念也是经过精心挑选的。作为明智的支柱是中空的,所以正义对愚蠢是一个强有力的刺激。我们可以这样重述雅典论说:城邦不仅尽自己能力的最大限度去冒险,而且往往因为冲破这些限度而招致毁灭——同时,他们的正义感由于使其过分高估自身力量,加重了他们所犯的错误。

一个人的正义感是否与他非理智的自信——相信正义的力量能够保护秉持正义的人——密不可分?在这重要的方面,修昔底德向我们展现的似乎确证了赫摩克拉特斯所告诉我们的。弥罗斯人;斯巴达人(尤其参见 7.18.2);面对着他们傲慢负义的科基拉殖民者的科林斯人(1.26.3 – 4);尼西阿斯——所有这些例子都证明,对个人更高正义的信念鼓励人们期待自己的功德终归得到奖赏。这种症状可能会困扰每一个雅典人吗?事实不惟是,雅典大多数公民接受"启蒙"(enlightenment)的程度远不及他们最大胆的演说者。[169]而且是这么些演说者就其自身令人惊叹和犹可质疑的坦率而言,显然一直坚信他们的(相对)正义。(我们记得,甚至弥罗斯的雅典使者似乎最后也不愿放弃这一信念。)莫非普通雅典人对正义之力量的轻视果真只揭示了一半真相,因为它与一种不为人知的希望——正义(亦即雅典无上的正义)无论如何都普遍适用于全世界——交织在一起?

事实兴许会是,当初雅典使者拒不理会弥罗斯人的期望,与其

㊴ 参亚里士多德,《修辞学》,2.5.21。

说是因为他们内心认定这些希望全都枉然,不如说因为他们反对弥罗斯声称自己有权享有更高的正义? 以据有更高正义为豪的雅典必定相信她只为自身之故而践行正义(1.77),即使被质问这样做是否有意义。难道她在无意间就已经以普通方式解决了这一难题? 不妨再次品味施特劳斯的话:"雅典帝国主义存在某种让人联想到宗教的事物。"⑩可是狄奥多图斯和赫摩克拉特斯的演说中均不见关于宗教的提示。

正义和力量都未必在人类事务中占绝对优势,它们各自同样有碰壁的可能。而且失望一样可能发生在他们身上,因为正如正义的人确信自己公正有理,不正义的人也会对自己的力量充满信心。然而我们必须牢记,赫摩克拉特斯的修辞性任务就是一视同仁地打消这两种人的念头。对于作为演说者的他来说,机运是最具实际价值的事物,据说对于西西里亦然,只要机运为每个城邦,不管大小强弱,提供促成和平的同等诱因。这并不意味着他实际上假定力量和正义同样无效。事实上,他对西西里形势的总体分析并没有以正义为重心,反而把全部精力放在各种力量关系之上。即便如此,或许能让强者受惠的是,记住自己并非无所不能,而且正义(或更准确地说,机运)有时也会在世间大行其道。这可能会诱导他们始终保持在自身限度之内。

未来的不可预测(to astathmēton tou mellontos)虽说是一切事物中最强大和危险的一种,但也因而是最有用的(chrēsimōtaton)(4.62.4),皆因没有谁能不受其影响,所以可以平等地从对其有所忌惮的有效约束中获益(*dediotes*,62.4;*deos dia ton astathmēton*,63.1)。"赫摩克拉特斯一方面排斥希望,一方面唤起恐惧。"⑪恐惧,只要它不让我们抱太大希望,其本身就代表一个希望的灯塔;就

---

⑩ 施特劳斯,《城邦与人》,页 229。参 Landmann(《和平劝说》,页 58-63)对各种寄予正义的希望所带有的"宗教特征"论述,赫摩克拉特斯在此对这种希望有所揭穿。

⑪ Connor,《修昔底德》,页 124。

像霍布斯过后会说的那样,它是值得信赖的激情。正如促使我们作出深谋远虑的决策(promēthia,62.4)的强烈动机㊷,恐惧是唯一合理的激情;[170]赫摩克拉特斯谈的不是 phobos[畏惧],而是 deos[神]。㊸ 他通过准许我们服从——并且减少暴露于——机运,从而提请我们增强自己抵抗机运的能力。

在赫摩克拉特斯看来,机运因被我们忽视才得以伸张。问题真的出在人类对机运的无视?有人争辩说,这也是修昔底德笔下伯利克勒斯的观点。㊹ 若是如此,赫摩克拉特斯则与伯利克勒斯的意见相左,就像他(在事实面前)对非神论者的现代性持有异议。他虽然赞同正义缺乏任何超人类力量的支撑的观点,但拒不认为人类的智识有能力征服偶然性。既不存在使自然臻至完美的恩典,又不可能有(正如现代人所主张的)一种政治技艺或科学能够做到这点。㊺ 赫摩克拉特斯不比似乎与他相像的霍布斯乐观,因为他与狄奥多图斯一样认为,人类并不(即便从潜在角度讲)理性,因而是些整天担惊受怕却又强作乐观的生物。(这就解释了他所承认的一点,那就是任何围绕恐惧的论点只会周期性地发挥效用,取决于他们所要舔舐的新鲜伤口。)我们大多数人汲汲于当下种种几乎总是乐观的考虑。我们的理性永远具有间歇性,并总是依境况而定。我们天生的乐观心理

㊷ "Dromēthia 是个重要语词,少见于修昔底德笔端,但在 6.80.1 被赫摩克拉特斯再次使用。就如 pronoia,它意指对未来的沉思,但侧重点不在关于未来所能知道的一切,亦即预言,而在于不能预知之事——不可预料或不可测量的因素,在此即 to astathmēton。"(Connor,《修昔底德》,页 124)

㊸ 关于"好"(亦即合理的)和"坏"的恐惧,参 Romilly, ClMed[17],1956,页 119-122。她把赫摩克拉特斯的演说描述为一份对"好的恐惧"的赞词,这种恐惧的优势"与'希望'的那些弊端相对应"(correspondent aux inconvénients de l'elpis)。

㊹ 参 Edmunds,《机运和智识》,页 7-88。比较 Democritus fr. 119。

㊺ 关于霍布斯以技艺取代恩典这点,参 Manent, Dix legons,页 54-58,72-74。

限定了我们在恐惧中可适度抱有的希望。㊻

赫摩克拉特斯的论点不是说,生活如此不可预测,以致任何事情都悬而未决,一事无成。当提出 to astathmēton 时,他也随之隐匿地限制了它所施加的影响;在他看来,完全可以预料到雅典将会变节并展开征服行动,西西里城邦缔结和平后也会重新陷入内战的风波。他的演说的根本矛盾(就像演说常见的那样,这也是它成功的根据)在于,他断言可怕的结局将不可避免,除非交战的城邦达成妥协,但他所依据的洞见却是,谁也不能确定结局如何。不过,他的真正立场也许仅仅是,倘若西西里再不联合起来,[171]极有可能被雅典成功征服。这一立场当然可以证明一种认为如此结局在所难免的修辞性声明的正确。

赫摩克拉特斯描述为可以预测的要素,正是政治境遇中各个永恒不变的方面,理解它们将能使我们更好地应对它们。这些要素包括机运的不稳定性和人类指望得到机运眷顾的思想倾向。始终谨记这些要素的治邦者有望获得最大成功——会犯错的是人;而预知并避免这一错误的则是考虑周全的人。可以确切地说,没有人能确保成功。对于赫摩克拉特斯有如对于狄奥多图斯,获得对世界的理性认识也就是明白了理性在世上的缺陷。

㊻ Romilly(*ClMed*[1956],页 124)正确地指出,修昔底德不同于霍布斯之处,就是否认恐惧的效果会导致"一种稳定且一致的秩序的生成(la création d'un ordre stable et consenti)"。"当修昔底德描述世界时,恐惧是一切权力的创造者(Dans le monde décrit par Thucydides, la crainte n'est créatrice que de puissance)"——而且权力总是不稳定的。我会仅仅补充一点,其不稳定性的主要根源在于我们或可描述为力量所蕴含的希望。当然,我们肯定记得,霍布斯首要考虑个人之间的关系,而赫摩克拉特斯和修昔底德首要考虑的是城邦之间的关系;霍布斯甚至也没有预设恐惧建立在后一种稳定基础关系之上的前景。关于修昔底德对恐惧在邦内政治中的作用的看法,参见本书第八章和 Romilly,同上,页 124 注 2。

第八章　邦内政治

[172]少有人把修昔底德看作一名探讨邦内政治的理论家。他从未明确系统地论述过最佳政制(best regime),这与柏拉图和亚里士多德的精心阐述形成鲜明对比,难怪他的著作往往未能入选政治哲人的经典作品之列。

最佳或最值得选择的政制这一问题指的是在邦内生活中自主选择之于被迫行事的优先性。在邦外事务中,即便是最好的城邦也得做它们必须要做的事,这就常常与按照正义行事的原则相抵牾(《王制》,422a-423a)。(甚至连柏拉图和亚里士多德也没有提起最佳邦际秩序的问题。)因此,最佳政制的问题同样假定邦内事务优先于外邦事务,或者说城邦获得不受干涉其邦内政策的外部因素影响的自由。柏拉图笔下的雅典陌生人通过追溯雅典民主进程的根源为城邦音乐教育的缺陷,明显地抽离了那些将这一进程强加于她的外在压力。他不曾重视一支海军之于雅典的必要性,自然也对雅典授予公民选举权这一事实置若罔闻。① 事实上,柏拉图和亚里士多德相当清楚,强大近邻的存在成了城邦内部施行严格正义的阻碍。最好的城邦必须达到有能力无需考虑外邦事务或将其扔给别的城邦处理的水平。② 如此好运必然不可想象,难以(如果有过的话)企及。这就是最佳城邦"只能通过祈求而得"的一个原因,也就是解释了它的实现(至少)为何不完全属于人类力量所能谋求

---

① 柏拉图,《法义》,698a-e;700a-701c;707a-c;参施特劳斯,《城邦与人》,页237-238。
② 柏拉图,《王制》,422a-423a 和《法义》,704a-707d;亚里士多德,《政治学》,7.2(1324b22-1325a5),7.3(1325b23-32),7.5-6。

的范围。③ 对于这些作者来说,"最佳政制"权作最好的人类生活的一种模式(亦即作为一种阐明这种生活的手段),而非可供任何实际城邦实现的蓝图。

修昔底德从未(哪怕一时)夸大过邦内事务上自由选择的限度。他确实并不奢望人类有朝一日能自主实现一种正义的政治秩序。这部分归因于他坦然强调在一个由雅典论说主宰的世界里对外政策的迫切性。他笔下的科林斯人敦促斯巴达人接受[173]邦外事务之于邦内事务的首要性(1.68 – 71):[雅典]那种政制是可取的,要想在与其他政制的较量中脱颖而出,它是再适合不过的了。

邦外和邦内事务的问题,不单在现实状况下相互关联,理论上也亦然,后者所指的,正是雅典论说本身及其变体,它们显示出狄奥多图斯和赫摩克拉特斯两人的思想特点。正如我们所见,雅典论说侵蚀着邦内信任的根基。还引发一种骇人怪状:城邦必定反感的僭政和叛变竟然从理性上讲情有可原,或者说,以往的僭主设法依据不亚于公民用来挫败自己的正当理由来镇压他们。同样,狄奥多图斯和赫摩克拉特斯也各自以不同方式暗示,在一个人人智识水平不等的城邦之中,共同善(common good)仍颇成问题的状况。

此外,修昔底德所展现的世界,与其说是城邦不断追求完美正义的一个幻影,不如说它总是面临着迫切的忧虑。就如他笔下的狄奥多图斯,修昔底德并非强调城邦势要上升到非常理性的高度,而是强调他们永远不得不坠入混沌深渊。他把对最佳政制的清晰表述留给他笔下的人物(伯利克勒斯、阿奇达慕斯和阿特纳格拉斯[Athenagoras]);而他则为自己精心准备好描述政治最低点的任务。

城邦的倾覆是修昔底德以自己名义阐述的两个最长段落的主题。它们分别论述了法律无力牵制的自然强迫性对城邦的侵入。

---

③ 柏拉图,《王制》,450cd,456b,499a – d,540d;柏拉图,《法义》,687ce,709cd,736d,757e,841c;柏拉图,《阿尔喀比亚德前篇》,135bd;亚里士多德,《政治学》,7.11(1330a34 – 38)和7.13(1332a28 – 31)。

不过这些段落的主题并不是法律或正义与强迫性本身的紧张关系。毕竟法律自身就带有强迫性,这可以有效地震慑犯罪行为,守法者将避免触法认定为一种强制性义务。正如我们清楚观察所得,修昔底德展示政治反常现象反复出现的主题就是人类行为的一切合理原则的颠覆。④ 这一颠覆反映出另一种,也就是对通常支配人类的必然性的颠覆。普遍文明显然有赖于某些硬性限制,只有当它们隐而不显时,其首要地位才充分突显。修昔底德教导我们,得体行为并不像它表面所示的那样是纯粹自发的结果。

在这一章中,我们会考察这两种阐明了普通状况之性质的极端情况,并以对政制问题的讨论结束。

瘟 疫

在战争的第二年春,一场瘟疫降临在雅典这座城邦之上,并持续肆虐了两个年头。在论及这场瘟疫的不明起源、症状演变以及对兽类的侵害之后,[174]修昔底德将话题转向瘟疫对不同阶层的患病者的个人生命所造成的后果(2.47–51)。它使得他们大多数人沦为孤立无助的可怜人,独自在虚脱中度日,无心思考一切更宽泛的问题。

修昔底德接下来讨论了雅典政治局势的瘟疫所带来的诸多后果。这一局势最致命的方面在于,乡下居民的涌入所造成的城邦过度拥挤的战时状态(2.52)。正因如此,四处肆虐的死亡瘟疫变得不可控制,而且城邦的公共场所,不管世俗还是神圣的,都遍布着成堆无家可归的人、被弃之不理的尸体和垂死者。城邦的礼法正是在这种形势下首次失去效力(2.52.4),最首当其冲的是葬礼,备受灾难打击的幸存者不再能够或愿意遵守它了。可以说,修昔底德描述过灾难的具体特征后就直接说到这些被践踏的礼法,并

---

④ 尤其值得参看的是 Edmunds, *HSCP*[79],1975,页73–92。

以此开始他对目无法纪行为的讨论;值得一提的是,这些都属于神法之列。⑤

这样,修昔底德的侧重点就从政治局势对瘟疫现象所施加的影响,转移到瘟疫给政治局面所带来的诸多后果。

> 不仅如此,拜瘟疫所赐,城邦首次在其他方面滋生了更多不受法律约束的行为。人们如今明目张胆地冒险做他们以前只会暗地里做且并非为所欲为做的事情,皆因他们看到世道变幻莫测,有些富人怎样猝死,另一些身无分文的人现在又如何旋即拥有属于富人的一切财富。职是之故,他们决定尽快挥霍钱财,纵情遂欲,自己的身体和财物通通只不过是朝生暮死的东西。没有人热衷于坚守以往普遍认为高贵(或荣耀,kalon)的事物,总想着自己连能否活着实现它也还是未知之数。瞬刻的快乐和任何促成快乐的东西反而一概被视为高贵和有用的。对诸神的敬畏和人为制定的法都无法阻止他们,就前者而言,人们判定[对诸神]虔敬与否都没有任何实质性差别,鉴于所有人都无一例外地死去。至于犯罪,没有人预想自己会在有生之年面临法庭公审或接受相应惩罚,他们觉得自己已经受到一个更为残酷的判决,在执行之前,再多享受一下生活,才是唯一公平(eikos)的。(2.53)

在这里,一如他对瘟疫的整个叙述,修昔底德频频回顾此前不久所叙写的葬礼演说。伯利克勒斯曾赞赏雅典人不擅自我表现,反而把他们的财富视为用于公共行动的资源(2.40.1),与此相一致的是他们对城邦的贡献和城邦所反馈的无尽荣光。在瘟疫的冲击下,雅典人摒绝了他们领袖所颂扬的那种得体的自制能力。事实上,他们对积累财富漠不关心,也不再利用它为任何公共或远大的目标服

---

⑤ 详参我们对修昔底德如何处理在瘟疫语境中虔诚这一主题的讨论,见前文页87-90。

务,结果唯一的考虑,就是在被死亡夺去之前好好耗用它。

[175]从不顾一切地倾尽个人所有到普通意义上的犯罪,这样的转变全凭对 kalon(光荣或高贵或美的)事物的判定实现。显然本身难以企及的 kalon 要求人们对其坚定不移,而反之,只有人们着眼于它的目标,这种坚持才会变得有意义;因此,人类行动视阈的缩窄对于先前所设想的 kalon 来说是致命的。节制,即断绝获得任何预期利益的念想,显得只是陈旧条框的仆从。然而,即使在他们绝望之时,雅典人也没有单纯抛弃高贵转而追求愉悦之物,确切说是他们渐渐失去对前者的兴趣。他们反倒把两者合二为一,即高贵的与有用的(chrēsimon)事物面临同样的命运,两者都抑制我们在当下愉悦中迷失自我,但相比高贵事物而言,有用者更为暗淡无光。高贵和有用者悉数降格为即时快乐及其诱因,以至于人们如今同样把它们尊为光荣。高贵本身的魅力(和对高贵的欲求)依旧留存,但一切得体行为,以及在更好的时代表示为灵魂之高贵的令人自豪的自我克制都面目全非。

最后,修昔底德记载了一场犯罪浪潮,高贵的败坏为其创造了条件。既然他们毫无羞耻之心,那么终极的限制手段便是对诸神和人法的畏惧。但是,如若诸神未能或不打算保护他们的崇信者,他们又怎么会惩罚那些犯罪者?至于人为制定的法,它只在能施予惩罚的场合实行控制;它只有在成功模仿必然的时候,才能发挥作用。对惩罚的恐惧既已被对瘟疫的恐惧消解,人们自然随心所欲地攫取,甚至认为是自己招惹瘟疫的。不管那些实际遭受瘟疫的人如何颓丧(athymia)(2.51.4),那些仍然等待临刑之斧斩首的人还是表现出一种精神。心知已遭判刑的他们,害怕自己在罪名尚未清算的情况下,亦即缺少一项对应这种惩罚的罪行,就猝然而死。⑥

"人性难以承受之严酷"(2.50.1)的瘟疫彻底打垮了雅典人。即便如此,高贵和"唯一的公平"依然对他们有效。瘟疫非但没有

---

⑥ 参色诺芬,《苏格拉底的申辩》,28。

抹掉反而转化了它们两者,荣誉变成寻欢作乐的诱因,道德义愤则刺激犯罪行为的发生,以对抗一种城邦无以抵挡的凌辱。

内 乱

修昔底德简要叙述 stasis[内乱]之前,先对某个具体内乱事件作了一番交代,此事发生在战争第五年的科基拉(3.70 – 81)。⑦ 这一叙说堪称修昔底德叙事的杰作⑧,[176]它首先描述了少数人和多数人在科基拉[对雅典]忠诚的问题上的分歧,这导致城邦(神圣与世俗的)法律为服务不同的党派目的而遭到歪曲,随后便爆发了血腥的寡头派政变,最终,斯巴达和雅典的介入激发了惨烈的党派冲突。

这些事件引起了修昔底德的重视,他就战争的各个方面作了最长的评论(3.82 – 83),这一评论的独特之处还在于回应了他对自己著书目的的原初声明(比较 3.82.2 与 1.22.4;3.82.1[*ekinēthē*]与 1.1.2[*kinēsis*])。⑨ 修昔底德告知我们的所有可能迟迟难解的事情

---

⑦ Kagan,《阿希达穆斯战争》,页 175 – 181;John Wilson,《雅典与科基拉》,页 87 – 106。Pouncey,《必然性》,突出强调贯穿修昔底德整部著作的战争与内乱之间的交互现象:一如战争起源于坐落希腊世界之边缘的爱皮丹努斯(Epidamnus)所发生的一次内乱,雅典自身所陷入的内乱也将战争推向了高潮。参 Loraux,*QS*[23],页 98 – 102。

⑧ 参 Connor,《修昔底德》,页 95 – 100。

⑨ Stahl,《修昔底德》,页 117 – 118 和注 42;Farrar,《起源》,页 135 注 18。我认同大多数评论者的意见,反对将 3.84 看作一个后人的补辑(参见最新的新论:Hornblower,《义疏》,页 488 – 489)。由于该段文意艰涩,况且翻译大异其趣,读者不妨在阅读通译全书的译者对此的不同处理之余,参考以下研究成果:Gomme,*HCT*,2:383 – 385;格雷纳,《古希腊政治理论》,页 9 – 12;及 Pouncey,《必然》,页 33 注 5。有价值的讨论还包括施特劳斯,《城邦与人》,页 146 – 147;Edmunds,*HSCP*[79],1975,页 73 – 92;Macleod,*ProcCamPhiloSoc*[205],1979,页 52 – 69;Cogan,《人事》,页 149 – 154;Connor,《修昔底德》,页 95 – 105;Loraux,*QS*[23],1986,页 95 – 134;Euben,《悲剧》,页 187 – 194。

当中,内乱是如此特别,因为他最最明显地提请我们注意,这种情况将永远存在。

在修昔底德看来,战争作为他无所不包的主题囊括了内乱的种种暴行;这些在和平时期几乎无人不知的暴行,在战争状态下就变得趋近正常。虽然他认为没有必要借助邦内动乱的情况解释城邦之间战争的流行,但他强调,战争的严酷会加剧邦内的动乱程度。

> 在和平时期,双方都没有召请两大势力协助的借口或愿望,但随着战争的深入,这两个党派中的那些密谋推行新秩序,希望通过引进外援来伤害他们的敌人并为自己夺取政权的人,很容易就获得同盟的支持。……在和平繁荣之时,城邦和个人暂且不受势不可挡的必然性支配,由此都带有更美好的意向。但是,战争窃取了他们便于获得的日常必需品,且是个严酷的教师,它迫使大多数人的性情依凭自身机运的好坏而变化。(3.82.1,2)

社会的繁荣建立在日常生活的规律之上——持续不断的呼吸张合,亦即身体反复的需求。因为只要这些需求顺利得以满足,我们大多数人就会安于现状,甚至为它倾注心血。战争逼迫我们操心自己的身体,这正是我们生活中最具私密性或"个体性"的方面,从而打乱原有的社会秩序。它剥去我们日常社交的外饰。

出人意料的是,这似乎听起来颇为现代,如同修昔底德承认了经济之于政治或者繁荣之于德性的优越性。他肯定明白,大多数人在大难当前缺少德性,少数人对他们邦国的关注还抵不上他们各自私心的一半。不过,他并没有预见现代思想,提倡经济繁荣是防止内乱的有效手段。[177]正是基于上述理由,繁荣——假定社会处于和平状态——是完全不可靠的。另外,修昔底德对经济昌盛的社会的看法是,基于充足的财富,他们肯定不像穷困的城邦那样轻易发起战争(比较3.45.4与8.24.4)。

这样看来,修昔底德并没有暗示对身体所需的剥夺是内乱的唯一甚或首要的导火线。更确切地说,它使人们倾向于跟随那些"密谋推行新秩序……设法伤害他们的敌人并为自己赢得权力的人"。修昔底德从未指出,这些政治激情——统治的热望和为假想的冤屈报复的渴望——来源于或掩饰了对经济方面的激情。在和平时期,这些党派领袖不那么容易被人接受(也许他们自己心里也难免挣扎);但换在战争年代,他们却从人们广泛的焦虑中获得力量。

修昔底德对内乱的叙述最为人所知的方面,就是他对语言之败坏的论述。⑩ "而他们故意在自我辩白中,使往常以言辞对各种行为所作的评价变得错乱不堪"(3.82.4)。⑪

[178] 如今,没头没脑的鲁莽被认定为一个忠诚同伴所具

---

⑩ 关于这方面的主流观点大大归功于那些时髦的理论,据说,语言(特别是由某一特定社团成员所共有的)就是构建一个既定政治共同体及其成员们的心智和他们自身的元素,所以说,稳定的政治共同体首先关及一种固定的政治性语言。无论这些理论如何理据凿凿——信奉它们的人认为其源头就是海德格尔,我们必须加倍小心,别轻易把它们套用在修昔底德身上。如此观点认为,人类是彻底的历史(及习俗)产物,而且政治解体属于习俗或"文化"的范畴。相反,对修昔底德来说,最大的政治问题(包括最重要的内乱问题)证明"自然"在人类生活中的力量,它对抗且压倒着习俗的力量,而正是人类身体的自然脆弱性和人类灵魂的自然野心及恶意,一同滋生了内乱。这解释了为何它是一种永恒的可能性,独立于关于"文化"的相关考量之外。因此,政治的任务仍旧是压抑自然(在某种程度上通过谋取它的力量)。关于自然与习俗的关系,参3.45.7。另外,关于引起这些保留意见的方式的精到例子,可参 White,《语词》,页 3-4,66-67,75-80;Euben,《悲剧》,页 167-201。参第二章,注 22。

⑪ 参霍布斯的翻译:"强制用于指称事物之意义的标准价值,已经变得任意主观。"对这一繁难且颇有争议的语句的合理解释,参见新近的 Proctor,《经验》,页 204;John T. Hogan,GRBS[21],1980,页 139-150;John Wilson,CQ NS[32],1982,页 18-20;Loraux,QS[23],1986,页 104-106。Hogan 认为(页 139)"学者经常把这句认作一种声称,即政治党派之人改变了他们所使用的语词的意思(meanings),由此可以明白语词的直接意义(denotations),即所指的对象(referents)",继而又提出,不仅鲁莽的大胆可以理解为同志般的勇气,出于先见之明的谨慎可以理解为怯懦的藉口,而且这些品质在其通常名称之下,

备的勇气,远见使然的谨慎被认为是懦弱的借口,明智审慎变成缺乏男子气的掩饰手段,对某个问题各个方面的深邃理解则被视为无力诉诸实践的表现。(3.82.4)

修昔底德关于德性结构的论述可谓亚里士多德相关论述的前兆,[12]同时还以实用的严谨来处理政治极端主义的观念。"极端主义"严格意义上界定了内乱的思想状态。受人称赞的是一种品质的过度而非适度,后者作为前者的不足而招致鄙弃。此外,既然取代了适度成为衡量好坏的准绳,极端状态便继而自力更生:它力求人们开发前所未有的新极端,狂热地争相超越自己在过度行为上的对手。

这样一来,新的方式就从此开启,这意味着暴戾等同于男子气概,残酷才是值得信靠的对象。不但如此,这一方式还诱发种种阴谋和反阴谋,它们已然成为一种必然,任何试图规避它,并恢复促进双边信任的衡量标准的人,必定被加以不忠和怯懦的恶名。"蔽之一言,制止那些意欲作恶的人,与怂恿毫无犯罪意图的人作恶一样受到表扬"(3.82.5)。挫败和煽动犯罪行为之间的区分已经消解;现已不存在一个能够抵挡违法者冲击的合法共同体,人们反而普遍诉诸非法行为,再没有捍卫和破坏之分。

第一种可能得到褒扬,第三种也许会遭到谴责。我认为这种说法站不住脚,也得不到修昔底德的夫子自道的支持。Wilson 在反对 Hogen 的提议的同时,也不认同一般把这句理解成"语词改变了自身的意思"(words changed their meaning)之类,(他认为)这个短语恰恰暗示非理性的胆大变为赞美之词而审慎的迟疑则是责怪他人的话。不管"意思"的正确意义是什么,学者和读者们所理解的"语词改变了自身的意思",标志着"语词的直接意义(denotations),所指明的对象(referents)"的一种转变。另外,正如修昔底德随后的说明所示,这种转变正是现实所发生的——出于某些必要的理由(参施特劳斯,《城邦与人》,页 147 注 8)。

[12] 亚里士多德,《尼各马可伦理学》,2.5–9。关于修昔底德所描述的现象,参见《修辞学》,1.9.28–29。

接下来概述的是希腊社会三大支柱的崩塌:亲族关系、人法和神法。

> 这样,甚至连亲族纽带也变得比党派关系疏远(allotriōteron),鉴于后者时刻准备赴汤蹈火在所不辞。这些党派组织并不是瞄准现有法律所带来的利益,⑬而是志在违抗法律,从中自我增益,党派成员彼此间信任的强化并不那么借助神法[亦即誓言],更多地是依靠践行某些非法行径的共契。敌对者的合理言说非但不会被慷慨接受(gennaiotēti),反而招来戒备防范,如果[那些听取提议的人]占有一定优势的话。⑭ 报复他人比避免自己受伤来得更为重要。倘若曾经有过宣告和解的誓言,那么双方只是为了应付一时困局才选择发誓,因为他们知道自己暂且找不到其他力量来源。⑮ [179]最先大胆把握恰当机会战胜毫无防备的对手的人则认为,利用对方信任策动的报复行动比公开进行更得心应手,他看重的不单是整个过程的安全性,而且一旦以欺骗获胜,他可能会赢得智谋方面的赞誉。(3.82.6-7)

支持有血亲关系的人,这是希腊的道德罗盘(moral compass)所指明的正确方向(true north),也是社会关系的基石。⑯ 从政治上讲,血缘关系的意思颇为暧昧,因为它使得为共同善作出贡献的人

---

⑬ Dionysius、Valla、Stahl 和 Poppo 皆将手稿(MSS)中的 ōphelias(属格)读作 ōphelia(目的与格且与句末的 pleonexia 并置)。

⑭ 或译为:"敌对者(倘若他们处于上风)的合理言辞并没有得到诚挚的接受,反而致使他人加以戒备防范。"希腊语带有一定含混性。

⑮ 或译为:"和解的誓言,若曾有过的话,只是双方囿于一时的困局而同意达成的,除此之外,这些誓言无从获取其力量(即其权威性)根源。"这里再次显示出希腊文的含混。

⑯ 柏拉图,《王制》,332a-b;Connor,《修昔底德》,页99。

有所减少,从而容易被谴责为滋生贿赂和不义的最初起源。⑰ 但它在此似乎以一种更光彩的形象出现。像这种压倒亲族情感的政治热情所蕴含的有力事实,并不是公正不阿的正义,而是派系倾轧的残忍无情。血亲关系总是制造借口,派系内讧并不接受任何借口(参3.80.5)。

我们的话题不妨从次政治(subpolitical)的限制手段的失效,转到探讨政治本身之限制方式的败落。法律受蚀的情况与共同善的处境相同。在这里,共同善并非表示一种高于那些个人可得之好处的真正崇高的善,而只意味着限制个人在公共范围内争取私人利益。通过借助暴力手段——法律对犯罪者所规定的处罚方式——维护这些范围内的秩序,城邦强制公民践行一种有益的节制。在限制每个人获利之时,法律对所有人有效;法律仅仅通过自身就能防止最严重的罪行发生。⑱ 不幸的是,这一真理只在法遭到破坏的时候才向所有人显现。

最后,我们的焦点从人法转向神法。无论对一个正派社会来说多么必要,虔诚就如血亲关系一样,在这里只沦为内乱的典型牺牲品,而非某类抗击内乱的堡垒。在科基拉内乱中,虔敬很早就为各派系所用而遭到扭曲(3.70.4–6),自此之后,我们只听闻虚伪的誓言,神庙的破坏,更不用说圣地上的大屠杀。在政治上,虔敬尤其作为宣誓的基础,一直对希腊人来说至关重要,所以修昔底德现在才对此加以详述。在内讧的环境下,誓言变得空洞无物,仅仅被塑造为它本来应该禁绝的欺骗手段。

详述宣誓的缺陷时,修昔底德提到,内乱导致人们更倾向于报仇而非寻求安全。(对安全问题的关注是誓言之效力的来源之一。)人们变得漠不关心自己的生命,反倒一味对那些威胁他们生命

---

⑰ 参见2.35–46(以及本书引言中的讨论);柏拉图,《王制》,461e–465c。

⑱ 这不等于说,法律仅凭自身就造就了最大的善。

安全的人发泄愤怒,这确是一个奇特但并不罕见的矛盾。所有一般的顾虑都让位于这种对复仇的渴望。从前,智识总是离不开得体的举止,没有什么先有违公正后又获得智慧之美誉的行为。即便在正常时期,[180]人们也珍视智慧,反对损害美德(3.82.7);但如今,最恶劣的谋杀竟被认为是最美妙的事情。

内乱所造成的首要灾祸就是信任从社会中消失,从而推毁社会本身。内乱破坏了公民信任的基础。表面看来,似乎公民之间的信任必须依靠他们彼此以礼相待,实际上,毋宁说他们得体的行为确实依赖于他们的相互信任。无可置疑的是,真正有德性的人会彼此信任,或者说德性是信任最坚实的基础。可以说,信任的根基在现实城邦中更不可靠。称之为德性的事物有赖于信任,信任反又基于共同的利益,而这利益本身对双方又形成一定约束。令大多数人循规蹈矩的并不是正直,而是迫使正直付出代价的外在压制因素。

[181]上述所有恶行的罪魁祸首,就是由贪婪(pheonexia)和野心(philotimia)的动机激起的统治热望;⑲一旦卷入争斗,众党派的炽热之情(to prothymon)就会被这一热望煽动起来。城邦中两个党派的领袖纷纷以悦耳动听的名目宣扬自己,一方鼓吹"大众(the multitude)在法面前的平等",另一方又颂扬"贵族统治的温和";他们将公共利益当作自己尽力为它施以口惠(logōi therapeuontes)的奖赏。为了竞相压倒对方,他们不择手段,胆敢做出最可怖的事情,将复仇推向极致,既不遵从正义,也不顾及城邦的利益,仅仅当他们一时感到满意,才会有所节制。(3.82.8)

修昔底德在这里预见且驳斥了"内乱制造者"(stasismonger)所谓出于为公共利益服务的热忱而行事的声称。这类人的热情越狂

---

⑲ Archē = epithumia toū boulesthai harchein。(引自注疏者)

炽,队伍越壮大,就越对公共利益不屑一顾。[20] "正义和城邦的利益"如此彻底地让位于个人野心,以致只留下尚待他们征服的残垣断壁。[21]

这一关于内乱的较长段落之后,是看似简短但已臻至高潮的一段。我们得设法理解它如何达到论述的高潮:怎么说它所描述的是众多恶行中的最极端的一种。

> 就这样,由于内乱之故,每一种罪恶形式开始扎根于整个希腊世界,而特别蕴含着高贵天性(to gennaion)的纯真(to euēthes),已渐渐淹没在耻笑之中;当时普遍认为,两个阵营互不信任地对峙着。至于想要调停双方的冲突,没有言辞能发挥制约作用,也没有誓言足以引起敬畏之心,而那些占据上风的人早已认定持久安全的不可能性,所以无一例外宁愿采取措施保护自己,也不愿贸然信靠他人。智力平平的人最有可能获得胜利,因为他们畏惧自己的不足和对手的智谋(唯恐他们会在论辩中败北,并被其他足智多谋[ek tou polytropou]的敌人先发制人),故大胆诉诸行动。另一方面,他们的对手倨傲地相信自己能先他们一步知悉全部情况,而且不必付诸行动来获取那些运用其智谋便随手可得的东西,但实际上,他们反而往往疏于

---

[20] 当代有些学者强调"意识形态"是最严重的政治恶行的源泉,在我们时代如此,修昔底德的时代亦然。参 Cogan(*Phoenix*[35],1981,页 1–21 及《人事》,页 149–154),他将各党派的极端主义归结到"他们意识形态倾向的抽象层面"上来。亦可参 Müri, *MH*[26],1969,页 65–79。但请参见 Hunter,《往事与过程》,页 153:修昔底德并没有将内乱归因于"观念论、利他主义甚或对某一公开声称的政治蓝图的信守"。

[21] 在这方面,修昔底德对内乱的论述是"狄奥多斯式"的。参见 Democritus,残篇,249(Diels/Kranz)。我要感谢 Eve Grace 提请我注意我早前对这点解释中的不足之处,Orwin, *JPol*[50],1988,页 831–846。亦参 Slomp, *HistPolTht*[11],1900,页 577–578。关于党派领袖的野心的自我矛盾性,参 White,《言辞》,页 76;Euben,《悲剧》,页 189。

防范,惨遭失败。(3.83)

To euēthes 是一个意指单纯和正直的古老语词——由于太过古老,虽然后来在古典希腊文中并不少见,但只沿用了其讽刺意义来形容愚人。[22] To gennaion 则是旧时描述人类品质的贵族化语词,它的词根暗示着它是与生俱来的。[23] 修昔底德在这里使用多个古典语词来指称某些古老德性。它们现在用作否定诸派系所推崇的品质,从来没有比这更贴切的了。

至于 to polytropon,修昔底德此词形容智力平平者起初害怕但最终战胜的奸狡者,这是它唯一一次作为名词出现在古典散文文体当中。作为形容词时,它曾充当荷马为奥德修斯所起的绰号,"智谋过人",或"足智多谋的"。虽然它所指的人以出众的适应能力为傲,但它同样是个老式词汇。很容易联想到这个词可能运用在修昔底德笔下的哪些人物身上,譬如说雅典将军德摩斯提尼,或者甚至是全体雅典人。修昔底德将这个 to polytropon 的人树立为与 to euēthes 和 to gennaion 的人对立的另一极端。

不过两极也会相互融通。to euēthes 的人一般较为中庸,并不一定很精明;对于 to polytropon 的人来说,智谋就是一切。但是,从智谋本身的角度看,将它与中庸隔绝开来,无疑等于让它加入愚人的游戏,要在其中取胜就必须将自己降低到愚蠢的水平。[24] 引发内乱的野心可谓毫无意义;它们自我矛盾、自相蚕食。因此最光明正大和最诡计多端的人,当今的埃阿斯[182]和奥德修斯,都在避免内乱的方面享有一种共同利益,而修昔底德这样告诫他们,以公正地表明他自己是他们的一位朋友。

---

[22] 参见修昔底德唯独在 3.45.7 对它的另一种用法。
[23] 参看在以下各处的用法:1.136.4,2.41.5,2.97.3,4.92.7。
[24] 参 Macleod, *ProCamPhiloSoc*[205],1979,页 59–60。

瘟疫、内乱与伯利克勒斯观点

瘟疫和内乱铺就了两种导致城邦破裂的不同路径。它们是两种极端情况,介乎其中的正是所有常规的政治局面,而它们本身又有助于阐明政治常态的各种条件。内乱展现出生活被激进地"政治化"的后果;瘟疫则显示出生活"去政治化"的后果。我之所以为政治化加注引号,是因为虽然内乱的党派性质是政治的,但它恰恰通过推翻一切加诸其身的限制,给政治带来破坏。㉕ 正义和共同善都证明深深受益于私人的善。另一方面,就瘟疫的情况而言,共同善日渐凋零,人们已不再服从它的指令,甚至对此不屑一顾。

这两种因素都唤起我们对身体的注意,它是政治生活的无声根基,正所谓眼不见心不烦,但一旦身体遇到麻烦,那可是极度危险的事情。以内乱为例,对身体构成真正或可预见的威胁,本身有其政治方面的起因。战争的瞬息变化导致了日常生活供给的中断。因而对此的反应也关乎政治,争夺统治权的军事冲突就在城邦爆发,由于释放了最残暴的政治激情,再也无暇顾及周遭的生存者,而最初酿成内乱的正是他们的不安全感。另外就瘟疫而言,人们所面对的敌人并不是人——由神或自然所降,令人匪夷所思(参 2.64.2),而且并没有直接引起人类之间的冲突,除非是偶然所为。与其说瘟疫败坏了公民之间的人际关系,不如说它彻底地冲垮了它们。但即便在此,诸如涉及高贵和正义的政治关切也没有消失,只是被扭曲而已。

内乱和瘟疫一致暗示,对人类来说,没有比摆脱身体所施加的限制更严重的政治不幸。由此看,两种现象都给葬礼演说作了脚注。伯利克勒斯称颂公民们在保持自身个性的同时,使自己从身体的束缚中解脱出来,过着期盼光荣的不朽性的生活,实际上,他们以

㉕ 我受惠于 J. Peter Euben 所提出的这一建议。

自己的身体换取这种不朽。葬礼演说,尽管或者说由于其体裁,始终抽离了死亡和身体。相比之下,瘟疫则明确使人意识到身体的首要性和脆弱性,以及它在雅典(在其他地方亦然)实际政治生活中的中心地位。㉖

事实证明,社会从根本上更依赖于我们关乎自己身体的希望和恐惧,更少(像伯利克勒斯似乎希望的那样)依靠我们克服这些激情的能力。事实上,仅当人们失去所有与身体相关的希望时,[183] 他们才不会为自己的身体担忧,就像瘟疫发生时的情况,而且在当时,不再为他们身体担忧,后果就是一味鲁莽疯狂地放纵身体。这场瘟疫揭露了当公民不再指望城邦保护他们身体时裂口大张的深渊。另一方面,在动乱中,交战的人没有停止过恐惧,对可靠的安全丧失信心。在此,他们对身体的重视也不能抑制他们最具破坏性的激情,甚至变成煽动这些激情的元凶。作为对伯利克勒斯嘱托希腊人对待外邦敌人的方式的拙劣模仿(2.42.4),㉗这些不是出于自由和高贵的选择而是遭暴力狂流裹挟的党派,宁愿复仇雪恨,也不愿缔造和平。

所以说,社会的稳定很大程度上归功于我们日常对身体的关心,我们满足这些身体需求的能力,以及最最重要的我们对死亡的恐惧和延迟死亡到来的希望。由此看来,修昔底德对葬礼演说作出了修正,并暗示了一种更中道的观点。只要(仅仅只需)城邦对我们自我保存和身体舒适方面的需求加以调控,那么就有希望将我们的其他激情也置于掌控之中。㉘ 屈从于"势不可挡的必然"(*akou-*

㉖ 施特劳斯,《城邦与人》,页 194 – 195,229 注 92。参 Reinhardt,《遗产》,页 214;Flashar,《葬礼演说》,页 463 – 464。关于葬礼演说和瘟疫之间诸多紧密对应(对比)关系的整理,参 Konishi,*AJP*[101],1980,页 29 – 41。

㉗ 参 Loraux,*QS*[23],1986,页 100 – 102。

㉘ 参见阐述犹太法典塔木德的作品《教父语录》(*Pirke Avot*)3.2:"代理祭司长哈尼那(Reb Hanina)先生说过,'为那些有权位者祈祷,因为假如丧失对政府的恐惧,人类将自相残食。'"

sious anankas, 3.82.2）㉙的城邦已丧失了强制施行自身之必然的手段。在正常时期,社会就在其公民和必然性之间斡旋：一方面,社会保护公民不受必然支配;另一方面,社会在公民面前代表着一种必然。

　　修昔底德向我们展示,潜藏在我们政治局面之下的裂口之深,要远胜于远处召唤我们的巅峰之高。他让我们看到,没有一种政制能够接近伯利克勒斯所描绘的高度。莫说雅典不行,任何其他政制也不例外。此外,社会动乱的斑斑罪迹确实特别真切和迫近。难怪他对斯巴达政制表示同情,正如我们所见,与其说它志在成就最好的政治现实,毋宁说旨在避免最恶劣的政治形势——容易遭受他们的希洛人对他们所构成的威胁。窃以为涉及内乱的一段比全书其他地方更好地揭示出一个事实,那就是修昔底德多么在意斯巴达式节制的益处。他提到,内乱,"可以说",撼动了整个希腊;事实上它吞噬了雅典而非斯巴达(比较1.18.1和2.65.11－12,6.53－61,8.47－98)。㉚没有什么像斯巴达政制所避免的恶行(它的消失比其他所有政治事务来得更重要)那样,明显地证明了斯巴达的伟大。但令人沮丧的是,这一成就暗淡无光、毫不显眼,仿如斯巴达平常的实力(1.10)。㉛雅典从来不乏像伯利克勒斯和阿尔喀比亚德那样杰出的演说者,更不用说她辉煌的功绩,但斯巴达的实情究竟如何,那就需要修昔底德本人公平地对内战的残酷状况进行一番叙述。

　　[184]由此看,修昔底德似乎与他最出色的学生霍布斯一样带有一种消极的政治倾向。我们应该根据引起我们反感的最坏情况,而非吸引我们注意的最好状况,来确定我们的政治取向。对霍布斯来说,最糟糕的就是自然状态或无政府状态;在这一点上,他和修昔底德是一致的。这两位作家的读者不会注意不到他们对无政府状

㉙　字面义是"剥夺[人类]意志的必然"。
㉚　Herter, *RhM*[93], 1949, 页142。
㉛　参 Orwin, *RevPol*[51], 1989, 页349。

态的描述,对他们来说,这是最典型的人类罪恶。内乱是一场所有人反对所有人的战争,人与人之间毫无信任可言,先发制人的进攻变得合乎礼法,如果说那些优胜者看似有什么过人之处的话,那就是他们的遭遇比其他人更恶劣。[32]

然而,修昔底德的政治倾向并不是简单消极的。诚然,他在3.83引导我们注意到内乱给那些自命不凡地声称自己比其他人优越的人造成的可怕后果,以此预见到霍布斯对政治优越性之声称的批评。不过他的语调没有霍布斯评论这个问题时那样尖锐和露骨。相反,他显然带着同等的怜悯之情,记述了两种貌似互不相容的优越性所遭受的命运:一种是高贵的天真,另一种是冷酷的智谋。"道德德性"和"智识德性"统统成为内乱的牺牲品;瘟疫也同样排斥更优秀的人(2.51.5)。两类灾祸的最大恶果,与其说是使所有人陷入险境,不如说是主要危害到好公民的生命,在这些最恶劣的情况下,他们所具备的优越性对他们来说无疑是致命的。

这对卓越者之命运的关注,向我们解释了修昔底德为何不单是"保守的",为何必须让斯巴达享有与雅典同等的赞赏。每一个城邦都具有其独特的优越性:雅典升得越高,就掉得越深。然而综观修昔底德所志之战,有德行的人只有在瘟疫和内乱的语境中才被看成是同一个阶层,而这正突显出一种严峻的真实。德性的湮灭真的有可能发生;而德性在政治上获得支配地位的可能性却不大。城邦中最高的与最低的事物相比,总是会更为脆弱。修昔底德向更优秀的公民显示,一旦政治到了无法控制的地步,他们的损失究竟有多大;他反对他们视自己在城邦的名望地位为理所当然。他提醒他们,即使最具"雅典特性"的一类人也要依靠"斯巴达";每当生活的脆弱稳定性被打破,社会的败类将很可能窜到最高处去。[33] 在正常

---

[32] 参见霍布斯,《利维坦》,第13章。

[33] 至于内乱高潮时所趋向的"雅典性"(Athenianness),参施特劳斯,《城邦与人》,页147:"似乎可以说,斯巴达和雅典之间充分展现的差别就是处在和平的城邦与陷入内战的城邦之间的差别。"参Euben,《悲剧》,页190。

时期,这种严重后果至少能够有效避免,不过并非说优秀的人就能一帆风顺。但是我们已经看到,在修昔底德看来,政治的深度比其高度更令人畏惧。正是在这意义上,我们必须评定他在最佳政制问题上的缄默。

政制问题

[185]正如我们随处所见,修昔底德这部纪事作品的重要角色就是各种政制。某一特定政制(the regime)只有当它与这些政制和另一些修昔底德记载过其行为的人同在时才会展露自身。政制问题并没有被斯巴达人提起(虽然有一例外,参 4.126.2)。政制问题在卷八一直困扰着雅典(8.47-98)及其属邦(48,63-65,72-75)。㉞ 但恰是在这一语境下,修昔底德提请我们注意那些贬低这个问题的重要性的人物。㉟ 尽管这些人物主张不同(甚至对立的)政策,但他们一致反对忠于一种特定政制,纵使它有利于促进邦内团结,在其他外邦面前确保帝国与自由。

修昔底德本人以其一贯的方式质问他那个时代所流行的关于政制原则的主张:民主制和寡头制。他在记述内乱时已简要阐明了这些主张。当时他认为它们只不过是掩饰无尽止的个人野心的口号,故而予以否定(3.82.8)。此外,他为我们提供了一个出自某个民主党人之口支持民主制的事例,以及(说来奇怪)由某个不久就会死心塌地地拥护寡头制的人反对寡头制的事例。事实证明,由其

㉞ 有些学者更充分地讨论该卷错综复杂的行动以及对于政制问题的暗示,可参 Connor,《修昔底德》,页 210-230 和 Forde,《统治的热望》,页 116-175。

㉟ 参见《战争志》中 8.48.4-7 的弗利尼库斯(Phrynichus)和 53.3 的皮山大(Peisander)(《战争志》所直接引述的讲演中唯独这篇是不完整的,故得以着重强调),86.6-7 的阿尔喀比亚德,92.8 的法萨鲁斯(Pharsalian)的修昔底德。他们都没有正视政制的问题,弗利尼库斯反对转向寡头政制;皮山大支持这一改制;阿尔喀比亚德和修昔底德倾向在寡头制和民主制之间保持中立。

支持者把持的民主制与被(昔日的)反对者掌控着的寡头制一样命途多舛。

整部纪事作品中第一个赞美民主制的人,是叙拉古的政治煽动家阿特纳格拉斯(Athenagoras)(6.38-39)(伯利克勒斯赞颂的是雅典而非民主制,前者"被称为"一种民主政制[2.37.1],但他赞美雅典拥有着不同于其他民主政制的特质)。阿特纳格拉斯似乎胜任这一任务,鉴于他对民主制的赞扬令人印象深刻。他一开始就诉诸隐含在城邦(polis)这一事实之下的民主倾向。因为假如一个城邦是一个整体(one),假如她由一个真正的共同体组成,难道她的全体成员不应该享有同种平等的权利(6.38.5)?阿特纳格拉斯接下来继续反驳关于"民主制既不明智又不公正"的反对意见。㊱

> [186]但我首先要说,民众一词意指全体,而寡头政制仅代表部分,如果说富人是最得力的财富管理者,明智者最擅长提供咨议,那么大众则在倾听和抉择方面尤为突出,㊲在民主制下,所有这些人,不管是个人还是集体(xympanta),都享有同等的份额。另一方面,寡头制会把危险分摊给大多数人,少数寡头派不仅骗取这些人[应得的一份]利益,还抢占并据全部(xympanta)为己有。(6.39)

阿特纳格拉斯说得极为漂亮。但回想一下他讲话的语境,修昔底德几乎不可能比这里更贬抑地描述民主制的情况。阿特纳格拉斯既是个蠢人,又是个无赖。他的演说意在回应赫摩克拉特斯的断

㊱ 原文是 oute xuneton outison,"既不明智又不平等";isonomeisthai 政制,亦即一律平等服从同一种法律的政制,在这里却因不平等而受到阿特纳格拉斯所假定的反对者的批评。亚里士多德,《政治学》,3.9;色诺芬,《居鲁士的教育》,1.3.17。

㊲ 关于有智之士和大众分别所起的作用,比较 2.40.2 及 3.36-49。关于民人作为最佳决断者的情形,对勘希罗多德,《原史》,5.97 与亚里士多德,《政治学》,3.11。

言,即雅典舰队正驶往叙拉古(6.33-34)。就他对这一声称和如此入侵将带来的危险的可能性的判断而言,他与修昔底德笔下其他演说者相比更为离谱。㊳ 在这紧要关头,当他的城邦面对空前的险境时,他却刺激她触发内乱,而不是致力于外交斡旋和重整军备。身为民主制的拥护者,他挥舞着"法律面前人人平等"(isonomia)的旗帜,仅以此作为对抗政敌的武器,他甚至提出要预先惩罚他们尚未犯过的罪行(38.4)。他尤其设法颠覆所有人对赫摩克拉特斯的信任,后者是目前最为出类拔萃的叙拉古人(72.1;参4.58),对于他们想要组织一次成功防御的希望而言,后者的作用是至关重要的。总之,他所谓的民主制包含一种关乎全体的政制主张,推动的是一项无比偏隘、轻率和不义的议程。

阿特纳格拉斯并不等同于叙拉古或她的民主制。在他发言完毕之后,同样也属民主派的一名未提及名字的将军尽他所能地祛除这篇讲演的负面作用(6.41)。他对相互诽谤攻击现象的批评颇有狄奥多图斯的风范。由此看,叙拉古民众现在和雅典的一样展现出他们对自身最不当的冲动的克服。尽管如此,阿特纳格拉斯的诽谤和愚蠢足以死死缠住整个城邦,致使她无法采取有效措施进行防御。㊴

无论阿特纳格拉斯对民主制的陈述有多可疑,他对寡头制的批评却准确真实。这些批评可从一个意想不到的消息来源得到确证,[187]那就是雅典将军弗利尼库斯(Phrynichus),他表明自己对寡

㊳ 参 Pouncey,《必然》,页14。阿特纳格拉斯在评估战略形势时只说对了一个方面:他强调雅典因缺乏骑兵而将会面临的阻碍(6.37.1)。

㊴ 关于这次论辩,参见 Cogan,《人事》,页100-106;Frank, *Prudentia* [16],1984,页99-107;Yunis, *AJP*[112],1991,页186-190。叙拉古本身的纠葛也可以用来评述同年发生在雅典内部的纷乱。阿特纳格拉斯关于民主制的声称及其公共精神都可以在阿尔喀比亚德的那些对手中找到对应;赫摩克拉特斯所谓的寡头制阴谋正对应于阿尔喀比亚德的所谓密谋;这位指挥官使在叙拉古有意规避的政治迫害又接着在雅典升温。

头制的反对立场之后不久,就摇身变成坚定支持雅典新建立的寡头制的人(比较8.48.4–7与8.68.3)。他这样做一定程度上(就我们将会看到的那样)是出于强烈的私人理由。不过他也能够为自己变节找到顾全大局的理由,但实际上这与他原初反对寡头制的理由并无差别。倘若邦内和睦是处于危机中的雅典首要的考虑,倘若阿尔喀比亚德根本不在乎选取哪种政制,不管是寡头制还是民主制(48.4),那么任何能赖以放逐阿尔喀比亚德的政制,由于至少可以提供一个促进团结的机会和一种稳定不变的对外政策,所以无疑都是最合时宜的提议。

赞成建立寡头制的论据有二:只有这样,雅典才能召回阿尔喀比亚德,从而获得波斯帝王的援助;在属邦中培植寡头制,这将会确保他们对雅典的忠诚。弗利尼库斯对第二种说法提出质疑,此举使他与阿特纳格拉斯产生了共鸣。寡头制表面上装作代表全体利益,实际上只为城邦一部分人所用,这种伪饰已经变得相当俗套。

> 至于那些现在已予以实行寡头制的盟邦,他非常清楚这无济于唤使叛变的城邦重新归顺,或者巩固他们对雅典的忠诚;因为盟邦从不愿接受奴役,无论在寡头制还是民主制之下,反而宁愿在他们现有的政制之下享有自由,不管它属于哪种类型。除此之外,这些城邦相信,那些民众对盟邦造成伤害的行为,正是由所谓的贤者(kalous k'agathous onōmazomenous)一手策划和倡导的,他们还从中极大程度地攫取利益,所以他们如民众一样令人难以接受。事实上,如若依靠这些更优秀的人来管理,同盟者将不经审判就会被残暴地置诸死地;反之,民众则会给予他们庇护,而且不啻是这些贤者的制约者(sōphronistēs)。(8.48.6–8)

不管属邦中的寡头派目前是否仍保持他们自身独立性(亦即依然坚持叛离雅典,要么实行寡头制,要么准备迟些才建立它),不管他们现在是否接受雅典所赠予的寡头政制并有意延后叛变,这样的馈赠都将无法诱使他们亲近雅典帝国。至于城邦(他们目前大多是民主政体)中的民众,他们会觉得由外部强加实行的寡头政制更为可恨,况且对这种被动遭遇的预知只会让他们更加坚信这一事实,或迫使他们下定决心发起叛乱。再说,两个阶层都将拒绝接受雅典实行寡头制的命运。他们现在还尚属理智,没有盲目相信那些所谓的贤者。

由此看来,弗利尼库斯与阿特纳格拉斯及修昔底德一样,揭露了上层阶级自称审慎的虚伪,并予以责难。这些人并未真正远离民众身上的占有欲(pleonexia),而是缺少正好能够减缓人们恣纵此欲的冲动的犹疑和羞愧之心。弗利尼库斯有意控制自己不公开评价贤人在各自城邦进行统治的主张。[188]然而,在描述民众为"所谓贤者"的"纠正者"或"制约者"(sōphronistēs)时,他重拾寡头派的口号,以此抨击他的同僚(参3.65.3)。⑩ 大众对"贤者"的"纠正"只是掩盖了贤者对他们的压迫。少数人现行的残暴行径需要大多数人相对的温和来校正。⑪

到最后,弗利尼库斯本人在雅典不幸沦为反对民主制复辟的行动(阿尔喀比亚德一直鼓动此事)的牺牲品(8.92.2)。然而,与此同时,一些事件印证了他对盟邦情况的预测。

> [塔索斯的上层集团]梦寐以求的事情终于如愿地发生了,他们不冒任何风险就实现了城邦的改制,罢黜了那些有可能反对他们的人。结果,这种事情……与雅典寡头派[的期

---

⑩ 《战争志》中关于sōphronistēs一词的第三且最后一种用法,亦即爱乌菲穆斯所用的(6.87.3),必定显示出他深知对于他的多利亚及寡头派听众来说这一语词的力量。

⑪ 关于民众相对的温和性情,参见亚里士多德,《雅典政制》,40;柏拉图,《书简七》,324d,325b;修昔底德,《战争志》,8.73.6(萨摩斯,尽管之前[8.21]萨摩斯民众怀有多么极端的恶意)。在8.24.6实现有节制的措施的开俄斯政制似乎始终是某种混合政制。在8.38.3斯巴达人强行压制这一城邦。参Kagan,《衰落》,页43-45。

望]截然相反,同样……发生在很多其他属邦中。因为这些城邦一旦获得较为温和的政府㊷,享有一定的行动自由,他们就会继续追求绝对的自由,而雅典人所炫示的虚伪的"自治"也无法使他们上当受骗。(8.64.3–4)

下属城邦中的统治者深明建立政制并非万全之策的道理;无论组建哪种政制,自由的实质总比其幻影更可欲。这点就其本身而言所指向的,不是向自己邦内的敌人投降,而是达成一种妥协,至少使内部足以团结一致抵御外侮者。至于那些愿意牺牲城邦的自由而依附权势者以求保全的人,修昔底德与李维(Livy)一样暗示道,et humiliter serviebant et superbe dominabantur。㊸

这样看来,我们必定会得出康诺(Connor)这样的结论,他评论说,在政制的问题上,"修昔底德……设法带领他的读者越出陈腔滥调和俗成之见的藩篱"。㊹ 他引导我们观察每个派系,就像其他人所看到的那样,并借此阐述各派所申明的主张。没有哪种政制被承认是在正义方面优越于它的竞争者;每一种政制都揭露为在宣示某种纯粹片面的主张。在这一点上,修昔底德对寡头制和民主制的评述预示了[189]柏拉图和亚里士多德的相关论述。当然,他们比修昔底德更用心织就一种"最佳政制"。但正如我们所注意到的,他们都认为这一政制极不可能实现,所以只是作为间接指导任一政治行动之模式的参考。他们两位思想家都提出适度是政治生活的罗盘,因为它提倡对尚可接受的合宜政制——无论是民主制还

㊷ 修昔底德在这里似乎运用了另一个寡头派的口号,这是用来描述比民主制更为严厉的政制(参3.82.8)。这里的讽刺之处在于,寡头党人实际上仅有一次审慎行事,宁愿保持真正独立也不使用欺骗手段。

㊸ "他们如此傲倨地统治,即如他们如此谦卑地侍奉。"李维,《罗马史》24.25.8。

㊹ Connor,《修昔底德》,页229–230;参Stockton,《古代雅典民主制》(*Classical Athenian demmocracy*),页167–168;Pope,*Historia*[37],1988,页276。

是寡头制——保持忠诚,并促进每种政制朝另一种政制方向进行改革。

修昔底德的意图大抵相同。我们看到,他笔下的狄奥多图斯暗示过,对城邦施行重要改革——实现一种不仅仅是政派口号的"适度"——是不可想望的。他接着表示,接近于这一目标就是实际能达到的重大政治成就。通过贬斥各个政制虚饰做作,高扬和睦相处与独立自主,修昔底德鼓励各方党人与其他政见不一之人达成和解。他从而指明了通向一种无名政制的道路,亚里士多德后来授名为"混合政体"(或"普遍"[generic]政制[politeia])。㊺

在叙述弗利尼库斯的政治生涯时,修昔底德的观点进一步得以浮现。卷八众多显要人物当中,唯有弗利尼库斯堪与阿尔喀比亚德争抢读者的眼球。他们两人的命运相互缠绕。作为阿尔喀比亚德的劲敌,弗利尼库斯是唯一在一番密谋比拼中成功击败阿尔喀比亚德的人(8.50-51)。他最终的命运既可笑又可悲,但仍是前有征兆的。㊻ 在他第一次出场时,他的精明和对雅典事业的忠心不移给人以深刻印象。他的修辞太容易让人联想到弥罗斯的雅典使者,若说这仅是巧合,那就更不可思议了,而凭借这样的修辞,他劝阻他同道的指挥官参与一场可能危及帝国和城邦之安全的愚蠢的冒险行动(27;参5.111.3)。而第二次登场,他再次与他的同僚较劲,这次是在政治而非军事问题上触发争端,但他与之前一样同时展示出他的智谋与爱国主义(48.4-8)。不过这次他并没有成功,而且公开表示反对召回阿尔喀比亚德之后,他马上意识到自己处于危险的境地。他的职业生涯从早前献身城邦的顶峰,一下子堕落到令人绝望的节骨眼上,这时,保住自己的脑袋才是再明白不过的准则。事实上,寥寥数句的距离就见证了他从对雅典的感人忠诚到昭然叛国的

㊺ 亚里士多德,《政治学》,3.7,4.7-9。
㊻ 关于弗利尼库斯的政治生涯及其所引起的争论的近期研究,参见 Grossi, *Frinico*。

转变。[47] 在他被谋杀之际,他肯定在盘算着叛变一事,哪怕[190]只是最后一着(91)。讽刺的是,正因他一开始不赞成对雅典的民主政制做任何改变(而这一倾向是出于非党派的理由),他到最终却成为了他所效忠但并未参与组建的寡头政制的牺牲品。由于极力反对阿尔喀比亚德归来而招致其怨恨,弗利尼库斯就像当初以保全城邦为由敌视寡头制那样,态度坚定地以保全自身安全而支持寡头制。

假若如此,弗利尼库斯的行动预示了他曾经的同仁泰拉蒙涅斯(Theramenes)(参8.68.4)——亦即"在所有政制下都装作好公民"的那位——的所作所为。[48] 修昔底德对弗利尼库斯的评论也许同样预见到亚里士多德对泰拉蒙涅斯的积极评价。在最严重的危机时,任何给人以团结的希望的政制,都总是优于其他缺乏如此承诺

---

[47] 将弗利尼库斯在8.50-51的行为解释为叛国是可能的,当时他与敌人斯巴达谈判,甚至还提出将萨摩斯一并出卖(参Pouncey,《必然》,页132-134;Forde,《统治的热望》,页137-139;Kagan,《衰落》,页127-129)。另一种观点也是未尝不可。诚然,弗利尼库斯本人认为他向阿斯泰奥库斯(Astyochus)告发阿尔喀比亚德的决定不利于雅典的利益,但他后来几乎没有任何机会上报给阿斯泰奥库斯。我们必须站在弗利尼库斯的角度理解。他确信,正如他所声称的(而后来的事件也确证了这一点),波斯帝王将永远不会偏袒雅典一方,故而把阿尔喀比亚德召回并不会给城邦带来波斯的黄金,反倒会掀起新一轮的纷争。倘若他能劝服敌方解决阿尔喀比亚德,那么他就为自己清除了一个危险的敌人,为雅典扫除一个同样危险的朋友。至于阿斯泰奥库斯背叛他并投向阿尔喀比亚德之后弗利尼库斯的行为,我们不必把这解释为一个将萨摩斯出卖给敌方的真正阴谋;他更可能是着眼于这样做所带来的成效:这是一个成功的占先策略,恢复他自己的而削弱阿尔喀比亚德的名声,而且不会对萨摩斯或雅典帝国造成任何实质威胁。(注意修昔底德形容弗利尼库斯得知他第一封寄予阿斯泰奥库斯的信所产生的后果时表现出的惊讶之情,但第二封信的影响却没有激起他半点类似神情,毕竟基于前一封信的结局,这种情况是可以预料到的。)弗利尼库斯在此印证了修昔底德在27.5对他的描述。他智取狡诈的阿尔喀比亚德行为是值得高度肯定的;可惜对他而言,他并没有笑到最后(参Kagan,《衰落》,28.5)。

[48] 亚里士多德,《雅典政制》,28.5。

的政制。倘若弗利尼库斯关于城邦拒斥阿尔喀比亚德这一重要性的说法是正确的,那么他就有正当理由反对有意召回阿尔喀比亚德的寡头制(而且它一开始就迫害弗利尼库斯,以博得流亡在外的阿尔喀比亚德的好感,54.3),后来他对寡头制倾注自己超乎常人的忠诚之心(68.3,90.1),最终事实清楚表明,寡头制并不会以德报德。令弗利尼库斯不悦的是,这个寡头政权在其暮末之际还是再次听取了阿尔喀比亚德开出的诱人条件。它的内部也因为谁担当领袖的问题陷入一阵混乱(89),他们卑鄙地开始竞相博取民众的支持,为此设法召回阿尔喀比亚德并恢复民主制。如果这些人在邦内固守寡头制的政策,对外有力地推行战争,那么他们就不会迫使那些原本忠于寡头制的人私下与斯巴达密谋,以求保全寡头制,保证他们毫发无伤。至于弗利尼库斯对阿尔喀比亚德的判断是否正确,看来可以公正地说,不管他是否存在,雅典都难以为继。

这一寡头政体宣称自己是审慎的(8.53.3),但由于其领导者之间不成熟的争斗,却把雅典带向内战的边缘(89-94)。随着五千人议事会——无心插柳的产物——的出现,它这出谐剧可谓达到了高潮。这一会议最初只在皮山大[191]及其同谋者的口号之中有所提及,他们希望借此向公众隐瞒他们建立一个寡头政体的意图(65.3-66.1)。后来,它转而发挥了相反的作用,被那些意欲向其同僚隐瞒自己想要恢复民主制的意图的寡头派叛徒利用,成为他们的口号(92.11)。它实际上为民主制的恢复铺平了道路。作为修昔底德那个时代唯一既非民主制又非寡头制的雅典政制,它就像弗利尼库斯的政治生涯那样,充当一种衡量他对政制问题之判断的标准。

> 而现在最重要的是,至少在我有生之年,雅典人似乎第一次享有一种最佳政制(ouch hēkista...eu politeusantes)。㊾ 因为其中

㊾ 我接受康诺对这一极为晦涩的语句的大胆解释。Connor,《修昔底德》,页228,注234;对其中疑难的讨论,参 Andrewes,*HCT* 相关论述;Donini,《修昔底德关于五千人政府的见解》(*La Posizione di Tucidide verso il governo dei Cinquemila*),页4-12。至于结论,参见亚里士多德,《雅典政制》,33.2。

达成了少数人和多数人之间的审慎融合(metria xynkrasis),而正是有了它,城邦才得以从不幸的状况中摆脱出来。(8.97.2)

修昔底德虽然敬重伯利克勒斯,但还是表明五千人政制是一种比伯利克勒斯所引导的民主制更好的政制,尽管它很可能无法容忍像伯利克勒斯那样或其他任何统摄全局的人所拥有的支配地位。[50]

我们知道,五千人政制在修昔底德所志之战的最后章节才出现,而且持续了仅仅数月。不仅如此,在他草绘雅典命运的 2.65 处,他所高度评价的这一政制竟然按下不表——它没有能力解决雅典的根本问题。[51] 五千人政制或许看似让公共利益占有主导地位,但它以一种非党派的方式构建,凭靠民主制与寡头制、舰船与城邦之间的妥协才得以实现,这正如阿尔喀比亚德在萨摩斯为求保全自由和帝国所竭力主张的。事实上,它由可鄙的密谋造就,而且只是一种过渡性的现象。五千人脱胎于寡头制,但又显示为背离这一政制之动向的一个阶段。可以合理地预见到这一运动将逐步导向民主制。[52]

---

[50] 这种政制中的寡头元素将有力抑制任何单个公民取得支配地位,因为贵族比民众更妒忌他们之中任何个人的卓越超群(参 8.89)。

[51] 关于五千人政制的持续时间,参见亚里士多德,《雅典政制》,34.1;比较 41.2 所暗中对应《战争志》的 2.65。

[52] 雅典民众曾在原则上接受寡头制,但这只是为了重新召回阿尔喀比亚德并获得他许诺带回的波斯援军(8.54.1-2)。在这次事件中,寡头政权违背他们的意愿强行压制他们,还以他们的鲜血玷污它自身(65-70)。在萨摩斯的舰队与母邦的四百人政权之间的争斗所形成的问题,就是民主制对抗寡头制的问题(76.1)。既然寡头政权现已溃败,这支一度与城邦达成和解的舰队肯定不会接受妥协的政策。至于返回家园的民众,他们推翻四百人政权、召回阿尔喀比亚德并击退基诺塞马(Cynossema)之后,立即重拾昔日的自信(106.5)——这正是民主式自信。同样,五千人政制也没能坚持多久,虽然它作出了召回阿尔喀比亚德的决定。因为,在他眼里,城邦只有他和所有其他人,他可以调动那命定之人(the man of destiny)和一大帮追随者,实现他强大的野心。他不满任何这样的政制,它限制公民权,从而培植集团式领导阶层,避免直接求诸民众。"不适合任何政制"的人(8.48.4)需要一种民主制的存在。参 McGregor, *Phoenix* [19],1965,页 27-46。

[192]所以说,五千人政制与其说作为一种典范,不如说充当一种试探性手段。㊼ 修昔底德对政制问题的处理,延续了他对瘟疫和内乱之可怖惨象的悲怆强调。当他赞颂具体的治邦者(statesmen)和城邦时,他发现民主制与寡头制本身都乏善可陈。它们各自最堂而皇之的述说不过是为了掩饰其最卑劣的恣纵行为;我们可以判定,metria xynkrasis[审慎融合]的荣耀就体现在它对这些恣纵行为的克服。这两种政制确实称不上审慎,除非处于被迫的境况。不管哪个城邦,若遇到像斯巴达和开俄斯(Chios)邦内奴隶所施加的威胁,都需要做好相应的自我保护措施。每种政制原则在被另一种政制原则制约的情况下最可让人接受;五千人政制既已囊括这两种政制,自然也对其施加了限制。

正如我们已强调的,政制问题在修昔底德所志之战中根本上是作为雅典对抗斯巴达——而非民主制对抗寡头制——这一问题而出现的。它显然事关寡头政制(4.126.2),但其优越性又超出寡头政制;假如换作雅典和民主政制,情形也一样。这两类共同体可作为永久的对立面,其他城邦要么倾向这边,要么趋向另一边,虽然没有哪个能充分认识它们。㊾ 由此看,雅典和斯巴达有助于澄清其他政制的前景和限度。蔽言之,我们只会重复一遍,尽管稳定性是修昔底德评价诸种政制时的首要考虑,但它并非唯一的考虑因素;修昔底德也分有雅典对崇高目标的典型抱负,但已涤去她同样昭著的不审慎。他正大胆从事一种不适合付诸实践的思想冒险。㊿

㊼ 参 Connor,《修昔底德》,页 228 – 230。

㊾ 参 6.69;7.21,55 – 56,66 – 68;8.96(叙拉古);8.24 及 40(开俄斯)。

㊿ 参见施特劳斯,《城邦与人》,页 229 – 231;Edmunds,《机运和智识》,页 143 – 203;Euben,《悲剧》,191 – 199。

重述与结论:修昔底德笔下的人性

> 啊,这绊人的祸害世界! 跌跤的事固然难免,但那绊人的难逃祸殃!
>
> ——林肯,《第二就职演说》,引自《马太福音》18.7

[193]修昔底德让我们领略到雅典和斯巴达这两个城邦的自我展示,她们正是"希腊性"(Greekness)或成熟政治生活中相对的极点和高峰;这场战争的意义尤其体现在这一自我揭示的过程中。它的一个主要方面就是展陈关于罪责(blame)和辩解(exculpation)的问题。一方面,斯巴达明确表明正义和虔诚在人类事务中的首要性。她强调这两者的义不容辞,同时拒不接受任何违背它们的借口。她一视同仁地看待所有敌人(甚至中立者),仿佛他们由于没有选择站在她的一方战斗就该接受惩罚(2.67.4,3.32.1-3;3.68)。她宁愿直接认定没必要为自己行为辩解,也不愿作任何解释。出于同样不愿承认自己不正义的理由,斯巴达只有等完全确证他们敌人的不正义时才会积极参与战事;面对严峻的逆境,他们会解释它们为对以往犯罪之事的惩戒(7.18.2;参 1.128.1)。由此,他们秘而不宣地认定各个城邦从未被迫诉诸不义;从而设想庇护人类免受必然性支配的正义诸神维持着对世间的统治。

另一方面,派遣在外的雅典发言者则强调侵犯正义和虔敬的必然性的力量。他们论证中崭新的一点,恰恰不是声称对于能为其他方面构成犯罪的行为开脱的必然性,人类只能心悦诚服地服从。确切地说,他们正试图延拓必然性(连同招引它的借口)的影响力。既然尚未否认帝国主义所预设的不正义,他们便将其中一切普遍动机——荣誉和利益,当然少不了安全——视为强迫,从而具有释解罪责的效用。由此看来，斯巴达人对必然性力量的有力否弃竟然遭遇雅典对此别具一格的宣示。鉴于无从解决这一难题，判定战争的罪责归咎是不可能的。讽刺的是，斯巴达的正义观念，如果落实到叙述呈现的事件中，往往有助于申明雅典无罪清白（同时把罪责归咎于斯巴达本身）；[194]而雅典的正义观念则倾向为斯巴达洗脱罪名（然而雅典自己却无可厚非）。

"雅典论说"固然如此，但雅典的观点仍然含混不明（她与斯巴达之间的对立亦然）。代表雅典的大多数（和最有权威的）演说者一如既往地强调存在一个不受必然性管控的领域。正是"雅典主义"的最著名论述，伯利克勒斯的葬礼演说，把她的帝国呈现为一个不被低俗性或必然性玷污的自由事业。这篇葬礼演说似乎全然勾销了神的位置；即便如此，这一意在展现雅典荣耀的最美证言依然与"斯巴达"关于脱离必然之力量的观点如出一辙。相比之下，在围攻和瘟疫的冲击下发表的最后演说中，伯利克勒斯则辩称他的战时政策是迫于形势的产物。纵然如此，他仍继续将论证有力地逐渐推向高贵。相仿的是，派往斯巴达的雅典使者执意坚称一种进一步阐述强迫性的观念，证明帝国事实的正当，此外还就正义的角度为帝国辩护。雅典是被迫进行统治的；在强迫性的制约下，她根据无懈可击的正义施行统治。因此，她依旧因其正义及其他方面的德性而博得一致好评；自然之必然当然无以碾碎人类自由与德性。甚至连身处弥罗斯的雅典使者，他们常被谴责为现实政治的残酷倡导者，都表达出他们因那种作为正义之条件的高贵勇气而为雅典自豪。

那些赴弥罗斯的雅典使者提醒我们，不仅只有雅典的立场根本上含混不清。宣扬虔诚和人类行正义之事的职责的斯巴达，实际上证明是深受必然性之桎梏。如果说与雅典不同，斯巴达从未面对过这个问题，那是因为必然性本身对她施加了重重枷锁，致使她缺乏反思这个问题的自由。在现实中，斯巴达人将正义等同为斯巴达的利益，也就是说，等同于任何满足巩固他们政制之需求的必要事情。

不管斯巴达如何托称自己按兵不动体现出她的节制和正义,她还是受制于维持为一个不为人知的帝国的迫切需要而相继地采取守势和被迫进攻。

斯巴达和任何其他修昔底德所知的城邦,都难以树立一个真正稳定和平的榜样:没有谁能保证自己尽管有能力却仅仅出于正义、节制或虔诚而克制自己不去统治其他城邦。争论的第一回合由雅典胜出。但随之而来的胜利证明是可疑的,且不说其中付出了沉重代价(pyrrhic)。这次论辩胜利并没有使斯巴达人仓皇失措,他们完全漠然置之。它反而在雅典身上引起负面作用:以最为实际和迅捷的方式作用于她的邦内政治。阿尔喀比亚德将伯利克勒斯对邦外事务的修辞运用于邦内事务当中,并且暗示接受了雅典论说。根据他的描述,城邦只不过是个可供公民们竞相争斗的舞台,是外邦事务的一个缩影。实质上,他总宣扬永久内乱(perpetual stasis)是种常态,之所以一时暂且处于安定,仅仅是因为他的高远抱负和民人的卑渺野心难以达成一致。[195]这不仅表明公众对阿尔喀比亚德自然而然地鼓动僭政的怀疑并非空穴来风,还证明了他的对手做法的正当,他们执行克里昂的政策,操纵公众使其对他不信任,借机博取公众的信赖。公民共同体一旦缺失一种以公民间的信任为基础的公共善,善的观念就难以持存。真正虔诚的尼西阿斯曾不明智地带头煽动民人猜疑他那野心勃勃的对手的动机(6.12.2),结果只是让自己独立指挥他当初从未想过参与的如此庞大的远征任务。

从现实角度看,将雅典论说引入邦内事务,其后果无疑是灾难性的。不过它在理论上的应用性会是怎样? 如果说邦外事务属于必然性所控制的范围,那么邦内生活似乎就属于自由的范畴,同样也可能属于正义和虔敬的领域。修昔底德当然没有否认这些对于培养公民之间信任的重要作用。然而,他对瘟疫和内乱的叙述一方面揭示了城邦内特别的必然因素的可怖力量和普通的强迫因素在日常决断中所起的决定作用,另一方面在一定程度上又确证(和扩延)了雅典论说。在公民群体中,必然性而非德性才是可以信靠的力量,这在城邦之间同样适用。对于大多数人来说,最根本需求就是关乎身体的,而城邦在正常时期的成功其实取决于以其名义尽量对这些需求的满足。当一次危机使城邦失去了满足这些需求的资源时,它就认识到那些城邦剩余的资源所暴露出来的缺点。但斯巴达与雅典不同(比较 1.84.4 与 2.38),她的政制成功地将德性变为一种必然,并尽可能顺从那些希洛人,故而最为稳固可靠。"公共善"就是在一致对抗某个共同敌人时才得以形成。①

那么按照修昔底德的展示,雅典论说不适用于邦内生活,这一种说法并不像另一种说法——各个城邦都不敢承认这一论说的实用性——那样真实可信。城邦的善需要掺和适量的伪善,而这正是最高贵的雅典人,尤其是阿尔喀比亚德所强烈谴责的。② 凭借这种伪善,斯巴达超越了所有其他希腊城邦,正如她是最高美德的实践者(5.105.4)。斯巴达的德性与其不幸紧密相联。他们可以随心所欲地以这种德性对待外邦人,但斯巴达人相互之间却不能毫无拘束地置此德性不顾。雅典的德性更少牵涉一种严酷的教育,因而在城邦之内的可靠程度不尽人意;而斯巴达的德性则在城邦之外有失稳健。斯巴达在个人的和自然的优越性方面,为了让民众普遍达到较高平均水平而付出了沉重的代价;伯拉西达,这位拥有甚至符合雅典人标准的稀有德性的人,简直可以称作斯巴达的一大奇迹。撇开这些奇迹不谈,斯巴达的胜利(譬如在曼提尼亚[Mantineia],5.57–75)就是普通斯巴达人的胜利。雅典攀升到远远超出她的对手的高位,不料竟会遭受更大的挫败。

更普遍地说,雅典论说的实质提出了一个令人困扰的问题,[196]那就是人们何以(和是否)能够在必然性的要求与人类德性及选择的领域之间划定界限。渴望施行一种高贵政治的雅典人必定特别因这个问题而苦恼不堪;他们几乎无法漠视它,因为它正是

---

① 3.9–14,4.59–64,4.80,8.1–3,8.40.2,8.64.5。
② 参 Forde,*JOP*[54],1992,页387–389。

由他们以其高贵的坦率提出的。

雅典主义的代言人一次又一次地自相矛盾，一方面认定不可能违反那作为有利条件的"必然性"，另一方面又声称要对抗这种必然。他们一边申明三种必然因素的僭政（tyranny），一边坚称以温和方式统治帝国的雅典一向藐视这些因素，其程度至少足以提出对德性的要求；从身处斯巴达的雅典使者开始，到致力于将这一想法运用于虔敬领域的身在波奥提亚的论辩者，再到弥罗斯的雅典使者，他们坚决主张高贵事物既有别于又高于有利事物，但这却暗中破坏了他们从利益角度向弥罗斯人重新解释高贵者的意图——雅典人反复努力克服它们论说中似乎难以解决的困难。如何把他们坚持要服从的必然性的广泛影响与他们意欲加之于德性或高贵事物的首要性结合起来？答案是，声称自己仅在次要方面践行正义，而非声称持守真正的正义。倘若正义只值得人们为之付出安全、荣誉和利益方面如此微不足道的牺牲，那究竟为何还要践行它呢？如果它值得付出更大的牺牲，那么人们又怎能以这些小小牺牲而自我激赏？"伸张正义[Fiat justitia]——在正义的代价甚微的情况下"绝不是真正的正义之声。

另一个问题是，身处斯巴达的雅典使者在援引"最伟大的事物"来为帝国正名时，诉诸了正义之形态的一个突出特征。它指的是，有这么一些情形，我们可以正当地忽略正义的一般要求（参4.98；柏拉图，《王制》，331c-d）。有些事，所有人类，甚至包括非常正义之人，都必定因偏向正义而得到宽恕。在这种情况下，我们不是说允许行不义之事，而是说我们违背准则的行为本身是正当的。我们把例外情况当作常规，从而成全了二者。不过细想之下，这些正义的例外情况暗示着一种对正义的有力挑战。

身在斯巴达的雅典使者声称，这些特例的适用范围要远比通常所承认的范围广。通过以切身行动为依据解释所说的内容，他们暗示，自然迫使每个人类社会珍视至少三种比正义更重要的善。它提供了一种辩称，即我们的正义感促使我们追求荣誉。雅典人将我们的注意力集中到特殊状况而不是常规之上,从而使常规没入如此之多的特例当中,借此剥夺它身上作为一种规则的所有力量。他们的立场至少揭露出一个真正的问题,那就是从常规和特例的角度思量正义。

然而,雅典人不可避免地提出一个关于正义本身是否好的问题。当身处斯巴达的使者表示恐惧、荣誉和利益都具有强制性时,他们的意思是,最大限度地克服恐惧而追求荣誉与利益的规定,无疑是对城邦有利的。一直保持这一规定,雅典就能从中获益。[197]同样,按照在波奥提亚和弥罗斯的雅典使者的说法,帝国及其面对覆没之风险时的持存,均是压倒其他一切的善,甚至在诸神看来亦是如此。如果正义也是善的,那么它肯定不是这种类型的善。它顶多就是非硬性(resistibly)的善;一个人在这些更为强大的善的指使下放弃正义是情有可原的,而超出这些善的要求,主动持守正义的话,则会迎来赞许(1.76.3)。正义突出的高贵性就体现于此。但对于正义之人来说,正义就全然等同于好?抑或只有那些因为正义对他们有利而希望从中获利的人才会赞颂正义(参1.76.2)?雅典人并没有明确提出这个问题。不过他们的论证迫使我们如此追问。

还有一种可能,即正义之所以是好的,皆因得到诸神的尊重,换言之,正义是虔敬的一个方面。支持这一观点的重要人物当中——斯巴达人、弥罗斯人、尼西阿斯,只有斯巴达人免于遭受灾难。但是,他们的成功与其说归因于他们对虔敬和正义的依赖,不如说归功于他们对其隐秘的背离。至于弥罗斯和尼西阿斯,他们对诸神所抱有的坚定希望,显然成为导致他们灭亡的决定因素。可雅典同样也在西西里及最后的整体战争中遭遇惨败;这是否间接在一定程度上印证虔诚的效力?

修昔底德并没有把雅典在西西里和大范围战争的溃败归咎于他们的不虔诚,反而将其根源认定为他们的党派之争(2.65.11;参6.15)。但这两个方面其实是紧密相联的——即使不是我们所想象的那样。毫无疑问,修昔底德将在斯巴达普遍存在的信任与邦内所盛行的正义和虔诚勾连起来。由于缺失这样存在于领袖之间和领袖与民人之间的信任,雅典付出了沉痛的代价。雅典人残杂的虔诚的一个重大缺陷在于,它非但没有减缓,反而激化了派系冲突,最典型的事例莫过于对赫尔墨斯(Herms)神像的狂热。但我们如果想解析这种狂热与西西里远征失败之间的准确关联,就得重新面对虔敬本身的可疑性。倘若雅典人执意要完成西西里远征事业,他们本应全权委派阿尔喀比亚德指挥它。"然而阿尔喀比亚德……所谓的不虔诚,让雅典民人有必要将远征事业全盘交给一个具有弥罗斯人的信念的人,他们完全信任他,因为他在虔敬方面超过他们所有人。""对雅典人实施极端报复的,确实不是诸神,而是人们对诸神的顾念,一旦缺少它,自由城邦就不复存在。"③虔敬是好的,甚至是必不可少的,因为它给予邦内正义以支持。虔诚者所预言的真理,就是虔敬的充分必要性,"一旦缺少它,自由城邦就不复存在",因为它对自由城邦所依靠的相互信任来说必不可少。

虔敬者的盲目性是基于这样一个事实:虔敬的必要性是有限度的。[198]修昔底德的教诲既包括虔敬的好处,又涉及治邦者不止步于虔敬的必要性——恰是因为城邦不可能超离对神的虔诚;他继而教导治邦者有必要表面上保持虔敬。由此看来,不只阿尔喀比亚德的,连伯利克勒斯的演说都显然十分可疑。至于不虔敬,意即邦外的不正义,由于它诱使人们莽撞不慎地冒险,而且可能危及邦内正义,所以它百害而无一利。斯巴达借助她的伪善消弭了这种威胁。

缘此,正义之善难以基于虔敬而得到有力证明。我们遂回到将正义等同于强迫的问题上来。雅典人将听取伯利克勒斯的劝谕,成为雅典的爱人(erastai);他们会觉得她——由此反观,也觉得他们自己("因为是他们的美德,以及类似于他们的那些人,为我所歌颂的城邦的品性增添了荣耀",2.42.2)——无比美好。他们希望留下他们高贵和德性的不朽声名。他们的坦诚也是其高贵的一个方面。可是,作为爱欲(eros)之对象的城邦,与屈从于安全和利益的城邦

---

③ 施特劳斯,《城邦与人》,页209。

显然互不相容。(至于荣誉或 timē,它似乎也不无问题;在斯巴达的雅典演说者们描述它为一种强迫,而在弥罗斯的那些则说它毫无意义。两种观点都不甚在意荣誉的高贵性。)雅典人意欲知悉和辨别关于他们自身及其城邦的真理,这一高贵的热望反而揭示出比以往更强烈的异议,这种意见反对把城邦理解为单纯的高贵。

鉴于其中这一理由,随着战争的演进,雅典愈发感受到强迫性所施加的重压。身在斯巴达的使者提出了三种可为呼风唤雨的帝国政策开脱的必然因素(compulsions),但亦表明,即便着眼于安全、利益和荣誉,也无以打破必死之宿命。这些强迫因素至今几乎没有要求[人们]在德性和高贵上作出牺牲。(他们强求人们付出其他类型的巨大牺牲,这点又恰好印证了雅典人的高贵。)除却正义,别的德性犹如一阵炫目之光,照遍整个帝国,正义本身实亦如此,如果就公民为他们城邦的善献身而言。甚至在外交关系这一很大程度上属于必然掌控的领域,使者们也声称,雅典在施行正义方面,可谓保持着空前的水平。只要顺利按照三种强迫因素行事,一个城邦就能继而践行一种非伪饰的德性;雅典所屈从的某些必然,实质上恰恰能突显她的正义。必然性暂且充当正当性理由,同时又几乎不造成任何负面影响(至少在德性这一关键方面)——它对雅典人有所制约,却又没有压迫他们。

伯利克勒斯也同样在他的最后演说中劝告雅典人屈服于他们现状的迫切需要,以此宣示他们的德性。当发现听众已彻底为战争之必然所困时,他声称这种艰辛状态虽然并非所求,但仍可欣然接受。尽管拒绝在非必要时宣战,明智的城邦却[199]会这样安慰自己:一旦坚决毅然地选择宣战,它就能凭其德性赢得不朽的美名。它自愿选择承受必然;它所获得的声誉证明了这一抉择的正确。

稍后宣扬雅典论说的演说者就没有那么鲜明地盛赞对必然的默从。他们同样承认这种默从既情有可原,又不失明智。但说到它显现出尊贵的德性或者甚至说它给德性留有空间,他们就不像前人那样态度明确。身处波奥提亚的雅典人矢口否认他们占据圣所是不虔敬的;而在弥罗斯的使者则拒不承认他们的帝国应受指责。前者并没有宣称雅典显赫的虔诚(除了刻意对比波奥提亚人公开拒绝归还尸体这显而易见的不虔敬)。后者即便表明自己否弃所有关涉正义的借口并阻拦弥罗斯提起其中任何一种,也还声称雅典拥有卓绝的勇气,以及对高贵和正义保持高度的开明。从当时的语境看来,这一声称似乎带有某种祈愿,甚至有点荒谬:正围攻弥罗斯的雅典声称出于由恐惧引起的谨慎而行动,并责令弥罗斯人自己也得如此谨慎。随后的结局令人震惊,因为纵然弥罗斯所发生的大屠杀并非肇因于使者们所持有的信念,但执行者仍旧是雅典自身。

使者关于雅典赋有无上的高贵性这一声称最深层的问题,就在他们向弥罗斯人讲授真正高贵的必要条件的演说中浮出水面。按照他们"启蒙过"的理解,高贵本身似乎有所细分。一方面是古老贵族式观念的余晖,也就是一种以其自发性和摆脱必然的独立性为特征的男子气概(andragathia)的竞赛。这一观念仅有些许残留(5.101),为那些尚能接受的人享有。还有另一种观念,它继承了原初意义的严肃性,但与其不同的是,它公开承认对必然性的服从(5.111.3)。这一观念认为,最高贵(或说至少最不卑贱)的做法,就是最审慎的,也就是说遵从安全或利益方面最好的建议。这种把高贵看作对安全和利益的依从的看法不止新鲜,它还似是而非(paradoxical),正如使者所指出的,表征着一种对现行理解的颠覆。这显然难以与另一个段落的说法协调,使者在那里声明了正义和高贵的亲缘性,并暗示两者都仅与勇气相关。

由此看来,所有这些雅典演说者——包括在2.60–64的伯利克勒斯——强调必然性之强大势力的同时,也彰显出想要从根本上战胜必然的意愿。在这意义上,葬礼演说确实是关于"雅典主义"(Athenianism)的重要声明,再说,这一主义本身明明与虔敬有某种一致之处。为了理解雅典论说的反对和支持者至关重要的共同基础,我们必须将目光转向第三类演说者:从渴求和希望的角度分析政治生活的那些人。

"人们起码可以说,有各种不同类别[200]的强迫。"④ 人们被迫行事,其目的往往不出避免别人对自己造成最大伤害到为自己争取最好的结果的范围(城邦往往声称自己在自然的强迫之下追求后者,规避前者)。Anankē[必然]主要充当政治话语中的一种申辩理由,因此它无法抽离于正义的问题。就其最不含混的语义来说(修昔底德自己在 7.57 – 58 这样用过),强迫既是外在的,又是直接的:强者向臣服于他们的弱者施加限制。没有别的事物有过这样的强制性,继而那么立竿见影地减轻罪责。其他公认的必然因素都隐藏在面向城邦与个人的情境中——就 ta deonta 意义上的 ta anankaia,即一种应其实际福祉之需而必须满足的客观要求。这些要求可能显而易见,或者他们也许只对那些审慎的心智敞开自身。这样一种强迫可以说是帝国主义的必然性,在这个意义上,帝国主义实际上也是一种必然(正如对公元前 480 年后的雅典来说那样)。最后还有某些令个人与城邦局促不安的"强迫",它们无视理性的必然条件与非必需条件之间的区分;它们与外在的迫切性绝缘,只一味驱使我们藐视这些条件。它们并非造福城邦,而更多是将城邦的福祉置于险境。

雅典论说,正如其政治拥护者所阐述的,并没有充分注意到这些类型的必然之间的差别。由此看出,审慎者所能鉴别的必然之间的最显著的一种,正可抵御方才描述的伪必然(pseudonecessities)。最有效(同时也是最罕见)的策谋就是仿效斯巴达或开俄斯的合理政制。(最有效的肯定不是简单易行的。)伯利克勒斯所实现的一种摇摇欲坠的雅典政制则为另一例;再有就是狄奥多图斯对其所在城邦事务的默然介入。

狄奥多图斯和赫摩克拉特斯,《战争志》中最明智的演说者,也与雅典论说的其他倡导者一样,坚称每个城邦自身利益的首要性,并劝诫听众默从必然。其他那些倡导者声明这种默从态度应普遍存在且无法避免,但这两位演说者却强调了公民和城邦拒不接受这

---

④ 施特劳斯,《城邦与人》,页 210。

种默从的倾向。因为只有在人们自己意识到必然性的情况下,后者才会支配人类的行为。而他们的视见显然不可靠。

狄奥多图斯和赫摩克拉特斯的整个论证并没有与雅典论说相左,反倒还对其作了进一步延伸。身在斯巴达的使者显然早已在未经允可之下扩大了必然——或说强迫——的界限:它影响到城邦之不义行径背后的所有一般动机。即便如此,他们私下仍接受必要的或无可抗拒的动机与可选择或尚可驾驭的动机之间的区分。自然会给予[201]我们决断的余地(1.77)。但狄奥多图斯在界分通常受必然性搅扰的穷困者和戚戚于多余之物的富有者同时,就意欲为两者开罪。一切皆取决于当时的情景或处境:对于那些拥有所需之物的人来说,奢侈品所具有的吸引力,就像必需品之于那些匮乏者来说那么强烈。前者的煽动性毫不逊色于必然性的强制力——故而同样情有可原。

职是之故,人类自主选择或理性行动的领域之小,甚至要超出雅典论说的其他宣扬者的预期。大多数人甚至无法自由决定默从必然。必然性尚在之时,我们熟视无睹,当其消隐,我们才有所察见。意愿充当思想之先(*autokratōr logismos*, 4.108.3):希望和热望必定介入人类经验当中。怀着增强自身力量获取私利的希望和渴求,我们总会习惯性地超逾这一力量的限度。能够豁免我们的错误和罪行的,不仅有我们对必然的顺从,还包括我们对这一屈从持续的、太人性的无视。

我们现在可以公正地对待雅典论说原初陈述中最引人入胜和最可疑的部分,也就是这样一种声称:荣誉和利益与安全一样对城邦来说,都是带有强制性的(且必要的)。我们看到,修昔底德跟随狄奥多图斯,表明自己反对如下看法:有利可图(以及正义)之事起码要与必然之事区分开来(7.57)。我们在此可以这样修正使者在斯巴达的断言:虽然荣誉和利益不如安全那样充满强制性,但它们同样或甚至更有诱惑力。个体和(尤其)城邦为了荣誉和利益,一而再地拿自己的安全冒险;他们再三将这样做的风险降到最低限度。

在此语境下,正义也展示出它掌控人类的力量,因为一个城邦对其事业之正义的想象,正是导致城邦冒险的主要因素之一(4.62),正如它是驱使城邦即使在不符合它的利益时也照样实施惩罚的肇因(3.36-49)。人们轻易就相信他们欲望的正当性,难怪他们不顾一切地(同样不负责任地)确信自身欲望的正当或信赖人类力量(4.62),亦即相信他们的欲求会得到神明的支持。若是他们的邻人也需要这样的支持,神明肯定不会干涉。我们自我欺骗的能力实在惊人,怪不得虔敬的希望还会困扰着指挥最不正义的冒险行动的人:雅典大多数人都期望诸神会眷顾西西里远征(6.32,8.1.1)。类似的是,"惩罚性"正义将给任何阻挠我们幸福的事物(事实上是对我们敌人一厢情愿的私见)加诸不义的污名。它渴望报复这种不义。这些一般类型的"正义"本身都要求得以轻恕;而使之成为可能的,正是出于与宽宥其他更为显著的错误行为一样的考量——我们的天性弱点和愚蠢。

必然性问题又被机运问题弄得复杂起来。[202]严格来说,城邦所面对的几乎从来不是强迫,因为政治生活的进程并不容许对特定行为方式的后果做出确切预测。城邦只得在可能性,而不是确定性之下做出行动。这一事实助长了人们落入不可能性(improbabilities)之圈套的倾向。⑤ 本应令我们谨慎对待冒险的,也即机运不可预测的无常变化,反而诱使我们勇往直前。相反,那些荣华富贵、手持实权的人则依仗财富和权势,无视即便扰乱周详计划的机运的力量。我们将看到两种态度,即追随我们的希望所至,信靠机运或蔑视机运——这本身也是一种听天由命的形式。修昔底德当然并不打算暗示征服机运的可能性。⑥ 不管怎样,虽然有意忽略机运加害

---

⑤ 3.45,4.62,4.65.4,4.108.3-4,5.103。

⑥ 参Reinhardt,《遗产》,页195:"Machiavelli war der Meinung, als Weib lasse sich Fortuna gern von Jünglingen bezwingen. Thukydides scheint anderer Meinung."("马基雅维利持有这样的观点,机运女神如同女人一般,愿意在年轻人的迫使下选择屈从。修昔底德似乎并不认同这点。")参埃德蒙斯,《机运和智识》,页143-203。

我们的力量,但我们却不约而同地彰显了它。

进一步说,无论内在于还是外在于我们,"主观上"还是"客观上"看,机运都占据支配地位。爱欲不听从任何必然,希望之于必然亦是如此。尽管他们可能以必然之力量打击我们,但席卷人类灵魂的,最终还是归结到机运的问题。一切人类处境都逃不出这种风暴的掌心(3.45.2-7;4.62);无人能置身事外。无论在这个意义上,还是在别的意义上看,没有事物能抵挡机运的强力。

经过完善的雅典论说显然优于原初版本的地方,还在于它对城邦不愿接受该论述这一事实的解释;这种态度不仅仅归咎于伪善。每个城邦都以希望作为生活的根基,但这些希望明显与该论说相抵牾,连宣扬它的雅典也不例外。城邦的权威需要以其尊严作为先决条件,而它的尊严又完全取决于它关于自由、高贵且正义地行事的声称。每个城邦必定强调它对其命运的掌控;每个城邦都强烈寄望于其自由和德性(无论它如何理解这点),并祈愿世道予以嘉奖。这样看来,伯利克勒斯所激发的希望,在重要方面上类同于斯巴达、弥罗斯人和尼西阿斯所持重的古老希冀;公民的(civil)虔敬仍是虔敬,而且(至少)所获得的人世美誉丝毫不逊色于传统的虔敬。

我们现在该回到虔诚的智慧问题上。尼西阿斯理解犯罪(transgreesion)为不可避免之事,但没有由此推断犯罪严格来说是必然的(7.77.3-4)。他接着貌似接受了雅典论述的前提("犯罪是种常态"),但又不认同其结论(既然普遍适用,这一论说就具有强迫性,因此不能理解成僭越)。通过主张节制,虔诚佯装成了智慧。[203]不幸的是,它所促成的恐惧与无度的希望不可分离。忧心忡忡的斯巴达人也表现出这些希望:他们对自己的不作为所抱有的过度自信至少部分依赖于他们对自己避免不义之力量的夸大之词(1.71;7.18.2-3)。对尼西阿斯,亦即对斯巴达人、弥罗斯人和备受瘟疫煎熬的雅典民众来说,承认犯罪本身,也就保证了存在避免犯罪行为的可能——亦即人类尊严和神性庇护的价值的可能性。

修昔底德的智慧赞成虔敬,设有虔敬"犯罪"就不可避免,以此可以得出,任何既定情况下的虔敬都完全是必要的。然而,虔诚认作犯罪意义上的一种 hamartēma[罪行]的事情,智慧则将其看成是错误或偏离正轨之举。虔诚否认必然的支配力量,而智慧则在 hamartēma 中看出默从必然的失败。在虔敬看来是罪恶的事,智慧则把它当作爱欲所引起的满怀希望的徒劳。我们必须再次强调一点,后一种理解本身并非充满希望的,它没有推广一种肤浅的理性主义,也没有低估罪恶扎根在人类灵魂中的深度。在狄奥多图斯看来,对任何人而言,tout comprendre est tout pardonner;"犯罪"就是"错误";罪恶即无知,德性即智慧。但他认真思虑过人类的恶,包括循环往复(且故意)以正义之名所犯下的可怖罪行。这种罪行正是他所致力防止的。人从小就心生邪念;⑦他们总是遵循对自己有益的观念行事,殊不知这种观念同时对他们和其他人有害。狄奥多图斯透露出一个比道出人性本恶更令人惊怵的真理;那就是说,人们并不邪恶。

因此,在修昔底德看来,智慧臆想愚蠢、执念和邪恶为人类的常态,而且一旦煽动起来就会爆发惊人的力量。对于同一事物,虔诚当作对神法的犯罪,智慧则理解为不断冲击习俗之界限的自然(3.45.7,3.82–83)。智慧与虔诚都一致认为,甚至是无比强大者所造成的冒犯行径也很可能最终招致惩罚:正如虔敬者所示,受到诸神的惩罚;而在明智者看来,惩罚体现在过分行为的后果,或邦外不义对邦内正义的腐蚀性影响。缘此,虔诚咬定冒犯者的挫败是必然的,智慧却认为这仅仅是可能而已。虔诚假定报应与冒犯者相称,智慧却认为这种期望是不成立的。人类会做他们想做之事,遭受他们应得的灾祸。虔诚对德性的回报寄以希望,智慧则看不到这样的希望(只能预示避免不义所特有的风险的可能)——尽

---

⑦ 参《创世记》(Genesis),8.21。[译注]中译参照冯象译,《摩西五经》,牛津大学出版社,2006。

管自然至少倾向惩罚那些自负者,但它并不会相应地表示对无辜者的关心。⑧

[204]经修正的雅典论说与虔敬之间的有限聚合,给我们呈现出修昔底德著作中的一大悖论。从起源上看,雅典人的思想似乎与他们的实践姻娅相连:前者起因于胆识(daring),并表征着这种胆识的顶峰。但雅典思想的大胆之处就在于它的无拘无束和永不畏退的理性主义,而这证明并不完全与政治层面上的果敢相容。在身处弥罗斯的使者口中难辨却清晰显现在狄奥多图斯思想中的是,雅典理性主义意味着政治审慎——即使它与我们的本性加诸这种审慎的种种困难相冲突。然而这样的审慎(退一步说)更好地由斯巴达世代相传的虔诚而非雅典民众的果敢保持下来,这种果敢与其相对的(但极其有限的)理性不可分离。基于完全理性主义的理由,修昔底德否认了所谓"政治的理性主义"(rationalism in politics)。

这样,如果理解正确的话,雅典思想引致了一种对斯巴达的认同——由对孕育该思想的政制的感念(及对这一政制之抱负的赞同)所产生的认同。修昔底德在思想上(这是唯一能够实现的层面)实现了斯巴达和雅典两种形式的综合。

狄奥多图斯在其他雅典论说的宣扬者中脱颖而出,是因为他更深刻地对其进行反思。在他看来,城邦自认为是自己及其政策的掌控者,其原因仅是他们夸大自身力量的普遍倾向。伯利克勒斯在葬礼演说中认为雅典所赋有的合理的自发性,实在是对她或任何一个城邦的高估。辗转于诸种激情混合所致的躁动,承负着暴烈的希望与狂怒,城邦才为时已晚地意识到,自己其实对所见最有把握之时恰是最盲目的。作为爱欲的玩物(比较 3.45 与 6.24),且易受低俗或高贵的欲望以及他们甚至有时意识不到的勃勃野心左右的城邦,

---

⑧ "修昔底德的神学观——如果允许使用这一说法的话——就体现在(亚里士多德意义上的)中道上,它介乎尼西阿斯和身处弥罗斯的雅典使者两人的神学观之间。"见施特劳斯,《柏拉图式政治哲学研究》,页101。[译注]中译本见张缨等译,华夏出版社,2012。

与作为爱欲的对象及人类所热望的终极目标的城邦不可同日而语(2.43;参2.64)。按照狄奥多图斯的描述,城邦不再要求我们敬畏它,恰如它也不能激发我们的义愤。不过它仍有能力唤起我们的同情。

我们已经提到在狄奥多图斯的演说中,人类本性所屈从的强迫因素显露出它们极其阴险的伪饰。我们希望自己能保持冷静,摆脱它们带有欺骗性的魅惑。在现实中逐渐成为城邦和个人最大的共同善的,不是自由或帝国,而是有选择性地追求自由和帝国的智慧。⑨ 这种智慧对我们来说可能吗?在他努力唤起对米提列涅人的同情之时,狄奥多图斯像是他必须做的那样强调了人类普遍的脆弱性。但他曾公正地对待他自己吗?狄奥多图斯也(仅)是个普通人。然而,他展现出一种使人敬畏的坚定态度,[205]一种对自己能力的信心——对修辞限度的深刻认识使他的能力变得游刃自如——以及一种对他身边复杂形势的高度统筹。他显然在3.43.3-4和45.6处暗示,某些个人能比城邦更牢牢地把握住自身;唯一有资格为城邦出谋划策的人是那些并不因它丧失理智的人(参1.70.6)。狄奥多图斯当然是这样的人。在他身上,比任何一个人物都明显,雅典理性主义达到了它的巅峰,一个势必超离于雅典的巅峰。

显然,狄奥多图斯并没有对他的城邦绝望。唤起人们注意到他在演说中所反对的激情风暴后,他大胆地让雅典回想起自己从前更好的一面。某些城邦(像这里的雅典)敢进行重新思考;至少在某些时候,他们能够在引导下听信理性。事实上,城邦有能力吸取关乎最重要之事的教训(8.62)。城邦尚且会为那些像狄奥多图斯那样 sub specie aeternitatis[在自然状态下]理解政治的人留有一定余地。但能否有效地介入城邦事务,这就取决于某些超出治

---

⑨ 参 Farrar,《起源》,尤其页 135-137,142-144,187-191 中在某些方面跟这里相对应的另一种分析。

邦者的力量所能确保的客观条件；更正城邦所犯的错误比规避它来得更容易些，况且错误的改正不可避免地又为其往后的重犯提供了方便。狄奥多图斯和赫摩克拉特斯与伯利克勒斯及其对智识的力量能征服机运的信心保持了一定距离；不过他们"雅典式"的理解方式与伯利克勒斯无异。甚至不如说，倘若最能代表雅典的就是以雅典论说为特定表达方式的理性主义，上述说法就更加成立。因为在他们的演说中，理性通过自我，认识到其限度而"克服自身"。

狄奥多图斯颇有危险的干涉不是没有利己的可能：想想由克里昂对理性的敌意所主导的，威胁到城邦里像狄奥多图斯那样的人的性命的恶行。[10] 但我们也不可推断他没有顾及雅典，没有提出一个保存它的理性、利益、尊严和人性的政策。贤人对爱欲和别的变化莫测的情绪或脾性保持敏感，是否就是他对我们其他人存有仁念的一种可能基础？智慧会使他在一定程度上不受这些不定因素的影响，但同时并不割裂他自己与那些不堪致命病疾的人们之间的同情（参 2.51.6）？修昔底德自己亲身经受过那次瘟疫，而且甚至在受苦之时还着眼于帮助未来患者，把瘟疫的症状一一记录下来；这场瘟疫一定程度上可类比于雅典帝国主义（比较 1.70.9 与 2.49.6）。[11] 他是否曾经同样为雅典帝国主义所折磨，他写下的卷帙或许至少能有助于为少数受害者（那些在思索真理方面与他最为相似的人）治愈日后将要爆发的高贵的政治狂热病？他是否因而受人性和（或反而是受）死后备受赞誉的欲望所激励，想要留下一笔 ktēma es aei［永久财富］？［206］如果这些成为他动机的一部分，为何不能作为狄奥多图斯的一部分动机，况且他被迫付出的努力远不及修昔底德（纵使冒着更大的风险）？

---

[10] 参 Bolotin 为施特劳斯和克波西斯主编的《政治哲学史》撰写的"修昔底德"一章，页 30–31。

[11] 关于修昔底德对瘟疫的描述与他的总体计划之间的对应之处，参见 Romilly，《建构》，页 120–124。

在解释任何伟大思想家的过程中,人们最终总会到达一个"充满可能性"的阶段。在对修昔底德和相关问题的理解限度之内,我试图阐明,所有愿意追踪修昔底德的论证线索并充分化为自己所得的读者,都可理解到他笔下的人性。

附录一

《战争志》1.22.1-3

[207]修昔底德在演说辞方面的写作事宜,长期以来都是争论的焦点。他相应的声明如下。

  至于书中不同人所作的演说辞,要么是他们在战争之前发表的,要么是他们在战争期间发表的;有些演说辞是我亲耳听闻的,有些是我的报料者从其他渠道得到的,对于我和我的报料者来说,回忆(diamnēmoneusai)所说过的确切言辞(tēn akribeian)都很困难。因此,依我之见(hōs d'an edokoun emoi),那些演说者会就每种具体情况所牵涉的事件(peri tōn aiei parontōn),表达相当符合特定场合需要的观点(ta deonta malista),于是我将它记述下来,同时尽可能保持实际所说的大意(tēs xympasēs gnōmēs)。但是,至于战争中所发生的事件,我觉得我的责任不该是按照偶然从报料者那里听来的样子写,也不是单凭[最接近]我的想法去写(oud' hōs emoi edokei),而是检验我所亲历的以及由别人那里听来的,在任何情况下都只以最大可能的精确性(再次出现 akribeia)去写作。① 我耗费了大量心血查明这些事件,因为目击者并不会以相同方式叙述同一具体事件,要么偏袒自己所属的一方,要么纯凭记忆(再次出现 mnēmē)。(1.22.1-3)

---

① 以下讨论围绕修昔底德关于演说辞的声明。他就事件的记叙所作的说明同样难以理解,并引起不少争议。我的译文遵随 Schepens 颇具说服力的疏解。见 Schepens, L'' autopsie',页 94-146,188-191。

修昔底德声称所记述事件的准确性;②演说辞却只在某种程度上准确。③ 问题就是确定所谓准确的标尺,以及理解修昔底德超越它的做法。[208]"要想给出一种令人满意的解释……就得同等重视演说声明中的各个部分,并按照修昔底德理解演说辞的方式对每一部分进行解释。"④修昔底德明言会基于他自己对每种具体情境(tadeonta)之要求的理解,同时又忠实于实际发表的演说和他的实际经历,对此,我们必须将他的这两种说法协调起来。

　　我们必须强调一点,修昔底德许诺在演说辞方面做到一定程度上的准确。他宣称对实际说过的话的 xympasa gnōmēs[大意]保持忠实。这里应该是指"总体规划"(whole scheme);也就是说,指实际发表过的演说中的整个论证结构。在《战争志》中,Xympas 通常

---

② Grosskinsky,《设计》,页 28－58;Pearson,*TAPA*[78],1947,页 39－60;施特劳斯,《城邦与人》,页 164－165;Schepens,*L" autopsie*',页 94－146。

③ 参 Egermann,*Historia*[21],1972,页 575－578 及 Jebb 载于 Abbott 所编,*Hellenica*,页 252－253,后者提出修昔底德在这里可能写下的是,他已把准确性奉为他处理演说辞的原则。有观点认为修昔底德一直追求演说辞最大可能的准确性,对此可参格雷纳,《古希腊政治理论》,页 20－23;Gomme,*EGHL*,页 156－189 及 *HCT*,1:138－139;Kagan,*YCS*[24],1975,页 75－77;Cogan,《人事》,x－xvi。依我看,这些观点都没有足够重视修昔底德处理演说辞和事件的两种声明的对比,而且还轻视 deonta 分句的重要性。

　　如下观点比其对立观点可信得多:这些演说辞几乎与它们原初版本无关,甚至可以说,修昔底德凭空织构出它们,创写出从未发表过的演说。参 Schwartz,《历史著作》,页 105 及 *Gnomon*[2],1926,页 73－80;Jaeger,《教化》(*Paideia*),1.396;Romilly,《帝国主义》,页 242;Flashar,《葬礼演说》(Epitaphios),5－6;M. I. Finley,《使用和滥用》,页 32;Erbse,《广场》,页 339。对此,恰当回应的当属 Kagan(*YCS*[24],1975,页 77):"事实毋宁是,没有人能举出修昔底德著作中有过这么一篇演说未曾通过某种经修昔底德处理的方式来宣讲。"参 Gomme,*EGHL*,页 156－189 及 Adcock,《修昔底德》,页 28－33;又参 Grant,*CP*[15],1965,页 261－266。

④ 埃德蒙斯,《机运和智识》,页 166,晚近的 Luschnat,RE[增刊 12],1971,cols. ,页 1167－1179。

表示与事物之部分相对的整全。这里显然沿用这层意思,从而更为强调他所声称的对 gnōmēs 的忠实反映。⑤ 另外,在修昔底德看来,这里所说的 xympasa gnōmēs 就扎根于在某个特定场合说过的话,而这正是他"所要[坚持]尽可能紧贴的"。他指的是连贯的思想或持续的争论,亦即某些实际上说过的话,若要准确向读者传达这些思想或争论,那就必须紧扣这些话语的内容。⑥

至于 gnōmēs 这一语词,修昔底德一直在狭义和广义上使用它,既可以表示"意图",不管是完全秘而不宣还是公开明示的(gnōmēs 作为提出的意向),又可以表示某人对所面对的境遇的综合评定(无论说出与否)。不过,他对该词的用法表明,狭义隐含着广义:一种意图或提议既是提议者对总体情况的把握的一个方面,又依赖于他的这种把握。在某些地方,gnōmēs 主要表示前一种意思,而修昔底德进一步拓展了词义,使其具有后一种意味。⑦ 这个 gnōmēs 本来是以某个具体评定为基础的论述(reasoning),现在延伸为以那种评定本身为基础的论述。事实上,方才引述的广义的 gnōmai(复数形式)——语义扩充后所表示的对代言者(agents)的提议或意图的评定,可以理解成演说辞的概要。在作为对提议[209](就德摩斯提尼在 6.52 而言)而非对尚未言明的意图(正如 8.87 的提萨佛涅斯[Tissaphernes])的评价的情况下,它们相当于以间接引述的方式呈现的演说报道,这一方式本身让人联想起修昔底德笔下数篇这样的报道。

---

⑤ John Wilson,*Phoenix*[36],1982,页 97-98。

⑥ 格雷纳,《古希腊政治理论》,页 22。John Wilson(*Phoenix*[36],1982,页 99)认为修昔底德"尽可能紧贴"且"赋予 echō 中的动态极其具体的意义",还表示虽然修昔底德声称撰写一篇演说辞时会"将整个 gnōme 都考虑在内",但并没有声称会严格遵照它。我们也可补充一点,在《战争志》别处,echō 的中动态形式以 gnōme 作为它的主语,意思是"坚持不移"(1.140.1,8.81.1)。

⑦ 1.44,45.1;2.20;3.92;6.47.1;6.50.1;6.71-72.1;7.48.1(egignōsken);7.52.3,4;8.87.2,6。

修昔底德用间接引语处理演说的方式为 xympasa gnōmē 的语义提供一个决定性的线索。这些概要表面上意味着对演说的报道,不论它们出自一手还是二手,在别处则充当修昔底德重构演说的基础。它们似乎依据其原型的篇幅及复杂程度的差异而有所变化。但所有概要都不但记述了演说者的提议或结论,还叙述了他的辅助性论点。在这意义上,它们完全等同于与刚才所讨论的修昔底德描述为 gnōmē 的报道。它们还很可能是 xympasai gnōmai 的实例,修昔底德笔下演说辞的原始材料。⑧ 倘若如此,xympasa gnōmē 将涵盖演说者提出的所有论点,某种像是实际演说的概述,从演说中抽取的诸多要点。⑨

尽管在我看来这是对 xympasa gnōmē 词条的最合理解释,但它仍然留待与修昔底德所声称的其他词条相匹配。他笔下演说者发言时,每位依次就当下连续发生的事件发表演说,他们在修昔底德看来似乎说出了相当符合特定场合需要的观点(ta deonta malista)。⑩ta deonta 的意思非常明确。它们是指"需要之物","具体情况下有待满足的要求";"这个语词及其同源词描述的是一个人被动地屈从于自身所处情景的迫切需要"。⑪ 当然,ta deonta 是必需的,但并不是说它们总是不言自明。将"必须做的事"(我将这样称呼它)付诸实践,这是公民的职责(1.70.7);发出命令做这种事,是指挥官的责任(5.66.3);对此事进行阐述会是件漫长的事情,甚至对于一个崇尚言简的斯巴达人来说也是如此(4.17.2);而洞察它则是留给最伟大的治邦者的任务(1.138.3)。每位审慎的演说者都声

---

⑧ 参 Hudson – Williams,*CQ*[42],1948,页 76 – 81。

⑨ John Wilson,*Phoenix*[36],1982,页 99。

⑩ 读者会疑问 malista 是否具有真正最高级的语法意义,因为注意到《战争志》中它有时表示"近乎"、"大约"的意思。事实上《战争志》中 malista 极少表示后一种意思,除了在涉及数量的特定表达中,而在其他三种修饰 deonta 的同源词的情况下,才具有真正最高级的意味:3.13.7,4.5.2,4.92.3。

⑪ Benardete,*Glotta*[93],1965,页 293,页 295 注 2。

称自己能在具体事况中认识到迫切需要完成的事情(2.60.5)。我们不得轻视修昔底德为自己设定的向其笔下演说者提供"必不可少之内容"的任务。这一内容并不是指演说者不可避免而必须说的("任何人在这种情况下都不得不说的话"),而是他为了说得漂亮而必须说的话。⑫

[210]说得漂亮意味着说得具有说服力。伯利克勒斯想必深明这点,按照他的说法,为城邦辨明正确道路,只是一位演说者所具备的德性之一,他还得个是正直的人,兼具表达自我的能力(2.60.5;参见3.37-38,42-43)。一旦缺少其中一方面,其他德性就一无是处;没有修辞上的精巧,智慧和爱国主义都是徒劳。每次审慎的演说既"关乎内容"(about),又注重"所诉说的对象"(to)。⑬

但是,我们必须谨记在"尽可能紧贴"这一分句中昭示的严格限制。修昔底德为每篇讲辞增添[修辞上]所必要的元素,以此提升演说的说服力,但他从不逾越与论证的实际结构相适宜的范围。职是之故,每篇演说辞都是修昔底德和原作者共同合力的结果——它实在带有一定的人为痕迹,是故有可能仅仅在一定程度上分辨出他们各自的贡献。⑭ 鉴于一篇诉讼演说的论证结构主要旨在劝说,难免不可能清楚地划分出这种结构和有利于说服的演说元素之间

---

⑫ 参 Forbes,《修昔底德卷一》对此处的解释:"'所需要的',符合每个场合的,客观情况所需要而修昔底德自己尽力作出最佳判断的……;为和平和战争所作的最佳论证,或就严厉还是宽容处理叛邦而展开的论辩,对雅典或斯巴达、忒拜或普拉提亚所作的最恰当的赞扬或谴责……在任何特定的情况下的。"Marchant(《修昔底德卷一》)也有此说:"所能找到的支持演说者的 xumthasa gnōmē 的最佳论证。"参 Maddalena, *Thucydidis...liber primus*(*tomus I*)的相关解释。

⑬ 参 Macleod, *Historia*[23],1974,页52:"[ta deouta]一定程度上适用于一篇在特定情况下给予必要建议的演说辞的内容……但在1.22,它却用于演说中那些使其清晰且有说服力,卓有成效地陈述某一事实的元素。"

⑭ Aron,《历史与理论》[1],1960—1961,页109;Winnington-Ingram, *BICS*[12],1965,页70-71。

的界限。在一篇演说辞中，只要是非必要且不适宜的部分，一概出自最初的讲者；修昔底德可能把任何有必要的成分都加入演说当中——但他同样可能早已在讲辞中发现这些成分。他对于一篇演说辞所作的贡献究竟有多大，还得取决于这些成分在他发现时的必要程度。他大概同时处理着某些非常出色和某些非常糟糕的讲辞；他对它们的加工绝不会超出 xympasa gnōmē 所能承受的范围。

演说辞未必因为修昔底德在 deonta 方面的贡献而变得更为真实。他只会凭靠有利于演说本身获取成功的事实来为演说添砖加瓦。(他也可能利用诱人的伪饰来为其润色。)演说辞确实是由他写就，但却相当符合它们各自所处场合的要求。而且，由于更好地满足了演说者的需要，这些讲辞也同样适应了读者的需求。我们越是深思演说辞，就越是感受到当时的真实情景。我们已与原本的听众融为一体，共同面对重要的抉择和一个自信能引导我们的讲者，既然如此，倘若我们是优秀的读者，我们会受此感发，极其谨慎地细察每篇讲辞。整个论证是否连贯一致？其前提和推论是否相冲突？漏掉了什么，出于何种原因？在相互交锋的成对演说中，哪篇最能反驳或预示对方的主张？这些论辩成了我们的论辩，我们也得同样承担起责任。⑮

[211]修昔底德(在某种程度上)确证他笔下人物的修辞能力，是为了促使我们对其展开进一步审议。每一案例终究会予以开庭审理，案情陈述在允许范围内得到充分的展示，不管怎样都不会出现因缺庭而败诉的现象。既然演说结构与原本无甚差别，我们自然

---

⑮ 霍布斯，EW([译注]此为霍布斯《论公民》的版本缩写，对应 Sir William Molesworth 所编的 *The Collected Works of Thomas Hobbes*, London, 1839) 8: vii – viii; Aron,《历史与理论》[1], 1960—1961, 页 110; Dewald 载于《希腊纪事作家》，页 57 – 58; Macleod, *Historia* [23], 1974, 页 53: "所以说，演说辞邀请……读者对其细细品察，结果不但带来一定意义上的启蒙，还获得一种肃剧感。因为他们通过自身的洞察而得以启明，不亚于他们因认识到自身容易犯错的本性而备受感化。"

能够与原初的听众一道评判它——我们亦可评价他们对此的判断。⑯ 通过给演说增添"必要的内容",同时保持对"论证结构"的忠信,修昔底德设法做到既忠实于历史情境的重要元素,又坚持他记录这一情境的目标——对我们进行政治教育。⑰

缘此,修昔底德笔下的演说者并没有解释本身不可依据当前情境而得以解释的情况。从对某事的声明,我们不能断定修昔底德和演说者都认为它真实,只能推断他们之一或两者认为它是有用的。正如霍布斯所见,这就是"具备叙事结构的"演说,而且读者"必须从中给自己汲取教益"。我们必须从讲辞的角度看事件,从事件的角度看讲辞,两者相互启发,其义自见。⑱

所以说,修昔底德提升了演说辞、但他并没有使其尽善尽美。虽然他以"必要之事"为每篇讲辞增色,但没有弥补它作为行动指南的不足之处。他就这样把它们当作他笔下人物而非他自己的演说辞、政治演说而非客观概述来保存。他对它们仅仅作出这样的贡献,但求实现他笔下演说者的修辞目的。这并不意味着他的贡献不可直接阐明当时的情境;一个具体的声明既可以说服他人,又可以保持真实,甚或因其真实而能打动人心。事实上,这一策略留给修昔底德充足的余地评论那些事件,不管它们与某个特定情境关系密切还是保持一定的距离,有鉴于此,它还能使修昔底德从容地设置反讽和其他对比手法。⑲ 最重要的是,这种策略为他提供各种概述

---

⑯ 参 Adcock,《修昔底德》,页 45-46:"修昔底德的辩证法任凭论辩中的各方讲者使用,从而公平地用以强化任何一方的观点……运用于演说者身上的辩证技巧将会把他的实际论证提升到一个更高的境界。由此,读者就能对各方所代表的立场做出判决,从而鉴别他们论说的正确性。"

⑰ 参 Girard,《论文》(*Essai*),页 41-48。

⑱ 参 Stahl 载于 Stadter 编,《演说》,页 62;Farrar,《起源》,页 133-134。

⑲ 演说辞充满了内在的相互作用(interplay),这不可能出现在原初版本里。参 Romilly,《历史与理性》(*Histoire et raison*);施特劳斯,《城邦与人》,页 163-164;Wallace, *Phoenix*, [18], 1964,页 251-261;Pouncey,《必然性》,页 13-15;Rawlings,《结构》;Connor,《修昔底德》。

的机会,正因所有修辞任务都或多或少需要这么些概述。⑳

[212]修昔底德可能还会给某个始终秉承他实际意图的演说润色,所借助的就是一种更为崇高的 deonta——那些适合传达一种对整体战争或普泛战争的更深邃的理解㉑,或就最普遍(和又最具体)的情况来看演说者自身对其所面对(ta paronta)的形势的全面把握。(因为这或许也算是演说者的实际意图。)一位演说者可能会克制自己说出他所想到的一切——这种沉默也许出于他当前所执行任务的紧急程度的考虑。修昔底德大概不是《战争志》中唯一意识到(那些与修昔底德有所不同的审慎讲者所必须说服的)大多数听众与少数他希望授以教诲的聆听者之间界分的人。㉒

和诗人一样(他对诗人的批评正为他的观点提供了语境),修昔底德有意粉饰真实;他"夸大事件"(1.21.3),不过并非对所有事件都如此。他只是为求接近真实而尽力修饰真实。第一,他没有修饰事件。诗人和纪事家通过粉饰事件而蒙蔽了它们,或者任由它们继续模糊神秘下去,就如同他们当初发现它们时一样。就他而言,他通常叙述事件,不加任何修饰。诚然,他润色过演说辞,但只是在允可的限度内进行。当以"必要成分"为其增色时,他重新织构了讲者的陈词,重新设定了他们所处的场合。他使每篇讲辞突显为对

---

⑳ Aron,《历史与理论》[1],1960—1961,页104。

㉑ J. H. Finley,《修昔底德》,页95 - 99;Edmunds,《机运和智识》,页166 - 168;Tasolambros,《辩护》,页132 - 133;其他评论者赞同适用于政治演说和适用于"历史性"演说——也就是说那些不打算影响民众但求流传后世的演说——这两种 deonta 的区分,并断言修昔底德所给出的 deonta 是属于后一种。根据我对1.22的解读,如果说他提供了"历史上"的"必要性",那么这仅限于"政治上"的"必要性"所指定的范围。

㉒ 在不止一个层面与听者(和读者)沟通的众多演说辞中,最令人印象深刻的,要数赫摩克拉特斯在革拉的演说(4.59 - 64)、伯利克勒斯著名的葬礼演说(2.35 - 46)以及克里昂与狄奥多图斯的论辩(3.36 - 49)。所有这些演说者都谨慎地进行着这种微妙的交流,同时还说明了(纵使且必然只能通过这种沟通方式)这样做的必要性。

某个案情的一次展陈和某个场合的一面镜鉴,同时避免丢失它主要的现实特征。他激发我们思考,但总是控制在原初讲者的构思范围之内。因此,我们必须始终首先反思这一构思,从而思索他所针对的情况。

修昔底德对演说辞的加工有助我们理解未加修饰的事实,所以我把它称之为有利于反映真实的对真实的一种修饰。荷马对诸神和英雄的粉饰让位于修昔底德所施展的纯朴修饰,这正是符合演说者的短暂戏份和作者与读者之间持久互动之需的 denota。[23]

---

[23] 参 Thibaudct,《战争与修昔底德》(*Campagne avec Thucydide*),页 49。

附录二

修昔底德在 1.23.5–6 所使用的语词 prophasis

[213]有正当理由怀疑,修昔底德此处从"严格科学"意义上选用 prophasis 这一语词,以表示"客观原因"。第一个理由是说,这种用法可能暗示 tēn alēthestatēn prophasin 和"怨诉"或"罪责的归咎"之间的鲜明对比,可修昔底德实际上并没有呈现出这种对立。① 他首先问及双方为何破坏相互之间一直信守的和约,并暗示恰恰他对多方怨诉的阐释将能解答这一问题;他所给出的这一关于怨诉的说明,使得无人再需要追问如此大型战争的"根源何在"(ek hotou)。而接下来的讲述"最真实的 prophasis"的语句是以小品词 gar(大致表示"至于"[for])开头的。这一提法远非暗示与上句的对立关系,贴切的解释是,这句正好承接上句:在审视各种怨诉的过程中,我们将见识到最真实的 prophasis,修昔底德会以插叙的形式提及此事。这段蕴含了两种对比(小品词 men...de 透显出这点),一方面,所要揭示的 prophasis 的实质,极少被公开言明;另一方面,这种非显著性又与某些公然表示的怨诉的刺目性形成鲜明对比。修昔底德首先暗示的是,他对控诉理由以及党派分歧的阐述将有助于我们认识最真实的 prophasis;其次,这种非显著性与怨诉的公开性构成比照,皆因虽然这些怨诉显而易见,但真正的 prophasis 却很少如此。然而,所谓对立并不存在;毕竟他不是说"真正的 prophasis"在演说中(亦即在怨诉的表达上)难觅踪影,而只是说,它远远不及这些怨诉

---

① 参 Health,*LCM*[11],1986,页 104–105。

本身那样彰显明晰。它就置身于争执各方的演说中,但我们将不得不亲自悉心找寻。克劳利的译文臆造出一种申辩的语气("Still it is well..."),以符合修昔底德所作的关于叙说种种怨诉的意图的第二次声明,但实际上这里无需辩解(原文亦无此意)。确切地说,修昔底德接下来特意花了卷一余下更大的篇幅讲述这些"公开宣称的怨诉"。他实际上通篇提醒我们,这正是他做过且一直在做的事情。②

[214]关于是否应从科学角度阐释本段的质疑,第二个理由涉及 prophasis 的含义。③ 后来随着希腊语的演变,该词的确表示客观意义上的"原因"。它在当时确实广泛使用于医学写作,修昔底德也声称从中借用它的意义。(修昔底德甚至在一个论及医疗的语境中[2.49.2]使用这个语词。)然而,在当时医学写作中 prophasis

---

② Walker,*CQ* NS[7],1957,页 27 – 38。Heath(*LCM*[11],1986,104 – 105)反对某种声称——认为修昔底德自我矛盾,因为他一边宣称真正的 prophasis 不易在演说中被发现,后来叙述过程中又囊括了由它主导的演说。其实,最真实的 prophasis 虽然未必藏而不露(毕竟修昔底德也从来没有声称它不可触见),但在演说中却比不正义(亦即违背和约的行为)的问题更难寻见。至于 Heath 所质疑的解释取向的例子,参 Romilly,《帝国主义》,页 16 – 57 及 Rhodes,Hermes[115],1987,154 – 165。

③ 这是个动名词,可能乃 prophēmi(词根表示"说")或 prophainomai(词根表示"展现"或"显示")的衍生词。prophēm 指"预告"(foretell),但 prophasis 绝不意味着"预言"(foretelling);这说明了它源自表"显现"一义的 prophainomai。另一方面,prophasis 的 a 是长元音,这一事实或许能证明它是 prophēmi 派生词(参 Sealey,*CQ* NS,1957,页 3,但又参见 Browning,*Philologus*[102],1958,页 60 – 74)。近年来,有观点认为,其实 prophasis 有两种不同的词位(这两个词根分别对应其中一个),也就是说源自 prophēml 的词位表示一个公开声称的理由,而从 prophainomai 衍生而来的另一个则意指真实的理由。修昔底德使用了这两种语义,在 1.23 所用的正是后者"客观真实"的释义(Lohmann,*Lexis*[3],1952,页 5 – 49;Rawlings,*Prophasis*)。关于 Lohmann/Rawlings 的理论,参 Pearson,*TAPA*[103],1972,页 390 – 394;Lynn S. Wilson,*Aitia and prophasis* 及 Gerber 编《希腊诗与哲学》(*Greek poetry and philosophy*),页319 – 336。

是否包含确切技术性的意味,这似乎越看越值得怀疑。该词在医学上的用法更像是对它在日常生活中用法的映照。一般说某种疾病的 prophasis,指的是该病的"始因",不管由医生还是病人自己断定,这一始因都像所有原因一样或许是真实的,或许是虚假的。④

---

④ Pearson, *TAPA*[83],1952,页210-211及[103],1972,页388-390。参2.49.2。

参考文献

Adcock, F. E. Thucydides in Book I. *Journal of Hellenic Studies* 71 (1951) 2–12.
———. *Thucydides and his history.* Cambridge: Cambridge University Press, 1963.
Allison, June W. Sthenelaidas' speech: Thucydides 1.86. *Hermes* 112 (1984) 10–16.
Alter, Robert. *The world of biblical literature.* New York: Basic Books, 1991.
Amit, M. The Melian dialogue and history. *Athenaeum* 46 (1968) 216–35.
Andrewes, A. *See also* Gomme, A. W., K. J. Dover, and A. Andrewes.
———. Thucydides on the causes of the war. *Classical Quarterly* NS 9 (1959) 223–39.
———. The Mytilene debate. *Phoenix* 16 (1962) 64–85.
Aron, Raymond. Thucydide et le récit des événements. *History and Theory* 1 (1960–61) 103–28.
Bahr-Volk, Marie. A note on the figurative words denoting posture and position in Thucydides' Melian dialogue. *Classical Bulletin* 52 (1976) 59–60.
Banfield, Edward C. *Here the people rule. Selected essays.* 2d ed. Washington, D.C.: American Enterprise Institute Press, 1991.
Barbu, N. I. Remarques sur le droit chez Thucydide. *Studii Clasice* 8 (1966) 35–44.
Barel, Yves. *La quête du sens: Comment l'esprit vient à la cité.* Paris: Editions du Seuil, 1987.
Bartoletti, Vittorio. Il dialogo degli Ateniesi e dei Melii nella 'Storia' di Tucidide. *Rivista di filologia e d'istruzione classica* 67 (1939) 301–18.
———. Potenza della Sicilia e ardore degli Ateniesi in Tucidide. *Studi italiani di filologia classica* 14 (1937) 227–35.
Barton, A. T., and A. S. Chavasse, editors. *The fourth book of Thucydides.* London: Longman, Greens, 1890.
Bayer, Karl. Athenische Realpolitik: Zu Thukydides VI:76–88. In *Festschrift für Franz Egermann*, edited by Werner Sürbaum and Friedrich Maier, 57–65. Munich: Institut für Klassische Philologie, 1985.
Benardete, S. G. Dei and chrē in Plato and others. *Glotta* 93 (1965) 285–97.
———. Leo Strauss' *The city and man. Political Science Reviewer* 8 (1978) 1–20.
Bloedow, Edmund F. Sthenelaidas the persuasive Spartan. *Hermes* 115 (1987) 60–66.
———. The speeches of Archidamus and Sthenelaidas at Sparta. *Historia* 23 (1981) 129–43.
Bluhm, William T. Causal theory in Thucydides' Peloponnesian War. *Political Studies* 10 (1962) 15–35.
Bodin, Louis. Diodote contre Cléon. *Revue des études anciennes* 42 (*Mélanges Radet*) (1940) 36–52.
Bolotin, David. Thucydides. In *History of political philosophy*, edited by Leo Strauss and Joseph Cropsey, 7–31. 3rd ed. Chicago: University of Chicago Press, 1986.
Bowersock, Glen W. The personality of Thucydides. *Antioch Review* 35.1 (1965) 135–46.
Bradeen, D. W. The popularity of the Athenian empire. *Historia* 9 (1960) 257–69.

Browning, Robert. Greek abstract nouns in *-sis, tis*. *Philologus* 102 (1958) 60–74.
Bruell, Christopher. Thucydides' view of Athenian imperialism. *American Political Science Review* 68 (1974) 11–17.
———. Reply to Corsi. *American Political Science Review* 68 (1974) 1680–81.
———. Thucydides and Perikles. *St. John's Review* 32, 1 (1981) 24–29.
Brunt, P. A. Spartan policy and strategy in the Archidamian war. *Phoenix* 19 (1965) 255–80.
Burckhardt, Jacob. *Force and freedom: Reflections on history*. Edited by J. H. Nichols. New York: Pantheon Books, 1943.
Bury, J. B. *The ancient Greek historians*. New York: Macmillan, 1909.
Cagnazzi, Silvana. *La spedizione ateniese contro Melo di 416 a.c.: Realtà e propaganda*. Bari, It.: Adriatica editrice, 1983.
Cagnetta, Mariella. Gli agoni intrecciati nell'opera di Tucidide. *Rivista di filologia e d'instruzione classica* 111 (1983) 422–31.
———. Platea: Ultimo atto. *Quaderni di storia* 19 (1984) 203–12.
———. Riforma della dialettica agonale nel dialogo dei Meli. *Quaderni di storia* 32 (1990) 159–62.
Cajani, Guglielmino. La tranquilità dei Meli. *Prometheus* 6 (1980) 21–28.
Canfora, Luciano. Per una storia del dialogo dei Melii e degli Ateniesi. *Belfagor* (1971) 409–26.
———. *Totalità e selezione nella storiografia classica*. Bari, It.: Laterza, 1972.
Cawkwell, George. Thucydides' judgment of Pericles' strategy. *Yale Classical Studies* 24 (1975) 53–70.
Chatelet, François. *La naissance de l'histoire. La formation de la pensée historienne en Grèce*. Paris: Editions de Minuit, 1962.
Cicciò, Michela. Guerre, *staseis* e *asylia* nella Grecia del V secolo A.C. In *I Santuari e la guerra nel mondo classico*, edited by M. Sorti, 132–41. Milan: Università cattolica del Sacro Cuore, 1984.
Classen, J., and J. Steup, editors. *Thukydides*. 5th ed. 4 vol. Berlin: Weidmann, 1919.
Clay, Jenny Strauss. The generation of monsters in Hesiod. *Classical Philology* 88 (1993) 27–38.
———. *The wrath of Athena. Gods and men in the Odyssey*. Princeton: Princeton University Press, 1983.
Coby, Patrick. Enlightened self-interest in the Peloponnesian War: Thucydidean speakers on the right of the stronger and interstate peace. *Canadian Journal of Political Science* 24.1 (1991) 67–90.
Cochrane, C.N. *Thucydides and the science of history*. London: Humphrey Milford, 1929.
Cogan, Marc. *The human thing: The speeches and principles of Thucydides' History*. Chicago: University of Chicago Press, 1981.
———. Mytilene, Plataea, and Corcyra: Ideology and politics in Thucydides. *Phoenix* 35 (1981) 1–21.
Cohen, David. Justice, interest, and political deliberation in Thucydides. *Quaderni urbinati di cultura classica* 45 (1984) 35–60.
Collingwood, R. G. *The idea of history*. Edited by T. M. Knox. Oxford: Clarendon Press, 1946.
Confienti, Giuseppina. *Tucidide*. Rome: n.p., 1963.

Connor, W. R. "Sacred" and "secular." *Hiera kai hosia* and the classical Athenian concept of the state. *Ancient Society* 19 (1988) 161–88.

———. A post modernist Thucydides? *Classical Journal* 72 (1977) 289–98.

———. Narrative discourse in Thucydides. In *The Greek historians: Literature and history. Essays presented to A. E. Raubitschek*, 1–17. Stanford: Stanford University Department of Classics/ANMA Libri, 1985.

———. *Thucydides*. Princeton: Princeton University Press, 1984.

Cornford, F. M. *Thucydides mythistoricus*. London: Edward Arnold, 1907.

Corsi, Jerome R. Communication. *American Political Science Review* 68 (1974) 1679–80.

Cox, Richard H. Thucydides on Themistocles. *Politikos* 2 (1992) 189–97.

Crane, Gregory. Power, prestige, and the Corcyrean affair in Thucydides I. *Classical Antiquity* 11 (1992) 1–27.

Creed, J. L. Moral values in the age of Thucydides. *Classical Quarterly* NS 23 (1973) 213–31.

De Sanctis, Gaetano. Postille tucididee, 1: Il dialogo tra i Melî e gli Ateniesi. *Rendiconti della Reale Accademia dei Lincei* (Classe di Scienze Morali) ser. 6, vol. 6 (1930) 299–308.

De Ste-Croix, G.E.M. Notes on jurisdiction in the Athenian empire, 1. *Classical Quarterly* NS 11 (1961) 94–112.

———. The character of the Athenian empire. *Historia* 3 (1954) 1–41.

———. *The origins of the Peloponnesian war*. London: Gerald Duckworth, 1972.

Détienne, Marcel. *L'Invention de la mythologie*. Paris: Gallimard, 1981.

Dewald, Carolyn. Practical knowledge and the historian's role in Herodotus and Thucydides. In *The Greek historians: Literature and history. Essays presented to A. E. Raubitschek*. Stanford: Stanford University Department of Classics/ANMA Libri, 1985.

Diels, Hermann, and Walther Kranz, editors and translators. *Die Fragmente der Vorsokratiker*. Rev. ed. 3 vol. Berlin: Weidmann, 1952.

Diller, Hans. Freiheit bei Thukydides als Schlagwort und als Wirklichkeit. *Gymnasium* 69 (1962) 189–204.

Donini, Guido. *La posizione di Tucidide verso il governo dei Cinquemila*. Turin, It.: Paravia, 1969.

Donnelly, Jack. Thucydides and realism. Paper presented to the International Studies Association, Vancouver, March 1991.

Dover, K. J. *See also* Gomme, A. W., K. J. Dover, and A. Andrewes.

———. *Thucydides*. Oxford: Clarendon Press, 1973.

Ducrey, Pierre. *Guerre et guerriers dans la Grèce antique*. Fribourg, Switz.: Office du Livre, 1985.

Eatough, Geoffrey. The use of *hosios* and kindred words in Thucydides. *American Journal of Philology* 102 (1971) 238–51.

Ebener, D. Kleon und Diodotos. *Wissenschaftliche Zeitschrift Universität Halle* (Ges.-Sprachw.) 5.6 (1956) 1085–1166.

Edmunds, Lowell. *Chance and intelligence in Thucydides*. Cambridge: Harvard University Press, 1975.

———. Thucydides' ethics as reflected in the description of *stasis*. *Harvard Studies in Classical Philology* 79 (1975) 73–92.

Egermann, Fritz. Thukydides über die Art seiner Reden und über seine Darstellung der Kriegsgeschehnisse. *Historia* 21 (1972) 575–602.
Engeman, Thomas S. Homeric honor and Thucydidean necessity. *Interpretation* 4.2 (1974) 65–78.
Erbse, Hartmut. Zwei Fragen zur Geschichtsbetrachtung des Thukydides. In *Agora: Zu Ehren von Rudolph Berlinger*. *Neues Jahrbuch* 13 (1987) 331–46.
———. Über das Proimion des thukydideischen Geschichtswerkes. *Rheinisches Museum für Philologie* NF 113 (1970) 43–69.
Euben, J. Peter. *The tragedy of political theory: The road not taken*. Princeton: Princeton University Press, 1990.
Farrar, Cynthia. *The origins of democratic thinking. The invention of politics in classical Athens*. Cambridge: Cambridge University Press, 1988.
Ferrara, Giovanni. La politica dei Meli in Tucidide. *Parola del Passato* 11 (1956) 335–46.
Finley, John H., Jr. The unity of Thucydides' history. [1940] In Finley, *Three essays on Thucydides*, 118–69. Cambridge: Harvard University Press, 1967.
———. *Thucydides*. Cambridge: Harvard University Press, 1942.
Finley, M. I. Thucydides the moralist. In Finley, *Aspects of antiquity*, 44–58. New York: Viking Press, 1968.
———. Myth, memory, and history. In Finley, *The use and abuse of history*, 11–33. London: Chatto and Windus, 1975.
———. Sparta. In *Problèmes de la guerre en Grèce ancienne*, edited by J.-P. Vernant. Paris and The Hague: Mouton, 1968.
Flashar, Helmut. *Der Epitaphios des Perikles. Seine Funktion in Geschichtswerk des Thukydides*. Rev. In Flashar, *Eidola: Ausgewählte Kleine Schriften*, edited by Manfred Kraus, 435–81. Amsterdam: B. R. Grüner, 1989.
Fliess, Peter J. War guilt in the history of Thucydides. *Traditio* 16 (1960) 1–17.
———. *Thucydides and the politics of bipolarity*. Baton Rouge: Louisiana State University Press, 1963.
Forbes, W. H., editor. *Thucydides Book One*. Oxford: Clarendon Press, 1895.
Forde, Steven. *The ambition to rule. Alcibiades and the politics of imperialism in Thucydides*. Ithaca, N.Y.: Cornell University Press, 1989.
———. Thucydides on the causes of Athenian imperialism. *American Political Science Review* 80 (1986) 433–48.
———. Varieties of realism: Thucydides and Machiavelli. *Journal of Politics* 54 (1992) 372–93.
Frank, Daniel H. The power of truth (Thucydides 6.37–42). *Prudentia* 16 (1984) 99–107.
Freeman, Kathleen. *Ancilla to the pre-Socratic philosophers*. Cambridge: Harvard University Press, 1962.
Funke, Hermann. Poesia e storiografia. *Quaderni di storia* 23 (1986) 71–93.
Galpin, Timothy J. The democratic roots of Athenian imperialism in the fifth century B.C. *Classical Journal* 79 (1983–84) 100–109.
Garlan, Yvon. *La Guerre dans l'antiquité*. Paris: FAC Fernand Nathan, 1972.
Garst, Daniel. Thucydides and neorealism. *International Studies Quarterly* 33 (1989) 3–27.

Gillis, Daniel. The revolt of Mytilene. *American Journal of Philology* 92 (1971) 38–48.

———. Murder on Melos. *Rendiconti dell'Istituto Lombardo* (Classe di Lettere) 112 (1978) 185–211.

Girard, Jules. *Essai sur Thucydide*. Paris: Librairie Hachette, 1884.

Gomme, A. W. The speeches in Thucydides. In Gomme, *Essays in Greek history and literature*, 156–89. Oxford: Clarendon Press, 1937.

Gomme, A. W., K. J. Dover, and A. Andrewes. *A historical commentary on Thucydides*. 5 vol. Oxford: Clarendon Press, 1945–72.

Gomperz, Theodor. *The Greek thinkers*. Translated by Laurie Magnus. 2 vol. London: John Murray, 1901.

Grant, J. R. A note on the tone of Greek diplomacy. *Classical Quarterly* NS 15 (1965) 261–66.

———. Toward knowing Thucydides. *Phoenix* 28 (1974) 81–94.

Grene, David. *Greek political theory*. Original title, *Man in his pride*, 1950. Chicago: University of Chicago Press, 1965.

Grossi, Gianni. *Frinico tra propaganda democratica e giudizio tucidideo*. Università degli Studi di Padova. Pubblicazioni dell'Istituto di Storia antica. Rome: "L'Erma" di Bretschneider, 1984.

Grosskinsky, August. *Das Programm des Thukydides*. Berlin: Junker und Dünnhaupt, 1936.

Grote, George. *A history of Greece*. 12 vol. New York: Harper and Brothers, 1857.

Gundert, Hermann. Athen und Sparta in den Reden des Thukydides. *Die Antike* 16 (1940) 98–114.

Hammond, N.G.L. The particular and the universal in the speeches in Thucydides. With special reference to that of Hermocrates in Gela. In *The speeches in Thucydides*, edited by Philip A. Stadter, 49–59. Chapel Hill: University of North Carolina Press, 1973.

Heath, Malcolm. Justice in Thucydides' Athenian speeches. *Historia* 39 (1990) 385–400.

———. Thucydides 1.23.5–6. *Liverpool Classical Monthly* 11 (1986) 104–5.

Herter, Hans. Freiheit und Gebundenheit des Staatsmannes bei Thukydides. *Rheinisches Museum für Philologie* 93 (1949) 133–53.

———. Pylos und Melos. *Rheinisches Museum für Philologie* 97 (1954) 316–43.

Heubeck, Alfred. *Prophasis* und keine Ende (zu Thukydides 1.23). *Glotta* 58 (1980) 222–36.

Hoffmann, Stanley. *Justice beyond borders*. Syracuse, N.Y.: Syracuse University Press, 1981.

Hogan, J. C. Thucydides 3.52–68 and Euripides' Hecuba. *Phoenix* 26 (1972) 241–57.

Hogan, John T. The *axiosis* of words at Thucydides 3.82.4. *Greek, Roman, and Byzantine Studies* 21 (1980) 139–50.

Hornblower, Simon. *A commentary on Thucydides. Volume I. Books I–III*. Oxford: Clarendon Press, 1991.

———. *Thucydides*. Baltimore: Johns Hopkins University Press, 1986.

Huart, Pierre. L'idée de justice chez Thucydide (à propos de deux épisodes du livre III). *Réseaux* 18 (1972) 17–38.

———. *Le vocabulaire de l'analyse psychologique dans l'oeuvre de Thucydide*. Paris: Klincksieck, 1968.

Hudson-Williams, H. Ll. Conventional forms of debate and the Melian Dialogue. *American Journal of Philology* 71 (1950) 56–69.

———. Thucydides, Isocrates, and rhetorical composition. *Classical Quarterly* 42 (1948) 76–81.

Hunter, Virginia. Thucydides, Gorgias, and mass psychology. *Hermes* 114 (1986) 412–29.

———. *Past and process in Herodotus and Thucydides*. Princeton: Princeton University Press, 1982.

Hussey, Edward. Thucydidean history and Democritean theory. *History of Political Thought* 6 (1985) 118–38.

Immerwahr, Henry R. Pathology of power and the speeches in Thucydides. In *The Speeches in Thucydides*, edited by Philip A. Stadter, 16–31. Chapel Hill: University of North Carolina Press, 1973.

Jaeger, Werner. *Paideia: The ideals of Greek culture*. Translated by Gilbert Highet. 2 vol. 4th ed. Oxford: Basil Blackwell, 1954.

Jebb, R. C. The speeches in Thucydides. In *Hellenica*, edited by Evelyn Abbott, 244–95. London: Longmans, Green, 1898. Reprinted in Jebb, *Essays and addresses*, 359–445. Cambridge: Cambridge University Press, 1907.

Johnson, Laurie M. *Thucydides, Hobbes, and the interpretation of realism*. DeKalb: Northern Illinois University Press, 1993.

Jordan, Borimir. Religion in Thucydides. *Transactions of the American Philological Association* 116 (1986) 119–47.

Kagan, Donald. *The Archidamian war*. Ithaca, N.Y.: Cornell University Press, 1974.

———. *The fall of the Athenian empire*. Ithaca, N.Y.: Cornell University Press, 1987.

———. *The outbreak of the Peloponnesian war*. Ithaca, N.Y.: Cornell University Press, 1969.

———. *The peace of Nicias and the Sicilian expedition*. Ithaca, N.Y.: Cornell University Press, 1981.

———. *Pericles of Athens and the birth of democracy*. New York: Free Press, 1991.

———. The speeches in Thucydides and the Mytilene debate. *Yale Classical Studies* 24 (1975) 71–94.

Kennedy, George. *The art of persuasion in ancient Greece*. Princeton: Princeton University Press, 1963.

Keynes, John Maynard. *A revision of the treaty. Being a sequel to The economic consequences of the peace*. London: Macmillan, 1922.

Kiechle, Franz. Ursprung und Wirkung der machtpolitischen Theorien im Geschichtswerk des Thukydides. *Gymnasium* 70 (1963) 289–312.

Kirkwood, Gordon M., Jr. Thucydides' words for cause. *American Journal of Philology* 73 (1952) 37–61.

Konishi, Haruo. The composition of Thucydides' history. *American Journal of Philology* 101 (1980) 29–41.

Lacey, W. K. Thucydides 2.45.2. *Proceedings of the Cambridge Philosophical Society* 10 (1964) 47–49.

Landmann, Georg Peter. *Eine Rede des Thukydides. Die Friedensmahnung des Hermokrates.* Kiel: Lipsius und Tischer, 1932.
Lateiner, Donald. Nicias' inadequate encouragement. *Classical Philology* 80 (1985) 201–13.
———. Heralds and corpses in Thucydides. *Classical World* 71.2 (1977) 97–106.
Lavagnini, Bruno. *Saggio sulla storiografia greca.* Bari: Laterza, 1933.
Legon, Ronald P. Megara and Mytilene. *Phoenix* 22 (1968) 220–25.
Levi, Mario Attilio. In margine di Tucidide. *Parola del Passato* 7 (1952) 81–112.
———. Il dialogo dei Meli. *Parola del Passato* 8 (1953) 5–16.
Liebeschuetz, W. The structure and function of the Melian Dialogue. *Journal of Hellenic Studies* 88 (1968) 73–77.
Lincoln, Abraham. *Speeches and writings, 1863–1865.* New York: Library of America, 1989.
Lloyd-Jones, Hugh. *The justice of Zeus.* Rev. ed. Sather Classical Lectures. Berkeley: University of California Press, 1983.
Lohmann, J. Der Verhältnis des abendländischen Menschen zur Sprache. *Lexis* 3 (1952) 5–49.
Longo, Oddone. Strage a Micalesso (e altrove). *Studi in onore di Adelmo Barigazzi. Sileno* 10 (1984) 1, 363–77.
Lonis, Raoul. *Les usages de la guerre entre Grecs et Barbares.* Paris: Les Belles Lettres, 1969.
Loraux, Nicole. *The invention of Athens: The funeral oration in the classical city.* Trans. Alan Sheridan. Cambridge: Harvard University Press, 1986.
———. Thucydide et la sédition dans les mots. *Quaderni di storia* 23 (1986) 95–134.
Luschnat, Otto. *Die Feldherrnreden im Geschichtswerk des Thukydides. Philologus,* Suppl. 34, Heft 2 (1942).
———. Thukydides der Historiker. *Real-Enzyklopädie.* Suppl. 12 (1971) 1085–1354.
Macleod, Colin (C. W.) *Collected essays.* Oxford: Clarendon Press, 1983.
———. Thucydides and tragedy. In *Collected essays,* 140–58.
———. Rhetoric and history (Thucydides 6.16–18). In *Collected essays,* 68–87. First published in *Quaderni di storia* 2 (1975) 39–65.
———. Thucydides' Plataean debate. *Greek, Roman and Byzantine Studies* 18 (1977) 227–46.
———. Form and meaning in the Melian Dialogue. *Historia* 23 (1974) 385–400.
———. Reason and necessity: Thucydides III 9–14, 37–48. *Journal of Hellenic Studies* 98 (1978) 64–78.
———. Thucydides on faction (3.82–83). *Proceedings of the Cambridge Philological Society* 205 (1979) 52–69.
Maddalena, Antonio. *Thucydidis Historiarum Liber Primus (Tomus I).* Florence: La Nuova Italia, 1951.
Manent, Pierre. La vérité, peut-être. *Débat* 72 (1992) 170–78.
———. *Histoire intellectuelle du libéralisme: dix leçons.* Paris: Calmann-Lévy, 1987.
Manuwald, Bernd. Der Trug des Diodotus. *Hermes* 107 (1979) 407–22.
Marchant, E. C. *Thucydides Book One.* [1905] Bristol, Eng.: Bristol Classical Press, 1982.

Marinatos, Nanno. Thucydides and oracles. *Journal of Hellenic Studies* 101 (1981) 138–40.

———. *Thucydides and religion*. Königstein, Czech.: Hain, 1981.

McGregor, Malcolm F. The politics of the historian Thucydides. *Phoenix* 10 (1956) 93–102.

———. The genius of Alcibiades. *Phoenix* 19 (1965) 27–46.

Méautis, Georges. Le dialogue des Athéniens et des Méliens. *Revue des études grecques* 48 (1935) 250–78.

Meiggs, Russell. *The Athenian empire*. Oxford: Clarendon Press, 1972.

Melzer, Arthur M. *The natural goodness of man. On the system of Rousseau's thought.* Chicago: University of Chicago Press, 1990.

Mikalson, Jon D. *Athenian popular religion*. Chapel Hill: University of North Carolina Press, 1983.

———. Religion and the plague in Athens, 431–423 B.C. In *Studies presented to Sterling Dow on his 80th birthday*, 217–25. Durham, N.C.: Duke University Press, 1984.

Milosz, Czeslaw. *The Witness of poetry*. Cambridge: Harvard University Press, 1983.

Moraux, Paul. Thucydide et la rhétorique. *Etudes classiques* 22 (1954) 3–23.

Müri, Walter. Beitrag zum Verständnis des Thukydides. *Museum Helveticum* 4 (1947) 251–75.

———. Politische Metonomie (zu Thukydides 3, 82, 4–5). *Museum Helveticum* 26 (1969) 65–79.

Nestle, Wilhelm. Thukydides und die Sophistik. *Neue Jahrbücher für das klassische Altertum, Geschichte, und deutsche Literatur* 17 (1914) 649–85.

Nietzsche, Friedrich. *On the genealogy of morals and Ecce homo*. With 75 aphorisms from other works. Translated by Walter Kaufmann. New York: Vintage Books, 1966.

———. *Thus spoke Zarathustra*. In *The portable Nietzsche*. Trans. Walter Kaufmann. New York: Viking Press, 1954.

Orwin, Clifford. Machiavelli's unchristian charity. *American Political Science Review* 72.4 (1978) 20–30.

———. The just and the advantageous in Thucydides: The case of the Mytilenaian debate. *American Political Science Review* 78 (1984) 485–94.

———. Piety, justice and the necessities of war: Thucydides 4 97–101. *American Political Science Review* 83 (1989) 383–88.

———. Democracy and distrust. *The American Scholar* 53 (summer 1984) 313–25.

———. Thucydideses (review essay on W. R. Connor, *Thucydides*). *The American Scholar* 55 (winter 1985–86) 128–30.

———. Justifying empire: The speech of the Athenians at Sparta and the problem of justice in Thucydides. *Journal of Politics* 48 (1986) 72–85.

———. *Stasis* and plague: Thucydides on the dissolution of society. *Journal of Politics* 50 (1988) 831–47.

———. Thucydides' contest: Thucydides 1 22 in context. *Review of Politics* 51 (1989) 345–64.

Ostwald, Martin. *Ananke in Thucydides*. American Classical Studies 18. Atlanta: Scholars Press, 1988.

_____. Diodotus, the son of Eucrates. *Greek, Roman and Byzantine Studies* 20 (1979) 5–13.
Palmer, Michael. Love of glory and the common good. *American Political Science Review* 76 (1982) 825–36.
_____. Alcibiades and the question of tyranny in Thucydides. *Canadian Journal of Political Science* 15 (1982) 103–24.
_____. *Love of glory and the common good. Aspects of the political thought of Thucydides.* Lanham, Md.: Rowman and Littlefield, 1992.
Parker, Robert. *Miasma: Pollution and purification in early Greek religion.* Oxford: Clarendon Press, 1983.
Paronzi, Virginia. Etica e politica nella concezione tucididea della storia. *Aevum* 20 (1946) 217–31.
Parry, Adam. Thucydides' historical perspective. *Yale Classical Studies* 22 (1973) 47–61.
Pearson, Lionel. Review of Kurt von Fritz, *Die griechische Geschichtsschreibung. American Journal of Philology* 90 (1969) 347–52.
_____. Thucydides as reporter and critic. *Transactions of the American Philological Association* 78 (1947) 39–60.
_____. *Prophasis* and *aitia*. *Transactions of the American Philological Association* 83 (1952) 205–23.
_____. *Prophasis:* A clarification. *Transactions of the American Philological Association* 103 (1972) 381–94.
_____. *Popular ethics in ancient Greece.* Stanford: Stanford University Press, 1962.
Pohlenz, Max. Thukydidesstudien I. *Göttingische Gelehrte Anzeigen* (1919), 95–138.
Pope, Maurice. Thucydides and democracy. *Historia* 37 (1988) 276–96.
Pouncey, Peter R. Disorder and defeat in Thucydides, and some alternatives. *History of Political Theory* 7 (1986) 1–14.
_____. *The necessities of war: A study of Thucydides' pessimism.* New York: Columbia University Press, 1980.
Powell, C. A. Religion and the Sicilian expedition. *Historia* 28 (1979) 15–31.
Pritchett, W. Kendrick. *The Greek state at war. Part 4.* Berkeley: University of California Press, 1985.
_____. *Studies in ancient Greek topography. Part 3.* Berkeley: University of California Press, 1980.
Proctor, Dennis. *The experience of Thucydides.* Warminster, Eng.: Aris and Phillips, 1980.
Quinn, T. J. Political groups in Lesbos during the Peloponnesian war. *Historia* 20 (1971) 405–17.
Rahe, Paul A. *Republics ancient and modern: Classical republicanism and the American revolution.* Chapel Hill: University of North Carolina Press, 1992.
Rawlings, Hunter R., III. *A semantic study of prophasis to 400 B.C.* Wiesbaden, Ger.: Hermes Einzelschriften, 1975.
_____. *The structure of Thucydides' history.* Princeton: Princeton University Press, 1981.
Regenbogen, Otto. Thukydides als politischer Denker. In *Kleine Schriften*, edited by

Franz Dirlmeier, 217–47. Munich: C. H. Beck Verlag, 1961. (First published in *Das humanistische Gymnasium* 44 [1933] 2–25).
Reinhardt, Karl. Thukydides und Machiavelli. [1943] In *Vermächtnis der Antike. Gesammelte Essays zur Philosophie und Geschichtsschreibung*. 2d ed., revised and enlarged, edited by Carl Becker, 184–218. Göttingen: Vandenhoeck und Ruprecht, 1966.
Rhodes, P. J. Thucydides on the causes of the Peloponnesian war. *Hermes* 115 (1987) 154–65.
Richardson, John. Thucydides 1.23.6 and the debate about the Peloponnesian war. In *"Owls to Athens": Essays in classical studies presented to Sir Kenneth Dover*, edited by E. M. Craik, 155–61. Oxford: Clarendon Press, 1990.
Romilly, Jacqueline de. La thème du prestige dans l'oeuvre de Thucydide. *Ancient Society* 4 (1973) 39–58.
———. La crainte dans l'oeuvre de Thucydide. *Classica et Mediaevalia* 17 (1956) 119–27.
———. *La construction de la vérité chez Thucydide*. Paris: Julliard, 1990.
———. *La douceur dans la pensée grecque*. Paris: Editions "Les belles lettres," 1979.
———. *Histoire et raison chez Thucydide*. Paris: Editions "Les belles lettres," 1956.
———. [*Imperialism*.] *Thucydides and Athenian imperialism*. Translated by Philip Thody. Oxford: Basil Blackwell, 1963.
———. Fairness and kindness in Thucydides. *Phoenix* 28 (1974) 95–100.
———. L'optimisme de Thucydide et le jugement de l'historien sur Périclés. *Revue des études grecques* 78 (1965) 557–75.
———. Les prévisions non vérifiées dans l'oeuvre de Thucydide. *Revue des études grecques* 103 (1990) 370–82.
———. *Thucydide et l'impérialisme athénien*. Paris: Plon, 1947.
Rousseau, Jean-Jacques. *Emile, or of education*. Introduction, translation, and notes by Allan Bloom. New York: Basic Books, 1979.
Rusten, J. S., editor. *Thucydides [The Peloponnesian war] Book Two*. Cambridge: Cambridge University Press, 1989.
Saxonhouse, Arlene W. Nature and convention in Thucydides' History. *Polity* 10 (1978) 461–88.
Schadewaldt, Wolfgang. *Die Geschichtsschreibung des Thukydides*. Berlin: Weidmann, 1929.
Scharf, Joachim. Zum Melierdialog des Thukydides. *Gymnasium* 61 (1954) 504–13.
Schäublin, Christoph. Wieder einmal *prophasis*. *Museum Helveticum* 28 (1971) 133–44.
Schepens, G. *L'"autopsie" dans la méthode des historiens grecs du V siècle avant J.-C*. Brussels: Koninklije Akademie, 1980.
Schneider, Christoph. *Information und Absicht bei Thukydides*. Hypomnemata 41. Göttingen, Vandenhoek und Ruprecht, 1974.
Schram, John M. Prodicus' "fifty-drachma show-lecture" and "the Mytilenian debate" of Thucydides: An account of the intellectual and social antecedents of formal logic. *Antioch Review* 35.1 (1965) 105–30.
Schuller, S. About Thucydides' use of *aitia* and *prophasis*. *Revue belge de philologie et d'histoire* 34 (1956) 971–84.

Schwartz, Eduard. Review of Fritz Taeger, *Thukydides*. *Gnomon* 2 (1926) 73–80.
———. *Das Geschichtswerk des Thukydides*. [1929] Reprint. Hildesheim, Georg Olms Verlag, 1969.
Sealey, R. Thucydides, Herodotus, and the causes of war. *Classical Quarterly* NS 7 (1957) 1–12.
———. *A history of the Greek city-states, ca. 700–338 B.C.* Berkeley: University of California Press, 1976.
Shorey, Paul. On the implicit ethics and psychology of Thucydides. *Transactions of the American Philological Society* 24 (1893) 66–88.
Slomp, Gabriella. Hobbes, Thucydides, and the three greatest things. *History of Political Thought* 11 (1990) 565–86.
Sordi, Marta. Il santuario di Olimpia e la guerra d'Elide. In *I santuari e la guerra nel mondo classico*, edited by M. Sordi, 20–31. Milan: Università cattolica del Sacro Cuore, 1984.
Stahl, Hans-Peter. Speeches and course of events in Books Six and Seven of Thucydides. In *The speeches in Thucydides*, edited by Philip A. Stadter, 60–77. Chapel Hill: University of North Carolina Press, 1973.
———. *Thukydides. Die Stellung des Menschen im geschichtlichen Prozess. Zetemata* 40. Munich: C. H. Beck, 1966.
Stockton, David. *The classical Athenian democracy*. Oxford: Oxford University Press, 1990.
Strasburger, Hermann. Thukydides und die politische Selbstdarstellung der Athener. *Hermes* 86 (1958) 17–40.
Strauss, Leo. *The city and man*. [1964] Chicago: University of Chicago Press, 1978.
———. *Natural right and history*. [1953] Chicago: University of Chicago Press, 1978.
———. Preliminary observations on the gods in Thucydides' work. In *Studies in Platonic political philosophy*, edited by Thomas L. Pangle, 89–104. Chicago: University of Chicago Press, 1984. Originally published in *Interpretation* 4 (1974) 1–16.
———. Jerusalem and Athens: Some preliminary reflections. In *Studies in Platonic political philosophy*, edited by Thomas L. Pangle, 147–73. Chicago: University of Chicago Press, 1984. Originally published as *The City College Papers*, no. 6. New York: The Library of the City College of New York, 1967.
Tasolambros, F. L. *In defense of Thucydides*. Athens: Grigoris Publications, 1979.
Thibaudet, Albert. *En campagne avec Thucydide*. Paris: Editions de la Nouvelle Revue Française, 1922.
Topitsch, Ernst. *Anthropeia physis* und Ethik bei Thukydides. *Wiener Studien* 61–62 (1943–47) 50–67.
van der Valk, M.H.A.L.N. Zum Worte *Hosios. Mnemosyne* 3d ser. 10 (1942) 113–40.
Veyne, Paul. *Les Grecs ont-ils cru à leurs mythes? Essai sur l'imagination constituante*. Paris: Editions du Seuil, 1983.
von Fritz, Kurt. *Die griechische Geschichtsschreibung: Von den Anfängen bis Thukydides*. 2 vol. Berlin: Walter de Gruyter, 1967.
Walker, P. K. The purpose and method of the "Pentekontaetia" in Thucydides, Book I. *Classical Quarterly* NS 7 (1957) 27–38.

Wallace, W. P. Thucydides. *Phoenix* 18 (1964) 251–61.
Walzer, Michael. *Just and unjust wars*. New York: Basic Books, 1977.
Wassermann, F. M. The Melian dialogue. *Transactions of the American Philological Association* 78 (1947) 18–36.
_____. Post-Periclean democracy in action: The Mytilenean debate. *Transactions of the American Philological Association* 87 (1956) 27–41.
Westlake, H. D. Thucydides 2.65.11. *Classical Quarterly* NS 8 (1958) 102–10.
_____. The commons at Mytilene. *Historia* 25 (1976) 429–40.
White, James Boyd. *When words lose their meaning. Constitutions and reconstitutions of language, character, and community*. Chicago: University of Chicago Press, 1984.
Wilson, James Q. *Thinking about crime*. Rev. ed. New York: Basic Books, 1983.
Wilson, John. *Athens and Corcyra: Strategy and tactics in the Peloponnesian war*. Bristol, Eng.: Bristol Classical Press, 1987.
_____. The customary meanings of words were changed—or were they? A note on Thucydides 3.82.4. *Classical Quarterly* 32 (1982) 18–20.
_____. Strategy and tactics in the Mytilene campaign. *Historia* 30 (1981) 144–63.
_____. What does Thucydides claim for his speeches? *Phoenix* 36 (1982) 95–103.
Wilson, Lynn S. On a second *phaino*-derived *prophasis* lexeme: some doubts. In *Greek poetry and philosophy: Essays in honor of Leonard Woodbury*, edited by Douglas E. Gerber, 319–36. Chico, Calif.: Scholars Press, 1984.
_____. *Prophasis* and *aitia* and its cognates in pre-Platonic Greek. Ph.D. dissertation, University of Toronto, 1978.
Winnington-Ingram, R. P. *Ta deonta eipein*: Cleon and Diodotus. *Bulletin of the Institute of Classical Studies* (London) 12 (1965) 70–82.
Winton, R. I. *Philodikein dokoumen*: Law and paradox in the Athenian empire. *Museum Helveticum* 37 (1980) 89–97.
Yunis, Harvey. How do the people decide? Thucydides on Periclean rhetoric and civic instruction. *American Journal of Philology* 112 (1991) 179–200.
Ziolkowski, John T. *Thucydides and the tradition of funeral speeches at Athens*. Monographs in Classical Studies. New York: Arno Press, 1981.

索 引

(以下为英文版页码，即中文版方括号中的页码；索引为原版所有)

NOTE: This index contains names of Thucydidean characters, places, peoples (except for the ubiquitous Athenians and Spartans), and incidents, as well as ancient and modern authors cited and those modern critics who are mentioned in the text and/or most prominently cited in the notes. A complete listing of Thucydidean passages may be found s.v. Thucydides. Italicized page numbers identify the principal or thematic discussion of the topic or passage in question.

Acanthus, Acanthians, 80
Acarnanians, 140–41
Acusilaus, 105 n.20
Aegina, 215
Aeolians, 139
Aeschylus: *Persians*, 18 n.9; *Prometheus bound*, 105 nn.18 and 19; *Seven against Thebes*, 105 n.18
Alcibiades, 11 n.25, 183, 185 n.35, 186 n.39, 187; in exile from Athens, 122 n.8, 125–26, 131, 188–91; impiety of, 197–98; as introducer of "Athenian thesis" into domestic politics, *123–26*, 132, 133, *194–95*; and Sicilian expedition, 119–20, 197
Alter, Robert, 11
Ambracia, 135
Amphipolis, 79, 80–81
Antiphon, 34 n.12, 156 n.20
Archidamus, 39, 57–58, 62, 75, 77 n.16, 83 n.25, 84, 115, 173
Argos, 43, 60 n.57, 71 n.9, 110
Aristogeiton, 126
Aristophanes: *Birds*, 96 n.14; *Clouds*, 65 n.3, 96 n.14, 105 n.19; *Knights*, 123 n.11, 138 n.39; *Peace*, 96 n.14; *Thesmophoriazusae*, 146 n.7; *Wasps*, 34 n.12; *Wealth*, 96 n.14
Aristotle, 11, 103, 172, 178, 189, 190; *Athenian constitution*, 60 nn. 57 and 61, 65 n.2, 92 n.10, 188 n.41, 190 n.48, 191 nn.49 and 51; *Nicomachean ethics*, 18 n.5, 54 n.51, 103 n.14, 178 n.12; *Politics*, 31 n.5, 85 n.29, 172 nn.2 and 3, 185 n.36, 186 n.37, 189 n.45; *Rhetoric*, 20 n.13, 162 n.29, 168 n.39, 178 n.12
Aron, Raymond, 4 n.3, 11 n.27, 45 n.34, 210 n.14, 211 nn.15 and 19

Astyochus, 189 n.47
Athenaeus, 105 n.20
Athenagoras, *173*, *185–87*
Athenian envoys at Delium (Boeotia), *90–96*, 117, 196, 197, 199
Athenian envoys to Melos, 78, 84, 91, 96, *97–117*, 118, 122, 132, 133, 138, 169, 189, 194, 196–99, 203 n.8, 204
Athenian envoys to Sparta, 38 n.22, 42, *44–50*, 51, *53–57*, 64, 67, 69, 74, 83, 86, 87, 91, 94, 101 n.9, 111, 113–14, 116–17, 126 n.18, 128–29, 130, 131, 194, 196, 198, *200–201*
"Athenian thesis," 64, 70, 73, 75, 79, 86, 90, 95, 113, 117, *123–25*, 130, 131, 137, *155–57*, 163, 165, 168, 172, 173, *194–96*, *199–205*
Attica, 36, 52, 74, 107, 133, 215

Banfield, Edward C., 162 n.31
Barel, Yves, 10 n.24, 124 n.15
Benardete, Seth, 88, 209 n.11
Bible, 55, 95; *Deuteronomy*, 95 n.13; *Genesis*, 203; *Matthew*, 164, 193; *Psalms*, 95 n.13
Boeotia, Boeotians, 71 n.9, 72, 74, *90–95*, 134, 136, 139, 196
Brasidas, 76, *79–81*, 83, 84, 101 n.9, 107–8, 134, 163, 195
Bruell, Christopher, 15 n.1, 47 n.37, 52 n.48, 154 n.18
Burckhardt, Jacob, 124 n.15

Calvin, John, 89 n.3
Camarina, 119 n.6, 126–30, 166
Catane, 132
Chalcidian Greeks. *See* Ionian Greeks
Chios, Chians, 67, 188 n.41, 192 n.54, 200

索引

Cicero, *De finibus*, 30 n.2
Cimon, 52
Clearidas, 80
Cleisthenes, 60 n.61
Cleomenes, 60 n.61
Cleon, 65 n.1, 75, 195, 205, 212 n.22; and Mytilenian debate, 112, 128 n.20, *143-51*, *154-62*; and Pylos, 82, 120
Cogan, Marc, 13 n.28, 38 n.22, 44 nn. 30 and 31, 49 nn. 41 and 42, 65 n.1, 70 n.8, 72 n.10, 100 n.7, 101 n.9, 109 n.23, 112 n.32, 113 n.37, 149 n.10, 176 n.9, 188 n.20, 186 n.39, 207 n.3
Cohen, David, 38 n.22, 58 n.55, 65 n.1, 144 n.4, 146 n.8
Connor, W. R., 4 n.3, 6-7, 9 n.20, 13 n.28, 15 n.1, 17 n.4, 28 n.32, 30 n.2, 46 n.35, 49 n.43, 58 n.55, 70 n.8, 79 n.20, 80 n.22, 82 nn. 23 and 24, 93 n.11, 105 n.17, 130 n.23, 146 n.8, 154 n.17, 155 n.19, 162 n.32, 163 nn.33 and 34, 165 n.35, 169 nn.41 and 42, 175 n.8, 176 n.9, 179 n.16, 185 n.34, 188, 191 n.49, 192 n.53, 211 n.19
Corcyra, Corcyreans, 71 n.9, 140; conflict with Corinth, 35, 59, 60 n.60, 140, 168, 216; speech at Athens, *37-43*; stasis of, 175-76, 179
Corinth, Corinthians, 37, 44, 58, 140, 168, 215-16; speech at Athens, *38-41*; (first) speech at Sparta, *42-43*, 49, 53, 57, 75, 78-79, 172-73
Critias, 85 n.29
Cynossema, 191 n.52
Cythera, 83

Decelea (Spartan fortification of), 136
Delian League, 51, 66
Delium. *See* Athenian envoys at Delium
Delphic Oracle, 59, 60 n.57, 61, 87-89, 105 n.19
Democritus, 47 n.38, 170 n.44, 180 n.21
Demosthenes (Athenian general), 4 n.6, 121-22, 133, 138, 140, 181, 209
Demosthenes (orator), 16 n.3; 19 n.11; 20 nn.13, 14; 24 n.25; 92 n.10
Dicitrephes, 134
Diodotus, 4 n.6, 102 n.10, 112, 117, 144, 145 n.5, *146-62*, 163, 167-71, 173, 180 n.21, 186, 189, *200-206*, 212 n.22

Dionysius of Halicarnassus, *On Thucydides*, 24 n.26, 70 n.7, 178 n.13
Dorian Greeks, 31, 89, 127-29, 132, 140, 163-66, 188 n.40

Edmunds, Lowell, 8 n.18, 15 n.1, 20 n.12, 25 n.28, 57 n.54, 136 n.34, 166 n.33, 165 n.36, 170 n.44, 173 n.4, 176 n.9, 192 n.55, 202 n.6, 207 n.3, 212 n.21
Egestaeans, 167 n.38
Epicharmus, 96 n.16
Epidamnus, 35, 175 n.7
Euben, J. Peter, 4 n.6, 7 n. 15, 11 n.25, 15 n.1, 70 n.8, 72 n.10, 78 n.19, 111 n.29, 112-13, 162 n.32, 176 n.9, 177 n.10, 180 n.21, 182 n.25, 184 n.33, 192 n.55
Euboea, 32
Euphemus, *126-33*, 188 n.40
Euripides: *Erechtheus*, 23 n.22; *Hecuba*, 34 n.12; *Heracleidae*, 17 n.4; *Iphigenia at Aulis*, 34 n.12; *Phoenissae*, 23 n.22

Farrar, Cynthia, 4 nn.3 and 4, 4 n.6, 7 n.15, 9 n.22, 15 n.1, 85 n.29, 125 n.17, 176 n.9, 204 n.9, 211 n.18
Finley, J. H., 6 n.10, 15 n.1, 23 n.22, 33 n.9, 58 n.55, 83 n.25, 111 n.29, 146 n.8, 212 n.21
Finley, M. I., 7 n.12, 30 n.2, 85 n.29, 207 n.3
Forde, Steven, 9 n.21, 47 n.37, 53 n.49, 124 n.15, 125 nn.15 and 16, 126 n.18, 130 nn.24 and 25, 133 n.27, 185 n.34, 189 n.47, 195 n.2
Funeral Oration. *See* Pericles

Galepsus, 80
Gela (conference at), *163-71*, 212 n.22
Gomme, A. W., 65 n.1, 70 n.7, 82 n.24, 88 n.1, 91 n.6, 155 n.19, 158, 207 n.3
Gorgias, 13 n.30, 16 n.3
Grace, Eve, 180 n.21
Grene, David, 9 n.20, 11, 15 n.1, 23 nn.23 and 24, 33 n.9, 46 n.35, 124 n.15, 135, 146 n.8, 176 n.9, 207 n.3, 208 n.6
Grote, George, 91 n.6, 99 n.6, 111 n.27, 112 n.31
Gylippus, 120

Hanina, Reb, 183 n.28
Harmodius, 126

Heath, Malcolm, 9 n.22, 38 n.22, 42 n.25, 45 n.32, 58 n.55, 59 n.56, 61 n.63, 65 n.1, 78 n.18, 126 n.18, 146 n.8, 213 nn.1 and 2
Heidegger, Martin, 38 n.22, 177 n.10
Hellanicus, *Attic Chronicle*, 50
Helots, 83–85, 134, 183, 195
Heraclitus, 96 n.16, 105 n.18
Hermocrates, 117, 173, 186, 200, 205; speech at Camarina, 126 n.18, *127–29*, 131, 166; speech at Gela, *163–71*, 212 n.22
Herms (affair of the), 76, 197
Herodotus, 33; *Histories*, 10 and n.24, 32 n.6, 51 n.45, 52 nn.46 and 47, 60 nn.57 and 61, 71 n.9, 84 n.26, 85 n.28, 186 n.37
Hesiod, 8 n.18, 95; *Theogony*, 105 n.18; *Works and Days*, 65 n.3, 95 n.13, 96 n.14
Hipparchus, 125–26
Hobbes, Thomas, 3–5, 24 n.26, 124 n.14, 132, 156, 157, 169–70, 184, 211 and n.15
Hoffmann, Stanley, 8
Homer, 20, 95, 181, 212; *Iliad*, 89; 96 n.14, 105 nn.19 and 20, 139; *Odyssey*, 95 n.13, 105 n.20
Hypereides, 16 n.3; 20 nn. 13, 14; 24 n.25

Ionian Greeks, 127–30, 132, 140, 163–66
Isocrates, *Panathenaicus*, 80

Kagan, Donald, 13 n.28, 15 n.1, 20 n.15, 28 n.32, 44 n.31, 45 n.33, 49 n.42, 65 n.2, 70 n.6, 82 n.24, 99 n.6, 111 n.30, 112 n.32, 119 n.6, 121 n.7, 142 n.1, 146 n.8, 175 n.7, 188 n.41, 189 n.47, 207 n.3, 215–16

Lamachus, 119 n.6
Leontines, 167
Lichas, 76
Lincoln, Abraham, 26, 126 n.31, 193
Livy, 188
Locke, John, 89 n.3
Loraux, Nicole, 8 n.18, 15 n.1, 16 nn.2 and 3, 17 n.4, 18 nn.7 and 8, 19 n.11, 25 n. 28, 175 n.7, 176 n.9, 177 n.11, 183 n.27

Lord, Carnes, 9 n.20
Lycurgus, *Against Leocrates*, 23 n.22, 34 n.12
Lysias, 16 n.3, 20 nn.13 and 14, 24 n.25, 34 n.12, 92 n.10

Macedonia, Macedonians, 11 n.25, 84
Machiavelli, Niccolò, 18 n.5, 54, 156, 202 n.6
Macleod, Colin, 9 n.20, 65 n.1, 70 n.7, 98 nn.2 and 4, 101 n.9, 106 n.21, 124 n.15, 143 n.2, 146 nn.6 and 7, 150 n.13, 154 nn.16 and 18, 162 n.32, 176 n.9, 181 n.24, 210 n.13, 211 n.15
Manent, Pierre, 11 n.26, 170 n.45
Mansfield, Harvey C., Jr., 78 n.17
Mantineia, battle of, 75–76, 195
Marx, Karl, 20
Mede. *See* Persia, Persians
Megara, Megarian decree, 43, 79 n.20, *215–16*
Melian Dialogue. *See* Melos, Melians
Melos, Melians, 55, 78 n.19, 84, 93 n.11, 118, 123, 138, 168–69, 196, 197, 199, 202, 203; Melian Dialogue, 13 n.30, 90, 91, 96, *97–117*, 118; "Melianism," 118, 122–23, 126, 197
Melzer, Arthur M., 10 n.23
Messane, 119 n.6
Metapontines, 140
Methymna, 67
Milosz, Czeslaw, 3 n.2
Mycalessus, *133–36*
Mytilene, Mytilenians, 101 n.9, 112–13, *142–62*, 204; speech at Olympia, *64–70*, 145
Mytilenian debate (at Athens), 112, *142–62*

Naxos (revolt of), 52
Nicias, 133, 168, 203 n.8; as accuser of Alcibiades, 124, 126, 195; and piety, 93 n.11, 105 n.17, *122–23*, *136–39*, 141, 195, 197, 202; as rejecting "Athenian thesis," *137–38*, 140, *202–3*; and Sicilian expedition, 118–22, 136–39
Nietzsche, Friedrich, 12, 18 n.7, 90 n.4, 99 n.5, 156

Ostwald, Martin, 8 nn.18 and 19, 30 n.1, 32 n.7, 43 n.28, 57 n.54, 89 n.3

索引 305

Pausanias (Spartan general), 75, 76 n.14, 77, 84
Pausanias (writer), 85 n.28
Pearson, Lionel, 33 n.8, 34 n.11, 35 n.14, 36–37, 214 nn.3 and 4
Peisander, 185 n.35, 191
Pericles, 89, 102 n.10, 112 n.34, 120, 126 n.18, 162 n.32, 163, 173, 191, 200, 210; as aiming to triumph over chance and necessity, 163 n.33, 170, 198–99, 205; as eulogist of Athens (*see also* Funeral Oration below), 115–16, 123, 144, 183, 185, 198; as eulogist of glory (*see also* Funeral Oration below), 124, 132; final speech, *20–22*, 44, 89, 136, 198–99; Funeral Oration, *15–29*, 44, 54, 55, 75, 124 n.15, 126, 136, 158, 174, 182, 183, 194, 199, 204, 212 n.22; and impiety, 60, 198; as implicitly accepting "Athenian thesis," 111, 128 n.20; and war strategy, 20–21, 28, 60 n.60, 61, 82 n.4, 87, 133, 215–16
Persia, Persians, 27, 45, 46, 51, 52, 54, 61 n.63, 66, 68, 69, 70, 72, 73, 75, 76, 84 n.26, 127, 128, 167, 187, 189 n.47
Persian Wars, 30, 45, 46, 51, 61 n.63, 70, 72, 127, 135–36
Phrynichus, 133 n.27, 185 n.35, *187–91*
Pindar: *First Olympian*, 105 n.20, 156 n.20; *First Pythian*, 24 n.25; *Second Pythian*, 105 n.20; *Sixth paean*, 105 n.18
Plague, 20, *89–90*, *173–75*, *182–84*, 192, 195, 203, 205
Plataea, Plataeans, 36, 64, 69, *70–78*, 83, 84 and n.26, 85, 139–40
Plato, 11, 106, 172, 189; *Alcibiades I*, 172 n.3; *Euthyphro*, 105 n.18; *Laches*, 116 n.38; *Laws*, 18 n.9, 172 nn.1 and 2; *Menexenus*, 16 n.3, 19 n.11, 20 n.13, 24 nn.25 and 27, 34 n.12; *Republic*, 11 n.25, 26 n.29, 60 n.58, 100 n.7, 105 n.18, 157 n.23, 172 and nn.2 and 3, 179 nn.16 and 17, 196; *Seventh letter*, 188 n.41
Plutarch: *Alcibiades*, 112 n.35; *Nicias*, 122 n.9, 123 n.11, 137, n.37; *Pericles*, 60 nn.59 and 60, 122 n.9
Poteidaea, 42, 43, 59, 215–16
Pouncey, Peter R., 13 n.28, 21 n.17, 22 n.19, 30 nn.2 and 3, 45 n.32, 47 n.37, 52 n.48, 70 n.8; 75 n.12, 91 n.6, 121 n.7, 124 n.15, 125 n.16, 134 n.29, 136 n.34, 137 nn. 36 and 38, 138 n.40, 139 n.41, 146 n.8, 175 n.7, 176 n.9, 186 n.38, 186 n.47, 211 n.19
Pritchett, W. Kendrick, 90 n.5, 91 n.6, 94 n.12
Ps.-Aristotle, *Rhetorica ad Alexandrum*, 162 n.29
Ps.-Xenophon, *Constitution of Athens*, 34 n.12, 35 n.13, 48 n.40, 149 n.10, 161 n.28, 162 n.30
Pylos (Athenian siege and capture of), 76, 80, *81–83*, 120, 163 n.34

Reinhardt, Karl, 9 n.20, 11, 15 n.1, 20 n.12, 110 n.25, 111 n.28, 124 n.15, 135, 156 n.21, 163 n.33, 182 n.6, 202 n.6
Romilly, Jacqueline de, 5–7, 8 n.18, 13 n.30, 15 n.1, 17 n.4, 18 nn.5 and 6, 27 n.31, 28 n.33, 30 n.2, 42 n.24, 44 n.31, 46 n.35, 47 n.37, 48 n.39, 55 n.52, 58 n.55, 65 n.1, 99 nn.5 and 6, 101 n.9, 102 n.11, 103 n.13, 119 n.6, 123 n.13, 126 n.18, 127 n.19, 139 n.42, 146 n.8, 154 n.16, 156 n.20, 158 n.24, 162 n.32, 170 nn.43 and 46, 205 n.11, 207 n.3, 211 n.19, 213 n.2
Rousseau, Jean-Jacques, 3–4
Rusten, J. S., 17 n.4, 19 n.10, 22 n.21, 28 n.32

Sallust, *Conspiracy of Catiline*, 24 n.25
Samos, Samians, 50, 188 n.41, 189 n.47, 191
Scione (Athenian punishment of), 112 n.32
Sicilian expedition, 35 n.15, 101 n.8, 102 n.11, 93 n.11, 111, *118–41*, 162 n.32, 197, 201
Sicyon, 140
Socrates, "Socratic," 96, 98 nn.2 and 3, 111
Sophocles: *Antigone*, 105 n.20; *Philoctetes*, 105 n.20
Spartan speech at Athens, *81–82*
Stahl, Hans-Peter, 4 nn.5 and 6, 9 n.20, 11, 15 n.1, 22 n.19, 38 n.22, 44 n.31, 45 n.33, 58 n.55, 97 n.1, 110 n.25, 113 n.37, 118 n.2, 123 n.13, 126 n.18, 135, 142 n.1, 146 n.8, 156 n.20, 162 n.32, 176 n.9, 178 n.13, 211 n.18

Stasis, 31, 76, 135, 164, *175–84*, 185, 186, 192, 194, 195
Sthenelaidas, 42, 49, 57–58
Strauss, Leo: 6–7, 10 n.24, 15 n.1, 22 n.20, 23 and nn.23 and 24, 38 n.21, 43 n.27, 45 nn.32–34, 78 n.18, 82 n.24, 85 n.29, 86 n.30, 88 n.1, 91 n.6, 96 n.16, 103 n.15, 107 n.22, 123 n.13, 124 n.15, 139 n.41, 148 n.9, 152, 154 n.18, 157 n.22, 158 n.26, 169, 176 n.9, 177 n.11, 182 n.26, 184 n.33, 192 n.55, 197 n.3, 200 n.4, 203 n.8, 207 n.2, 211 n.19
Syracuse, Syracusans, 71 n.9, 119 n.6, 120–21, 123, 127–31, 133, 136, 138–40, 163, 164, 165 n.35, 166, 167, 186, 192 n.54

Tacitus: *Annals*, 122 n.9; *Histories*, 123 n.12, 138
Thasos, 52, 188
Thebes, Thebans, 36, 52, 64, *70–75*, *77–78*, 139–40
Themistocles, 4 n.6, 51, 76 n.14, 129 n.22, 167
Theognis, 34 n.12
Theramenes, 190
Thirty Years' Treaty, 39, 41, 42, 43, 49, 57, 58, 59, 61–62, 74, 82, 84
Thrace, Thracians, 76, 79–81, 83, 133–36
Thucydides
  1.1–23: 3, *30–32*, 51, 52, 79, 84, 105 n.19, 111, 162 n.32, 147, 176, 183, 212
    1.18: 51, 60 n.57, 83, 84, 183
    1.22: 3, 4 and n.6, 5, 11, 98 n.3, 176, *207–12*
    1.23: 4, *32–38*, 42, 89, *213–14*, 216
  1.24–55: 38, 168, 208 n.7
    1.31–43: 36, 37, *38–41*
    1.50–55: 36, 42
    1.56–57: 42
    1.66–67: 36, 42, 74
    1.68–71: 18, *42–43*, 44, 52, 53, 57, 58, 60 n.58, 75, 83, 120, 144, 173, 203, 205, 209
    1.72–78: 22, 38 n.22, 42, *44–50*, 51, 52, *53–56*, 127
      1.75–76: 86, 141, 157 and n.23, 197
      1.77: 67, 155, 169, 201
      1.78: 57, 87
    1.79: 57

1.80–85: 49, *57–58*, 75, 83, 195
1.86: 42, 58
1.87–88: 36, 42, 49, 59, 216
1.89–117: *50–53*, 61, 62, 67, 75, 129 n.22
1.118: 35, 36, 43, 59, 89, 107, 215
1.122–23: 59, 144
1.126–38: 4 n.6, 35, 52, 53, *59–62*, 65, 76, 85, 105 n.19, 181 n.23, 193, 209
1.139: 61, 75, 76, *215–16*
1.140–44: 25, 28, 61, 133, 208 n.6
1.145–46: 35, 36, 46, 59, 61
2.1–7: 13, 36
2.8–9: 26 n.29, 75, 76, 139
2.11: 49, 115
2.13–17: 16, 20, 32, 51, 133, 136
  2.17: *87–89*, 96
2.20–29: 24 n.26, 79, 208 n.7
  2.29: 30, 135, 147
2.34–46: *15–29*, 46, 179 n.17, 212 n.22
  2.36–39: 75, 123, 144, 185, 195
  2.40: 60 n.58, 102 n.10, 116, 158, 174, 186 n.37
  2.41–43: 69 n.5, 123, 181 n.23, 183, 198, 204
2.47–51: 44, 89, 174, 175, 184, 205, 214 and n.4
2.52–54: 20, 89, 90, 136, 174
2.60–64: *20–22*, 28, 102, 161 n.28, 199
  2.60: 25, 102 n.10, 209, 210
  2.63: 17 n.4, 27 n.31, 60 n.58, 128 n.20, 144, 145
  2.64: 20, 25 n.28, 46, 60 n.58, 76, 89, 100, 123, 124, 136, 161 n.28, 182, 204
2.65: 25, 28, 102 n.11, 119, 125, 133, 183, 191, 197
2.67: 79, 112, 193
2.71–74: 52, 58, 74, 77
2.87: 75, 129, 139 n.42
2.92: 75
2.97: 181 n.23
2.102: 147
3.2: 70 n.6
3.9–14: 34, *64–70*, 145, 195 n.1, 209 n.10
3.27–28: 112, 142, 143
3.32: 79, 193
3.34: 52
3.36–49: 41, 112, *142–62*, 186 n.37, 201, 212 n. 22

索 引 307

Thucydides (cont.)
  3.37–40: 34, 65 n.1, 128 n.20, 210
  3.42–43: 98 n.3, 102 n.10, 205, 210
  3.45–48: 98 n.3, 103, 112, 167, 168,
    177 and n.10, 181 n.22, 202 and n.5,
    203–205
  3.50: 155
  3.52–68: 52, 64, *70–75*, 77, 156 n.20,
    188
    3.68: 72 n.10, 77, 78, 193
  3.70–83: 79, 92 n.10, 175, 179
  3.82–83: 3, 5, 54 n.51, 98 n.3, 125,
    134, 162 n.32, *176–84*, 185, 187, 188
    n.42, 203
  3.84: 176 n.9
  3.86: 163
  3.91: 97, 100, 113
  3.92: 208 n.7
  3.96: 147
  3.104: 30
  4.5: 209 n.10
  4.11–12: 79
  4.15–22: 76, 81
    4.17–20: 37, 49, 57, 62, *81–82*, 209
  4.27–28: 75, 120
  4.38–41: 75, 76, 120
  4.42–44: 136, 138
  4.57: 112
  4.58–64: 54 n.51, 104, 155, 162 n.32,
    163–71, 186, 195 n.1, 201, 202 and
    n.5, 212 n.22
  4.65: 162 n.32, 166
  4.70–73: 79
  4.76–77: 90, 94
  4.78–81: 79–80, 83, 84 and n.27, 107,
    134, 195 n.1
  4.85–88: 54 n.51, 75, 76, 79–80, 90
  4.89–96: 90
    4.92: 181 n.23, 209 n.10
  4.97–101: 22, *90–96*, 136, 196
  4.105: 79
  4.108: 5, 76, 79, 80, 104, 107, 162
    n.32, 201, 202
  4.114: 79
  4.117: 76, 80
  4.120–35: 75, 79, 80, 84 n.27
    4.126: 75, 84, 185, 192
  5.2–6: 80
  5.9: 129, 139 n.42
  5.12–20: 80
    5.15–18: 60, 76, 77, *79–81*, 138

  5.21–25: 81
  5.26: 13, 89 n.3, 98 n.3, 122, 135
  5.27: 81
  5.32: 112
  5.34: 75
  5.35: 81
  5.54–55: 85
  5.57–75: 195
    5.60: 75
    5.66–72: 75, 76, 83, 209
  5.81: 140
  5.82: 85
  5.84–116: 22, *97–117*, 162 n.32
    5.84–89: 22, 54, 97–100, 102, 112,
      114, 118 n.2, 128
    5.90–99: 54 n.51, 98, 100–102, 103
    5.100–113: 55, 75, 78 and n.19, 84,
      93 n.11, 98 nn.3 and 4, 103–17, 118
      n.2, 122, 129, 139 n.42, 141, 189,
      195, 199, 202
    5.114–16: 85, 109–10, 112 and n.35
  6.1–5: 118, 163, 212
  6.6: 35 n.15, 167 n.38
  6.8: 118, 121, 167 n.38
  6.9–14: 118, 126, 166 n.37, 195
  6.15–16: 119, *123–25*, 126, 131, 197
  6.24–25: 83, 118, 120, 162 n.32, 204
  6.27–29: 76, 119 n.6, 122, 125
  6.30–32: 118, 120, 122, 201
  6.33–34: 35 n.15, 123, 165, n.35, 167,
    186
  6.35–41: 125, *185–86*
  6.46–50: 119 n.6, 120, 131, 208 n.7
  6.51: 131, 132
  6.52: 209
  6.53–61: 32, 51, 60 n.57, 76, 105 n.19,
    119, 122, 125–26, 162 n.32, 183
  6.63–72: 120, 123, 126–27, 186 192
    n.54, 208 n.7
  6.74: 119 and n.6
  6.76–88: 163
    6.76–80: 35 n.15, *127–29*, 139 n.42,
      166, 169 n.42
    6.82–87: 22, 60 n.58, *126–33*, 139
      n.42, 144, 188 n.40
    6.88: 119 and n.6, 129
  6.89–92: 54 n.51, 102, 125, 130, 131
  6.94–102: 120
    6.95: 85
    6.102: 137
  6.103–104: 119 and n.6, 120

7.2–7: 111, 120–21
7.10–16: 121, 137
7.18: 37, 62, 85, 101 n.8, 107, 168, 193, 203
7.20: 121
7.21–24: 121, 192 n.54
7.28–30: 18, *133–36*
7.42–47: 111, 121
7.48–50: 111, *121–22*, 208 n.7
7.52: 208 n.7
7.55–56: 123, 192 n.54
7.57–58: *139-41, 200–201*
7.66–68: 192 n.54
7.69: 18 n.9
7.71: 123
7.75–77: 55, 93 n.11, 105 n.17, 122, *136–38*, 141, 202
7.79: 123
7.84–87: 133, 138–39
8.1–3: 102 n.11, 122, 201, 195 n.1
8.21: 188 n.41
8.24: 83, 85, 177, 188 n.41, 192 n.54
8.25: 129, 139 n.42
8.27: 189 and n.47
8.38: 188 n.41
8.40: 85, 192 n.54, 195 n.1
8.43: 76
8.47–98: 76, 183, 185
  8.48–51: 185 and n.35, 187, 189 and n.47, 191 n.52
  8.52: 76
  8.53–54: 185 n.35, 190, 191 n.52
  8.62: 205
  8.63–65: 185, 188, 195 n.1

8.65–70: 125, 187, 190, 191 and n.52
8.72–75: 185, 188 n.41, 191 n.52
8.81: 208 n.6
8.84: 76
8.86: 185 n.35
8.87: 208 n.7, 209
8.89–94: 185 n.35, 188, 190–91, 191 n.50
8.96–97: 111, 123, 191, 192 n.54
8.106: 191 n.52
Thucydides the Pharsalian, 185 n.35
Thurians, 140
Tissaphernes, 11 n.25, 209
Tolstoy, 26 n.29
Trojan War, 30

Ulrich, F. W., 5

Wallace, Malcolm B., 94 n.12
Walzer, Michael, 104, 146 n.8
White, James Boyd, 38 n.22, 177 n.10, 180 n.21
Wilson, John, 38 n.20, 70 n.6, 142 n.1, 175 n.7, 177 n.11, 180 n.21, 208 nn.5 and 6, 209 n.9

Xenophanes, 105 n.18
Xenophon, 98 n.2; *Agesilaus*, 85 n.28; *Apology of Socrates*, 175 n.6; *Education of Cyrus*, 185 n.36; *Hellenica*, 85 n.28, 90 n.5, 101 n.8

Ziolkowski, John T., 15 n.1, 16 n.2

图书在版编目（CIP）数据

修昔底德笔下的人性/(美)欧文著；戴智恒译.—北京：华夏出版社，2015.1
（西方传统：经典与解释）
书名原文：The humanity of thucydides
ISBN 978-7-5080-8287-5

Ⅰ.①修… Ⅱ.①欧… ②戴… Ⅲ.①修昔底德（前460～前400）－史学思想－研究 Ⅳ.①K095.45

中国版本图书馆CIP数据核字(2014)第260397号

Copyright © 1994 by Princeton University Press
All rights reserved.
No part of this book may be reproduced or transmitted in any form or by any means, electronic or mechanical, including photocopying, recording or by any information storage and retrieval system, without permission in writing from the Publisher.

北京市版权局著作权合同登记号：图字 01-2012-5064

修昔底德笔下的人性

著　者	欧　文
译　者	戴智恒
责任编辑	陈希米
责任印制	刘　洋
出版发行	华夏出版社
经　销	新华书店
印　刷	北京建筑工业印刷厂
装　订	三河市少明印务有限公司
版　次	2015年2月北京第1版 2015年2月北京第1次印刷
开　本	880×1230　1/32开
印　张	10.5
字　数	252千字
定　价	45.00元

华夏出版社　地址：北京市东直门外香河园北里4号　邮编：100028
　　　　　　网址：www.hxph.com.cn　电话：(010) 64663331 (转)
若发现本版图书有印装质量问题，请与我社营销中心联系调换。

西方传统：经典与解释

古今丛编

试论古今革命
[法]夏多布里昂 著

托兰德与激进启蒙
刘小枫 编

《劳作与时日》笺释
吴雅凌 撰

图书馆里的古今之战
[英]斯威夫特 著

但丁：皈依的诗学
[美]弗里切罗 著

在西方的目光下
[英]康拉德 著

大学与博雅教育
董成龙 编

恐惧与战栗
[丹麦]基尔克果 著

探究哲学与信仰——基尔克果与苏格拉底
[美]郝岚 著

穆佐书简
[奥]里尔克 著

撒路斯特与政治史学
刘小枫 编

民主的本性——托克维尔的政治哲学
[法]马南 著

希罗多德的王霸之辨
吴小锋 编/译

梅尔维尔的政治哲学——《切雷诺》及其解读
李小均 编/译

第二代智术师——罗马帝国早期的文化现象
安德森 著

英雄诗系笺释
[古希腊]荷马 著

统治的热望
——修昔底德笔下的阿尔喀比亚德和帝国政治
[美]福特 著

席勒美学的哲学背景
[美]维塞尔 著

雅典谐剧与逻各斯
——《云》中的修辞、谐剧性及语言暴力
[美]奥里根 著

西方传统：经典与解释
Classici et Commentarii
HERMES
刘小枫◎主编

莱园哲人伊壁鸠鲁
罗晓颖 选编

果戈里与鬼
[俄]梅列日科夫斯基 著

托尔斯泰与陀思妥耶夫斯基（两卷本）
[俄]梅列日科夫斯基 著

自传性反思
[德]沃格林 著

黑格尔与普世秩序
[美]希克斯 等著

新的方式与制度
——马基雅维利的《论李维》研究
[美]曼斯菲尔德 著

论埃及神学与哲学——伊希斯与俄赛里斯
[古希腊]普鲁塔克 著

凯撒的剑与笔
李世祥 编/译

纪念苏格拉底——哈曼文选
刘新利 选编

科耶夫的新拉丁帝国
[法]科耶夫 等著

夜颂中的革命与宗教——诺瓦利斯选集卷一
[德]诺瓦利斯 著

大革命与诗话小说——诺瓦利斯选集卷二
[德]诺瓦利斯 著

《利维坦》附录
[英]霍布斯 著

巨人与侏儒
[美]布鲁姆 著

或此或彼（上、下）
[丹麦]基尔克果 著

海德格尔与有限性思想（重订版）
刘小枫 选编

海德格尔式的现代神学
刘小枫 选编

走向古典诗学之路
——相遇与反思：与伯纳德特聚谈
[美]伯格 编

论宗教大法官的传说
[俄]罗赞诺夫 著

上帝国的信息
[德]拉加茨 著

双重束缚
[美]基拉尔 著

俄耳甫斯教祷歌
吴雅凌 编译

俄耳甫斯教辑语
吴雅凌 编译

黑格尔的观念论
[美]皮平 著

古今之争中的核心问题
[德]迈尔 著

浪漫派风格——施莱格尔批评文集
[德]施莱格尔 著

神圣的罪业
[美]伯纳德特 著

论永恒的智慧
[德]苏索 著

宗教经验种种
[美]詹姆斯 著

尼采反卢梭
[美]凯斯·安塞尔-皮尔逊 著

施米特对自由主义的批判
[美]约翰·麦考米克 著

舍勒思想评述
[美]弗林斯 著

诗与哲学之争
[美]罗森 著

基督教理论与现代
[德]特洛尔奇 著

亚历山大的克雷蒙
[意]塞尔瓦托·利拉 著

伊壁鸠鲁主义的政治哲学
[意]詹姆斯·尼古拉斯 著

神圣与世俗
[罗]伊利亚德 著

中世纪的心灵之旅——波纳文图拉神学著作选
[意]圣·波纳文图拉 著

弓弦与竖琴——从柏拉图解读《奥德赛》
[美]伯纳德特 著

论古人的智慧
[英]培根 著

柏拉图注疏集

情敌
[古希腊]柏拉图 著

哲学如何成为苏格拉底式的
[美]朗佩特 著

苏格拉底与希琵阿斯
王江涛 编译

理想国
[古希腊]柏拉图 著

谁来教育老师——《普罗塔戈拉》发微
刘小枫 编

立法者的神学——柏拉图《法义》卷十绎读
林志猛 编

柏拉图对话中的神
[德]薇依 著

厄庇诺米斯
[古希腊]柏拉图 著

智慧与幸福——柏拉图的《厄庇诺米斯》
程志敏 选编

论柏拉图对话
[德]施莱尔马赫 著

柏拉图《美诺》疏证
[美]克莱因 著

政治哲学的悖论——苏格拉底的哲学审判
[美]郝岚 著

神话诗人柏拉图
张文涛 选编

人应该如何生活
[美]布鲁姆 著

阿尔喀比亚德
[古希腊]柏拉图 著

叙拉古的雅典异乡人
——柏拉图《书简七》探幽
彭磊 选编

阿威罗伊论《王制》
[阿拉伯]阿威罗伊 著

《王制》要义
刘小枫 选编

柏拉图的《会饮》
[古希腊]柏拉图 等著

苏格拉底的申辩
[古希腊]柏拉图 著

苏格拉底与政治共同体
[美]尼科尔斯 著

政制与美德——柏拉图《法义》疏解
[美]潘戈 著

《法义》导读
[法]卡斯代尔·布舒奇 著

论真理的本质
[德]海德格尔 著

哲人的无知
[德]费勃 著

米诺斯
[古希腊]柏拉图 著

亚里士多德注疏集

品格的技艺
[美]加佛 著

亚里士多德哲学的基本概念
[德]海德格尔 著

《政治学》疏证
[意]托马斯·阿奎那 著

尼各马可伦理学义疏
——亚里士多德与苏格拉底的对话
[美]伯格 著

哲学之诗——亚里士多德《诗学》解诂
[美]戴维斯 著

对亚里士多德的现象学解释
[德]海德格尔 著

城邦与自然——亚里士多德与现代性
刘小枫 编

论诗术中篇义疏
[阿拉伯]阿威罗伊 著

哲学的政治——亚里士多德《政治学》疏证
[美]戴维斯 著

色诺芬注疏集

居鲁士的教育
[古希腊]色诺芬 著

驯服欲望——施特劳斯笔下的色诺芬撰述
[法]科耶夫 等著

论僭政——色诺芬《希耶罗》义疏
[美]施特劳斯 著

色诺芬的《会饮》
[古希腊]色诺芬 著

莎士比亚绎读

莎士比亚笔下的爱与友谊
[美]布鲁姆 著

莎士比亚戏剧与政治哲学
彭磊 选编

莎士比亚的政治盛典
[美]阿鲁里斯/苏利文 编

丹麦王子与马基雅维利
罗峰 选编

卢梭集

论哲学生活的幸福
[德]迈尔 著

致博蒙书
[法]卢梭 著

政治制度论
[法]卢梭 著

哲学的自传——卢梭的《孤独漫步者的遐思》
[法]卢梭 著

文学与道德杂篇
[法]卢梭 著

设计论证——卢梭的《社会契约论》
[美]吉尔丁 著

卢梭的自然状态
[美]普拉特纳 等著

卢梭的榜样人生——作为政治哲学的《忏悔录》
[美]凯利 著

莱辛注疏集

汉堡剧评
[德]莱辛 著

关于悲剧的通信
[德]莱辛 著

《智者纳坦》研究版
[德]莱辛 等著

启蒙运动的内在问题——莱辛思想再释
[美]维塞尔 著

莱辛剧作七种
[德]莱辛 著

历史与启示——莱辛神学文选
[德]莱辛 著

论人类的教育——莱辛政治哲学文选
[德]莱辛 著

尼采注疏集

尼采与基督教——尼采的《敌基督》论集
刘小枫 编

尼采眼中的苏格拉底
[美]丹豪瑟 著

尼采的使命——《善恶的彼岸》绎读
[美]朗佩特 著

尼采与现时代——解读培根、笛卡尔与尼采
[美]朗佩特 著

动物与超人之间的绳索
[德]A.彼珀 著

施特劳斯集

苏格拉底问题与现代性[增订本]
——施特劳斯演讲与论文集：卷二
[美]列奥·施特劳斯 著

政治哲学与启示宗教的挑战
[德]迈尔 著

霍布斯的宗教批判
[美]列奥·施特劳斯 著

斯宾诺莎的宗教批判
[美]列奥·施特劳斯 著

门德尔松与莱辛
[美]列奥·施特劳斯 著

哲学与律法——论迈蒙尼德及其先驱
[美]列奥·施特劳斯 著

迫害与写作艺术
[美]列奥·施特劳斯 著

柏拉图式政治哲学研究
[美]列奥·施特劳斯 著

阅读施特劳斯
[美]斯密什 著

《会饮》讲疏
[美]列奥·施特劳斯 著

柏拉图《法义》的论辩与情节
[美]列奥·施特劳斯 著

什么是政治哲学
[美]列奥·施特劳斯 著

古典政治理性主义的重生
[美]列奥·施特劳斯 著

施特劳斯与流亡政治学
[美]谢帕德 著

犹太哲人与启蒙
——施特劳斯演讲与论文集：卷一
[美]列奥·施特劳斯 著

回归古典政治哲学——施特劳斯通信集
[美]列奥·施特劳斯 著

隐匿的对话——施米特与施特劳斯
[德]迈尔 著

苏格拉底与阿里斯托芬
[美]列奥·施特劳斯 著

古典学丛编

希腊古风时期的真理大师
[法]德蒂安 著

古罗马的教育
[英]葛怀恩 著

古典学与现代性
刘小枫 编

表演文化与雅典民主政制
[英]戈尔德希尔、奥斯本 编

西方古典文献学发凡
刘小枫 编

古典语文学常谈
克拉夫特 著

古希腊文学常谈
[英]多佛 等著

修昔底德集

修昔底德笔下的人性
[加]欧文 著

修昔底德笔下的演说
[美]斯塔特 著

古希腊政治理论
格雷纳 著

赫西俄德集

神谱笺释
吴雅凌 撰

赫西俄德：神话之艺
[法]居代·德·拉孔波 等著

赫拉克勒斯之盾笺释
罗逍然 译笺

古希腊诗歌丛编

阿尔戈英雄纪（上、下）
[古希腊]阿波罗尼俄斯 著

诗歌与城邦
[美]费拉格、纳吉 主编

品达注疏集

幽暗的诱惑——品达、晦涩与古典传统
[美]汉密尔顿 著

阿里斯托芬集
《阿卡奈人》笺释
[古希腊]阿里斯托芬 著

古希腊肃剧注疏集
希腊肃剧与政治哲学
[美]阿伦斯多夫 著

希伯莱圣经历代注疏
希腊化世界中的犹太人
[英]威尔逊 著

第一亚当和第二亚当
[德]朋霍费尔 著

新约历代经解
属灵的寓意
[古罗马]俄里根 著

维吉尔注疏集
《埃涅阿斯纪》章义
王承教 选编

维吉尔的帝国
阿德勒 著

塔西佗集
塔西佗的政治史学
曾维术 编

但丁集
但丁的圣约书
[美]霍金斯 著

洛克集
上帝、洛克与平等
[美]沃尔德伦 著

施米特集
宪法专政——现代民主国家中的危机政府
[美]罗斯托 著

美国宪政与古典传统
美国1787年宪法讲疏
[美]阿纳斯塔普罗 著

大学素质教育读本
古典诗文绎读 西学卷·古代编（上、下）
古典诗文绎读 西学卷·现代编（上、下）

中国传统：经典与解释
Classici et Commentarii

经典与解释
刘小枫　陈少明◎主编

皇清经解提要
[清]沈豫 撰

冬灰录
[明]方以智 著

从公羊学论《春秋》的性质
阮芝生 撰

药地炮庄笺释·总论篇
[明]方以智 著

松阳讲义
[清]陆陇其 著

起凤书院答问
[清]姚永朴 撰

青原志略
[明]方以智 原编

冬炼三时传旧火——港台学人论方以智
邢益海 编

药地炮庄
[明]方以智 著

周礼疑义辨证
陈衍 撰

经学通论
[清]皮锡瑞 著

韩愈志
钱基博 著

论语辑释
陈大齐 著

《庄子·天下篇》注疏四种
张丰乾 编

荀子的辩说
陈文洁 著

古学经子—— 十一朝学术史述林
王锦民 著

经学以自治——王闿运春秋学思想研究
刘少虎 著

《铎书》校注
孙尚扬　肖清和　等校注

经典与解释辑刊（刘小枫　陈少明　主编）

1　柏拉图的哲学戏剧
2　经典与解释的张力
3　康德与启蒙
4　荷尔德林的新神话
5　古典传统与自由教育
6　卢梭的苏格拉底主义
7　赫尔墨斯的计谋
8　苏格拉底问题
9　美德可教吗
10　马基雅维利的喜剧
11　回想托克维尔
12　阅读的德性
13　色诺芬的品味
14　政治哲学中的摩西
15　诗学解诂
16　柏拉图的真伪
17　修昔底德的春秋笔法
18　血气与政治
19　索福克勒斯与雅典启蒙
20　犹太教中的柏拉图门徒
21　莎士比亚笔下的王者
22　政治哲学中的莎士比亚
23　政治生活的限度与满足
24　雅典民主的谐剧
25　维柯与古今之争
26　霍布斯的修辞
27　埃斯库罗斯的神义论
28　施莱尔马赫的柏拉图
29　奥林匹亚的荣耀
30　笛卡尔的精灵
31　柏拉图与天人政治
32　海德格尔的政治时刻
33　荷马笔下的伦理
34　格劳秀斯与国际正义
35　西塞罗的苏格拉底
36　基尔克果的苏格拉底
37　《理想国》的内与外
38　诗艺与政治
39　律法与政治哲学
40　古今之间的但丁
41　拉伯雷与赫尔墨斯秘学
42　柏拉图与古典乐教

刘小枫集

诗化哲学［重订本］
拯救与逍遥［修订本］
走向十字架上的真
这一代人的怕和爱［增订本］
现代性与现代中国：现代性社会理论绪论
沉重的肉身
圣灵降临的叙事［增订本］
罪与欠
西学断章
现代人及其敌人
儒教与民族国家
拣尽寒枝
施特劳斯的路标
重启古典诗学
共和与经纶
设计共和
卢梭与我们
好智之罪：普罗米修斯神话通释
民主与爱欲：柏拉图《会饮》绎读
民主与教化：柏拉图《普罗塔戈拉》绎读
巫阳招魂：《诗术》绎读

编修［博雅读本］

凯若斯：古希腊语文读本［全二册］
古希腊语文学述要
雅努斯：古典拉丁语文读本
古典拉丁语文学述要
危微精一：政治法学原理九讲
琴瑟友之：钢琴与古典乐色十讲